应用型本科财务管理、会计学专业精品系列规划教材

财务管理学
（第2版）

主　编　王志焕
副主编　王　月　杨晓蕾　戴致光

北京理工大学出版社
BEIJING INSTITUTE OF TECHNOLOGY PRESS

内 容 简 介

《财务管理学》课程主要介绍现代财务管理的基本理论、方法及其具体应用。财务管理是以企业财务目标为中心，以筹资决策、投资决策、营运资金管理和收益分配管理为主要内容的完整的知识体系。通过本课程的学习，学生应当掌握财务管理的基础知识、基本程序、基本方法和管理的基本技能，并能灵活运用其基本理论和方法，解决企业筹资、投资和利润分配等管理活动的实际问题，具备财务管理人员的基本素质。随着我国经济体制改革的深入发展，企业的财务管理越来越重要。因此，企业财务管理是企业决策者与经营者必须掌握的基础理论与专业知识。

版权专有　侵权必究

图书在版编目（CIP）数据

财务管理学/王志焕主编. —2 版. —北京：北京理工大学出版社，2019.7（2021.8 重印）

ISBN 978 - 7 - 5682 - 7170 - 7

Ⅰ．①财…　Ⅱ．①王…　Ⅲ．①财务管理 – 高等学校 – 教材　Ⅳ．①F275

中国版本图书馆 CIP 数据核字（2019）第 132030 号

出版发行 / 北京理工大学出版社有限责任公司

社　　址 / 北京市海淀区中关村南大街 5 号

邮　　编 / 100081

电　　话 /（010）68914775（总编室）

　　　　　（010）82562903（教材售后服务热线）

　　　　　（010）68948351（其他图书服务热线）

网　　址 / http：//www.bitpress.com.cn

经　　销 / 全国各地新华书店

印　　刷 / 三河市天利华印刷装订有限公司

开　　本 / 787 毫米 × 1092 毫米　1/16

印　　张 / 20　　　　　　　　　　　　　　　　　　　责任编辑 / 王俊洁

字　　数 / 470 千字　　　　　　　　　　　　　　　　文案编辑 / 王俊洁

版　　次 / 2019 年 7 月第 2 版　2021 年 8 月第 3 次印刷　责任校对 / 周瑞红

定　　价 / 49.80 元　　　　　　　　　　　　　　　　责任印制 / 李志强

图书出现印装质量问题，请拨打售后服务热线，本社负责调换

前　言

目前国际高教界逐渐形成了一股新的潮流，那就是普遍重视实践教学、强化应用型人才培养。国内的诸多高校近年也纷纷在教育教学改革的探索中注重实践环境的强化，因为人们已越来越清醒地认识到，实践教学是培养学生实践能力和创新能力的重要环节，也是提高学生社会职业素养和就业竞争力的重要途径。基于此，在北京理工大学出版社的鼎力支持下，我们编写了这本体现应用型本科教学内容特点、重视基础知识的传授和实践能力培养的《财务管理学》教材。

本书力求突破财务管理教材的传统模式与写作手法，以企业财务管理目标为中心，以财务管理的价值观念为主线，系统介绍了财务管理的基本理论和实用技能。全书共分10章，首先介绍了财务管理的基础理论知识，内容涉及第1~3章；其次是财务管理的主体篇，沿着筹资、投资、收益分配的思路进行阐述，内容涉及第4~9章；最后一章为财务管理专题，供学习者参考使用。在编写过程中，我们以2006年12月颁布的《企业财务通则》为依据，紧密结合企业实务及作者多年来的教学经验，在着重阐述企业财务管理理论的同时，注意穿插案例，使本书具有内容新颖、科学规范、服务实践等特点，集正确性、及时性、实用性、简约性和可读性于一体。

本书由长期从事财务管理学教学的四位教师编写而成。辽宁对外经贸学院的王月老师负责编写第1、2章；鞍山师范学院的杨晓蕾老师负责编写第3、4章；大连海洋大学的戴致光老师负责编写第5章；鞍山师范学院的王志焕老师负责编写第6~10章。最后由王志焕老师总体进行校对和审核。

本书栏目设计包括：学习目标、导入案例、正文，正文之后有案例、小结和习题。本书的配套教学资源包括PPT课件、习题、案例、试卷及答案等，以方便学生练习和实践。

本书适合作为普通高等院校本科及高职高专经济与管理类专业学生的教学用书，也可作为财务与会计专业人员和企业管理人员的参考用书。

由于作者水平有限，书中难免有不妥之处，恳请同行批评指正。意见和建议可反馈至邮箱：as2960853@126.com

目 录

第1章　财务管理总论 ……………………………………………………… (1)
学习目标 ………………………………………………………………………… (1)
导入案例 ………………………………………………………………………… (1)
1.1　财务管理概述 ……………………………………………………………… (2)
 1.1.1　财务管理的概念 ……………………………………………………… (2)
 1.1.2　财务管理的环节 ……………………………………………………… (4)
1.2　财务管理目标 ……………………………………………………………… (4)
 1.2.1　财务管理目标的含义和种类 ………………………………………… (4)
 1.2.2　财务管理目标的协调 ………………………………………………… (8)
1.3　财务管理环境 ……………………………………………………………… (9)
 1.3.1　经济环境 ……………………………………………………………… (10)
 1.3.2　法律环境 ……………………………………………………………… (11)
 1.3.3　金融环境 ……………………………………………………………… (15)
本章案例 ………………………………………………………………………… (22)
本章小结 ………………………………………………………………………… (23)
本章习题 ………………………………………………………………………… (24)

第2章　财务管理的价值观念 ……………………………………………… (26)
学习目标 ………………………………………………………………………… (26)
导入案例 ………………………………………………………………………… (26)
2.1　资金的时间价值观念 ……………………………………………………… (27)
 2.1.1　资金时间价值的概念 ………………………………………………… (27)
 2.1.2　复利的终值和现值 …………………………………………………… (27)
 2.1.3　年金的终值和现值 …………………………………………………… (30)
 2.1.4　贴现率和期数的计算 ………………………………………………… (38)
2.2　投资的风险价值观念 ……………………………………………………… (39)
 2.2.1　风险的含义与类型 …………………………………………………… (39)

2.2.2　收益的含义与类型 …………………………………………………… (41)
　　　2.2.3　单项资产预期收益与风险的衡量 ………………………………… (41)
　　　2.2.4　资产组合预期收益与风险的衡量 ………………………………… (47)
　2.3　主要资产定价模型 ……………………………………………………………… (59)
　　　2.3.1　资本资产定价模型 …………………………………………………… (59)
　　　2.3.2　套利定价模型 ………………………………………………………… (62)
　本章案例 …………………………………………………………………………………… (64)
　本章小结 …………………………………………………………………………………… (65)
　本章习题 …………………………………………………………………………………… (67)

第3章　财务分析 ……………………………………………………………………… (70)

　学习目标 …………………………………………………………………………………… (70)
　导入案例 …………………………………………………………………………………… (70)
　3.1　财务分析概述 …………………………………………………………………… (70)
　　　3.1.1　财务分析的目的 ……………………………………………………… (70)
　　　3.1.2　财务分析的内容 ……………………………………………………… (72)
　　　3.1.3　财务分析的方法 ……………………………………………………… (73)
　　　3.1.4　财务分析的基础 ……………………………………………………… (74)
　3.2　财务指标分析 …………………………………………………………………… (80)
　　　3.2.1　偿债能力分析 ………………………………………………………… (80)
　　　3.2.2　营运能力分析 ………………………………………………………… (87)
　　　3.2.3　获利能力分析 ………………………………………………………… (90)
　　　3.2.4　发展能力分析 ………………………………………………………… (96)
　3.3　财务综合分析 …………………………………………………………………… (99)
　　　3.3.1　杜邦财务分析体系 …………………………………………………… (99)
　　　3.3.2　沃尔比重评分法 ……………………………………………………… (102)
　本章案例 …………………………………………………………………………………… (104)
　本章小结 …………………………………………………………………………………… (106)
　本章习题 …………………………………………………………………………………… (108)

第4章　长期筹资 ……………………………………………………………………… (110)

　学习目标 …………………………………………………………………………………… (110)
　导入案例 …………………………………………………………………………………… (110)
　4.1　长期筹资概述 …………………………………………………………………… (111)
　　　4.1.1　长期筹资的动机 ……………………………………………………… (111)
　　　4.1.2　长期筹资的原则 ……………………………………………………… (112)
　　　4.1.3　长期筹资的渠道 ……………………………………………………… (113)
　　　4.1.4　长期筹资的类型 ……………………………………………………… (114)
　4.2　权益资金的筹集 ………………………………………………………………… (115)
　　　4.2.1　吸收直接投资 ………………………………………………………… (115)
　　　4.2.2　发行普通股 …………………………………………………………… (118)

		4.2.3 发行优先股	(124)

    4.2.3　发行优先股 (124)
    4.2.4　留存收益筹资 (126)
  4.3　负债资金的筹集 (127)
    4.3.1　长期银行借款 (127)
    4.3.2　发行公司债券 (130)
    4.3.3　融资租赁 (135)
    4.3.4　可转换债券筹资 (139)
  4.4　资金需要量的预测 (143)
    4.4.1　回归分析法 (143)
    4.4.2　销售百分比法 (145)
  本章案例 (147)
  本章小结 (148)
  本章习题 (149)

第5章　资本结构决策 (151)

  学习目标 (151)
  导入案例 (151)
  5.1　资本成本的测算 (152)
    5.1.1　资本成本的概念和意义 (152)
    5.1.2　个别资本成本的测算 (154)
    5.1.3　综合资本成本的测算 (156)
    5.1.4　边际资本成本的测算 (157)
  5.2　杠杆利益与风险的衡量 (158)
    5.2.1　成本按性态分类 (158)
    5.2.2　经营杠杆利益与风险 (163)
    5.2.3　财务杠杆利益与风险 (164)
    5.2.4　总杠杆利益与风险 (166)
  5.3　资本结构 (167)
    5.3.1　资本结构概述 (167)
    5.3.2　资本结构决策 (169)
  本章案例 (172)
  本章小结 (173)
  本章习题 (174)

第6章　项目投资决策 (176)

  学习目标 (176)
  导入案例 (176)
  6.1　项目投资概述 (177)
    6.1.1　项目投资的意义和分类 (177)
    6.1.2　项目计算期的构成和项目投资的内容 (180)
    6.1.3　现金流量的测算 (183)

6.2 投资决策评价方法 (186)
6.2.1 贴现现金流量法 (186)
6.2.2 非贴现现金流量法 (192)
6.3 投资决策评价方法的应用 (194)
6.3.1 独立项目的投资决策 (194)
6.3.2 互斥项目的投资决策 (195)
6.3.3 资本限额决策 (199)
6.3.4 通货膨胀的处置 (200)
6.4 风险投资决策方法 (201)
6.4.1 项目风险分析的主要概念 (201)
6.4.2 项目风险处置的一般方法 (202)
6.4.3 项目系统风险的衡量和处置方法——可比公司法 (205)
本章案例 (206)
本章小结 (207)
本章习题 (208)

第7章 证券投资决策 (211)
学习目标 (211)
导入案例 (211)
7.1 证券投资概述 (212)
7.1.1 证券的概念和分类 (212)
7.1.2 证券投资分析 (213)
7.1.3 证券投资的风险和收益 (215)
7.2 债券投资 (216)
7.2.1 债券投资的目的和特点 (216)
7.2.2 债券投资价值 (217)
7.2.3 债券投资收益率 (218)
7.3 股票投资 (220)
7.3.1 股票投资的目的和特点 (220)
7.3.2 股票价值的评估 (221)
7.3.3 股票投资收益率 (224)
7.4 基金投资 (224)
7.4.1 基金投资的特征和分类 (224)
7.4.2 投资基金的估价 (226)
本章案例 (230)
本章小结 (230)
本章习题 (231)

第8章 营运资金管理 (232)
学习目标 (232)
导入案例 (232)

8.1 营运资金的含义和特点 (233)
    8.1.1 营运资金的含义 (233)
    8.1.2 营运资金的特点 (234)
    8.1.3 营运资金的筹集政策 (234)
8.2 流动资产的管理 (236)
    8.2.1 现金管理 (236)
    8.2.2 应收账款管理 (241)
    8.2.3 存货管理 (246)
8.3 流动负债的管理 (251)
    8.3.1 短期借款 (251)
    8.3.2 商业信用 (252)
本章案例 (254)
本章小结 (254)
本章习题 (256)

第9章 收益分配管理 (258)

学习目标 (258)
导入案例 (258)
9.1 收益分配概述 (259)
    9.1.1 利润分配的原则和程序 (259)
    9.1.2 股利的支付形式 (261)
    9.1.3 股利的发放程序 (262)
9.2 股利政策 (262)
    9.2.1 股利政策理论 (262)
    9.2.2 股利政策的影响因素 (265)
    9.2.3 股利政策的类型 (266)
9.3 股票股利、股票分割和股票回购 (269)
    9.3.1 股票股利 (269)
    9.3.2 股票分割 (271)
    9.3.3 股票回购 (272)
本章案例 (274)
本章小结 (275)
本章习题 (276)

第10章 企业价值评估 (278)

学习目标 (278)
导入案例 (278)
10.1 企业价值评估概述 (279)
    10.1.1 企业价值评估的概念 (279)
    10.1.2 企业价值评估的目的 (279)
    10.1.3 企业价值评估的内容 (280)

10.1.4　企业价值评估的对象 …………………………………………（281）
　　10.1.5　企业价值评估的方法 …………………………………………（282）
10.2　现金流量折现法 ……………………………………………………（286）
　　10.2.1　现金流量折现法的概念 …………………………………………（286）
　　10.2.2　现金流量折现法的计算步骤 ……………………………………（286）
　　10.2.3　现金流量折现法的优缺点 ………………………………………（289）
10.3　相对价值法 …………………………………………………………（290）
　　10.3.1　市盈率法 …………………………………………………………（290）
　　10.3.2　市净率法 …………………………………………………………（291）
　　10.3.3　市销率法 …………………………………………………………（293）
　　10.3.4　相对价值法在应用中必须注意的问题 …………………………（294）
本章案例 ……………………………………………………………………（295）
本章小结 ……………………………………………………………………（296）
本章习题 ……………………………………………………………………（297）

附录 ……………………………………………………………………………（298）

主要参考文献 ………………………………………………………………（306）

第 1 章

财务管理总论

学习目标

通过本章的学习，要求学生掌握财务管理的概念、特点与环节；掌握财务管理的目标含义和种类，熟悉财务管理目标协调的方法；熟悉财务管理的环境分类与主要内容。

导入案例

蓝田神话的破灭

1992 年蓝田（沈阳蓝田股份有限公司）成立之初，其主业为制药业与酒店业。后来根据市场形势的变化，蓝田决定选择把农业作为公司的发展方向，开拓新的生产力增长点。1996 年 6 月 18 日，蓝田在上海证券交易所上市；1996 年 5 月，蓝田增发新股 3 000 万股，共募集股金 24 155 万元；1996—2000 年，蓝田在财务数据上一直保持着神奇的增长速度。总资产规模从上市前的 2.66 亿元发展到 2000 年年末的 28.38 亿元，增长了 10 倍，历年年报的业绩都在每股 0.60 元以上，最高达到 1.15 元。即使遭遇了 1998 年特大洪灾以后，每股收益也达到了不可思议的 0.81 元，创造了中国农业企业罕见的"蓝田神话"，被称作"中国农业第一股"。

2001 年 10 月 26 日，中央财大教授刘姝威发表文章，对蓝田造假行为进行揭露，此时蓝田的真实总资产 10.26 亿元，总负债 11.205 亿元。蓝田造假丑闻曝光后，股价大跌，各个专业银行纷纷停止对其贷款，此后蓝田资金链条断裂。最后，因涉嫌提供虚假财务信息，董事长等 10 名中高层管理人员被拘，无数股东倾家荡产、负债累累，相关商业银行损失惨重。

蓝田的失败，最主要的原因是公司治理机制失灵，在缺乏明确的投资战略的情形下盲目扩张。蓝田上市时，曾经募集了 2 亿多资金，后又通过增发股票筹集近 2.5 亿元资金，公司高层本应该适时实施正确的投资战略，以引导企业步入健康发展的轨道，但是，蓝田的财务管理漏洞百出，如资金大量流失和财务报告虚假，等等，致使公司真实的业绩状况不断恶化。于是管理高层炮制了所谓"金鸭子""野莲汁、野藕汁"和"无氧鱼"的动人故事，靠骗取贷款来过日子。此外，蓝田的失败还有一些其他原因，如地方政府过分袒护公司，政企严重不分；注册会计师的审计失当、执业水平偏低等。

（资料来源：编者整理）

1.1 财务管理概述

1.1.1 财务管理的概念

财务管理作为一种管理活动，是企业管理的重要组成部分。顾名思义，财务管理也就是管理企业财务。而企业财务是指企业在生产经营过程中涉及资金的活动及其所体现的各方面的经济利益。前者称为财务活动，后者称为财务关系。因此，财务管理是企业组织财务活动、处理财务关系的一项综合性管理工作。

1. 财务活动

根据图1-1所示资产负债表结构图，可将财务活动分为投资活动和筹资活动两大部分。具体来说，投资活动可分为长期投资和流动资产投资。其中，流动资产投资又称为资金营运活动。筹资活动可分为长期筹资和短期负债筹资。其中，长期筹资又分为长期负债筹资和长期股权筹资；而短期负债筹资是为维持流动资产而进行的筹资活动，可归为资金营运活动。

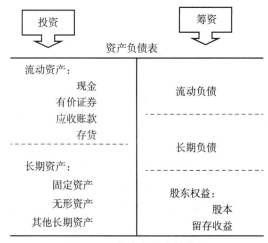

图1-1 资产负债表结构图

尽管分配股利会增加股东财富，但一般企业都不会把全部收益以股利的形式分配给股东，而是将其作为公司的一项重要资金来源。因此，公司的股利政策可以看作筹资活动的一个组成部分。

根据上述分析，企业的财务活动可细分为筹资、投资、资金营运和股利分配四项内容。

1）筹资活动

这里的筹资活动主要指长期筹资活动。按照资金的来源渠道不同，可分为长期股权筹资（如吸收直接投资、发行股票、留存收益等）和长期债权筹资（如长期借款、发行债券、融资租赁等）。在筹资过程中，企业一方面要根据战略发展的需要和投资计划来确定筹资的总体规模；另一方面要通过筹资渠道、筹资方式的选择，合理确定筹资结构，降低筹资成本和风险。

2）投资活动

这里的投资活动主要是指企业的长期投资活动，即对列示在资产负债表左下方有关项目的管理。企业在投资过程中，为确保获取最佳投资效益，必须考虑投资规模，同时还必须通过投资方向和投资方式的选择来确定合适的投资结构，提高投资效益、降低投资风险。

3）资金营运活动

在企业日常生产经营过程中，会发生一系列的资金收付。如材料采购、支付工资和各项杂费、销售商品收回资金等。如果资金不能满足企业经营的需要，企业还要采取短期借款、商业信用等方式来筹集所需资金。为满足日常经营活动需要垫支的资金称为营运资金，通常指流动资产减去流动负债后的差额。

企业需要确定营运资金的持有政策和管理策略，包括现金持有量的确定、应收账款信用政策和收账政策的确定、存货订货批量的确定，等等。

4）股利分配活动

企业取得的各项收入在补偿成本、缴纳税金后，还应依据有关法律对剩余收益进行分配。股利分配是指企业向股东分派股利，是企业利润分配的一部分，包括股利支付程序中各日期的确定、股利支付比率的确定、支付现金股利所需资金的筹集方式的确定等。

企业的净收益可以支付给股东，也可以留存在企业内部，股利政策的关键问题是确定分配和留存的比例。股利政策不仅会影响股东财富，而且会影响企业在资本市场上的形象及股票价格，关系到公司未来的长远发展。合理的股利分配政策一方面可以为企业规模扩张提供资金来源；另一方面可以为企业树立良好的形象，吸引潜在的投资者和债权人，实现股东财富和企业价值最大化。

2. 财务关系

企业在进行投资活动、资金营运活动、筹资活动和股利分配活动的过程中，与各方面有着广泛的财务关系。这些财务关系主要包括以下几个方面：

1）企业与投资者之间的财务关系

主要是企业的投资者向企业投入资金，企业向投资者支付投资报酬所形成的经济关系。

2）企业与债权人、债务人之间的财务关系

主要包括：企业和其他单位之间由于相互购销商品、提供劳务等形成的资金结算关系；企业和银行等金融机构之间的借款、还款，以及企业通过发行债券筹集资金所形成的和其他企业或个人之间的借款、还款的资金借贷关系。作为债权人，企业有权要求对方到期支付货款，定期偿还本息；作为债务人，企业则有相同内容的义务。

3）企业与税务机关及行政部门之间的财务关系

这是指企业按照国家税法的有关规定向国家相应征税机关缴纳各种税款，以及向政府行政部门按规定缴纳相关费用。

4）企业与受资者之间的财务关系

主要是指企业利用闲置资金以购买其他单位股票或与其联营等形式向其他单位投资所形成的经济关系。企业有权按其出资在受资企业所占比例参与受资企业的利润分配或经营管理。

5）企业内部各单位之间的财务关系

这是指企业内部各单位之间在生产经营各环节中互相提供产品或劳务所形成的经济关系。

6) 企业与职工之间的财务关系

主要是指企业根据职工付出劳动的数量、质量和业绩，支付工资、奖金等劳动报酬过程中形成的经济关系。

1.1.2 财务管理的环节

财务管理的环节就是企业财务管理的工作步骤与一般工作程序。一般而言，企业财务管理包括五个环节。

1) 规划和预测

这是以全局为观念，根据企业整体战略目标和规划，结合对未来宏观、微观形式的预测，来建立企业财务的战略目标和规划，为决策提供依据。

2) 财务决策

这是财务管理的核心，财务预测是为财务决策服务的，决策的成功与否直接关系到企业的兴衰成败，是编制财务预算、进行财务控制的基础。

3) 财务预算

这就是企业财务战略规划的具体规划，是控制财务活动的依据。

4) 财务控制

这是指企业利用有关信息和特定手段，对企业的财务活动施加影响或调节，以便实现计划所规定的财务目标和预算执行的过程。

5) 财务分析与业绩评价

（1）财务分析既是对已完成的财务活动的总结，又是财务预测的前提，在财务管理环节中起着承上启下的作用。

（2）业绩评价的有效性又是企业目标实现的动力和保证。

以上几个环节的财务管理工作相互联系、相互依存。

1.2 财务管理目标

1.2.1 财务管理目标的含义和种类

企业财务管理目标是企业财务管理活动预期实现的结果。对于财务管理人员而言，明确合理的财务管理目标是极为重要的：它是评价企业财务管理行为是否合理有效的基本标准，是企业财务管理工作的行为导向，有助于日常财务管理行为的高效与规范化，有助于科学地进行财务决策。没有明确、合理的目标，财务管理行为会加大随意性，极大地影响企业的稳定和发展。

不同的企业、不同发展阶段的企业，选取的财务管理目标也会大不相同。目前，最具有代表性的财务管理目标有利润最大化、每股收益最大化（本书不详述）、股东财富最大化和企业价值最大化。

1. 利润最大化

利润是一定时期企业全部收入减去全部费用后的差额。企业生存发展的最终目标就是获利，每个企业都最大限度地获得利润，整个社会的财富才可能实现最大化，从而带来社会的进步和发展；如果企业没有利润，其结果只能是趋于破产。因此，当实业界人士论及企业经营目标时，一般都认为就是利润最大化。我国企业的管理人员普遍关注利润表的编制以及对利润表有关数据的分析，可见利润最大化的观念深入人心。

1）利润最大化目标的优点

作为企业一定时期经营活动的经营成果，利润从一定程度上反映出企业经济效益的高低和对社会贡献的大小。同时利润是企业补充资本、扩大经营规模的源泉。因此，以利润最大化为财务管理目标是有一定道理的。

2）利润最大化目标的缺点

利润最大化目标在实践中也存在一些难以解决的问题。

（1）利润作为一个绝对额，没有反映创造的利润与投入资本之间的关系，因而不利于不同资本规模的公司之间或不同期间之间的比较。例如，A 企业的利润为 100 万元，B 企业的利润为 200 万元，在两家企业规模不同的情况下，很难根据这一数据作出 B 企业优于 A 企业的判断。

（2）利润及其最大化没有考虑时间价值因素，也就是没有考虑利润取得的时间。

（3）没有考虑风险因素，高额利润往往要承担过大的风险。

（4）片面追求利润最大化，可能导致短期行为，如忽视科技开发、产品开发、人才开发、生产安全、生活福利设施、履行社会责任等。一切短期行为的本质都以未来企业综合实力的下降为代价来换取当前利益，将严重影响企业的未来发展。

（5）利润额的确定受会计政策选择的影响较大，是一个主观性很强的会计指标。将该指标作为财务管理目标，势必导致企业管理当局将很大一部分精力用于盈余管理上。

为了弥补利润最大化的缺陷，有人提出以每股收益最大化作为财务管理的目标。每股收益是指企业利润与股份数之比，每股收益的大小反映了股东投入资本获得回报的能力，每股收益最大化的目标将企业实现的利润额同投入的资本或股本数进行对比，能够说明企业的盈利水平，可以在不同资本规模的企业或同一企业不同期间之间进行比较，揭示其盈利水平的差异。与利润最大化目标一样，每股收益指标仍然没有考虑利润取得的时间和风险因素，也不能避免企业的短期行为，同样是一个受人的因素影响较大的指标。

2. 股东财富最大化

按照股东财富最大化目标的逻辑，同公司的债权人、经营者和其他员工相比，股东作为公司股权资本的所有者，其承担的风险是最大的，其地位也是至上的，理应将股东的利益放在第一位。在市场经济条件下，股东财富是由其所持有的股票数量和股票市场价格两方面决定的，在股票数量一定的前提下，股票价格越高，股东财富就越大。因此，股东财富最大化也可表示为股票价格最大化。

1）股东财富最大化目标的优点

与利润最大化和每股收益最大化目标相比，将股东财富最大化作为财务管理目标具有如下优点：

（1）股票市场中股票的价格是由股票内在价值所决定的，而股票的内在价值是未来现金流量的现值。未来现金流量的现值这一概念，包含了资金的时间价值和风险价值两个方面的因素。未来现金流量的现值是按照一定折现率对未来现金流量折现后计算得出的。这里的折现率实质上是投资人要求的最低报酬率，它取决于投资企业所承担风险的大小。投资风险越大，折现率越高，反之亦然。因此股东财富这一指标能够考虑取得收益的时间因素和风险因素。

（2）由于股票价值是一个预期值，它趋向于反映公司决策所带来的长期影响，因此股东财富最大化在一定程度上能够克服公司在追求利润上的短期行为，保证了公司的长期发展。

（3）股东财富最大化能够充分体现公司股东（所有者）对资本保值与增值的要求。

2）股东财富最大化目标的缺点

股东财富最大化目标概念清晰、易于量化，并且弥补了利润最大化目标存在的缺陷，但是，该目标也存在以下几个问题：

（1）股票价格受诸多因素影响，财务管理行为仅是影响股票价格的因素之一。股票价格的波动不一定能反映公司的管理水平和公司业绩，也就是说，股价实际上不能完全反映股东财富或价值的大小。

（2）股东财富最大化目标只适用于股份有限公司，尤其是上市公司，对非上市公司很难适用。

（3）股东财富最大化目标在实际工作中可能导致公司所有者与其他利益主体之间的矛盾与冲突。现代企业是多边契约关系的总和，股东作为所有者，在企业中承担着最大的权利、义务、风险和报酬，地位当然也最高，但是债权人、职工、客户、供应商和政府等也为企业承担了相当的风险。比如以下一些风险：

①随着举债经营的企业越来越多，举债比例和规模也较以前有所扩大，使得债权人风险大大增加。

②在社会分工细化的今天，由于简单的体力劳动越来越少，复杂的脑力劳动越来越多，分工越来越细化，使得职工的再就业风险也不断增加。

③在现代企业制度下，企业经理人受所有者的委托，代其管理和经营企业，在激烈竞争的市场和复杂多变的形势下，代理人所承担的责任越来越大，风险也随之加大。

④随着市场竞争和全球化的影响，企业与顾客以及企业与供应商之间不再是简单的买卖关系，更多的情况下是长期的伙伴关系，处于一条供应链上，并共同参与同其他供应链的竞争，创造多赢的局面。

⑤政府，不论是作为国有企业的出资人还是监管机构，其风险也是与企业各方的风险相关联的。

在股东财务最大化目标下，债权人、经营者、职工等相关的利益群体的利益难以得到保证，势必会给企业带来危害，影响财务管理目标的实现。

3. 企业价值最大化

企业价值就是企业的市场价值，是企业所能创造的预计未来现金流量的现值，反映了企业潜在的或预期的获利能力和成长能力。对于企业价值最大化与股东财富最大化的关系，一直存在争议。有人认为二者是完全相同或等价的，而有人认为无论是从观念上还是从计量方式上，二者都存在明显差异。通常，在市场有效的情况下，企业未来现金流量越多、越稳定，其股票价格也越高。在这种情况下，股东财富最大化目标与企业价值最大化目标达到了协调与统一。如果市场无效，这种协调与统一就可能被破坏。

1）企业价值最大化目标的优点

（1）采用未来现金流量的现值来估计企业的价值，已经充分考虑了时间价值和风险价值两个方面的因素。以企业价值最大化作为目标，要求财务管理人员权衡风险和收益之间的关系，统筹安排长短期规划、合理选择投资方案、有效筹措资金等。任何单纯追求收益而不顾及风险，或一味规避风险而无法取得较高收益的行为都会降低企业价值。因此，该目标同时也可以克服管理上的片面性和短期行为。

（2）与股东财富最大化目标类似，企业价值最大化目标也反映了公司所有者对资本保值与增值的要求。

（3）社会资金通常流向企业价值最大化的企业或行业，企业价值最大化目标有利于社会资源合理配置，有利于实现社会效益最大化。

（4）企业价值最大化目标克服了股东财富最大化目标的不足，考虑了公司其他利益相关者的利益，认识到一个公司的竞争力和最终成功是利益相关者共同作用的结果。

因此，企业价值最大化目标，就是在权衡企业相关者利益的约束下实现所有者或股东权益的最大化。

2）企业价值最大化的具体内容

包括以下几个方面：

①强调风险与报酬均衡，将风险限制在企业可以承受的范围内。

②强调股东的首要地位，创造企业与股东之间利益的协调关系。

③加强对企业代理人即企业经理人或经营者的监督和控制。

④关心本企业一般职工的利益。

⑤不断加强与债权人的关系，请债权人参与重大财务决策的讨论，培养可靠的资金供应者。

⑥关心客户的长期利益，以保持销售收入的长期稳定增长。

⑦加强与供应商的合作。

⑧保持与政府部门的良好关系。

3）企业价值最大化目标的缺陷

以企业价值最大化作为财务管理的目标同样存在难以解决的问题。

企业价值最大化是一个十分抽象而很难具体确定的目标。从非上市企业来看，其未来财富或价值只能通过资产评估才能确定，但又由于这种评估要受到其标准或方法的影响，因而难以准确地予以确定。从上市企业来看，其未来财富或价值虽然可通过股票价格的变动来显示，但由于股票价格的变动不是公司业绩的唯一反映，而是受诸多因素影响的综合结果，因此，股票价格的高低实际上不可能反映上市公司财富或价值的大小。

尽管如此，基于企业价值最大化的观点仍最能体现企业财务管理的目标，更能揭示企业市场认可的价值。所以，它在西方通常被认为是较为合理的财务管理目标。在我国推行市场经济的今天，这一目标也会成为或正在成为我国企业较为合理的财务管理目标。

4. 社会责任

财务管理目标涉及社会责任的协调和统一。也就是说，当企业以企业价值最大化或股东财富最大化为财务目标时，还必须考虑整个社会是否受益。许多学者都给出了企业社会责任的定义，尽管表述不尽相同，但其基本内涵是一致的。目前普遍认同的社会责任理念是：企业在创造利润、对股东利益负责的同时，还要承担对员工、社会和环境的社会责任，包括遵守商业道德、生产安全、职业健康、保护劳动者的合法权益、节约资源等。其中，环境道德是企业社会责任的核心内容,在生态环境问题上,企业应当为所在小区、区域、国家乃至全球的可持续发展与长远利益负责。企业的生产经营活动消费自然资源,就应当承担起节约自然资源、开发与保护资源的责任,更应当防止对环境的污染与破坏,要整治被污染破坏了的生态环境。

越来越多的人认为,股东财富的积累和公司自身的生存都将取决于它是否履行其社会责任,社会责任已成为企业不可推卸的责任,同时也是实现其财务管理目标的必要保证。但是,短期来看,企业承担社会责任需要花费成本,如果某公司自愿承担了社会责任,那么它不得不提高产品售价以抵补增加的成本。而该行业内不承担社会责任的其他公司则将保持低成本和低售价水平。因此,承担社会责任的公司将在激烈的竞争中处于不利地位,进而不得不放弃这方面的努力。让处于竞争激烈行业的公司自动承担社会责任是十分困难的。

为此,一些成本高昂的社会责任应该采取强制执行手段,而不是靠公司的自觉行为,以确保所有的商业组织都平等地履行这些义务。例如,我国商务部目前已经在六类资源型产品出口配额招标的时候引入了企业社会责任的审查程序,如果一家企业没有为职工按时足额交纳养老、失业、医疗工伤等各项社会保险,没有达到国家的环保标准,存在明显的违法违规行为,这家企业就不具备投资的资格。今后商务部还将有序扩大试点的范围,从贸易环节入手,积极引导更多的企业承担社会责任。

1.2.2 财务管理目标的协调

协调相关者的利益冲突,要把握的原则是尽可能使企业相关者的利益分配在数量上和时间上达到动态的协调平衡。而在所有的利益冲突协调中,股东与管理层、所有者与债权人的利益冲突与协调至关重要。

1. 股东与管理层之间的利益冲突与协调

拥有公司所有权的股东所追求的目标是资本的保值、增值,最大限度地提高资本收益,增加股东财富;拥有公司经营权的管理层作为股东的代理人,除了追求高工资、高奖励外,还包括豪华的办公条件、气派的商业应酬以及个人声誉、社会地位等。由于代理人的目标与股东不一致,代理人对自身利益的追求是以牺牲股东利益为代价的。因此,如果没有适当的激励约束机制,管理层就有可能利用股东的授权谋求更多的自身收益,使股东的最大利益难以实现。

由于委托人与代理人之间存在着严重的信息不对称,因此,委托人对代理人努力程度的大小、有无机会主义行为较难察觉。根据代理理论,解决股东与管理层之间矛盾与冲突的最好方法就是:一方面,对管理层行为进行密切监督;另一方面,提供必要的激励和动力,使其为实现股东的利益而努力工作。具体的措施如下:

1)解聘

解聘是一种股东约束管理者的办法。股东对管理层予以监督,如果管理层未能使企业价值最大化,就将其解聘,管理层因害怕被解聘而被迫努力实现财务管理目标。

2)收购

收购是一种通过市场约束管理者的办法。如果公司管理层经营决策失误、经营不力,未能采取一切有效措施挖掘公司潜力、使企业价值提高,导致公司股票价值被严重低估,敌意收购就可能发生。敌意收购(Hostile Takeover),又称恶意收购,是指收购公司在不管对方是否同意的情况下，所进行的收购活动。当事双方采用各种攻防策略完成收购行为，并希望取得控制性股权，成为大股东。进行敌意收购的收购公司一般被称作"黑衣骑士"。在恶意收购中，被收购公司的原有管理人员通常会被解雇，即使留下来，其职位也要远低于其原职位。为避免被其他公司强行收购，公司管理者必须采取一切措施，提高股东财富和企业价值。

3）激励

激励是将管理层的报酬与其经营绩效挂钩，以使其自觉采取能提高股东财富和企业价值的措施。激励通常有两种基本方式：

（1）股票期权方式。

股票期权，是指一个公司授予其管理人员在一定的期限内，按照固定的期权价格购买一定份额的公司股票的权利。行使期权时，享有期权的管理人员只需支付期权价格，而不管当日股票的交易价是多少，就可得到相应的股票。期权价格和当日交易价之间的差额就是该管理人员的获利。股票期权本质就是一种受益权，即享受股票因价格上涨而带来的利益的权利。管理者为了获得更大的股票涨价益处，就必然主动采取能够提高股价的行动。

（2）绩效股方式。

绩效股是公司运用每股收益、资产收益率等指标来评价管理者的业绩，视其业绩大小给予管理者数量不等的股票作为报酬。如果公司管理者不能达到规定目标，原先持有的部分绩效股也将丧失。这种激励方式使管理者不仅为了多得绩效股而不断采取措施提高公司的经营业绩，而且会为了使每股市价最大化，也采取各种措施使股票价格上升，从而增加股东财富和企业价值。

2. 所有者与债权人之间的利益冲突与协调

当债权人借出资本后，便与股东形成了一种委托代理关系。股东追求财富最大化，而债权人希望到期收回本金和利息，双方期望实现的目标发生矛盾。在借贷活动中同样存在着信息不对称现象，股东比处于公司外部的债权人更了解公司的状况，他们利用这些信息选择有利于自身而不利于债权人的各种行为，如债务人（股东）违反借款协议，私下改变资本用途，或从事高风险投资等。若高风险的项目成功，额外的利润就会被股东独享；但若失败，企业破产，债权人却要与股东共同承担由此造成的损失。再如，股东可能未征得债权人的同意，而举借新债或发行新债券，致使旧债券的价值降低。

所有者与债权人的利益冲突，可通过以下方式解决：

1）限制性借债

债权人通过事先规定借债用途限制、借债担保条款和借债信用条件，使所有者不能通过以上方式削弱债权人的债权价值。

2）收回借款或停止借款

债权人发现企业有侵蚀其债权价值的意图，便会采取收回债权或不再给予新的借款的措施，从而保护自身权益。

1.3 财务管理环境

财务管理环境又称为理财环境，是指对企业组织财务活动和处理财务关系产生影响的企业内外各种条件的统称。在财务管理活动中,企业需要不断地对财务管理环境进行审视和评估,并根据其所处的具体财务管理环境的特点,采取与之相适应的财务管理手段和管理方法,以实现财务管理目标。只有在理财环境的各种因素作用下实现财务管理的协调平衡,企业才能生存和发展,才能正确地制定理财策略。

1.3.1 经济环境

影响财务管理的经济环境因素主要有经济周期、经济发展水平和宏观经济政策、通货膨胀等。

1. 经济周期

在市场经济条件下,经济通常不会出现较长时间的持续增长或衰退,而是在波动中前行。经济运行沿着复苏、高涨、衰退、萧条四个阶段周而复始地循环,称为经济周期。

在经济周期的不同阶段,企业理财工作面临着不同的理财问题。

经济周期处于高涨阶段,宏观经济环境和市场环境日益活跃:市场需求旺盛,订货饱满,商品畅销,利润上升,资金周转灵活,企业为扩大规模进行大量的筹资和投资活动。企业的供、产、销和人、财、物都比较好安排,企业的理财自然也就处于较为宽松有利的外部环境中。

经济周期处于萧条阶段,宏观经济政策和市场环境日趋紧缩:市场需求疲软,订货不足,商品滞销,利润下降,资金周转不畅。企业在供、产、销和人、财、物方面都会遇到很多困难。企业处于较恶劣的外部环境中。

我国的经济发展与运行也呈现其特有的周期特征,过去曾经历过若干次从投资膨胀、生产高涨到控制投资、紧缩银根和正常发展的过程,从而促进了经济的持续发展。企业的筹资、投资和资产运营等理财活动都要受这种经济波动的影响,比如在治理紧缩时期,社会资金十分短缺,利率上涨,会使企业的筹资非常困难,甚至影响到企业的正常生产经营活动。此外,由于国际经济交流与合作的发展,西方的经济周期影响也不同程度地波及我国。因此,要求企业财务人员对经济周期应有全面、正确的了解和认识,事前要作出科学的预测,并预先根据各阶段的特点和本企业的实际情况采取相应的对策和措施,掌握在经济发展波动中的理财本领。

2. 经济发展水平

经济发展水平主要是指投入水平、产出水平、人均收入水平等。

经济发展水平,对企业理财有重大影响。近年来,我国的国民经济保持持续高速增长,不仅给企业扩大规模、调整方向、打开市场以及拓宽财务活动的领域带来了机遇,同时,由于高速发展中的资金短缺将长期存在,又给企业财务管理带来严峻的挑战。因此,企业财务管理工作者必须积极探索与经济发展水平相适应的财务管理模式。

3. 宏观经济政策

经济政策是政府指导和影响经济活动所规定并付诸实施的准则和措施。

宏观经济政策主要包括财税政策、金融政策、外汇政策、外贸政策、价格政策、投资政策、社会保障制度等。所有这些政策,都深刻地影响着我国的经济生活,也深刻地影响着我国企业的发展和财务活动的运行。如金融政策中货币的发行量、信贷规模都能影响企业投资的资金来源和投资的预期收益;财税政策会影响企业的资本结构和投资项目的选择等;价格政策能影响资金的投向和投资的回收期及预期收益等。可见，经济政策对企业财务的影响是非常大的。这就要求企业财务人员必须把握经济政策，更好地为企业的理财活动服务。

4. 通货膨胀

通货膨胀是指投入流通中的货币过多，大大超过流通实际需要的数量，因而引起物价上涨、货币贬值的现象。

通货膨胀不仅对消费者不利，也给企业理财带来很大困难。通货膨胀会使企业遭遇资金短缺的困难，由于原材料价格上升，保持存货需要的资金增加；人工和其他费用增加；售价提高，使应收账款占用资金也增加。企业唯一的希望是利润同样增加，否则资金会越来越紧张。企业面对通货膨胀，为了实现预期的报酬率，必须加强收入和成本管理。同时，可使用套期保值等办法减少损失，如提前购买设备和存货、买进现货卖出期货等。

1.3.2 法律环境

市场经济的重要特征就在于它是以法律规范和市场规则为特征的经济制度。法律和政府法规为企业经营活动规定了活动空间，也为企业在相应空间内自由经营提供了法律上和制度上的保护。与企业财务管理相关的经济法律规范有很多，包括公司法、税法、证券法、合同法、票据法、结算法，等等。财务人员要熟悉这些法律规范，在守法的前提下完成财务管理职能，实现企业财务管理的目标。

1. 企业组织形式与财务管理特点

企业是市场经济的主体，企业组织形式的不同类型决定着企业的财务结构、财务关系、财务风险和所采用的财务管理方式的差异。因此，企业财务管理必须立足于企业的组织形式，明确目标，开展财务管理活动。按企业组织形式不同，可将企业分为独资企业、合伙企业和公司制企业。

1）独资企业

（1）独资企业是指依法设立，由一个自然人投资，财产为投资人个人所有，投资人以其个人财产对公司债务承担无限责任的经营实体。

（2）个人独资企业的特点：只有一个出资者，直接拥有企业的全部资产并直接负责企业的全部负债，企业的所有权与经营权是统一的。独资企业不具有法人资格，出资人对企业债务承担无限责任。独资企业不作为企业所得税的纳税主体，其收益纳入所有者的其他收益一并计算交纳个人所得税。

独资企业具有结构简单、容易开办、利润独享、限制较少等优点。但也存在无法克服的缺点，一是出资者负有无限偿债责任；二是筹资困难，个人财力有限，企业往往会因信用不足、信息不对称而存在筹资障碍。此外，由于受到业主数量、人员素质、资金规模的影响，独资企业抵御风险的能力低下。

我国的国有独资公司不属于本类企业，而是按有限责任公司对待。

2）合伙企业

（1）合伙企业是指自然人、法人和其他组织依法设立，由两个或两个以上的合伙人订立合伙协议，共同出资，合伙经营，共享收益，共担风险，并对合伙企业债务承担无限连带责任的营利组织。国有独资公司、国有企业、上市公司以及公益性的事业单位、社会团体不得成为合伙人。

(2) 合伙企业的特点如下：

①生命有限。合伙企业比较容易设立和解散。合伙人签订了合伙协议，就宣告合伙企业成立。新合伙人的加入，旧合伙人的退伙、死亡、自愿清算、破产清算等均可造成原合伙企业的解散以及新合伙企业的成立。

②责任无限。合伙企业作为一个整体对债权人承担无限清偿责任。

③相互代理。合伙人对执行合伙事务享有同等的权利。按照合伙协议的约定或者经全体合伙人决定，可以委托一个或者数个合伙人对外代表合伙企业，执行合伙事务。不执行合伙事务的合伙人有权监督执行事务合伙人执行合伙事务的情况。

④财产共有。合伙人投入的财产，由合伙人统一管理和使用，不经其他合伙人同意，任何一位合伙人不得将合伙财产移为他用。

⑤利益共享。合伙企业在生产经营活动中所取得、积累的财产，归合伙人共有。如有亏损，则亦由合伙人共同承担。损益分配的比例，应在合伙协议中明确规定；未经规定的，可按合伙人出资比例分摊，或平均分摊。

合伙企业具有开办容易、信用相对较佳的优点，但也存在偿债责任无限、权力不易集中、有时决策缓慢、筹资比较困难等缺点。

3）公司制企业

公司是指依照公司法登记设立，以其全部法人财产，依法自主经营、自负盈亏的企业法人。公司享有由股东投资形成的全部法人财产权，依法享有民事权利，承担民事责任。公司股东作为出资者，享有资产收益、参与重大决策和选择管理者等权利，并以其出资额或所持股份为限对公司债务承担有限责任。我国公司法所称公司指有限责任公司和股份有限公司。

（1）有限责任公司。

有限责任公司由50个以下股东出资设立，注册资本的最低限额为人民币3万元。股东按照实缴的出资比例分取红利；公司新增资本时，股东有权优先按照实缴的出资比例认缴出资。一个自然人股东或者一个法人股东可以设立并只能设立一个一人有限责任公司，注册资本最低限额为人民币10万元。国有独资公司，是指国家单独出资、由国务院或者地方人民政府授权本级人民政府国有资产监督管理机构履行出资人职责的有限责任公司。

有限责任公司股东会由全体股东组成，是公司的最高权力机构。有限责任公司应设立董事会或执行董事，并设监事会或监事，董事、高级管理人员不得兼任监事。

有限责任公司的股东之间可以相互转让其全部或者部分股权。但股东向股东以外的人转让股权，应当经其他股东过半数同意。

（2）股份有限公司。

股份有限公司的设立、组织机构等很多方面与有限责任公司类似，下面仅对两者的区别加以描述。

①设立股份有限公司，应当有2人以上200人以下的发起人，其中须有半数以上的发起人在中国境内有住所。股份有限公司注册资本的最低限额为人民币500万元。股东大会由全体股东组成，是公司的最高权力机构，出席股东大会的股东所持每一股份代表一份表决权。股份有限公司必须设立董事会和监事会，上市公司还应设立独立董事。股份有限公司区别于有限责任公司的是：资本总额平分为金额相等的股份，并通过公开发行股票向社会募集资金。同时，股份可以自由转让，但不能退股。

②股份有限公司具有筹资便利、风险分散、资本具有充分的流动性等优点。由于股份有限公司资本雄厚，实力强大，所以已经成为西方大企业所采用的普遍形式，也是我国建立现代企业制度过程中选择的企业组织形式之一。本书所讲的财务管理，主要是指股份有限公司的财务管理。

③企业组织形式的差异导致财务管理组织形式的差异。在独资和合伙的企业组织形式下，企业的所有权和经营权合二为一，也就是说，企业的所有者同时也是经营者，他们享有财务管理的所有权利，并承担一切财务风险和责任。而当企业采用公司制的组织形式时，所有权和经营权通常会发生分离，公司的财务管理权也相应分属于所有者和经营者两个方面。

2. 公司治理

现代财务管理的重要环境之一就是企业治理和财务监控机制，这种环境最具代表性的是股份公司的治理和财务监控机制。有效的公司治理取决于公司治理机构是否合理、治理机制是否健全、财务监控是否到位。

1）公司治理结构

公司治理是现代企业制度的核心问题和财务管理的基本前提。公司治理结构是指明确界定股东大会、董事会、监事会和经理人员职责和功能的一种企业组织结构。一般地讲，公司治理结构包括四大机构：股东大会、董事会、经理层和监事会，公司治理结构的根本任务在于明确划分四大机构各自的权力、责任和利益，形成相互之间的制衡关系，最终保证公司制度的有效运行。

（1）股东大会是股东表达意志、利益和要求的主要场所和工具。理论上讲，股东大会是公司的最高权力机构，它决定公司的重大事项，但就一个拥有众多股东的公司来说，不可能让所有的股东定期聚集来对公司的经营活动进行领导和管理。因此，股东们推选出能够代表自己利益的、有能力的、值得信赖的少数代表，组成董事会。

（2）董事会对外代表公司进行业务活动，对内管理公司的生产和经营，也就是说，公司的所有内外事务都在董事会的领导下进行。董事会是对股东大会负责的经营决策机构，而股东大会的职能已相对减弱。

（3）经理层是对董事会负责的执行机构，包括总经理、副总经理、财务负责人等，受聘于董事会，负责处理公司的日常经营事务。

（4）监事会是对董事会和经理层执行业务的监督机构，对内一般不能参与公司的决策和管理，对外一般无权代表公司。作为对《公司法》关于公司治理结构的补充，中国证监会在其颁布的《关于在上市公司建立独立董事制度的指导意见》和《上市公司治理准则》中引入和强化了独立董事制度。

公司治理结构在经济运行中具体表现为公司治理机制，包括决策机制、激励机制与约束机制等内容，又分为内部治理机制和外部治理机制。在公司内部，通过组织程序明确股东、董事会和高级管理人员的权力分配和制衡关系，具体表现为公司章程、董事会议事规则、决策权力分配等一系列内部控制制度；在公司外部，通过政府、中介机构和市场监督约束，这些外部的约束包括法律、法规、合同、协议等条款。外部治理机制常表现为事后保障机制，需要充分准确的公司信息披露。

2）财务监控与信息披露

（1）公司治理结构和治理机制的有效实现是离不开财务监控的，公司治理结构中的每一个层次都有监控的职能。从监控的实务来看，最终要归结为包括财务评价在内的财务监控。因此，有效的公司治理体系必须有完整的财务监控来支持。公司内部的财务监控主要由财务总监、内部审计机构和董事会下设的审计委员会来实施。公司外部的财务监控主要由注册会计师来行使，注册会计师以其独立、客观、公正的身份，对公司管理层提供的财务报表的合法性、公允性以及会计处理方法的一致性提出意见。

（2）信息披露是指上市公司依照法定条件要求将自身财务、经营等情况向证券管理部门报告并向社会公众投资者公告的活动。实证研究表明，信息披露特别是财务信息披露是公司治理的决定因素之一，而公司治理的体系和治理效果又直接影响信息披露的要求、内容和质量。一般而言，信息披露受内部和外部两种制度的制约。外部制度就是国家和有关机构对公司信息披露的各种规定，如我国《公司法》《企业会计准则》对公司信息特别是财务信息的披露进行了规范，在内容和形式上作出了具体的规定。而内部制度是公司治理和内部控制对信息披露的各种要求，这些要求在信息披露的时间、内容、详细程度等各方面可能与外部信息披露的制度一样，也可能不一致。但无论如何，公司的信息披露存在着边界。通常，外部边界由政府法律法规决定；而内部边界则由公司治理体系和内部控制制度来决定。公司信息披露具有内、外两种制度的约束和动力。

信息披露制度的完善直接关系到公司治理的成败。一个强有力的信息披露制度是股东行使表决权能力的关键，是影响公司行为和保护中小投资者利益的有力工具。有效的信息披露制度有利于吸收资金，维持公众对公司和资本市场的信心；而条理不清、缺失不全的信息会丧失公众的信任，导致企业资本成本的提高和筹资困难，影响企业的发展。

3. 税收政策

税收是国家为了实现其职能，按照法律预先规定的标准，凭借政治权力，强制地、无偿地征收货币或实物的一种经济活动，也是国家参与国民收入分配和再分配的一种方法，税收是国家参与经济管理、实行宏观调控的重要手段之一。

国家财政收入的主要来源是企业所缴纳的税金，而国家财政状况和财政政策，对于企业资金供应和税收负担有着重要的影响；其次，国家各种税种的设置、税率的调整，还具有调节生产经营的作用。国家税收制度是企业财务管理的重要外部条件。企业的财务决策应当适应税收政策的导向，合理安排资金投放，以追求最佳的经济效益。

1）税收的类型

税收按不同的标准，有以下几种类型：

（1）按征税对象的不同，可分为流转税类、收益税（所得税）类、财产税类、资源税类和行为税类等。

（2）按中央和地方政府对税收的管辖不同，分为中央税、地方税、中央与地方共享税三类。

（3）按税收负担能否转嫁，可分为直接税和间接税。

（4）按征收的实体来划分，可分为货币税和实物税。

2）国家的税收政策对企业的财务决策的重要影响

它涉及企业组织形式的选择、发行证券种类的选择、股利政策的确定等选择。这主要表现为以下几点：

（1）对企业筹资活动的影响。

由于债务融资中，利息是可抵扣的所得税，而股息则不能抵扣所得税，因此，债务融资与较大的税收好处相联系,并且这种债务税收好处是杠杆收购和财务重组的主要理由。

(2) 对企业投资活动的影响。

在企业的投资活动中,企业选择不同的企业类型、不同的投资地点、投资经营不同的业务等,都面临不同的税收政策。例如,国家对部分社会福利性生产公司、普通学校校办公司、高新技术公司、"三废利用"的产品等实行税收优惠政策,财务部门可以通过比较不同类型公司的税负,选择税负较轻的公司形式。

(3) 对企业分配活动的影响。

国家的税收政策会影响股东的收益,从而引起股东对公司股利分配政策的选择。通常国家按照不同的产业结构政策,或者鼓励企业扩大留存收益用于再投资,或者抑制企业的留存收益,促使企业扩大现金股利的分配。相应的税收政策便是对分给股东个人股利征收个人所得税,留在企业的留存收益则免于征税。但是对留存收益过大的企业,也可能征收不合理的留利税,以防止少数股东操纵股利分配,达到逃避个人所得税的目的。

1.3.3　金融环境

企业从事投资和经营活动所需要的资金,除了自有资金外,主要从金融市场取得,金融政策的变化影响着企业的筹资、投资和资金营运活动。因此,金融市场环境是企业开展财务管理活动不可或缺的最重要外部环境之一,对企业的财务决策有着不可估量的作用。

1. 金融市场的概念

金融市场是指资金供应者和资金需求者双方通过金融工具进行交易而融通资金的市场,与进行汽车、电脑、原材料和机器设备交易的实物交易市场不同,金融市场交易的是金融资产,金融资产是股票、债券、抵押资产和其他能产生未来现金流量的实物资产的要求权。

金融市场主要包括以下三层含义:

(1) 金融市场是金融资产进行交易的一个有形和无形的场所。金融市场可以是有形的市场,如银行、证券交易所等;也可以是无形的市场,如利用电脑、电话等设施通过经纪人进行资金融通活动。

(2) 金融市场反映了金融资产的供应者和需求者之间所形成的供求关系。

(3) 金融市场包含了金融资产交易过程中所产生的运行机制,其中最主要的是价格机制。在金融市场上,市场参与者之间的关系已不是一种单纯的买卖关系,而是一种借贷关系或委托代理关系,是以信用为基础的资本使用权和所有权的暂时分离或有条件的让渡。

2. 金融市场的分类

1) 金融市场以金融工具大类为标准进行分类

在实务中,金融市场通常以金融工具大类为标准进行分类,即把金融市场分为六个市场:股票市场、债券市场、货币市场、外汇市场、期货市场和期权市场。在这六大市场中,前三个市场又称作有价证券市场。

(1) 有价证券市场。

有价证券市场的金融工具主要发挥筹措资本、投放资本的功能。无论从市场功能上还是从交易规模上看,有价证券市场都构成了整个金融市场的核心部分。

证券市场的构成要素主要包括证券市场参与者、证券市场交易工具和证券交易场所三个方面。证券发行人是指为筹措资金而发行债券、股票等证券的政府、金融机构、公司和企业。证券发行就是把证券向投资者销售的行为，而购买证券者就是证券投资者，是证券市场的资金供给者。证券中介机构是连接证券投资者与筹资人的桥梁，证券市场功能的发挥，很大程度上取决于证券中介机构的活动。通过它们的经营服务活动，沟通了证券需求者与证券供应者之间的联系，不仅保证了各种证券的发行和交易，还起到维持证券市场秩序的作用。

（2）外汇市场。

外汇市场的交易工具主要是外国货币，这个市场具有买卖外国货币和保值投机的双重功能，但对筹措资本和投放资本这两大主要财务活动来说，它只是一个辅助性的市场。对于以筹资或投资为目的的金融市场参加者来说，利用外汇市场不过是为了最终参加其他国家的有价证券市场活动。

（3）期货市场和期权市场。

期货市场和期权市场的辅助性质更为突出。它们既不能筹措资本用于生产，也不能投放资本以获得利息。对于具有筹资和投资目的的金融市场参与者来说，这两个市场主要是用来防止市场价格和市场利率剧烈波动给筹资、投资活动造成巨大损失的保护性机制。因此，这两个市场又可称为保值市场。

从公司理财的角度进行分析，有价证券市场是一国金融市场的主体。要想进行筹资或投资活动，必须利用有价证券市场。

外汇市场是一国有价证券市场与另一国有价证券市场之间的纽带，一国的投资者或筹资者要想进入另一国的有价证券市场，必须首先通过外汇市场这一环节。

期货市场和期权市场是市场价格不稳定条件下有价证券市场和外汇市场的两个支点，它们提供保证金融市场稳定发展的机制。期货市场以金融期货与有价证券市场和外汇市场相交，期权市场是以期权的各种基础证券与其他金融市场相交。

2）按期限划分为短期金融市场和长期金融市场

（1）短期金融市场又称货币市场，是指以期限一年以内的金融工具为媒介，进行短期资金融通的市场。其主要特点有：

①交易期限短。

②交易的目的是满足短期资金周转的需要。

③所交易的金融工具有较强的货币性。

（2）长期金融市场是指以期限一年以上的金融工具为媒介，进行长期性资金交易活动的市场，又称资本市场。其主要特点有：

①交易的主要目的是满足长期投资性资金的供求需要。

②收益较高而流动性较差。

③资金借贷量大。

④价格变动幅度大。

3）按交易的过程不同分为初级市场和次级市场

（1）初级市场，也称一级市场或发行市场，是指新发行证券的市场，这类市场使预先存在的资产交易成为可能。

（2）次级市场，也称二级市场或流通市场，是指现有金融资产的交易场所。初级市场我们可以理解为"新货市场"，次级市场我们可以理解为"旧货市场"。

4）按金融工具的属性分为基础性金融市场和金融衍生品市场

（1）基础性金融市场是指以基础性金融产品为交易对象的金融市场，如商业票据、企业债券、企业股票的交易市场。

（2）金融衍生品市场是指以金融衍生产品为交易对象的金融市场。所谓金融衍生产品，是一种金融合约，其价值取决于一种或多种基础资产或指数，合约的基本种类包括远期、期货、掉期（互换）、期权，以及具有远期、期货、掉期（互换）和期权中一种或多种特征的结构化金融工具。

除上述分类外，按金融市场的组织方式不同分类，可将金融市场分为拍卖市场（交易所市场）和柜台市场（又称店头市场）。按金融市场活动的目的不同，将金融市场分为有价证券市场和保值市场。前者如股票市场、债券市场；后者如期货市场、期权市场等。按金融市场所处的地理位置和范围不同，将金融市场分为地方性金融市场、区域性金融市场、全国性金融市场、国际性金融市场等。按交割方式不同，将金融市场分为现货市场、期货市场和期权市场。

3. 金融市场的作用

从公司理财的角度看，金融市场的作用主要表现在以下几个方面：

1）资本的筹措与投放

公司在金融市场上既可以发售不同性质的金融资产或金融工具，如股票、债券等，以吸收不同期限的资本；公司也可以通过购买金融工具进行投资，以获取额外收益。

2）分散风险

在金融市场的初级交易过程中，资本使用权的出售者在获得资本使用权购买者（生产性投资者）一部分收益的同时，也有条件地分担了生产性投资者所面临的一部分风险。这样，资本使用权出售者本身也变成了风险投资者，使经济活动中风险承担者的数量大大增加，从而减少了每个投资者所承担的风险。在期货市场和期权市场，金融市场参加者还可以通过期货、期权交易进行筹资、投资的风险防范与控制。

3）转售市场

资本使用权出售者可根据需要在金融市场上将尚未到期的金融资产转售给其他投资者，或用其交换其他金融资产。如果没有金融资产的转售市场，公司几乎不可能筹集巨额资本。此外，由于公司股票没有到期日，即股票持有者无法从其发行者处收回购买股票的资本，因此，股票转售市场的存在显得格外重要。

4）降低交易成本

金融市场减少了交易的搜索成本和信息成本。金融市场中各种中介机构可为潜在的和实际的金融交易双方创造交易条件，沟通买卖双方的信息往来，从而使潜在的金融交易变为现实。金融中介机构的专业活动降低了公司的搜索成本和信息成本。

5）确定金融资产价格

金融市场上买方与卖方的相互作用决定了交易资产的价格，或者说确定了金融资产要求的收益率。金融市场这一定价功能指示着资本流动的方向与性质。此外，在金融市场交易中形成的各种参数，如市场利率、汇率、证券价格和证券指数等，是进行财务决策的前提和基础。

4. 金融市场的构成要素

金融市场的构成要素主要有：市场主体，即参与金融市场交易活动的买卖双方；金融交易的对象,即金融工具,一般包括债权债务凭证和所有权凭证;组织方式,是指金融市场交易采用的方式;交易价格,反映的是在一定时期内转让货币资金使用权的报酬。

1)金融市场参与者(市场主体)

金融市场的参与者大致可分为五类:企业、政府、金融机构、中央银行和个人。

(1)企业。

在金融市场上,资金短缺的企业通过出售股票、债券等金融资产换取所需资金。资金闲置的企业通过购买金融工具进行投资,获取投资收益。

(2)政府。

政府通过发行各种债券,大量地经常性地筹集资金,利用金融市场调节财政收支状况。通常政府筹资的期限、利率、档次较多,可以满足金融市场上各种投资人的需求,而且风险极小,往往被视为最佳的金融市场工具。

政府在发生资金闲置时,也会以买方身份参加金融交易活动,通过购买金融工具把资金投放到金融市场。

(3)金融机构。

金融机构是金融市场上的专业参与者,在金融市场上具有特殊的作用。首先,它是最重要的中介机构;其次,它既是资金的供给者,又是资金的需求者。

金融机构为潜在的和实际的金融交易双方创造交易条件,沟通买卖双方之间的信息往来,从而使金融交易变为现实。金融机构包括银行业金融机构和其他金融机构两大类。

①银行业金融机构是指经营存款、放款、汇兑、储蓄等金融业务,承担信用中介的金融机构。银行的主要职能是充当信用中介、充当企业之间的支付中介、提供信用工具、充当投资手段和充当国民经济的宏观调控手段。我国银行主要包括各种商业银行和政策性银行。商业银行,包括国有商业银行(如中国工商银行、中国农业银行、中国银行和中国建设银行)和其他商业银行(如交通银行、广东发展银行、招商银行、光大银行等);国家政策性银行主要包括中国进出口银行、国家开发银行等。

②其他金融机构与银行的区别在于不以吸收存款作为主要资金来源,而是以某种特殊方式吸引资金,以某种特殊方式运用资金,从中获取利润。这类金融机构包括保险公司、金融资产管理公司、信托投资公司、共同基金、财务公司和金融租赁公司等。其他金融机构还包括市场中介机构,如证券交易公司、经纪人公司等。

(4)中央银行。

中央银行参与金融市场的目的是贯彻国家的货币政策,调节经济、稳定货币。中央银行通过买卖金融工具,投放或回笼货币,从而控制和调节货币供应量;通过参与外汇交易,维持本国货币汇率的稳定。同时,中央银行还是金融市场的主要管理者,维持金融业的合法、稳健运行。

(5)个人。

个人也被称为公众、家庭,其参与金融市场的目的一般是追求投资收益的最大化。个人是金融市场上重要的资金供给者,或者说是金融工具的主要认购或投资者。正是因为个人投资的分散性和多样性特征,才使金融市场具有了广泛的参与性和聚集长期资金的功能。

2)金融工具

金融工具是能够证明债权债务关系或所有权关系,并据以进行货币资金交易的合法凭证,它对于交易双方所应承担的义务与享有的权利均具有法律效力。金融工具可分为货币市场工具和资本市场工具,前者主要有商业票据、国库券(国债)、可转让大额定期存单等;后者主要是股票和债券等。金融工具一般有四个基本特征:

(1) 期限性,是指金融工具一般规定了偿还期,也就是规定债务人必须全部归还本金之前所经历的时间。

(2) 流动性,是指金融工具在必要时迅速转变为现金而不致遭受损失的能力。

(3) 风险性,是指购买金融工具的本金和预定收益遭受损失的可能性。一般包括信用风险和市场风险两个方面。

(4) 收益性,是指持有金融工具所能够带来的一定收益。

3) 组织方式

金融市场主要有两种组织方式:拍卖方式和柜台方式。

(1) 拍卖方式。

金融工具的拍卖是在证券交易所内进行的。证券交易所有自己的实体和会员,会员在交易所取得席位并在交易所进行交易。经纪人公司和证券交易公司派出的专业的经纪人和证券交易商接受会员的委托,按照委托人规定的条件,以尽可能有利的价格进行交易,而委托人不直接参加交易所的交易过程。在金融交易中,买卖双方通过公开竞价确定买卖的成交价格。

(2) 柜台方式(OTC)。

柜台方式也称为店头交易,包括一切不在交易所进行的证券交易活动,是由全国各地的经纪人和交易商组成的无形市场。柜台方式是通过作为交易中介的证券交易公司来买卖金融工具,买卖价格不是通过双方的直接竞价来确定,而是由证券交易公司根据市场行情和供求关系自行确定。通常证券交易公司以较低的价格买进某种金融工具,再以较高的价格将其卖出,从而获取买卖价格之间的价差。

4) 交易价格

在金融市场上,买卖双方买卖、转让的不是货币本身,而是货币的使用权。买卖双方的交易价格,反映的是在一定时期内转让货币资金使用权的报酬,这种货币资金的使用价格是以利率的形式表现出来的。利率是决定企业资金成本高低的主要因素,同时也是企业筹资、投资的决定性因素,对金融环境的研究必须注意利率现状及其变动趋势。

5. 利率

1) 利率的决定因素

正如任何商品的价格均由供应和需求两方面来决定一样,资金这种特殊商品的价格——利率,也主要由供给与需求来决定。但除这两个因素外,经济周期、通货膨胀、国家货币政策和财政政策、国际经济政治关系、国家利率管制程度等,对利率的变动均有不同程度的影响。因此,资金的利率通常由三部分组成:纯利率、通货膨胀补偿率(通货膨胀贴水)、风险收益率。通常将短期国库券的利率看作无风险利率。利率的一般计算公式可表示如下:

$$利率 = 纯利率 + 通货膨胀补偿率 + 风险收益率 \quad (1-1)$$

$$纯利率 + 通货膨胀补偿率 = 无风险收益率 \quad (1-2)$$

(1) 纯利率(Pure Rate of Interest),又称真实利率,是指没有风险和通货膨胀情况下的社会平均资金利润率。

（2）通货膨胀补偿率，是指由于持续的通货膨胀会不断降低货币的实际购买力，使货币贬值，导致投资者的真实回报降低。

例如，你将1 000元投资于年收益率为5.6%的债券，期限1年，到年底收回了1 056元。假设该年的通胀率为10%，也就是说在年初1斤大米卖2元钱，到了年末要卖2.2元。如果你的1 000元在年初能买500斤大米，到了年末却只能买1 056/2.2 = 480（斤）。实际上你的财富没有因投资而增加，56元的收益并不足以补偿通胀损失。因此投资者把资金交给借款人时，会在纯利率的水平上再加上通货膨胀补偿，以弥补通货膨胀造成的损失。

（3）风险收益率，是指投资者因承担投资的风险而要求的超过无风险收益率的额外收益。投资者承担的风险越大，则要求的额外收益就越大。风险收益率包括违约风险收益率、流动性风险收益率和期限风险收益率。

①违约风险收益率（DRP）是指为了弥补因债务人无法按时还本付息而带来的风险，由债权人要求提高的利率；违约风险的大小与借款人信用等级的高低成反比，借款人的信用等级越高，违约风险越小，投资者要求的风险补偿就越小，反之亦然。

②流动性是指某项资产迅速转化为现金的可能性。衡量流动性的标准有两个：资产出售时可实现的价格和变现时所需要的时间长短。

流动性风险收益率（LRP）是指为了弥补因债务人资产流动性不好而带来的风险，由债权人要求提高的利率。金融资产的流动性越低，为吸引投资者所需要的收益率就越高。期限相同种类不同的金融资产有不同的收益率，其原因不仅是它们的违约风险不同，而且在于它们的流动性不同。

③期限风险收益率（MRP）是指为了弥补因偿债期内利率变动引起债券价格变动给投资者带来的风险，由债权人要求提高的利率。在利率水平一定的情况下，长期债券的价格变动大于短期债券。

例如，在流动性和违约风险相同的情况下，5年期国库券利率比3年期国库券利率要高，差别在于到期时间不同。一般来说，证券期限越长，其市场价值波动的风险越高。因此，为鼓励对长期证券的投资，必须给予投资者必要的风险补偿。只有在利率预期剧烈下降时，投资者才愿意投资于长期证券而不愿意投资于中短期证券。

2）利率的类型

利率可按照不同的标准进行分类：

（1）按利率之间的变动关系，分为基准利率和套算利率。

①基准利率又称基本利率，是指在多种利率并存的条件下起决定作用的利率，基准利率变动，其他利率也相应变动。因此，了解基准利率水平的变化趋势，就可了解全部利率的变化趋势。基准利率在西方通常是中央银行的再贴现率，在我国是中国人民银行对商业银行贷款的利率。

②套算利率，是指在基准利率确定后，各金融机构根据基准利率和借贷款项的特点而换算出的利率。

例如，某金融机构规定，贷款AAA级、AA级、A级企业的利率，应分别在基准利率基础上加0.5%、1%、1.5%，加总计算所得的利率便是套算利率。

（2）按利率与市场资金供求情况的关系，分为固定利率和浮动利率。

①固定利率是指在借贷期内固定不变的利率。受通货膨胀的影响，实行固定利率会使债

权人利益受到损害。

②浮动利率是指在借贷期内可以调整的利率。在通货膨胀条件下，采用浮动利率，可使债权人减少损失。

(3) 按利率形成机制不同，分为市场利率和法定利率。

①市场利率是指根据资金市场上的供求关系，随着市场而自由变动的利率。

②法定利率是指由政府金融管理部门或者中央银行确定的利率。

3) 利率水平和股票价格

对企业来说，利息是一种成本，利率越高，公司利润越低。由于利率影响企业利润，它显然会影响股票价格。但最主要的因素还在于利率影响股票市场和债券市场的竞争。如果利率大幅上升，债市的回报率将提高，投资者就会出售股票转而购买债券，这就会导致股市的不景气。如果利率下降，情况则刚好相反。

6. 证券市场的有效性

有效市场理论是对证券市场有效性的描述，它是企业财务管理活动重要的理论基础。只有在有效市场中，公司价值最大化和股东财富最大化才能一致，MM定理的无套利分析才能成立。因此，证券市场的有效性构成了企业理财的最重要的金融环境假设。

有效市场是指证券价格已经充分吸收了所有的相关信息，任何人都不可能利用某种特定信息来赚取超额收益。这一假设意味着投资者是理性的，其购买和出售行为将使证券价格趋向其内在价值，且调整到均衡的速度，依赖于信息的可利用性和市场的竞争性。

1) 有效市场的特点

(1) 一个有效的市场应该充分正确地反映所有与决定价格有关的信息。

(2) 对某个特定信息而言，如果将其披露给所有的市场参与者后，证券价格不会发生变化。

(3) 如果市场是有效的，就不可能以某个特定的信息为基础进行交易而获取经济利益。

2) 有效市场的类型

按照美国经济学家法玛的定义，根据反映信息的不同类型，有效市场可分为以下三个类型：

(1) 弱有效市场。

该类市场对历史信息有效，历史信息包括时间、价格和成交量等，当前市场价格已经充分反映了证券价格的历史信息，这意味着在弱有效市场中无法根据股票历史价格信息对今后价格作出预测，根据历史价格数据即技术分析手段进行交易，无法获得超额收益。例如，股票价格在过去3天内一直上涨，但对于今天或明天没有任何借鉴作用。

(2) 半强有效市场（半强式有效市场）。

该类市场对公开信息有效，公开信息包括股票价格、会计数据、行业前景、整个国民经济数据以及与公司有关的所有公开信息。这意味着在半强有效市场中无法根据公司的资产负债表、损益表、分配方案等公开信息对证券的未来价格作出预测，根据公开信息所作的基本分析，无法获得超额收益，因为一旦出现好消息或坏消息，市场价格将及时进行调整。但是，公司内部人士（经理层）能通过内部信息获得超额收益。

(3) 强有效市场。

该类市场对包括内幕信息在内的所有相关信息均有效，包括历史信息、公开信息和各种内幕信息等,这意味着在强有效市场没有人能够利用包括内幕信息在内的任何信息获得超额收益。

大部分研究表明,从实践上看,股票市场属于高度弱有效市场;从理论上看,股票市场属于半强有效市场,至少对大多数的股票而言是这样的。

美国金融市场极度发达,尤其是股票市场,市场效率很高,被认为是强有效市场。但在我国,信息披露制度还不健全,获得内幕消息的人往往可从股市获得超额利润,从而阻碍了我国证券市场健康、快速发展。例如"银广厦事件""杭萧钢构事件"等。我国证券市场信息披露不规范,还不具备强有效市场特征。

本章案例

1. 案例资料

1999年9月,泰达股份(000652)正式推出了《激励机制实施细则》(以下简称《细则》),这是我国A股上市公司实施股权激励措施的第一部"成文法"。早在1998年年底,作为大股东的泰达集团,就和天津市政府、开发区有关领导就怎样在企业激发管理层及员工的积极性进行过探讨,并得到开发区领导的鼓励和支持。根据《细则》,泰达股份将在每年年度财务报告公布后,根据年度业绩考核结果对有关人士实施奖惩。公司将提取年度净利润的2%,作为公司董事会成员、高级管理人员以及有重大贡献的业务骨干的激励基金。基金只能用于为激励对象购买泰达股份的流通股票并作相应冻结;而处罚所形成的资金,则要求受罚人员以现金在6个月之内清偿。由公司监事会、财务顾问、法律顾问组成的相对独立的激励管理委员会负责奖罚。这种奖罚方式,能够最大限度地将激励对象的利益和公司的稳步增长长期紧密地结合在一起;而保持激励管理委员会工作的独立性和成员的广泛性,可以保证奖罚的严肃、公正、公开。

泰达股份每年根据经营业绩考核激励对象,达到考核标准的,给予相应的激励,达不到考核标准的,要给予相应的处罚。最重要的考核指标之一是公司每年业绩15%的增长率。泰达股份认为,公司奖励给个人的是奖金,而购买公司流通股票的行为属于个人性质,这种股权激励机制与《公司法》对回购条款的限制(《公司法》第149条)不相抵触。

按1998年度净利润13 336.8万元的2%计提,公司可提取260万元的激励基金(含税)。自1999年至2004年,经过了6年的时间,泰达股份的高管们手中的股票越来越多,表1-1是公司自1999年以来的总股本和高管股资料。

表1-1 泰达自1999年以来的总股本和高管股资料　　　　　　万股

历史变更时间	1999-11-29	2001-03-26	2002-06-26	2003-04-28	2004-07-06
总股本	26 515.49	30 027.96	45 041.94	81 075.49	105 398.13
高管股	5.53	0.00	68.30	95.84	103.61

泰达股份每年根据经营业绩考核激励对象,最重要的考核指标之一是公司每年业绩15%的增长率。表1-2是公司自1997年以来每年业绩资料。

表1-2 泰达自1997年以来每年业绩资料

项目	1997年度	1998年度	1999年度	2000年度	2001年度	2002年度	2003年度
主营业务收入/万元	15 003.52	21 405.91	21 752.72	38 220.77	37 405.64	38 719.50	44 816.96
主营业务利润/万元	3 821.65	11 535.12	13 113.78	16 159.14	17 611.60	15 824.48	19 656.93
营业利润/万元	3 875.51	10 103.06	13 017.86	13 001.17	11 712.14	8 236.97	9 760.63
利润总额/万元	8 360.70	14 796.87	18 690.21	15 571.28	13 224.92	13 934.36	13 082.05
净利润/万元	7 139.94	13 050.39	16 720.53	14 020.05	11 952.22	9 848.86	9 355.42
净资产收益率/%	28.68%	34.38%	30.15%	21.49%	9.22%	7.13%	6.39%
每股收益/元	0.53	0.70	0.63	0.53	0.40	0.22	0.12

（资料来源：刘桂英、邱丽娟主编《财务管理案例实验教程》，经济科学出版社、中国铁道出版社2005年版，第11~13页。）

2. 思考题

（1）分析天津泰达实施《激励机制实施细则》的目的是什么？

（2）天津泰达的《激励机制实施细则》有什么特点？

（3）从天津泰达近几年的主要业绩指标，评价实施股权激励措施的效果。

本章小结

财务管理的概念与内容。财务管理是企业组织财务活动，处理财务关系的一项综合性管理工作。企业的财务活动可细分为投资、筹资、资金营运和股利分配四项内容。财务管理的目标。最具有代表性的财务管理目标有利润最大化、每股收益最大化、股东财富最大化和企业价值最大化。基于企业价值最大化的观点虽也有一定缺陷，但仍最能体现企业财务管理的目标，更能揭示企业市场认可的价值。在企业价值最大化财务管理目标实施过程中，企业还要考虑社会责任问题和同股东、债权人等的代理问题。

财务管理的环境。企业的理财环境包括经济环境、法律环境和金融环境。其中，金融市场在资本的筹措与投放、分散风险、金融资产转售、降低交易成本、确定金融资产价格五个方面对企业理财发挥重要作用。利率是决定企业资金成本高低的主要因素，同时也是企业筹资、投资的决定性因素，对金融环境的研究必须注意利率现状及其变动趋势。利率的一般计算公式为利率＝纯利率＋通货膨胀补偿率＋风险收益率。

本章习题

一、单项选择题

1. 企业价值最大化目标强调的是企业的（　　）。
   A. 实际利润额　　　B. 实际利润率　　　C. 预期获利能力　　　D. 生产能力

2. 每股收益最大化作为财务管理目标，其优点是（　　）。
   A. 考虑了资金的时间价值　　　　　　B. 考虑了投资的风险价值
   C. 有利于企业克服短期行为　　　　　D. 反映了投入资本与收益的对比关系

3. 在资本市场上向投资者出售金融资产，如发行股票和债券等，从而取得资金的活动是（　　）。
   A. 筹资活动　　　　　　　　　　　　B. 投资活动
   C. 收益分配活动　　　　　　　　　　D. 资金营运活动

4. 在下列经济活动中，能够体现企业与其投资者之间财务关系的是（　　）。
   A. 企业向国有资产投资公司交付利润　B. 企业向国家税务机关缴纳税款
   C. 企业向其他企业支付货款　　　　　D. 企业向职工支付工资

5. 假定甲公司向乙公司赊销产品，并持有丙公司债券和丁公司的股票，且向戊公司支付公司债券利息。假定不考虑其他条件，从甲公司的角度看，下列各项中属于本企业与债权人之间财务关系的是（　　）。
   A. 甲公司与乙公司之间的关系　　　　B. 甲公司与丙公司之间的关系
   C. 甲公司与丁公司之间的关系　　　　D. 甲公司与戊公司之间的关系

6. 在没有通货膨胀的条件下，纯利率是指（　　）。
   A. 投资期望收益率　　　　　　　　　B. 银行贷款基准利率
   C. 社会实际平均收益率　　　　　　　D. 没有风险的均衡利率

7. 公司的信息披露存在着边界，通常，决定内部边界的因素包括（　　）。
   A. 政府法律法规　　　　　　　　　　B. 公司治理体系和内部控制制度
   C. 政府法律法规和公司治理体系　　　D. 企业会计准则

8. 用来防止市场价格和市场利率剧烈波动给筹资、投资活动造成巨大损失的保值市场是指（　　）。
   A. 股票市场　　　　　　　　　　　　B. 债券市场
   C. 外汇市场　　　　　　　　　　　　D. 期货市场和期权市场

9. 如果社会平均利润率为10%，通货膨胀补偿率为2%，风险收益率为3%，则纯利率为（　　）。
   A. 12%　　　　B. 8%　　　　C. 5%　　　　D. 7%

10. 下列有关企业价值最大化目标的具体内容中，不正确的是（　　）。
    A. 强调尽可能降低风险　　　　　　　B. 强调股东的首要地位
    C. 加强对企业代理人的监督和控制　　D. 加强与供应商的合作

二、多项选择题

1. 在下列各种观点中，既能够考虑资金的时间价值和投资风险，又有利于克服管理上的片面性和短期行为的财务管理目标是（   ）。
   A. 利润最大化   B. 企业价值最大化
   C. 每股收益最大化   D. 股东财富最大化

2. 下列各项中，属于企业资金营运活动的有（   ）。
   A. 采购原材料   B. 销售商品
   C. 购买国库券   D. 支付利息

3. 利润最大化不是企业最优的财务管理目标，其原因包括（   ）。
   A. 不能直接反映企业经济效益
   B. 没有考虑利润和投入资本额的关系
   C. 没有考虑利润取得的时间和承受风险的大小
   D. 没有考虑企业成本的高低

4. 下列各项经济活动中，属于企业投资活动的是（   ）。
   A. 购买设备   B. 购买办公用品
   C. 购买专利权   D. 购买原材料

5. 下列各项中，可用来协调公司债权人与所有者矛盾的方法有（   ）。
   A. 规定借款用途   B. 规定借款的信用条件
   C. 要求提供借款担保   D. 收回借款或不再借款

6. 与独资企业和合伙企业相比，股份有限公司的特点有（   ）。
   A. 股份有限公司的股东只负有限责任
   B. 股份有限公司可以永续存在，其寿命会比独资企业或合伙企业更有保障
   C. 股份有限公司的股份转让要相对困难，独资或合伙企业的权益转让通常比较困难
   D. 股份有限公司更加易于筹资，但股份有限公司的收益被重复纳税

7. 金融工具一般具有（   ）。
   A. 期限性   B. 流动性   C. 风险性   D. 收益性

8. 在不存在通货膨胀的情况下，利率的组成因素包括（   ）。
   A. 纯利率   B. 违约风险报酬率
   C. 流动性风险报酬率   D. 到期风险报酬率

9. 为确保企业财务目标的实现，下列各项中，可用于协调所有者与经营者矛盾的措施有（   ）。
   A. 所有者解聘管理者   B. 所有者向企业派遣财务总监
   C. 公司被其他公司接收或吞并 D. 所有者给管理者以"股票期权"

10. 根据我国《公司法》，上市公司治理结构涉及（   ）。
    A. 股东大会   B. 董事会
    C. 监事会   D. 内部独立审计

第2章

财务管理的价值观念

学习目标

通过本章学习,要求学生理解资金时间价值的含义,掌握复利的终值和现值、年金的终值和现值、贴现率和期数的计算方法;理解风险与收益的含义,掌握预期收益率与风险的衡量方法;掌握资本资产定价模型,熟悉套利定价模型。

导入案例

博彩奖金的转换决定:西格公司的理财运作

1987年,罗莎琳德·珊琪菲尔德赢得了一项总价值超过130万美元的大奖。这样,在以后的20年中,每年她都会收到65 276.79美元的分期付款。6年后的1995年,罗莎琳德·珊琪菲尔德女士接到了位于佛罗里达州西部棕榈市的西格资产理财公司(Singer Asset Finance Company)的一位销售人员打来的电话,称该公司愿立即付给她140 000美元,以获得今后9年其博彩奖支票的一半款项9年共293 745.51美元(=65 276.79/2×9)的分期付款。

西格公司是一个奖金经纪公司,其职员的主要工作就是跟踪类似罗莎琳德·珊琪菲尔德女士这样的博彩大奖的获得者。公司甚至知道有许多人会急于将他们获得奖项的部分马上变现成一笔大钱。西格公司是年营业收入高达7亿美元的奖金经纪行业中的一员,它和伍德步里奇·斯特林公司(Woodbridge Sterling Capital)目前占据了行业中80%的业务。类似西格公司这样的经纪公司,将它们收购的这种获得未来现金流的权利再转售给一些机构投资者,诸如美国太阳公司或是约翰·汉考克保险公司。本案例中,购买这项权利的是金融升级服务集团,简称EFSG公司,它是一家从事纽约州的市政债券的再保险公司。西格公司已谈好将罗莎琳德·珊琪菲尔德一半奖金的权利以196 000美元的价格卖给EFSG公司,如果罗莎琳德·珊琪菲尔德答应报价,西格公司马上能赚取56 000美元。最终罗莎琳德·珊琪菲尔德接受报价,交易达成。

请大家带着下面几个问题去学习本章内容:西格公司为何能安排这笔交易并立即获得56 000美元的利润?如果利率为5%,罗莎琳德·珊琪菲尔德女士未来9年的现金流量折算到1995年,相当于多少钱?

(资料来源:http://www.xicaiky.com 西财财管咨询团队)

2.1 资金的时间价值观念

2.1.1 资金时间价值的概念

为什么人们不愿把现金积压在手里而愿意存入银行或投资？购买物品时，如果分期付款与一次付现金是同一价格，为什么人们更愿意选择分期付款？因为资金具有时间价值（Time Value of Money）。所谓资金时间价值，是指资金在使用过程中随着时间的推移而发生的增值。

资金时间价值的核心思想是"现在的钱比将来的钱更值钱"。即使不考虑通货膨胀，现在的1元钱也比将来的1元钱更值钱。资金的时间价值首先可以从银行存款中得到简单易懂的说明：如果现在将100元钱存入银行，银行存款年利率为5%，那么一年后可以获得5元的利息，利息加上本金共为105元。那么，现在的100元钱在一年后就变成了105元。这就意味着现在的100元等值于一年后的105元。反过来看，一年后的105元只相当于现在的100元。而一年后的100元只相当于现在的95.24（100÷1.05）元。

资金为什么有时间价值呢？资金时间价值是以商品经济的高度发展和借贷关系的普遍存在为前提条件或存在基础的，是资金所有权和使用权分离的结果。资金由资金使用者从资金所有者处筹集来，投入生产或流通领域后，经过一段时间之后可以获得一定的收益或利润，实现增值。资金被使用的时间越长，所获得的利润越多，实现的价值增值越大。资金所有者因让渡资金的使用权要分享一部分资金的增值额。不是所有的资金都会产生时间价值，如果资金不参与生产经营而是被老财主埋藏于地下，显然不会发生增值。因此，资金进入生产经营过程或者说被用于投资是其产生价值增值的前提，这种价值增值量与时间的长短成正比。

为此，"现在的钱比将来的钱更值钱"可以理解为：当前获得的资金能立即用于投资，并带来收益；而将来才可获得的资金则无法用于当前的投资，也无法获得相应的收益。

资金时间价值有两种表现形式：一种是绝对数，即利息；一种是相对数，即利率。为了便于比较，通常用相对数利率表示。资金时间价值与金融市场中的利率是有差异的，利率是市场供求双方交易的结果，利率中不仅包括资金时间价值，还包含着风险价值和通货膨胀补偿因素，而资金时间价值则不包含风险和通货膨胀因素，只要商品生产存在，资金就具有时间价值，它是利润平均作用的结果。通常情况下，资金时间价值相当于没有风险也没有通货膨胀情况下的社会平均利润率，是企业资金利润率的最低限度，也是使用资金的最低成本率。实务中，在通货膨胀率很低的情况下，通常将一年期国债的利率视作资金的时间价值。

2.1.2 复利的终值和现值

在财务决策中，我们首先要估算或确定一项投资或筹资机会的现金流量，而后再根据相应的利率（或折现率）将不同时点的现金流量调整为同一时点的现金流量。因此，资金时间价值计算的对象是现金流量。

现金流量可分为单笔现金流量和系列现金流量两种。不同时点的现金流量既可以调整为现值，也可以调整为终值。现金流量的现值就是该现金流量现在的价值，用 P 来表示。与现值相对应的是终值，用 F 来表示，是指现在的现金流量相当于未来时刻的价值，可以计算该现金流量1年后的终值、1个季度后的终值……未来任意时点的终值。

在资金时间价值计算中有两种利息计算方式：单利和复利。单利计息是只有本金计算利息，利息不再计算利息。复利计息是指不仅要对本金计息，而且对本金所生利息也要计息，俗称"利滚利"。在复利计算利息时，隐含着这样的假设：每次计算利息时，都要将计算的利息转入下次计算利息时的本金，重新计算利息，这是因为债权人每次收到利息，都不会让其闲置，而是重新借出，从而扩大自己的资金时间价值。

1. 复利终值

复利终值计算公式为：

$$F = P(1+i)^n \tag{2-1}$$

公式（2-1）中的 $(1+i)^n$ 是现值为1元、利率为 i、期限为 n 的复利终值，通常称为"复利终值系数"，用符号表示为 $(F/P, i, n)$，可以通过直接查阅"复利终值系数表"获得。例如，$(F/P, 5\%, 8)$ 表示利率为5%的8期复利终值系数，查表可知该系数为1.477 5。公式（2-1）也可写作：

$$F = P(F/P, i, n)$$

【例2-1】 小李将10 000元存入银行，存期为3年，银行年利率为4%，如图2-1所示，问3年后小李能取出多少钱？

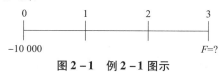

图2-1 例2-1图示

解：

$$F = P(1+i)^n = 10\,000 \times (1+4\%)^3 = 10\,000 \times 1.124\,9 = 11\,249（元）$$

或：

$$F = P(F/P, 4\%, 3) = 10\,000 \times 1.124\,9 = 11\,249（元）$$

2. 复利现值

复利现值是复利终值的逆运算，计算公式为：

$$P = F/(1+i)^n = F(1+i)^{-n} \tag{2-2}$$

公式（2-2）中的 $(1+i)^{-n}$ 是终值为1元、利率为 i、期限为 n 的复利现值，通常称为"复利现值系数"，用符号表示为 $(P/F, i, n)$，与复利终值系数互为倒数，可以通过直接查阅"复利现值系数表"获得。例如，$(P/F, 6\%, 15)$ 表示利率为6%的15期复利现值系数，查表可知该系数为0.417 3。公式（2-2）也可写作：$P = F(P/F, i, n)$。

【例2-2】 小王计划3年后更换某品牌电脑，预计那时该品牌电脑的售价为5 000元，目前银行年利率为3%，如图2-2所示，问小王现在需要一次性存入多少钱才能满足3年后的心愿？

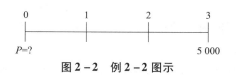

图2-2 例2-2图示

解：

$$P = F(1+i)^{-n} = 5\,000 \times (1+3\%)^{-3} = 5\,000 \times 0.915\,1 = 4\,575.5（元）$$

或：
$$P = F\ (P/F,\ 3\%,\ 3) = 5\ 000 \times 0.915\ 1 = 4\ 575.5（元）$$

时间、利率（或折现率）与终值和现值间的关系如图2-3所示。在其他条件不变的情况下，现金流量的现值与折现率和时间呈反向变动，现金流量所间隔的时间越长，折现率越高，现值越小；现金流量的终值与利率和时间呈同向变动，现金流量时间间隔越长，利率越高，终值越大。

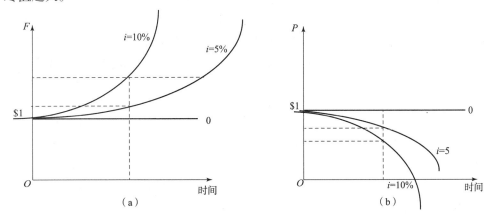

图2-3 时间、利率与终值和现值间的关系

3. 名义利率与实际利率

在实务中，金融机构提供的利率通常为年利率。前面例2-1、例2-2的复利计算中，所涉及的利率均假设为年利率，并且每年复利一次。事实上，不同种类的投资要求不同的计息期，复利的计算期可以是一年、半年、一个季度、一个月或一天等多种情况。在进行复利计算时，利率或折现率必须是每个复利计算期对应的利率或折现率。假设复利计算期不是一年，而是一个月，那么应该将年利率换算为月利率进行复利计算。

【例2-3】 承前例2-1，小李将10 000元存入银行，存期3年，银行年利率为4%，如图2-4所示，如果每季度复利一次，3年后小李能取出多少钱？

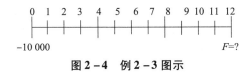

图2-4 例2-3图示

分析：
复利计算期为一个季度，共12期；每季度对应的利率为$4\% \div 4 = 1\%$。

解：
$$F = P\ (F/P,\ i,\ n) = 10\ 000 \times (F/P,\ 1\%,\ 12) = 10\ 000 \times 1.126\ 8 = 11\ 268（元）$$

按季度复利比按年复利多获得利息19（11 268 - 11 249）元。复利计息期越短，一年中按复利计息的次数就越多，利息额就越大。

如果年复利次数大于1，如每半年、每季度或每月复利一次，则按不同计息期计算的现值或终值就会发生很大差别。例2-3中，10 000元存款的年利率为4%，1年复利1次的话，3年后的终值为11 249元，1年复利4次的话，3年后的终值为11 268元。如果复利次数可选的话，理性的投资者必然会选择后者，因为名义上的年利率都是4%，而实际上后者给投资者带来的利息更多,后者的真实利率更高。那这个真实利率是多少呢?如果按 1 年复利 1 次,仍能使小李 3 年后取出的本利和为 11 268 元,则此时的年利率为小李存款的实际利率,又称为有效利率(EAR)。我们把例 2-3 中给出的不考虑复利次数的年利率 4%,称为名义利率。名义利率与实际利率的换算关系如下:

$$i = (1 + r/m)^m - 1 \qquad (2-3)$$

公式(2-3)中,m 为 1 年内复利的次数,i 为实际利率,r 为名义利率。

据公式(2-3)计算,例 2-3 中小李的实际存款年利率 $i = (1 + 4\% \div 4)^4 - 1 = 4.06\%$,也就是说,如果按照 4.06% 的年利率每年复利一次,小李 3 年后可取得 11 268 元。

名义利率只有在给出明确的复利次数时才是有意义的,否则,仅仅有名义利率没有任何价值。

例如,名义利率为 12%,10 000 元的本金,若是 1 年内复利 2 次,则 1 年后的终值为 11 236 元;若复利 4 次,则 1 年后的终值为 11 255 元。如果仅给出名义利率 12%,但是没有给出年内复利的次数,则不能据此计算终值和现值。而实际利率则不同,只要知道了实际利率,就可以直接计算终值和现值。

例如,如果已知实际利率为 12.36%,这就意味着如果存入 100 元钱到银行,在 1 年后肯定能得到 12.36 元的利息。

【例 2-4】 本金 10 万元,投资 8 年,年利率 6%,每半年复利一次,则本利和、复利息是多少?实际利率是多少?

分析:

半年利率 $i = 6\%/2 = 3\%$,期数 $n = 8 \times 2 = 16$

解:

本利和:$F = P \,(F/P, i, n) = 100\,000 \,(F/P, 3\%, 16) = 100\,000 \times 1.604\,7 = 160\,470$(元)

复利息:$I = 160\,470 - 100\,000 = 60\,470$(元)

实际利率 $i = (1 + 6\%/2)^2 - 1 = 6.09\%$

为了验证,按实际利率 6.09% 每年复利一次,8 年后的本利和为 160 470 元。我们做如下计算:

$F = P \,(1 + 6.09\%)^8 = 100\,000 \times 1.604\,7 = 160\,470$(元),这样,计算出来的 8 年后的终值与按半年复利的结果完全一样。

2.1.3 年金的终值和现值

与单笔现金流量相比,系列现金流量是指在一定时期内会产生多笔现金流量,根据每次现金流量是否相等,可以分为等额系列现金流量与非等额系列现金流量。等额系列现金流量又称年金,其特点是,在一定时期内每隔相同的时间(可以不是一年)连续发生相等的现金流量。例如人们退休后所得到的养老金、分期付款赊购、分期偿还贷款、存本取息存款、债券分期付息、股票每年分红,等等。

按照现金流量发生的时点不同,年金可分为普通年金、预付年金、递延年金和永续年金等形式。

1. 普通年金

普通年金是指从第一期起,每期期末发生等额现金流量的现金流系列。每一固定间隔期,有期初和期末两个时点,由于普通年金是在期末发生现金流入或流出,故又称后付年金。以后凡涉及年金问题,如不作特殊说明,均指普通年金。

1) 普通年金终值的计算

如图 2-5 所示为 n 期普通年金,每期期末现金流量 A 的复利终值之和,即为普通年金的终值,计算公式为:

$$F = A + A(1+i)^1 + \cdots + A(1+i)^{n-3} + A(1+i)^{n-2} + A(1+i)^{n-1}$$

将上式整理可得:

$$F = A \times \frac{(1+i)^n - 1}{i} = A \times (F/A, i, n) \qquad (2-4)$$

公式 (2-4) 中,$\frac{(1+i)^n - 1}{i}$ 是年金 A 为 1 元、利率为 i、期限为 n 的普通年金的终值,称为"年金终值系数",用符号表示为 $(F/A, i, n)$,可通过直接查阅"年金终值系数表"获得。例如,$(F/A, 10\%, 5)$ 表示利率为 10% 的 5 期普通年金终值系数,查表可知该系数为 6.105 1。

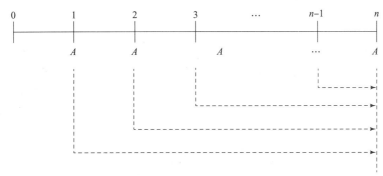

图 2-5 普通年金终值计算示意图

【例 2-5】 小王是一位热心于公众事业的人,自 1995 年 12 月底开始,他每年都要向一位失学儿童捐款。小王向这位失学儿童每年捐款 1 000 元,帮助其完成九年义务教育。假定每年定期存款利率为 2%,则小王 9 年的捐款在 2003 年年底相当于多少钱?

分析:

小王 1995—2003 年每年年底捐款 1 000 元,构成 9 期普通年金。

解:

$$F = A(F/A, i, n) = 1\,000 \times (F/A, 2\%, 9) = 1\,000 \times 9.754\,6 = 9\,754.6 \text{ (元)}$$

【例 2-6】 某矿业公司决定将其西南部的一处矿产开采权公开拍卖,因此它向世界各国煤炭企业招标开矿。A 公司和 B 公司的投标书最具有竞争力。A 公司的投标书显示,该公司如取得开采权,从获得开采权的第 1 年开始,每年末向矿业公司交纳 10 亿美元的开采费,直到 10 年后开采结束。B 公司的投标书表示,该公司在取得开采权时,直接付给矿业公司 40 亿美元,在 8 年后开采结束时,再付给 60 亿美元。如矿业公司要求的开矿年投资回报率达到 15%,问该矿业公司应接受哪家公司的投标?

分析:

要解决上述问题,主要是比较两个公司给该矿业公司的开采权收入的大小。但由于两个公司支付开采权费用的时间不同,因此不能直接比较,而应比较这些支出在第 10 年终值的大小。试分析如下:

解：

A 公司的方案对矿业公司来说是一笔年收款 10 亿美元的 10 年年金，其终值计算如下：

$$F = A(F/A, i, n) = 10(F/A, 15\%, 10) = 10 \times 20.304 = 203.04 （亿美元）$$

B 公司的方案对矿业公司来说是两笔收款，分别计算其终值，再求和：

第 1 笔收款（40 亿美元）的终值 = $40 \times (1+15\%)^{10} = 40 \times 4.0456 = 161.824$（亿美元）

第 2 笔收款（60 亿美元）的终值 = $60 \times (1+15\%)^2 = 60 \times 1.3225 = 79.35$（亿美元）

合计终值 241.174 亿美元。

根据以上计算结果，矿业公司应接受 B 公司的投标。

【例 2-7】 某人有一笔 2 年后到期的债务 10 万元，到期一次还清借款。为此他每月末向银行存一笔钱，年利率为 12%，以备到期还债，问他每月应存多少元？

分析：

2 年内每月末等额存款，构成普通年金，共 24 期，利率为 12%/12 = 1%，此题相当于已知终值 10 万元，求解年金 A。

解：

$$F = A(F/A, 1\%, 24)$$

$$A = F/(F/A, 1\%, 24) = 100\,000/26.973 = 3\,707.41 （元）$$

例 2-7 的计算又称为偿债基金的计算，偿债基金是指为了在约定的未来某一时点清偿某笔债务或积聚一定数额的资金而必须分次等额形成的存款准备金。其本质就是已知 F、i、n，解出年金 A，这个 A 就是偿债基金。偿债基金和普通年金终值互为逆运算，其计算公式为：

$$A = F \times \frac{i}{(1+i)^n - 1} = F \times (A/F, i, n) \tag{2-5}$$

公式（2-5）中，$\frac{i}{(1+i)^n - 1}$ 称为"偿债基金系数"，用符号表示为 $(A/F, i, n)$，该系数同普通年金终值系数 $\frac{(1+i)^n - 1}{i}$ 互为倒数。

在实际工作中，公司可能根据要求，在贷款期内建立偿债基金，以保证在期满时有足够的现金偿付贷款本金或兑现债券。

例如，一家公司在 10 年后要偿还面值为 100 万元的债券，假设利率为 10%，那么，公司每年的偿债基金为：偿债基金 $A = F/(F/A, 10\%, 10) = 1\,000\,000/15.937 = 62\,747$（元）。

2）普通年金现值的计算

如图 2-6 所示，每期期末现金流量 A 的复利现值之和，即为普通年金的现值，计算公式为：

$$P = A(1+i)^{-1} + A(1+i)^{-2} + A(1+i)^{-3} + \cdots + A(1+i)^{-(n-1)} + A \times (1+i)^{-n}$$

将上式整理可得：

$$P = A \times \frac{1-(1+i)^{-n}}{i} = A \times (P/A, i, n) \tag{2-6}$$

公式（2-6）中，$\frac{1-(1+i)^{-n}}{i}$ 是年金 A 为 1 元、利率为 i、期限为 n 的普通年金的现值，称为"年金现值系数"，用符号表示为 $(P/A, i, n)$，可通过直接查阅"年金现值系数

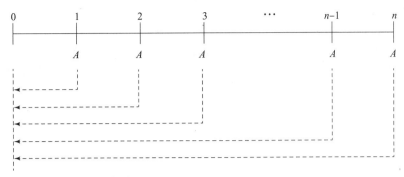

图 2-6 普通年金现值计算示意图

【例 2-8】 A 公司以分期收款方式向 Y 公司出售一台大型设备。合同规定 Y 公司在 10 年内每半年支付 5 000 元欠款。A 公司为马上取得现金,将合同向银行折现。假设银行愿意以 14% 的利率、每半年计息一次的方式对合同金额进行折现。问 A 公司将获得多少现金? 若折现率为 8%,A 公司将获得多少现金?

解:

年金 $A = 5\,000$ 元,期数 $n = 20$,$i = 14\% \div 2 = 7\%$

$P = A \times (P/A, i, n) = 5\,000 \times (P/A, 7\%, 20) = 5\,000 \times 10.5940 = 52\,970$(元)

$P = A \times (P/A, i, n) = 5\,000 \times (P/A, 4\%, 20) = 5\,000 \times 13.5903 = 67\,951.5$(元)

【例 2-9】 某企业从银行取得 1 000 万元的贷款,在 10 年内以年利率 12% 等额偿还,则每年应还的金额是多少?

分析:

此题相当于已知普通年金现值 P、利率 i、期数 n,求解年金 A。

解:

$$A = P/(P/A, 12\%, 10) = 1\,000/5.6502 \approx 177 \text{(万元)}$$

如例 2-9,已知年金现值 P、年利率 i 和期数 n,求解年金 A 的问题称为年资本回收额的计算。年资本回收额是指在约定年限内等额回收初始投入资本或清偿所欠债务的金额。年资本回收额与普通年金现值互为逆运算,其计算公式为:

$$A = P \times \frac{i}{1 - (1+i)^{-n}} = P \times (A/P, i, n) \tag{2-7}$$

公式 (2-7) 中,$\frac{i}{1-(1+i)^{-n}}$ 称为"资本回收系数",用符号表示为 $(A/P, i, n)$,该系数同普通年金现值系数 $\frac{1-(1+i)^{-n}}{i}$ 互为倒数。

事实上,有些实际问题由于利率不是整数而无法通过查系数表的方法进行简便计算。例如,你准备抵押贷款 400 000 元购买一套房子,贷款期限 20 年,每月偿还一次;如果贷款的年利率为 8%,每月贷款偿还额为多少呢? 其中,贷款的月利率为 0.67%(8%/12),期数 $n = 240$,则抵押贷款的月支付额为:

$$A = P \times \frac{i}{1 - (1+i)^{-n}}$$

$$400\,000 \times \left[\frac{0.006\,7}{1-(1+0.006\,7)^{-240}}\right] = 3\,355.72 \text{（元）}$$

2. 预付年金

预付年金是指从第一期起，每期期初发生等额现金流量的现金流系列。由于预付年金是在期初发生现金流入或流出，故又称先付年金、即付年金。图 2-7 为 n 期预付年金。

图 2-7 n 期预付年金示意图

1）预付年金终值的计算

每期期初现金流量 A 的复利终值之和，即为预付年金的终值，计算公式为：

$$F = A(1+i)^1 + \cdots + A(1+i)^{n-3} + A(1+i)^{n-2} + A(1+i)^{n-1} + A(1+i)^n$$

上式中各项为等比数列，整理可得两个计算公式：

$$F = A \times \frac{(1+i)^n - 1}{i} \times (1+i) = A(F/A, i, n) \times (1+i) \qquad (2-8)$$

或：

$$F = A \times \left[\frac{(1+i)^{n+1} - 1}{i} - 1\right] = A\left[(F/A, i, n+1) - 1\right] \qquad (2-9)$$

公式（2-9）中的 $\left[\dfrac{(1+i)^{n+1}-1}{i} - 1\right]$ 是预付年金终值系数，同普通年金终值系数 $\left[\dfrac{(1+i)^n-1}{i} - 1\right]$ 相比，期数加 1，而系数减 1，可记作 $\left[(F/A, i, n+1) - 1\right]$，并可利用"年金终值系数表"查得 $(n+1)$ 期的系数值，减去 1 后，得出预付年金的终值系数。也可以采用公式（2-8），直接利用 n 期普通年金终值计算公式乘以 $(1+i)$，即可计算 n 期预付年金的终值。

2）预付年金现值的计算

每期期初现金流量 A 的复利现值之和，即为预付年金的现值，计算公式为：

$$P = A + A(1+i)^{-1} + A(1+i)^{-2} + A(1+i)^{-3} + \cdots + A(1+i)^{-(n-1)}$$

对上式稍作推导，可得下面两个计算公式：

$$P = A \times \frac{1-(1+i)^{-n}}{i} \times (1+i) = A(P/A, i, n) \times (1+i) \qquad (2-10)$$

或：

$$P = A\left[\frac{1-(1+i)^{-(n-1)}}{i} + 1\right] = A\left[(P/A, i, n-1) + 1\right] \qquad (2-11)$$

公式（2-11）中的 $\left[\dfrac{1-(1+i)^{-(n-1)}}{i} + 1\right]$ 是预付年金现值系数，同普通年金现值系数 $\left[\dfrac{1-(1+i)^{-n}}{i}\right]$ 相比，期数减 1，而系数加 1，可记作 $\left[(P/A, i, n-1) + 1\right]$，并可利用

"年金现值系数表"查得（$n-1$）期的系数值，加上1后，得出预付年金的现值系数。也可采用公式（2-10），直接利用 n 期普通年金现值计算公式乘以（$1+i$），即可计算 n 期预付年金的现值。

【例2-10】 政府对有突出贡献的青年科学家发放年金式的政府津贴，每年人民币10 000元，从年初开始，共发放10年。假设10年期的银行存款利率为8%，这笔津贴的现值是多少？

分析：

本题中预付年金 $A=10\,000$ 万元，$n=10$ 年，$i=8\%$

解：

$$P=A(P/A,8\%,10)(1+8\%)=10\,000\times 6.710\,1\times(1+8\%)=72\,469（元）$$

或：

$$P=A[(P/A,8\%,10-1)+1]=10\,000\times(6.246\,9+1)=72\,469（元）$$

【例2-11】 周教授是中科院院士，一日接到一家上市公司的邀请函，邀请他作为公司的技术顾问，指导开发新产品。邀请函的具体条件如下：

（1）每个月来公司指导工作1天；

（2）每年聘金10万元；

（3）提供公司所在A市住房1套，价值80万元；

（4）在公司至少工作5年。

周教授对以上工作待遇很感兴趣，对公司开发的新产品也很有研究，决定应聘。但他不想接受住房，因为每月工作1天，只需要住公司招待所就可以了，这样住房不用专人照顾，因此，他向公司提出，能否将住房改为住房补贴。公司研究了周教授的请求，决定可以每年年初给周教授补贴20万元房贴。

收到公司的通知后，周教授又犹豫起来。如果向公司要住房，可以将其出售，扣除售价5%的契税和手续费，他可以获得76万元，而若接受房贴，则每年年初可获得20万元。假设每年存款利率2%，则周教授应如何选择呢？

分析：

要解决上述问题，主要是要比较周教授每年年初收到20万元房贴的现值与售房76万元的大小问题。

解：由于房贴每年年初发放，因此对周教授来说是一个预付年金。其现值计算如下：

$$P=20\times[(P/A,2\%,5-1)+1]=20\times(3.807\,7+1)=20\times 4.807\,7=96.154（万元）$$

从这一点来说，周教授应该接受房贴。

如果周教授本身是一个企业的业主，其企业的投资回报率为32%，则周教授应如何选择呢？

在投资回报率为32%的条件下，每年20万元的住房补贴现值为：

$$P=20\times[(P/A,32\%,5-1)+1]=20\times(2.095\,7+1)=20\times 3.095\,7=61.914（万元）$$

在这种情况下，周教授应接受住房。

【例2-12】 某企业有一个投资项目，预计在2001—2003年每年年初投入资金300万元，从2004—2013年的10年中，每年年末流入资金100万元。如果企业的折现率为8%，试判断该投资项目是否可行。

分析：

首先画出现金流时间线。根据图 2-8 可知，该投资项目的前 3 年为投入期资金流出，后 10 年为产出期资金流入，只有产出大于投入，该项目才可行。将产出和投入的金额换算到同一时点，才能进行比较，第 3 年年末是作比较最简便的时点。

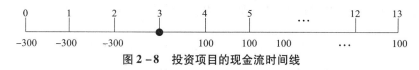

图 2-8 投资项目的现金流时间线

解：

（1）将前 3 年的资金流出看作 3 期的预付年金，计算其第 3 年年末的终值：

$F = 300 \times (F/A, 8\%, 3) \times (1 + 8\%) = 300 \times 3.2464 \times 1.08 = 1\,051.83$（万元）

（2）将后 10 年的资金流入看作 10 期的普通年金，计算其第 3 年年末的现值：

$P = 100 \times (P/A, 8\%, 10) = 100 \times 6.7101 = 671.01$（万元）

（3）671.01 < 1 051.83，由于该项目的现金流出大于现金流入，所以项目不可行。

3. 递延年金

普通年金和预付年金是年金的基本形式，都是从第一期开始发生等额现金流量，而递延年金是派生出来的年金，是指从第二期或第二期以后才发生等额现金流量的年金。图 2-9 为递延期 2 期的递延年金。

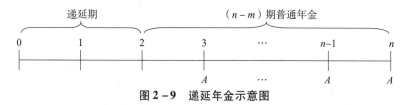

图 2-9 递延年金示意图

递延年金终值的大小与递延期无关，只与年金共支付了多少期有关，它的计算方法与普通年金相同。直接利用普通年金终值的计算公式 $F = A \times (F/A, i, n)$ 进行计算，在此式中，n 表示 A 的个数。

递延年金现值的计算有多种方法，下面结合例题说明。

【例 2-13】 某项年金前 3 年年初无现金流入，后 5 年每年年初流入 500 万元，若年利率为 10%，其现值为多少？

分析：

首先正确画出现金流时间线，如图 2-10 所示，并据此判断年金类型为递延年金。在图 2-10 中，后 5 年指的是第 4 年到第 8 年，第 4 年年初即第 3 年年末，从第 3 年年末开始发生现金流量，所以递延期为 $m = 2$ 年。

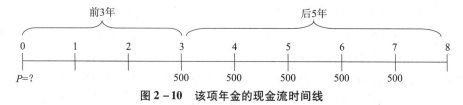

图 2-10 该项年金的现金流时间线

方法 1：先假设递延期也发生现金流入，则递延年金演变成 7 期普通年金，求出 7 期普通年金现值,再扣除递延期 2 期的普通年金现值。
$$P = 500 \times (P/A, 10\%, 7) - 500 \times (P/A, 10\%, 2) = 1\,566.45 \text{（万元）}$$

方法 2：先求出 5 期普通年金的现值,该现值应在递延期末,即第 2 年年末,然后再将此现值调整到第 1 期期初,该方法共经过两次折现。
$$P = 500 \times (P/A, 10\%, 5) \times (P/F, 10\%, 2) = 1\,566.36 \text{（万元）}$$

方法 3：先求出 5 期普通年金在第 7 年年末的终值,再将该终值折算为现值。
$$P = 500 \times (F/A, 10\%, 5) \times (P/F, 10\%, 7) = 1\,566.57 \text{（万元）}$$

三种方法所得结果的差异是由于系数四舍五入造成的。

请思考还有什么方法可以计算该项年金的现值。

【例 2-14】 根据例 2-12 的资料和图 2-8,试通过比较该项目投入和产出的现值,来判断该投资项目是否可行。

解：

（1）计算 3 期预付年金的现值：
$$P = A[(P/A, 8\%, 3-1) + 1] = 300 \times (1.783\,3 + 1) = 834.99 \text{（万元）}$$

（2）利用两次折现的方法,计算递延年金的现值：
$$P = 100 \times (P/A, 8\%, 10) \times (P/F, 8\%, 3) = 100 \times 6.710\,1 \times 0.793\,8 = 532.65 \text{（万元）}$$

（3）532.65 < 834.99,由于该项目的现金流出大于现金流入,所以该项目不可行。

4. 永续年金

永续年金可以看成 n 趋向无穷大的普通年金,是普通年金的一种特殊形式。永续年金没有终止的时间,即没有终值。永续年金的现值可以通过普通年金现值的计算公式导出。

普通年金现值计算公式 $P = A \times \dfrac{1-(1+i)^{-n}}{i}$,当公式中 n 趋向于无穷大时,由于 A、i 都是有界量,$(1+i)^{-n}$ 趋近于 0,因此永续年金现值 P 趋向 A/i。永续年金现值计算公式为：
$$P = A/i \tag{2-12}$$

由公式（2-12）可知,当利率变化时,永续年金现值将变化很大。

【例 2-15】 大通公司拟建立一项永久性的基金资助西南干旱地区,年计划资助 50 万元。若利率为 8%,现在应存多少钱？

解：
$$P = A/i = 50/8\% = 625 \text{（万元）}$$

假如例 2-15 中,每年资助的金额不是固定不变的,而是以每年 3% 的速度在增长,如果这种增长趋势会永远延续下去,这种现金流量序列就称为永续增长年金。假如增长率用常数 g 来表示,可以得出此类问题的计算公式：
$$P = A(1+i)^{-1} + A(1+g)(1+i)^{-2} + A(1+g)^2(1+i)^{-3} + \cdots + A \times (1+g)^{(n-1)}(1+i)^{-n}$$

该公式可简化为：
$$P = \dfrac{A}{i-g} \quad (i > g) \tag{2-13}$$

公式（2-13）中,A 为第 1 期期末的现金流量,而不是现在（第 0 期）的现金流量；只有当折现率 i 大于增值率 g 的情况下,该公式才有意义。

回到例 2-15 中,如果大通公司每年资助的金额以 3% 的速度增长,则这笔永续增长年金的现值为：

$$P = \frac{A}{i-g} = \frac{50}{8\% - 3\%} = 1\,000 \text{（万元）}$$

2.1.4 贴现率和期数的计算

在资金时间价值的计算公式中含有四个要素，只要知道其中三个，就可以推导出第四个。在单笔现金流量终值和现值的计算中，已知 P、F 和 n，可以推导出利率 i，或已知 P、F 和 i，可以推导出期数 n。同样，在年金终值和现值的计算中，已知 P（F）、A 和 n，可以推导利率 i，或已知 P（F）、A 和 i，可以推导出期数 n。

【例 2-16】 王先生现在有现金 30 000 元，准备 5 年之后买一辆车，估计届时该车价格为 48 315 元。假如将现金存入银行，那么在年复利率为多少时，王先生才能在 5 年后美梦成真呢？

分析：

本例已知 P、F、n，求解 i。

解：

$$F = P\,(F/P,\ i,\ 5)$$
$$48\,315 = 30\,000 \times (F/P,\ i,\ 5)$$
$$(F/P,\ i,\ 5) = 48\,315 \div 30\,000 = 1.610\,5$$

查复利终值系数表，在 $n=5$ 一行上找到复利终值系数 1.610 5，该系数对应的利率为 10%。因此，当利率为 10% 时，才能使王先生 5 年后美梦成真。

在例 2-16 中，如果某一已知条件发生变化，如 5 年后车的价格不是 48 315 元，而是 48 000 元，那么例 2-16 中的系数 $(F/P,\ i,\ 5)$ 则等于 1.6，将无法在复利终值系数表中 $n=5$ 一行上直接查到，在这种情况下，应该采用内插法估算利率。内插法可以用来估计利率和期限，实际上就是比例法。求利率时，利率差之比等于系数差之比；求期数时，期数差之比等于系数差之比。利用内插法估算利率的计算公式为：

$$\frac{i - i_1}{i_2 - i_1} = \frac{B - B_1}{B_2 - B_1}$$

$$i = i_1 + (i_2 - i_1) \times \frac{B - B_1}{B_2 - B_1} \tag{2-14}$$

公式（2-14）中，所求利率为 i，i 对应的现值（或者终值）系数为 B，B_1、B_2 为现值（或者终值）系数表中与 B 相邻的两个系数；i_1、i_2 为 B_1、B_2 对应的利率。如果利用内插法估算期数 n，即把公式（2-14）中的 i 换成 n 即可：

$$n = n_1 + (n_2 - n_1) \times \frac{B - B_1}{B_2 - B_1} \tag{2-15}$$

【例 2-17】 老张年初借款 20 000 元，每年年末还本付息额为 4 000 元，连续 9 年付清。计算借款利率是多少？

分析：

本例是已知年金现值 P、年金 A 和期数 n，计算利率 i。

解：

$$P = A\,(P/A,\ i,\ 9)$$
$$20\,000 = 4\,000 \times (P/A,\ i,\ 9)$$

$$(P/A, i, 9) = 5$$

查年金现值系数表,在 $n=9$ 一行上无法查到刚好等于 5 的系数,因此需要采用内插法对利率进行估算。在 $n=9$ 一行上找到大于和小于系数 5 的临界系数值,分别为 $B_1 = 5.3282 > 5$, $B_2 = 4.9164 < 5$,同时查出两个临界系数对应的利率 $i_1 = 12\%$,$i_2 = 14\%$。代入公式(2-14)得:

$$r = 12\% + (14\% - 12\%) \times \frac{5 - 5.3282}{4.9164 - 5.3282} \approx 13.59\%$$

老张的借款利率为 13.59%。

【例 2-18】 某企业计划购买新设备一台,可供选择的设备有甲、乙两种类型。甲设备比乙设备价格贵 8 000 元,但每年的使用费低 2 000 元,问:若该企业折现率为 10%,甲设备使用寿命为多少年时,才应购买甲设备?

分析:
本例是已知年金现值 $P = 8\,000$ 元、年金 $A = 2\,000$ 元和利率 $i = 10\%$,计算期数 n。

解:
$$P = A(P/A, 10\%, n)$$
$$8\,000 = 2\,000 \times (P/A, 10\%, n)$$
$$(P/A, 10\%, n) = 4$$

查年金现值系数表,在 $i=10\%$ 一列上无法查到刚好等于 4 的系数,因此需要采用内插法对期限进行估算。在 $i=10\%$ 一列上找到大于和小于系数 4 的临界系数值,分别为 $B_1 = 4.3553 > 4$,$B_2 = 3.7908 < 4$,同时查出两个临界系数对应的期数 $n_1 = 6$,$n_2 = 5$。代入公式(2-15)得:

$$n = 6 + (5 - 6) \times \frac{4 - 4.3553}{3.7908 - 4.3553} \approx 5.4 \ (\text{年})$$

甲设备至少使用 5.4 年才应购买。

此外,在复利终值和现值的计算中,利率 i 也可以直接通过公式 $i = \sqrt[n]{F/P} - 1$ 计算得到。根据例 2-16 的资料,将数据代入公式可解出 $i = \sqrt[5]{48\,315/30\,000} - 1 \approx 10\%$。在永续年金现值的计算中,利率可以通过公式 $i = A/P$ 进行计算。

2.2 投资的风险价值观念

2.2.1 风险的含义与类型

1. 风险的含义

某投资者投资购买股票,满怀希望获取高额收益,但结果却可能血本无归。如果该投资者去投资购买国库券,由于政府到期不能还本付息的可能性几乎为零,所以投资者可以获得确定的收益,可以说是一项无风险投资。因此,风险意味着有可能出现与人们取得收益的愿望相背离的结果,从财务管理的角度来说,风险是指资产实际收益相对预期收益变动的可能性和变动幅度。这种可能性和变动幅度越大,风险就越大,反之亦然。

一提到风险,很容易让人联想到不确定性、损失等字眼,它们与风险之间既有联系又有区别。

1）风险与不确定性

美国经济学家F·H·奈特对风险与不确定性进行了区分，他认为风险是可测定的不确定性，而不可测定的才是真正意义上的不确定性。风险是决策者面临的这样一种状态，即能够事先知道事件最终呈现的可能状态，并且可以根据经验知识或历史数据比较准确地预知每种可能状态出现的可能性的大小，即知道整个事件发生的概率分布。但在实践中，风险与不确定性很难区分，因为风险的概率往往只能估计和测算，不能准确确定，而对不确定性也可以估计一个概率。因此，一般情况下不对两者加以严格区分。

2）风险与损失

损失是事件发生最终结果不利状态的代表。无论我们对风险怎样进行定义，都离不开损失这一因素，否则，如果未来结果不会造成任何损失或不会出现不利状态，无论事件的不确定性有多大，该事件都不会构成风险事件。但是，风险只是损失的可能，或是潜在的损失，并不等于损失本身；风险不仅可能带来预期的损失，而且也可能带来预期的收益。可以说，损失是一个事后概念，而风险是一个事前概念。在事件发生以前，风险就已经存在了，而损失并没有发生，只有潜在的可能性。一旦损失实际发生，事件的不确定性转化为确定性，风险就不复存在了。

2. 风险类型

在风险管理中，一般是根据风险的不同特征进行分类的。按风险能否分散，把风险分为系统风险与非系统风险；按风险形成的来源，把风险分为经营风险与财务风险。

1）系统风险与非系统风险

（1）系统风险，又称市场风险、不可分散风险，是指由于政治、经济及社会环境等公司外部某些因素的不确定性给市场上所有企业带来经济损失的可能性，如战争、通货膨胀、国家宏观经济政策变化、利率和汇率波动等。

系统风险的特点是由综合因素导致的，大部分公司均受到影响，无法通过投资组合的多样化来分散掉。

（2）非系统风险，又称公司特有风险、可分散风险，是指由于诉讼、研发失败、经营失误、消费者偏好改变、罢工、高层领导离职等因素对个别企业造成经济损失的可能性。

这类风险只发生在个别公司中，由单个的、随机的特殊因素引起。通常情况下，发生于某一公司的不幸事件可以被其他公司的幸运事件所抵消，因此这类风险可以通过资产组合多样化来分散。

2）经营风险与财务风险

（1）经营风险是指由于经营上的原因给公司收益带来的不确定性。

经营风险因具体行业、具体企业以及具体时期而异。影响经营风险的不确定性因素很多，如市场需求、销售价格、成本水平、对价格的调整能力、研发能力等。

（2）财务风险有广义和狭义之分。

狭义的财务风险一般是指举债经营给公司收益带来的不确定性。其风险程度的高低取决于企业负债资金的比重。如果公司的经营收入不足以偿付到期利息和本金，就会使公司陷入财务危机，甚至导致公司破产。

广义的财务风险是指企业在筹资、资金营运、投资和收益分配中客观存在的各种因素给企业收益带来的不确定性。

2.2.2 收益的含义与类型

1. 收益的含义

收益是指资产的价值在一定时期内的增值。一般情况下，表述资产收益的方式有两种：

1）以绝对收益额表示。通常反映资产价值在一定期限内的增值量

虽然以绝对数额描述收益很简单，但会导致两个问题：

（1）不便于不同规模下资产收益的比较和分析。例如，投资100元获取80元的绝对收益是相当可观的收益，而投资10 000元获取80元则很糟糕。

（2）无法反映获取收益额的时间。例如，投资100元1年内获取收益1元并不理想，而投资100元每个月获取收益1元，则收益还不错。

2）以资产收益率（或报酬率）表示，是资产增值量与期初资产价格的比值

例如，投资100元1年内获取收益80元，可表示为年收益率80%，远远大于同期投资10 000元获取80元的0.8%的收益率；投资100元1年内获取收益1元，则年收益率仅为1%，小于每个月获取1元的12%（1%×12年）的年收益率。

收益率作为一个相对指标，解决了上述两个问题，因此，通常我们用收益率来表示资产的收益。为了便于比较和分析，对于计算期短于或长于1年的资产，在计算收益率时一般要将不同期限的收益率转化成年收益率。如果没有特殊说明，资产的收益率指的就是年收益率。

2. 收益率的类型

1）实际收益率

表示投资者已经实现的或者确定可以实现的收益率。

2）名义收益率

仅指资产合约上表明的收益率。例如，借款协议上的借款利率。

3）预期收益率

预期收益率也称为期望收益率，是投资者预测在未来时期可能实现的收益率。

4）必要收益率

表示投资者对某项资产合理要求的最低收益率。

如果没有特殊说明，这里所说的投资者指全体投资者。每个人对某特定资产都会要求不同的收益率，如果某资产的预期收益率超过大多数人对该股票要求的最低收益率，实际的投资行为就会发生。

由于风险的存在，实际收益率很少与预期收益率相同。同样的原因，实际收益率与必要收益率之间也没有必然的联系。

2.2.3 单项资产预期收益与风险的衡量

1. 预期收益率

看到表2-1所列内容，你会选择哪家公司股票进行投资呢？

我们首先帮你计算一下购买这两家公司股票的预期收益率。

预期收益率，也称为期望值，就是各种可能情况下收益率的加权平均数，权数为各种可能结果出现的概率。

表 2−1　东盛公司股票和金丰公司股票未来 1 年收益率概率分布　　　　　　　　%

经济状况	该状况发生的概率	该状况发生时股票的收益率	
		东盛公司	金丰公司
繁荣	0.2	90	25
正常	0.6	20	15
衰退	0.2	−70	10

计算公式为：

$$E(r) = r_1 P_1 + r_2 P_2 + \cdots + r_n P_n = \sum_{i=1}^{n} r_i P_i \qquad (2-16)$$

公式（2−16）中，$E(r)$ 为预期收益率；r_i 为在第 i 种可能结果下的收益率；P_i 为第 i 种可能结果发生的概率；n 为可能发生结果的个数。

根据表 2−1 的数据，计算东盛公司和金丰公司股票的预期收益率分别为：

$$E(r) = 90\% \times 0.2 + 20\% \times 0.6 + (-70\%) \times 0.2 = 16\%$$
$$E(r) = 25\% \times 0.2 + 15\% \times 0.6 + 10\% \times 0.2 = 16\%$$

上例中，我们给出了未来 1 年两家公司股票各种可能的收益率及其概率，然而，在现实中，预测工作是相当困难的。因此，有时我们还采用历史数据来计算预期收益率。首先收集事后收益率（历史数据），将这些历史数据按照不同的经济状况分类，并计算发生在各类经济状况下的收益率观测值的百分比，将所得百分比作为各类经济状况可能出现的概率，然后计算各类经济情况下所有收益率观测值的平均值作为该类情况下的收益率，最后计算各类情况下的收益率加权平均值，就得到了预期收益率。

此外，还有一种计算预期收益率的简便方法：首先收集代表预期收益率分布的历史收益率数据样本，假定所有历史收益率的观察值出现的概率相等，那么预期收益率就是所有样本数据的简单算术平均值。

【例 2−19】　A、B 两股票过去 6 年的历史数据如表 2−2 所示，要求分别计算投资于股票 A 和股票 B 的预期收益率。

表 2−2　A、B 两股票过去 6 年的历史数据　　　　　　　　%

年度	1	2	3	4	5	6
A 股票收益率	26	11	15	27	21	32
B 股票收益率	13	21	27	41	22	32

解：

　　A 股票预期收益率 = （26% + 11% + 15% + 27% + 21% + 32%）/6 = 22%
　　B 股票预期收益率 = （13% + 21% + 27% + 41% + 22% + 32%）/6 = 26%

根据表 2−1，我们对东盛和金丰两家公司股票的预期收益率进行了计算，巧合的是，两家公司的预期收益率相等，投资两家公司的投资者平均将赚取 16% 的收益。在预期收益率相同的情况下，理性的投资者会选择风险更小的股票进行投资。

为了判断哪家公司的风险更小，我们再将两只股票的收益率用图 2-11 表示。如图 2-11 所示，各条柱的高度表示某种收益率发生的可能性。不难看出，东盛公司股票收益率分布很松散，收益率波动的范围从 +90% 到 -70%；而金丰公司的收益率分布较为紧密，收益率的波动范围仅为 +10% 到 +25%，比前者波动幅度小得多。前面我们已经将风险定义为实际收益相对预期收益变动的可能性和变动幅度，而这种变动可能性和变动幅度越小，实际结果就越接近于预期值，风险越小。据此，在预期收益率相同的情况下，投资者购买金丰公司股票的风险更小。

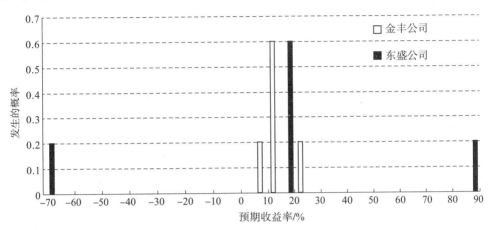

图 2-11 东盛公司和金丰公司收益率分布图

2. 标准差与方差

通过分析东盛和金丰两家公司股票收益率分布图的紧密程度，我们判定投资金丰公司股票的风险更低。而投资两只股票风险的确切值，通常使用标准差 σ（又称标准离差）和方差 σ^2（标准差的平方）来衡量。标准差和方差是反映收益率的各种可能结果对其预期收益率的偏离程度的指标。标准差或方差越大，说明各种可能结果偏离预期值的程度越大，因而风险越大。反之亦然。

方差的计算公式为：

$$\sigma^2 = \sum_{i=1}^{n} [r_i - E(r)]^2 P_i \tag{2-17}$$

标准差的计算公式为：

$$\sigma = \sqrt{\sum_{i=1}^{n} [r_i - E(r)]^2 P_i} \tag{2-18}$$

公式（2-18）中，$E(r)$ 为某项资产的预期收益率；r_i 为第 i 种可能结果的收益率；P_i 为第 i 种可能结果发生的概率；n 为可能发生结果的个数；$r_i - E(r)$ 为第 i 种情况下资产收益率偏离预期收益率的离差。利用公式（2-17）和（2-18），我们来计算一下东盛公司和金丰公司的标准差和方差，如表 2-3 和表 2-4 所示。

通过计算得出，东盛公司的标准差为 50.83%，金丰公司的标准差为 4.90%。可见，在预期收益率相同的情况下，投资东盛公司的风险要大得多。

表2-3 东盛公司的标准差与方差计算

经济状况	各状态下可能的收益率 r_i/%	预期收益率 $E(r)$/%	离差 $r_i - E(r)$	离差平方 $[r_i - E(r)]^2$	该状况发生的概率 P_i	方差 $[r_i - E(r)]^2 \times P_i$
繁荣	90		0.74	0.547 6	0.2	0.109 52
正常	20	16	0.04	0.001 6	0.6	0.000 96
衰退	-70		-0.86	0.739 6	0.2	0.147 92
合计	—	—	—	—	1.0	0.258 4

方差 = 0.258 4　　　标准差 ≈ 50.83%

表2-4 金丰公司的标准差与方差计算

经济状况	各状态下可能的收益率 r_i/%	预期收益率 $E(r)$/%	离差 $r_i - E(r)$	离差平方 $[r_i - E(r)]^2$	该状况发生的概率 P_i	方差 $[r_i - E(r)]^2 \times P_i$
繁荣	25		0.09	0.008 1	0.2	0.001 62
正常	15	15	-0.01	0.000 1	0.6	0.000 06
衰退	10		-0.06	0.003 6	0.2	0.000 72
合计	—	—	—	—	1.0	0.002 4

方差 = 0.002 4　　　标准差 ≈ 4.90%

【例2-20】 某企业准备投资开发甲新产品,现有A、B两个方案可供选择,经预测,A、B两个方案的收益率和概率如表2-5所示。要求:

(1) 计算A、B两个方案的预期收益率。
(2) 计算A、B两个方案预期收益率的标准差。

表2-5 A、B两个方案的收益率和概率　　　　　　　　　　%

市场状况	概率	预期年收益率	
		A方案	B方案
繁荣	0.3	30	40
一般	0.5	15	15
衰退	0.2	-5	-15

解：

（1）：

A 方案预期收益率 = 0.3 × 30% + 0.5 × 15% + 0.2 × (−5%) = 15.5%

B 方案预期收益率 = 0.3 × 40% + 0.5 × 15% + 0.2 × (−15%) = 16.5%

（2）：

A 方案的标准差

$= \sqrt{(30\% - 15.5\%)^2 \times 0.3 + (15\% - 15.5\%)^2 \times 0.5 + (-5\% - 15.5\%)^2 \times 0.2} = 12.13\%$

B 方案的标准差

$= \sqrt{(40\% - 16.5\%)^2 \times 0.3 + (15\% - 16.5\%)^2 \times 0.5 + (-15\% - 16.5\%)^2 \times 0.2} = 19.11\%$

3. 标准离差率

如果东盛公司和金丰公司的预期收益率不同，分别是 35% 和 16%，而标准差仍然是 50.83% 和 4.90%，那么，我们将如何作出投资决策呢？在这种情况下，通常利用标准离差率进行比较。标准离差率 CV 又称为变异系数，是以相对数来衡量待决策方案的风险。标准离差率指标的运用范围较广，尤其适用于比较预期收益率不同的资产之间的风险大小。标准离差率是标准差与预期收益率之比，其计算公式为：

$$CV = \frac{\sigma}{E(r)} \qquad (2-19)$$

标准离差率是一个相对指标，它表示某资产每单位预期收益中所包含的风险的大小。一般情况下，标准离差率越大，资产的相对风险越大；标准离差率越小，资产的相对风险越小。

【例 2-21】 承前例 2-20，请继续计算 A、B 两个方案预期收益率的标准离差率，并判断 A、B 两个项目的风险大小。

解：

A 方案标准离差率 = 12.13% ÷ 15.5% = 78.26%

B 方案标准离差率 = 19.11% ÷ 16.5% = 115.8%

因为预期收益率不同，所以应根据标准离差率来判断项目风险，由于 A 项目的标准离差率小于 B 项目，所以，A 项目的风险小于 B 项目。

4. 单项资产的风险收益率

1）风险收益率的含义

标准离差率虽然能正确评价投资风险程度的大小，但还无法将风险与收益结合起来进行分析。假设人们面临的决策不是评价与比较两个投资项目的风险水平，而是要决定是否对某一个投资项目进行投资，此时就需要计算出该项目的风险收益率，这样才能比较不同风险水平下的投资项目的好坏。因此，人们还需要一个指标来将风险评价转化为收益率指标，即将风险与收益联系起来，这个指标便是风险收益系数。风险收益率、风险收益系数和标准离差率之间的关系可用公式表示如下：

$$R_r = b \times CV \qquad (2-20)$$

公式（2-20）中，R_r 为风险收益率；b 为风险收益系数；CV 为标准离差率。

资产总的投资收益率包括无风险收益率和风险收益率两部分。投资收益率与标准离差率之间存在一种线性关系。如下式所示：

$$R = R_f + R_r = R_f + b \times CV \tag{2-21}$$

公式（2-21）中，R 为投资的必要收益率；R_f 为无风险收益率。这一关系如图 2-12 所示。

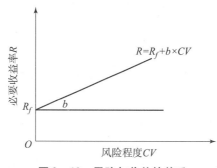

图 2-12 风险与收益的关系

风险收益系数，也称为风险价值系数，它的大小取决于投资者对风险的偏好，对风险的态度越是回避，风险收益系数的值也就越大；反之，则越小。标准离差率的大小则由该项资产的风险大小所决定。

2）确定风险收益系数的方法

风险收益系数的大小由投资者根据经验并结合其他因素加以确定。通常有以下几种方法：

（1）根据以往同类项目的有关数据确定。

根据以往同类投资项目的投资收益率、无风险收益率和标准离差率等历史资料可以求得风险收益系数。

（2）由企业领导或有关专家确定。

如果现在进行的投资项目缺乏同类项目的历史资料，不能采用上述方法计算，则可根据主观经验加以确定。可以由企业领导，如总经理、财务副总经理、财务主任等研究确定，也可由企业组织有关专家确定。这时，风险收益系数的确定在很大程度上取决于企业对风险的态度。比较敢于冒风险的企业，往往把风险收益系数定得低些；而比较稳健的企业，则往往定得高些。

（3）由国家有关部门组织专家确定。

国家财政、银行、证券等管理部门可组织有关方面的专家，根据各行业的条件和有关因素确定各行业的风险收益系数。这种风险收益系数的国家参数由有关部门定期颁布，供投资者参考。

【例 2-22】 承前例 2-21，假设无风险收益率为 6%，风险收益系数为 10%，请继续计算 A、B 两个项目的风险收益率和必要收益率。

解：

A 项目的风险收益率 = 10% × 78.26% = 7.826%

A 项目的必要收益率 = 6% + 10% × 78.26% = 13.826%

B 项目的风险收益率 = 10% × 115.8% = 11.58%

B 项目的必要收益率 = 6% + 10% × 115.8% = 17.58%

通过上述计算，得出 A、B 两个项目因承担风险而应当获得的必要收益率，由于 B 项目承担了较大风险，其必要收益率自然就应高于 A 项目。在进行项目投资决策时，如果是单个项目决策,只需要保证其预期的投资收益率大于其必要收益率即可。如果是几个投资项目同时进行比较,首先要保证每个项目都是可行的,即它们的预期收益率都高于必要收益率,然后通过风险与收益的权衡从中选择更优者。

2.2.4 资产组合预期收益与风险的衡量

资产组合是指由一种以上资产构成的集合。如果资产组合中的资产均为有价证券,则该资产组合称为证券组合。证券组合是本章重点讨论的资产组合类型。

1. 资产组合的预期收益率

资产组合的预期收益率是指组成资产组合的各种资产的预期收益率的加权平均数,其权数是各种资产在整个资产组合总额中所占的价值比例。计算公式为:

$$E(r_p) = W_1 E(r_1) + W_2 E(r_2) + \cdots + W_n E(r_n) = \sum_{i=1}^{n} W_i E(r_i) \quad (2-22)$$

公式(2-22)中,$E(r_p)$ 表示资产组合的预期收益率;$E(r_i)$ 表示第 i 项资产的预期收益率;W_i 表示第 i 项资产在整个资产组合中所占的比例。

【例 2-23】 2016 年 1 月,一位股票分析专家预测 4 家上市公司股票的预期收益率如表 2-6 所示。

表 2-6　A、B、C、D 4 家上市公司股票的预期收益率　　　　　　　　　　%

上市公司名称	预期收益率
A	12
B	30
C	15
D	8

如果用 10 万元资金投资这 4 家上市公司,每一只股票的投入金额为 25 000 元,计算该证券组合的预期收益率是多少:

解:

$$E(r_p) = 0.25 \times 12\% + 0.25 \times 30\% + 0.25 \times 15\% + 0.25 \times 8\% = 16.25\%$$

2. 两项资产组合的风险度量

资产组合的预期收益率是资产组合中单项资产预期收益率的简单加权平均。但是,与预期收益率不同,资产组合的风险,即标准差 σ_p,通常不是组合中单项资产标准差 σ 的加权平均,而是通常小于单项资产标准差的加权平均。前面已经分析,方差和标准差两个指标可以度量单项资产收益的变动性,而两项资产或多项资产收益之间的相互关系,通常用协方差和相关系数这两个统计指标来描述。

1)协方差

协方差(Cov)度量的是,当一项资产的收益率上升或下降时,另外一项资产的收益率是上升还是下降,其上升与下降的幅度有多大。协方差的计算公式是:

$$Cov(r_1, r_2) = \sum_{i=1}^{n} [r_{1i} - E(r_{1i})] \times [r_{2i} - E(r_{2i})] \times P_i \quad (2-23)$$

公式（2-23）中，$Cov(r_1, r_2)$ 表示 1 和 2 两项资产之间的协方差；$r_{1i} - E(r_{1i})$ 为第 i 种情况下第 1 项资产收益率偏离其预期收益率的离差；$r_{2i} - E(r_{2i})$ 为第 i 种情况下第 2 项资产收益率偏离其预期收益率的离差；P_i 为第 i 种情况出现的概率。公式（2-23）中 1 和 2 两项资产的前后顺序并不重要，也就是说 $Cov(r_1, r_2)$ 等价于 $Cov(r_2, r_1)$。

在协方差的分析中，协方差的正负显示了两项资产之间收益率的变动关系。

（1）协方差为正，表示两项资产的收益率呈相同方向变动，即在任何一种可能情况下都同时上升或同时下降。

（2）协方差为负值，表示两项资产的收益率呈相反方向变化，即在任何一种可能情况下都一升一降或一降一升。

（3）协方差为零，有两种可能：

①两项风险资产的收益率之间没有任何关系，因为这种情况下，两项风险资产收益率离差的乘积有正有负，相互抵消，所以协方差为零。

②两项资产中至少有一项为无风险资产，因为无风险资产的离差始终为 0，所以，两个离差与概率的乘积肯定为 0。

【例 2-24】 表 2-7 中列示了 4 只证券收益率的概率分布。试计算证券 B 分别同其他 3 只证券组合后的协方差。

表 2-7 证券 A、B、C、D 的收益率概率分布 %

结果代码	发生的概率	收益率分布			
		A	B	C	D
1	0.1	10.0	6.0	14.0	4.0
2	0.2	10.0	8.0	12.0	6.0
3	0.4	10.0	10.0	10.0	8.0
4	0.2	10.0	12.0	8.0	15.0
5	0.1	10.0	14.0	6.0	22.0
预期收益率 $E(r)$		10.0	10.0	10.0	10.0
标准差 σ		0.0	2.2	2.2	5.3

解：

$$Cov(r_B, r_C) = \sum_{i=1}^{n}[r_{Bi} - E(r_{Bi})] \times [r_{Ci} - E(r_{Ci})] \times P_i$$

$= (6\% - 10\%)(14\% - 10\%) \times 0.1 +$
$(8\% - 10\%)(12\% - 10\%) \times 0.2 + (10\% - 10\%)$
$(10\% - 10\%) \times 0.4 + (12\% - 10\%)(8\% - 10\%) \times 0.2 +$
$(14\% - 10\%)(6\% - 10\%) \times 0.1$

$= -0.00048$

分析：

证券 BC 组合的协方差为 -0.000 48，表示两只证券的收益率呈相反方向变化。例如，在第 2 种结果出现的情况下，证券 B 的收益率相对于结果 1 上升至 8%，而证券 C 的收益率相对于结果 1 下降至 12%。

$$Cov(r_B, r_D) = \sum_{i=1}^{n} [r_{Bi} - E(r_{Bi})] \times [r_{Di} - E(r_{Di})] \times P_i = +0.001\ 08$$

分析：

证券 BD 组合的协方差为 +0.001 08，表示两只证券的收益率是同方向变动。

$$Cov(r_B, r_A) = \sum_{i=1}^{n} [r_{Bi} - E(r_{Bi})] \times [r_{Ai} - E(r_{Ai})] \times P_i = 0$$

分析：

证券 BA 组合的协方差为 0，原因是证券 A 属于无风险资产。证券 A 与任何资产的协方差均为 0。

2）相关系数

尽管协方差的正负很好地反映了两项资产收益变动的关系，但是协方差数值的大小似乎难以理解。

例如，B 和 D 两只证券的协方差为 +0.001 08，如果有另外两项资产的协方差为 0.000 8，那么两个协方差相比能说明什么问题呢？能否说明 B 和 D 之间收益变动更相关吗？为了使概念更易于理解，可将协方差标准化。将协方差除以两项资产标准差之积，人们称之为相关系数，使得资产之间相互变动的程度在一个相同的基础上比较。相关系数 ρ 的计算公式为：

$$\rho_{1,2} = \frac{Cov(r_1, r_2)}{\sigma_1 \sigma_2} \quad (2-24)$$

公式（2-24）中 σ_1、σ_2 分别为两项资产各自预期收益率的标准差；$\rho_{1,2}$ 表示 1、2 两项资产收益率的相关程度。

在理论上，相关系数 $\rho_{1,2}$ 介于区间 [-1, 1] 内。因为标准差总是正值，所以相关系数的符号就取决于协方差的符号。前面已经提到，协方差为正，表示两项资产的收益率呈相同方向变动，此时相关系数也为正，表明两项资产正相关；反之，相关系数若为负，表明两项资产负相关；两项资产的相关性越强，则它们的相关系数越趋于两个极值 -1.0 和 +1.0；如果相关系数为 0，表明两项资产的收益率没有任何关系，它们没有一起变动的趋势。

【例 2-25】 根据例 2-24 的资料，计算证券 BC、BD、BA 组合的相关系数。

解：

$\rho_{B,C} = \dfrac{Cov(r_B, r_C)}{\sigma_B \sigma_C} = (-0.000\ 48)/(2.2\% \times 2.2\%) \approx -1.0$，证券 B 和 C 完全负相关。

$\rho_{B,D} = \dfrac{Cov(r_B, r_D)}{\sigma_B \sigma_D} = 0.001\ 08/(2.2\% \times 5.3\%) \approx +0.9$，证券 B 和 D 之间存在很强的正相关关系。

$\rho_{B,A} = \dfrac{Cov(r_B, r_A)}{\sigma_B \sigma_A} = 0$，证券 B 和 A 之间不存在相关关系。

3) 两项资产组合的方差和标准差

资产组合的总风险由资产组合收益率的方差和标准差来衡量。如资产组合中只包含两项资产1和2,那么这两项资产形成的资产组合的方差 σ_p^2 满足下列关系:

$$\sigma_p^2 = W_1^2\sigma_1^2 + W_2^2\sigma_2^2 + 2W_1W_2 Cov(r_1, r_2) \qquad (2-25)$$

或

$$\sigma_p^2 = W_1^2\sigma_1^2 + W_2^2\sigma_2^2 + 2W_1W_2\rho_{1,2}\sigma_1\sigma_2 \qquad (2-26)$$

【例2-26】 假设市场上存在一家名为西盛的公司:当经济衰退时,会给投资者带来70%的收益;经济处于繁荣时期,投资者将遭受-80%的损失;经济处于正常发展时期,投资者将获得15%的投资收益。你若对前面提到的东盛公司股票和这家西盛公司股票各投资5万元,我们来计算一下这个证券组合的预期收益率和风险。证券组合中西盛公司股票预期收益率和标准差的计算如表2-8所示。

表2-8 西盛公司的标准差与方差计算

经济状况	该状况发生的概率 P_i	各状态下可能的收益率 $r_i/\%$	预期收益率 $E(r)/\%$	离差 $r_i - E(r)/\%$	离差平方 $[r_i - E(r)]^2$	方差 $[r_i - E(r)]^2 \times P_i$
繁荣	0.2	-80		-87	0.756 9	0.151 38
正常	0.6	15	7	8	0.006 4	0.003 84
衰退	0.2	70		63	0.396 9	0.079 38
合计	1.0	—	—			0.234 6
方差 = 0.234 6	标准差 ≈ 48.44%					

组合东盛公司的详细数据,见表2-3。由两家公司股票组成的证券组合的预期收益率为:

$$E(r_p) = \sum_{i=1}^{n} W_i E(r_i) = 0.5 \times 16\% + 0.5 \times 7\% = 11.5\%$$

设定东盛公司股票为资产1,西盛公司股票为资产2,资产1、2组成的组合的协方差和相关系数计算如表2-9所示。

表2-9 该资产组合中两只股票的协方差与相关系数的计算

经济状况	该状况发生的概率 P_i	离差 $r_{1i} - E(r_1)$	离差 $r_{2i} - E(r_2)$	协方差 $Cov(r_1, r_2)$ $[r_{1i} - E(r_1)][r_{2i} - E(r_2)]P_i$
繁荣	0.2	0.74	-0.87	-0.128 76
正常	0.6	0.04	0.08	0.001 92
衰退	0.2	-0.86	0.63	-0.108 36
合计	1.0	—		-0.235 2
相关系数 $\rho_{1,2} = Cov(r_1, r_2)/\sigma_1\sigma_2 = (-0.235\ 2)/(50.83\% \times 48.44\%) \approx -0.96$				

该资产组合的方差：

$$\sigma_p^2 = 0.5^2 \times 0.2584 + 0.5^2 \times 0.2346 + 2 \times 0.5 \times 0.5 \times \rho_{1,2} \times 50.83\% \times 48.44\%$$

整理得到：

$$\sigma_p^2 = 0.0051$$

$$\sigma_p = \sqrt{0.0051} \approx 7.1\%$$

本例中，由于东盛公司股票与西盛公司股票的收益呈反方向变动，东盛公司股票上涨时，西盛公司股票则下跌，反之亦然。两家公司股票高度负相关，此时，该证券组合的风险（7.1%）远低于单只股票的风险，具有显著的风险分散效应。如果两只股票的收益率不是高度负相关，而是其他情况，那么该资产组合的风险会如何变化呢？见表2–10。

表2–10 该资产组合的方差与相关系数的关系

相关系数 $\rho_{1,2}$	+1	+0.5	0.0	-0.5	-1.0
资产组合 σ_p^2	0.2464	0.1848	0.1233	0.0617	0.0001

根据表2–10的计算结果可知，当该组合中两只股票的预期收益率之间完全呈正相关时，即$\rho_{1,2} = +1.0$，则该组合不会产生任何风险分散效应，组合后的标准差为两只股票各自标准差的加权平均数；而它们之间的正相关程度越小，则组合可产生的风险分散效应就越大。当该组合中两只股票的预期收益率之间呈完全负相关时，即$\rho_{1,2} = -1.0$，此时该组合的方差近似等于0，也就是说，这一组合的总体风险趋近于0。可见，资产之间的关系对组合整体的风险大小有着非常重要的作用。

为了说明资产组合可以分散风险这一效应，我们举了东盛公司和西盛公司这种极端的例子，而事实上，大部分证券都是正相关的，但不是完全正相关。大部分股票在经济繁荣时都表现良好，在经济衰退时表现较差。因此，人们可以通过资产组合分散风险，但不能消除风险。

4）两项资产组合的有效边界

东盛公司股票与西盛公司股票组成的资产组合中，仅仅考察了投资比例为1:1的情况，如果考察各种投资比例，就可获得各种具有不同风险的资产组合。因此，在给定的任意两种资产的预期收益率和方差的条件下，通过改变该两种资产各自在组合中所占的比例，就可以获得各种新的具有不同风险性的资产组合。表2–11给出了相关系数为–0.5时，两家公司股票不同投资比例对应的收益率和标准差。所有的计算结果如图2–13所示，图2–13描绘出随着两种股票投资比例的变化，组合的预期收益率和风险之间的关系。

由图2–13可见，位于图2–13最左端的D点是组合中方差最小的点，因此也被称为最小方差组合。整条曲线ADG上的点都代表可行的投资组合，称为组合的可行集，但作为一个理性的投资者，绝不会选择虚线部分的组合进行投资。因为投资者总能在实线部分找到和虚线部分标准差相同，但预期收益更高的另外一点。因此，真正有效的投资仅仅是AD段的实曲线，被称为组合的有效集或有效边界。而DG段虚曲线则被称为非有效组合。在有效边界上，在由D点向A点移动的过程中，组合的收益随着风险的增加而增加。对于只关心风险最小化的极端保守投资者，会选择风险最小的D组合；激进的投资者可能会选择将全部资金投资于东盛公司股票（A 组合），尽管更冒风险，但可能会获得更高的收益率。

表 2-11　两家公司股票的不同比例投资组合的预期收益率和风险

组合名称	资产组合的投资比例		相关系数 $\rho_{1,2} = -0.50$	
	东盛公司股票	西盛公司股票	组合预期收益率 $E(r)$ /%	组合标准差 σ_p/%
A	1.0	0.0	16.0	50.8
B	0.8	0.2	14.2	36.8
C	0.6	0.4	12.4	26.7
D	0.5	0.5	11.5	24.8
E	0.4	0.6	10.6	25.8
F	0.2	0.8	8.8	34.8
G	0.0	1.0	7.0	48.4

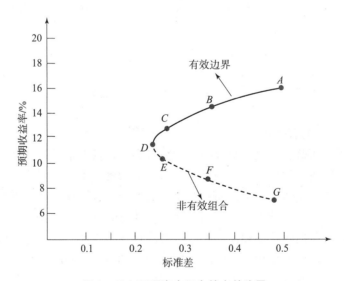

图 2-13　两项资产组合的有效边界

如果两只股票的相关系数取不同的数值，则图 2-13 中的风险和收益率组合将随之变动。相关系数不影响投资组合的预期收益率，但投资组合的风险却因相关系数而改变，如表 2-12 所示。

将表 2-12 中基于不同相关系数的投资组合预期收益率与标准差之间的对应关系反映到直角坐标图上，如图 2-14 所示。

表 2-12 两家公司股票的不同比例、不同相关系数的组合风险

组合名称	资产组合的投资比例		组合预期收益率 $E(r)$ /%	组合标准差 σ_p/%		
	东盛公司股票	西盛公司股票		$\rho=-1$	$\rho=-0.50$	$\rho=+1$
A	1.0	0.0	16	50.8	50.8	50.8
B	0.8	0.2	14.2	31.0	36.8	50.4
C	0.6	0.4	12.4	11.1	26.7	49.9
D	0.5	0.5	11.5	1.2	24.8	49.6
E	0.4	0.6	10.6	8.7	25.8	49.4
F	0.2	0.8	8.8	28.6	34.8	48.9
G	0.0	1.0	7.0	48.4	48.4	48.4

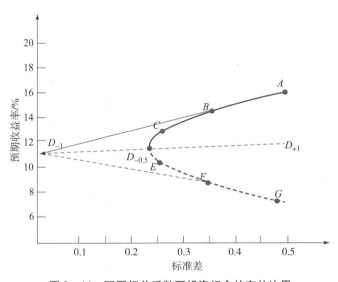

图 2-14 不同相关系数下投资组合的有效边界

当相关系数为 -1 时，投资组合的可行集为 $AD_{-1}G$ 线段，投资的有效边界为 AD_{-1} 直线段，任何一个理性的投资者都会选择 AD_{-1} 直线段上的投资组合，因为在风险相同的条件下，在 AD_{-1} 直线段上投资，收益率高于 $D_{-1}G$ 直线段上的投资收益率。沿着点 D_{-1} 向点 A 移动，投资组合的收益随着风险的增加而增加。当相关系数为 -0.5 时，我们在前面已经分析过，投资的可行集为 $AD_{-0.5}G$，投资的有效边界为 $AD_{-0.5}$ 曲线段。当相关系数为 +1 时，证券组合的标准差就等于这两种证券各自的标准差的加权平均数，投资组合的风险没有得到分散。如图 2-14 所示，A 点表明全部投资于东盛公司，G 点表明全部投资于西盛公司，两点的连线 AG 所形成的直线就是证券组合相关系数为 +1 时的可行集，有效边界也就是直线 AG。

图 2-14 表明，基于不同的相关系数，投资组合预期收益率与标准差之间存在着如下对应关系：

基于相同的风险水平，相关系数越小，可取得的预期收益率越大；基于相同的预期收益率，相关系数越小，投资组合总体的风险也越小，表示投资组合的曲线将越发向左弯曲，弯曲的程度越大，则风险分散的效应就越强。

例如，在投资东盛和西盛公司的比例各为50%的情况下，D_{+1}、$D_{-0.5}$、D_{-1}三点的预期收益率相同，都是11.5%，但随着相关系数的变小，组合的标准差减小，投资风险随之降低，风险分散效应越来越显著。

3. 多项资产组合的风险度量

1）多项资产组合的方差

当更多的资产包括在资产组合中时，计算组合方差的公式就变得越来越复杂，因为必须考虑每项新加入的资产同原来每项资产之间的协方差。在这种情况下，我们用矩阵的形式列出每种资产的方差以及每两种资产的协方差。在有 n 项资产的情况下，我们用 W_1、W_2、$W_3 \cdots W_n$ 表示每一项资产的比例，σ_1^2、σ_2^2、$\sigma_3^2 \cdots \sigma_n^2$ 表示每一种资产的方差，$Cov(i, j)$ 表示任意两种资产之间的协方差，用矩阵表示的组合方差的计算如表2-13所示。

表2-13　多项资产组合方差的矩阵计算

证券	1	2	3	…	n
1	$W_1^2 \sigma_1^2$	$W_1 W_2 Cov(r_1, r_2)$	$W_1 W_3 Cov(r_1, r_3)$	…	$W_1 W_p Cov(r_1, r_n)$
2	$W_2 W_1 Cov(r_2, r_1)$	$W_2^2 \sigma_2^2$	$W_2 W_3 Cov(r_2, r_3)$	…	$W_2 W_n Cov(r_2, r_n)$
3	$W_3 W_1 Cov(r_3, r_1)$	$W_3 W_2 Cov(r_3, r_2)$	$W_3^2 \sigma_3^2$	…	$W_2 W_n Cov(r_3, r_n)$
…	…	…	…	…	…
n	$W_n W_1 Cov(r_n, r_1)$	$W_n W_2 Cov(r_n, r_2)$	$W_n W_3 Cov(r_n, r_3)$	…	$W_n^2 \sigma_n^2$

由于横向和纵向都是 n 项，从表2-13中可以直接得出 n 项资产组成的投资组合，其方差一共有 n^2 项组成。

例如，当投资组合包含3种资产时，组合总体的方差由9项组成：3个方差和6个协方差；当投资组合包含100种资产时，组合总体的方差由10 000项组成：100个方差和9 900个协方差。随着投资组合中包含资产个数的增加，单个资产的方差对投资组合总体方差形成的影响越来越小；而资产与资产之间的协方差形成的影响将越来越大。当投资组合中包含的资产数目达到非常大时，单个资产的方差对投资组合总体方差形成的影响几乎可以略而不计。对于 n 项资产投资组合的方差可用如下公式表示：

$$\sigma_p^2 = \sum_{i=1}^{n} W_i^2 \sigma_i^2 + \sum_{i=1}^{n} \sum_{j=1}^{n} W_i W_j Cov(r_i, r_j) \qquad (i \neq j) \qquad (2-27)$$

公式（2-27）中的第一项为各项资产的方差，即矩阵的对角线上的 n 项方差，反映了每项资产各自的风险状况；第二项为各项资产之间的协方差，即矩阵对角线两侧的协方差，反映了两项资产之间的相互关系和共同风险。在矩阵中，对角线两侧对称的两项协方差是完全相等的，因为在计算协方差时资产的先后顺序是无关的，如 $Cov(r_1, r_2)$ 和 $Cov(r_2, r_1)$ 相等，所以不必对每一项都进行计算。如果是两项资产方差，则需要计算3项的乘积；如果是3项资产方差，则需要计算6项乘积；如果是 n 项资产方差，则需要计算 $n(n+$

1) /2 项,其中只有 n 项是代表方差,而其余各项都是资产两两之间的协方差。当资产个数增加时,公式(2-27)中的第一项将逐渐消失;而协方差在资产个数增加时不会完全消失,而是趋于平均值。这个平均值是所有投资活动的共同运动趋势,反映了系统风险。

2) 系统风险与非系统风险

无论证券之间的相关系数如何,证券组合的收益都不低于单个证券的最低收益,同时,证券组合的风险却不高于单个证券的最高风险。在一个资产组合中减少风险的办法就是加入另一种新的资产,扩大组合规模,但这种风险分散效应随着加入资产数目的增多,呈递减趋势,如图 2-15 所示。这表明,多项资产的组合虽然可在一定程度上降低风险,但却不能将风险完全消除。这使得人们能够明确区分不可分散风险和可分散风险。

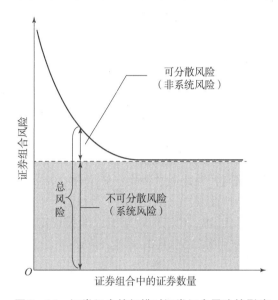

图 2-15 证券组合的规模对证券组合风险的影响

3) 市场组合与市场收益率

市场组合是指由市场上所有资产组成的组合,组合中每种资产均是以其在全部资产总市场价值中所占比重参与组合。市场组合所有资产的加权平均收益率就是市场收益率。但在实务中,不可能找到一个包含所有资产在内的投资组合,就证券投资而言,通常以一些具有代表性的证券指数作为市场投资组合,如用标准普尔 500 种股票的综合指数、上海证券综合指数来代替。再根据证券指数中个别证券的收益率来估计市场收益率。由于市场组合包含了所有的资产,因此市场组合中的非系统风险已经被消除,所以市场组合的风险就是系统风险。

4) 系统风险的度量

(1) β 系数的含义。

尽管绝大部分企业和资产都不可避免地受到系统风险的影响,但这并不意味着系统风险对所有资产或所有企业有相同的影响。有些资产受系统风险的影响大一些,而有些资产受系统风险的影响则较小。单项资产或资产组合受系统风险影响的程度,可以通过系统风险系数(β 系数)来度量。

β 系数是度量一种证券对于市场组合变动的反映程度的指标。与市场收益水平同步波动的股票,可定义为平均风险股票,此类股票的 β 系数为 1。如果市场收益上升了 10%,通常此类股票也将上升10%；如果市场收益下跌了10%，此类股票也将同样下跌10%。据此，如果某种股票 β 系数大于1，说明其风险程度大于整个市场风险；如果某种股票 β 系数小于1，说明其风险程度小于整个市场风险。绝大多数股票的 β 系数介于0.5和2之间，它们的收益率变化与市场平均收益率的变化方向一致，只是变化幅度不同而导致 β 系数的不同。只有极个别的资产 β 系数小于零。

(2) β 系数的计算。

相对于市场组合的平均风险，β 系数可以反映某种证券或证券组合所含的系统风险的大小。第 i 项资产 β 系数的计算公式如下：

$$\beta_i = \frac{Cov(r_i, r_m)}{\sigma_m^2} \tag{2-28}$$

公式（2-28）中，r_m 表示市场收益率；$Cov(r_i, r_m)$ 表示第 i 种证券的收益率与市场收益率之间的协方差；σ_m^2 表示市场组合的方差。

资产组合的系统风险系数 β_p，是所有单项资产 β 系数的加权平均数，权数为各种资产在资产组合中所占的价值比例。计算公式为：

$$\beta_p = \sum_{i=1}^{n} W_i \times \beta_i \tag{2-29}$$

公式（2-29）中，W_i 为第 i 项资产在组合中所占的比重；β_i 表示第 i 项资产的 β 系数。由于单项资产的 β 系数不尽相同，因此通过替换资产组合中的资产或改变资产在组合中的比例，可以改变资产组合的风险特性。

【例 2-27】 某公司持有 A、B、C 三种股票组成的投资组合，权重分别为20%、30%和50%，三种股票的 β 系数分别为2.5、1.2、0.5。请计算该投资组合的 β 系数。

解：

投资组合的 β 系数 $\beta_p = \sum_{i=1}^{n} W_i \times \beta_i = 20\% \times 2.5 + 30\% \times 1.2 + 50\% \times 0.5 = 1.11$

在实际中，要想利用公式去计算 β 系数是非常困难的，β 系数的计算常常利用历史数据，采用线性回归的方法取得。在实务中，并不需要企业财务人员或投资者自己去计算证券的 β 系数，一些证券咨询机构会定期公布大量已交易过的证券的 β 系数。

表2-14列示了2008年10月22日巨灵信息（提供中国金融信息服务的专业机构）公布的沪市部分上市公司的 β 系数。

表2-14 沪市部分上市公司的 β 系数

代码	证券名称	β 系数
600266	北京城建	1.45
600770	综艺股份	1.42
600685	广船国际	1.41
600158	中体产业	1.38
600362	江西铜业	1.37

不同公司的 β 系数有所不同，即便是同一家公司，在不同时期其 β 系数也会有所差异。以表 2-14 中的中体产业为例，2009 年 4 月公布的数据表明，该股票的 β 系数已由 2008 年的 1.38 升至 1.42。一般而言，影响 β 系数的因素主要有公司的业务类型、经营杠杆水平和财务杠杆水平等。

5）多项资产组合的有效边界

前面已作分析，在两项资产组合的情况下，投资的可行集是一条直线或曲线，当资产数量增多时，投资的可行集变为一个平面区域。图 2-16 所示的封闭区域是四种资产的可行区域。它反映了投资者所有可能的投资组合，该区域的任何一点都代表一种特定的投资组合。那么，投资者应该如何在这个可行集中选择适合自己的有效投资组合呢？在给定的投资组合可行区域里，有效资产组合应该是在同一风险程度下获得最高可能的预期收益，或在同一预期收益下承担最低风险的一种投资组合。

图 2-16 中，点 P 为最小方差组合，从点 P 到点 A 之间曲线上的各点为有效投资组合的集合，即有效边界。例如，组合 E_1 和 E_2 的标准差是相等的，但是位于曲线 PA 上的 E_2 点的预期收益率要大于点 E_1；同样，组合 E_1 和 E_3 的预期收益率是相等的，但是位于曲线 PA 上的 E_3 点的标准差要小于 E_1 点。因此，理性的投资者不会选择曲线 PA 以下的任何一点，曲线 PA 以下区域称为非有效组合。

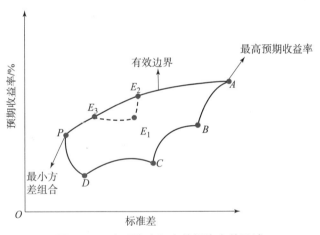

图 2-16 多项资产组合的投资有效区域

有效边界上包括无数个可能的投资组合，其范围从最小风险、最小预期收益率的投资组合 P 到最大风险、最大预期收益的投资组合 A。每点都代表一种不同的风险与收益的选择：预期收益率越高，必须承担的风险也越大。最佳投资组合的选择对于每个投资者都不一样，取决于投资者对待风险的态度。激进的投资者追求投资收益最大，愿意承担更多风险，将选择接近 A 点的投资组合；保守的投资者厌恶风险，追求投资风险最小，将选择更接近 P 点的投资组合；若投资者属于风险中立者，就应选择 P 点和 A 点之间的某一点所代表的组合进行投资。

6）无风险资产和风险资产的组合

投资有效边界将所有有效率的风险投资组合包含在内，供投资者选择适合自己的最优投资组合。除此之外，还有一种全新的组合类型：将一些无风险资产加入组合当中，形成新的资产组合有效边界。

无风险资产是指未来收益完全确定的资产，其标准差为0，如1年期国库券。如果风险资产的投资比例为W，而将其余的$(1-W)$投资于无风险资产，那么风险资产和无风险资产组成的资产组合的预期收益率为：

$$E(r_{fp}) = (1-W) \times R_f + W \times E(r_p)$$
$$E(r_{fp}) = R_f + W \times [E(r_p) - R_f] \tag{2-30}$$

公式（2-30）中，R_f表示无风险资产的收益率；$E(r_p)$表示风险资产组合的预期收益率。

无风险资产的标准差为0，无风险资产与风险资产之间的协方差也为0，因此，风险资产和无风险资产组成的资产组合的标准差为：

$$\sigma_{fp} = \sqrt{W^2 \sigma_p^2} = W\sigma_p \tag{2-31}$$

由公式（2-31）可以看出，包括无风险资产和风险资产的资产组合的标准差σ_{fp}等于风险组合的标准差σ_p与所占比例的乘积，该组合的风险是风险资产的简单线性函数。因此，无论风险资产的风险有多大，由无风险资产和风险资产构成的投资组合的风险与收益对应的集合，总会形成一条直线，从无风险资产伸向所选定的风险资产组合。如图2-17所示。

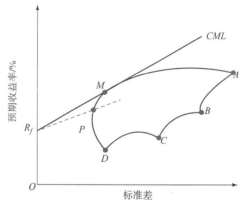

图2-17 资本市场线

投资者可以根据他们对待风险的态度，用无风险资产和有效边界上的风险资产构成新的投资组合。人们发现，无论投资者的投资目标和风险偏好如何，都会选择M点作为其风险资产的组合，M点是由R_f发出的射线与有效边界的切点。假设投资者不选择M点代表的投资组合，而是选择P点，从图2-17中可以看出，位于R_fP上的点与R_fM上的点所代表的投资组合相比，在相同的风险条件下收益较小，而在相同收益条件下风险较大，所以理性的投资者均会选择M点。这时，投资组合的有效边界就不再是PA段了，而是曲线R_fMA段。

假设投资者是用自己的资本进行投资。如果市场是完善的，以相同的利率自由借入或贷出资本（不考虑借贷交易成本），则投资者可通过无风险利率借入资本，再加上他自有的资本，增加对M点这个组合的投资。这时，所有可能的投资组合的连线会超过M，并以相同的斜率继续上升，因此投资组合的有效边界不再是曲线R_fMA，而是R_fM射线了。

射线R_fM是投资者的有效边界，通常称为资本市场线（CML），它表明资产组合收益率是其标准差的线性函数。不同风险偏好的投资者会在CML上选择不同的投资组合点。保守的投资者会选择靠近R_f的点，将一部分资金投资于无风险资产，剩余部分资金投资于风险资产；激进的投资者会选择 M 点右侧的点所代表的投资组合，不仅将其全部资金都投资于风险资产，而且按无风险利率借入资金投资于风险资产。

2.3 主要资产定价模型

2.3.1 资本资产定价模型

1. 资本资产定价模型概述

1）资本资产定价模型的含义与背景

（1）含义。

所谓资本资产，主要指的是股票，而定价则是指试图解释资本市场如何决定股票收益率，进而决定股票价格。资本资产定价模型（Capital Asset Pricing Model，CAPM）主要研究证券市场上价格如何决定的问题，其重点在于探索风险资产收益与其风险的数量关系。

（2）背景。

资产定价理论源于马柯维茨（Harry Markowitz）在 1952 年提出的资产组合理论研究。此后，经济学家一直在利用数量化方法不断丰富和完善该组合理论，使之成为投资学的主流理论。到了 20 世纪 60 年代初，经济学家开始研究马柯维茨的模型如何影响证券估值，这一研究导致了资本资产定价模型的产生。现代资本资产定价模型是由夏普（William Sharpe，1964 年）、林特纳（Jone Lintner，1965 年）和莫辛（Mossin，1966 年）根据马柯维茨最优资产组合选择的思想分别提出来的，因此资本资产定价模型也称为 SLM 模型。

由于资本资产定价模型在资产组合管理中具有重要的作用，从其 60 年代中期创立起，就迅速为实业界所接受并转化实用，也成了学术界研究的焦点和热点问题。马柯维茨和夏普等经济学家由于在此方面作出的杰出贡献而获得了 1990 年诺贝尔经济学奖。

2）资本资产定价模型的假设

与任何模型一样，资本资产定价模型也是建立在一些假设基础上的，这些假设包括以下几个方面：

（1）所有的投资者都追求单期最终财富的效用最大化，他们根据投资组合预期收益率和标准差来选择优化投资组合。

（2）市场上存在无风险资产，所有的投资者都能以给定的无风险利率无限量地借入或贷出资本，市场上对卖空行为无任何约束。

（3）所有的投资者拥有相同的预期，对每一项资产收益的概率分布、均值、方差的估计相同。

（4）所有的资产都可完全细分，并可完全变现，即可按市价卖出，无任何税收，且不发生任何交易费。

（5）所有的投资者都是价格的接受者，即所有的投资者各自的买卖活动不影响市场价格。

显然，这些假设条件都非常严格，在真实的资本市场中并不能完全实现。但是，经过很多学者的检验，结果发现，即使违背了其中一个或多个假设条件，资本资产定价模型的基本预测仍然适用。

3) 资本资产定价模型基本原理

根据风险与收益的一般关系，某资产的必要收益率是由无风险收益率和该资产的风险收益率决定的。即：

必要收益率 = 无风险收益率 + 风险收益率

资本资产定价模型的一个主要贡献，就是解释了风险收益率的决定因素和度量方法，并给出了简单易用的计算公式：

$$R = R_f + \beta \times (R_m - R_f) \qquad (2-32)$$

公式（2-32）是资本资产定价模型的核心关系式。R 表示某资产或资产组合的必要收益率；β 表示该资产或资产组合的系统风险系数，市场组合的 β 系数等于1；R_f 表示无风险收益率，一般将1年期国债利率作为无风险利率，投资者可以以这个利率进行无风险借贷；R_m 为市场组合的收益率，通常用股票价格指数收益率的平均值或所有股票的平均收益率来代替。

公式（2-32）中的 $(R_m - R_f)$ 称为市场风险溢价，它是附加在无风险收益率之上的，由于承担了市场平均风险所要求获得的补偿，它反映的是市场作为整体对风险的平均容忍程度。对风险的平均容忍程度越低，越厌恶风险，要求的收益率就越高，市场风险溢价就越大；反之，市场风险溢价则越小。$\beta \times (R_m - R_f)$ 为某项资产或资产组合的风险溢价，也称为风险收益率。

公式（2-32）的右侧，唯一与个别资产相关的就是 β 系数，而 β 系数正是对该项资产所含的系统风险的度量，因此，资本资产定价模型的关系式包含一个重要暗示，就是"只有系统风险才有资格要求补偿"。公式（2-32）中没有引入非系统风险即企业特有风险，是因为企业特有风险可以通过资产组合被消除掉，投资者只能因为承担了市场风险即系统风险才可以要求补偿。

【例2-28】 某企业有 20 000 万元资金，准备等额投资于两个投资项目，投资额均为 10 000 万元，目前有三个备选的投资项目，其收益额的概率分布如表2-15所示。

表2-15 三个备选投资项目收益额的概率分率

市场情况	概率	A项目收益额/万元	B项目收益额/万元	C项目收益额/万元
销售好	0.2	2 000	3 000	4 000
销售一般	0.5	1 000	1 000	500
销售差	0.3	500	-500	-1 000

要求：

（1）若该企业拟选择两个风险较小的项目进行投资组合，应该选择哪两个项目进行组合？
（2）各项目彼此间的相关系数为0.6，计算所选中投资组合的预期收益率和标准差。
（3）假定资本资产定价模型成立，证券市场的平均收益率为8%，无风险收益率为4%，计算所选组合的 β 系数。

解：

（1）①计算三个项目预期收益率的标准差。

$E(R_A) = 2\,000/10\,000 \times 0.2 + 1\,000/10\,000 \times 0.5 + 500/10\,000 \times 0.3 = 10.5\%$

$E(R_B) = 3\,000/10\,000 \times 0.2 + 1\,000/10\,000 \times 0.5 - 500/10\,000 \times 0.3 = 9.5\%$

$E(R_C) = 4\,000/10\,000 \times 0.2 + 500/10\,000 \times 0.5 - 1\,000/10\,000 \times 0.3 = 7.5\%$

$\sigma_A = \sqrt{(20\% - 10.5\%)^2 \times 0.2 + (10\% - 10.5\%)^2 \times 0.5 + (5\% - 10.5\%)^2 \times 0.3} = 5.22\%$

$\sigma_B = \sqrt{(30\% - 9.5\%)^2 \times 0.2 + (10\% - 9.5\%)^2 \times 0.5 + (-5\% - 9.5\%)^2 \times 0.3} = 12.13\%$

$\sigma_C = \sqrt{(40\% - 7.5\%)^2 \times 0.2 + (5\% - 7.5\%)^2 \times 0.5 + (-10\% - 7.5\%)^2 \times 0.3} = 17.5\%$

②计算三个项目收益率的标准离差率。

$$CV_A = 5.22\%/10.5\% = 0.50$$
$$CV_B = 12.13\%/9.5\% = 1.28$$
$$CV_C = 17.5\%/7.5\% = 2.33$$

因为 C 项目的标准离差率最大，风险最大，所以应选择 AB 两个项目进行组合。

（2）AB 投资组合的预期收益率 = 10.5% × 50% + 9.5% × 50% = 10%

AB 投资组合的方差： $\sigma_{AB}^2 = W_A^2 \sigma_A^2 + W_B^2 \sigma_B^2 + 2W_A W_B \rho_{AB} \sigma_A \sigma_B$

AB 投资组合的标准差：

$\sigma_{AB} = \sqrt{(0.5 \times 5.22\%)^2 + (0.5 \times 12.13\%)^2 + 2 \times 0.5 \times 5.22\% \times 0.5 \times 12.13\% \times 0.6} = 7.91\%$

（3）已经计算出组合的预期收益率为 10%，则：

$$10\% = 4\% + \beta \times (8\% - 4\%)$$

组合的 β 系数 = 1.5

2. 资本资产定价模型的有效性与局限性

1）有效性

资本资产定价模型首次将"高收益伴随着高风险"的直观认识，用简单的关系式表达出来。该模型不仅给出了风险与收益呈线性关系的风险资产定价的一般模型，而且利用实证方法来度量市场中存在的系统性风险和非系统性风险。其中，非系统风险可以通过资产组合分散掉，而只剩下系统风险，并在模型中引进了 β 系数来表征系统风险。资本资产定价模型的提出标志着财务理论的又一飞跃发展。它的提出即宣告股票定价理论的完整建立，并同时奠定了股票定价理论所涵盖的两个核心内容：投资者行为理论和市场均衡定价模型。

2）局限性

然而，将复杂的现实简化成一个简单模型，必定会遗漏许多有关因素，模型的假设过于严格，必定与现实产生很大差距，因此也受到了一些质疑。尽管 CAPM 已得到了广泛的认可，但在实际运用中，仍存在着一些明显的局限性，主要表现在以下几个方面：

（1）事实上，CAPM 应用中，所要求得到的任何变量都应该是事前预测的，但目前只有事后的历史数据才可以得到。由于经济环境的不确定性和不断变化，使得依据历史数据估算出的 β 值对未来的指导作用必然要大打折扣；特别是对一些缺乏历史数据的新兴行业，某些资产或企业的 β 值难以估计。

（2）CAPM 是建立在一系列假设之上的，其中一些假设与实际情况有较大的偏差，使得 CAPM 的有效性受到质疑。这些假设包括：市场是均衡的、市场不存在摩擦、市场参与者都是理性的、不存在交易费用、税收不影响资产的选择和交易等。

由于以上局限性，资本资产定价模型只能大体描述出证券市场运动的基本状况，而不能完全确切地揭示证券市场的一切。因此，在运用这一模型时，应该更注重它所揭示的规律，而不是它所给出的具体数字。

2.3.2 套利定价模型

1. 套利定价模型的背景

资本资产定价模型认为,任何风险资产的收益都是该资产相对于市场的系统风险的线性函数,即所有资产的收益与一个共同的因素——市场组合风险线性相关,因此,CAPM模型是一个单因素模型。而美国学者斯蒂芬·罗斯1976年提出的套利定价模型(APT)认为,风险资产的收益率不但受市场风险的影响,还与其他许多因素相关,如国际形势、工业指数、社会安全、通货膨胀率、利率、石油价格、国民经济的增长指标等。这些因素会不同程度地影响公司的现金流量和折现率,从而可能对全部证券造成影响,也可能只对某些特殊证券有影响,甚至只对单一证券造成影响。所以,APT的建立取决于各因素的水平及对证券收益率的敏感性。证券分析的目的就在于识别经济中的这些因素,以及证券对这些经济因素变动的不同敏感性。APT将资本资产定价模型从单因素模式发展成为多因素模式,以期更加适应现实经济活动的复杂情况。

2. 套利定价模型的基本原理

套利是指利用一个或多个市场存在的各种价格差异,在不冒风险或冒较小风险的情况下赚取较高收益的交易活动。换句话说,套利是利用资产定价的错误、价格联系的失常以及市场缺乏有效性等机会,通过买进价格被低估的资产,同时卖出价格被高估的资产,来赚取无风险利润的行为。

APT作为描述资本资产价格形成机制的一种新方法,其基础是价格规律:在均衡市场上,两种性质相同的商品不能以不同的价格出售,否则,就会出现套利机会。投资者为追求套利利润而形成投资组合时,证券价格随之调整。当这种获利机会消失时,则可认为证券价格达到均衡。从这个意义上说,市场有效性的一种定义就是缺乏套利机会,这种套利机会已由套利者自己消除。因此,套利的结果会促进市场效率的提高,其正面效应远远超过负面效应。

套利定价模型是一种均衡模型,用套利概念定义均衡,不需要市场组合的存在性,而且所需的假设比资本资产定价模型(CAPM)更少、更合理。按照APT模式,证券或资产的必要收益率为:

$$R = R_f + \beta_1 [E(R_1) - R_f] + \beta_2 [E(R_2) - R_f] \cdots + \beta_n [E(R_n) - R_f] \quad (2-33)$$

公式(2-33)中,n为影响资产收益率因素的数量;$E(R_1)$、$E(R_2)\cdots E(R_n)$为证券在因素为1、2$\cdots n$时的预期收益率;β_1、$\beta_2\cdots \beta_n$为证券对于因素1、2$\cdots n$的敏感度。

3. 套利定价模型与资本资产定价模型的一致性

APT计算公式中,当影响资产收益率的影响因素只有一个——市场组合预期收益率时,则APT的数学表达式为:

$R = R_f + \beta [E(R_m) - R_f]$,显然,该式与CAPM的计算公式类似。由此可知,APT是比CAPM更一般化的资本资产定价模型。

现举一个单一因素的例子。设A、B、U分别代表三个投资组合,如图2-18所示。其收益率受单一因素的影响,且均不存在可分散风险。三个投资组合的风险分别是:$\beta_A = 1.2$,$\beta_B = 0.8$,$\beta_U = 1.0$;必要收益率分别是:$R_A = 13.4\%$,$R_B = 10.6\%$,$R_U = 15.0\%$。A、B组合的风险与收益是相对应的,因而它们的价格定得是适当的。而U组合的风险居中而收益却最高,因而其价格被低估了,它在三个组合中表现出套利机会,从而导致套利交易的形成。

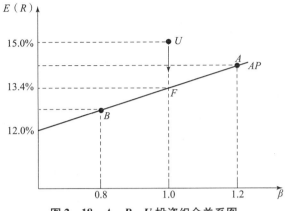

图 2-18 A、B、U 投资组合关系图

假设投资者投资 1 000 元建立一个与 U 组合风险相同（$\beta_u = 1$）的 F 组合,假设 F 组合由 500 元的 A 组合、500 元的 B 组合构成,则 F 组合的风险或收益就是 A 和 B 两个组合风险或收益的加权平均数:

$$\beta_F = 0.5 \times 1.2 + 0.5 \times 0.8 = 1.0$$
$$E(R_F) = 0.5 \times 13.4\% + 0.5 \times 10.6\% = 12.0\%$$

由于 F 和 U 组合的 β 系数相等,都是 1.0,因此两个组合的风险是相等的。但 U 组合的收益率为 15.0%,比 F 组合收益率 12.0% 要高。这时,投资者即可进行套利交易,即按 1 000 元把 F 组合卖空,所得 1 000 元投在 U 组合上。

所谓卖空交易,是指投资者卖出不属于他的证券（借入证券卖出）,再在约定的未来时期买回该证券,以偿还原先所借证券。在这笔交易中,投资者没有增付资本,也不多承担风险,但通过卖空套利,获利 30 元,如表 2-16 所示。

表 2-16 U 与 F 套利组合

投资组合	投资额/元	收益/元	风险
U 组合	+1 000	+150	1.0
F 组合	-1 000	-120	-1.0
套利组合	0	+30	0

由于这种套利既不增加投资,又不增加风险,投资者将会继续进行。不过,从动态观点看,卖空 F 组合,同时购买 U 组合,将会降低 A、B 组合的价格,从而提高它们的预期收益,同时提高 U 组合的价格,从而降低其预期收益,最终导致价格低估消失,套利机会消失。

事实上,APT 模型的运用需要对历史收益率数据采用交叉回归分析和因素分析法进行估计,这在现实中是较为困难的工作,尤其是对 β 系数的估计,不仅困难,而且可靠性不高。尽管想运用套利定价模型来计算收益率比较复杂,但它的基本思想比资本资产定价模型更接近实际，对资产的交易更具指导意义。它同时考虑了多种因素对资产收益率的影响，比资本资产定价模型更清楚地指明了风险来自哪一方面，因此，投资者可以选择或者构造一个只受某一风险因素影响的资产或资产组合，这样，选择资产或资产组合就相当于选择了这项风险因素。所以，投资者就可根据自己的风险偏好和抗风险能力来选择资产或资产组合，回避那些不愿意承担的风险，这对投资者来说是一个重要的启示与帮助。

本章案例

1. 案例资料

合俊集团自己打败了自己

创办于1996年的合俊集团，是国内规模较大的代工生产（OEM）型玩具生产商。在世界五大玩具品牌中，合俊集团已是其中三个品牌的制造商——美泰、孩子宝以及Spin master 的制造商，并于2006年9月成功在香港联交所上市，到2007年的时候，销售额就超过9.5亿港元。然而在2008年10月，这家在玩具界举足轻重的大型公司成了中国企业实体受金融危机影响出现倒闭的第一案。后来，合俊关闭了其在广东的生产厂，涉及员工超过7 000人。

1）金融危机只是催化剂

全球金融危机爆发后，整个玩具行业的上下游供应链进入恶性循环，再加上2008年生产成本的持续上涨，塑料成本上升20%、最低工资上调12%及人民币升值7%等大环境的影响，导致合俊集团的资金链断裂。表面上看起来，合俊集团是被金融风暴吹倒的，但是只要关注一下最近两年合俊集团的发展动态，就会发现，金融危机只是压倒合俊集团的最后一根稻草。

2）商业模式存在着巨大的风险

作为一个贴牌生产企业，合俊并没有自己的专利技术，在生产中也没有重视生产研发的投入，主要靠欧美的订单。金融危机后，首先受到影响的肯定是这些靠出口美国市场过活的贴牌企业。同在东莞，规模和合俊一样的玩具企业——龙昌公司，却在这场风暴中依然走得很从容，当时他们的销售订单已经排到了2009年。比较一下两家玩具企业的商业模式就能发现，龙昌公司拥有自主品牌，他们在市场中拼的是品质和科技，并且具有专利300多项，研发投入每年达3 000多万元，有300多人的科研队伍。销售市场也并不依赖国外，而是集中在国内。

3）盲目多元化造成"失血"严重

其实早在2007年6月，合俊集团已经认识到过分依赖加工出口的危险。2007年9月，合俊计划进入矿业，以约3亿元的价格收购了福建天成矿业48.96%的股权。天成矿业的主要业务是在中国开采贵金属及矿产资源，拥有福建省大安银矿。然而合俊集团对此次收购的风险估计不足，支付巨额现金之后，才得知这家银矿一直都没有拿到开采许可证，无法给公司带来收益，而支付的3.09亿资金也没有如约返还（双方约定2008年4月拿不到开采证，则返还收购资金给合俊）。

对于天成矿业的巨额投入，合俊根本未能收回成本，跨行业的资本运作反而令其陷入资金崩溃的泥沼。随着合俊集团资金越来越紧张，为缓解压力，合俊卖掉了清远的工厂和一块地皮，并且定向增发2 500万港元。可是，"2 500万顶多维持两个月的工资"。为了维持公司的日常运营，合俊开始向银行贷款，但不幸的是，银行贷款的途径也走不通了。公开资料显示，合俊集团的贷款银行全部集中在香港，内地没有银行贷款。

可以说，收购矿业是孤注一掷的豪赌，赌本应该是合俊玩具用于"过冬"的"粮食"。没有了这笔巨额资金，合俊最终没能挨过制造业刚刚遭遇的冬天。

2. 思考题

（1）对合俊集团来说，金融危机、商业模式问题、收购失败分别属于什么风险？

（2）如何度量和防范这些风险？

（资料来源：中国管理加油站 http://www.jy365.com.cn）

本章小结

资金时间价值，是指资金在周转过程中随着时间的推移而发生的增值。资金时间价值相当于在没有风险也没有通货膨胀情况下的社会平均利润率，是企业资金利润率的最低限度，也是使用资金的最低成本率。

资金时间价值在应用过程中应注意两个问题：不同时点的现金流量需换算到相同时点才能进行比较和计算；采用复利方式计算资金时间价值。复利终值，是指现在单笔的现金流量按照复利计息方式计算的未来价值；复利现值，是指将未来的单笔现金流量按复利计息方式折算为现在的价值。年金终值和现值的计算。年金，是指在一定时期内每隔相同的时间（可以不是一年）连续发生相等的现金流量。按照现金流量发生的时点不同，年金可分为普通年金、预付年金、递延年金和永续年金。年金终值可视为每期年金A的复利终值之和；年金现值可视为每期年金A的复利现值之和。名义利率和实际利率。名义利率是不考虑复利次数的年利率；考虑年内多次复利计算产生的影响而得到的年利率称为实际利率。两者之间可以互相换算。通常情况下，可以采用内插法估算利率和期数。

收益与风险的含义、关系、分类。收益是指资产的价值在一定时期内的增值。可分为实际收益率、名义收益率、预期收益率、必要收益率。风险是指资产实际收益相对预期收益变动的可能性和变动幅度。这种可能性和变动幅度越大，风险就越大。风险和收益的基本关系是风险越大，要求的收益越高，可表达为必要收益率＝无风险收益率＋风险收益率。

单项资产收益与风险度量。单项资产的预期收益率，就是各种可能情况下收益率的加权平均数，权数为各种可能结果出现的概率。单项资产风险度量的指标是标准差和方差。比较预期收益率不同的资产之间的风险大小，可以采用标准离差率指标。

两项资产组合收益与风险度量。资产组合的预期收益率是资产组合中单项资产预期收益率的简单加权平均。资产组合的总风险由资产组合收益率的方差和标准差来衡量。资产组合的风险，通常不是组合中单项资产标准差的加权平均，而必须考虑两项资产收益之间的相互关系，通常用协方差和相关系数两个统计指标来描述这种关系。

多项资产组合的风险度量。随着投资组合中包含资产个数的增加，单个资产的方差对投资组合总体方差形成的影响越来越小；而协方差形成的影响将越来越大。当投资组合中包含的资产数目达到非常大时，单个资产的方差对投资组合总体方差形成的影响几乎可以略而不计，而协方差趋于平均值。这个平均值反映了系统风险。系统风险是不可分散风险，是由综合因素导致的，大部分公司均受到影响，无法通过投资组合的多样化来分散掉。单项资产或资产组合受系统风险影响的程度，可以通过系统风险系数（β系数）来度量。

资本资产定价模型。资本资产定价模型解释了风险收益率的决定因素和度量方法，并给出了简单易用的计算公式：$R = R_f + \beta \times (R_m - R_f)$，该关系式代表一条横坐标为 β 系数、纵坐标为必要收益率 R 的直线，R_f 和 $(R_m - R_f)$ 分别代表直线的截距和斜率，叫做证券市场线。资本资产定价模型认为，证券市场线是一条市场均衡线，所有资产的预期收益都应该落在这条线上。套利定价模型将资本资产定价模型从单因素模式发展成为多因素模式，更加适应现实经济活动的复杂情况。

本章习题

1. 某人在 2002 年 1 月 1 日,存入银行 1 000 元,年利率 10%,要求计算:

(1) 每年复利一次,2005 年 1 月 1 日存款账户余额是多少?

(2) 每半年复利一次,2005 年 1 月 1 日存款账户余额是多少?

(3) 若这 1 000 元,分别在 2002 年、2003 年、2004 年和 2005 年 1 月 1 日存入 250 元,年利率仍为 10%,每年复利一次,求 2005 年 1 月 1 日余额是多少?

(4) 假定分 4 年存入相等金额,为了达到第一问所得到的账户余额,每期末应存入多少金额?

2. 某人购买商品房,有三种付款方式:第一种,每年年初支付购房款 80 000 元,连续支付 8 年;第二种,从第 3 年开始,在每年的年末支付房款 132 000 元,连续支付 5 年;第三种,现在支付房款 100 000 元,以后在每年年末支付房款 90 000 元,连续支付 6 年。要求计算:

假定在市场利率为 14% 的条件下,应该选择哪种付款方式?

3. 某人为了能在退休后 2021—2045 年,每年领取 5 000 元的养老金,从 2001 年开始每年定额向银行存款,年利率为 12%。要求计算:

(1) 从 2001 年起,他每年应定额向银行存款多少元,才能保证养老金的按时领取?

(2) 假设 2011 年时,银行利率降为 10%,为了同样保证退休后每年的养老金收入,他从 2011 年到 2020 年间每年应该增加存款多少元?

4. 某企业向银行借入 3 000 万元资金,年利率为 10%,准备投资一新项目;假如你是该企业的财务经理,分别就下列情况作出借款还款金额和计划:

(1) 在第 1 年年初借入 3 000 万元,从第 4 年开始,连续 5 年每年等额归还全部本利和。

(2) 前 2 年,每年年初各借入 1 500 万元,从第 4 年每年年初开始,连续 5 年每年等额归还全部等额本利和。

(3) 前 3 年,每年年初各借入 1 000 万元,从第 4 年开始,连续 5 年每年等额归还全部等额本利和。

(4) 前 3 年,每年年末各借入 1 000 万元,从第 4 年开始,连续 5 年每年等额归还全部等额本利和。

(5) 如果企业从第 4 年开始,连续 5 年每年有稳定的 900 万元现金净流量,企业应如何安排借款和还款?

5. 若年收益率分别为 7%、10%、18% 和 100%,每年复利一次,为了使 200 元翻倍,分别需要多少时间?

6. 企业拟以 100 万元进行投资,现有 A 和 B 两个互斥的备选项目,假设各项目的收益率呈正态分布,具体如表 2-17 所示。

表 2-17 A、B 两个项目的收益率　　　　　　　　　　　　　　　　　　　　%

经济情况	概率	A 项目预期收益率	B 项目预期收益率
繁荣	0.2	100	80
复苏	0.3	30	20
一般	0.4	10	12.50
衰退	0.1	-60	-20

要求：

分别计算 A、B 两个项目预期收益率的期望值、标准差和标准离差率，并判断风险的大小。

7. 某公司投资组合中有 A、B、C、D、E 五种股票，所占的比例分别是 10%、20%、20%、30%、20%；其中 β 系数分别为 0.8、1、1.4、1.5、1.7；股票市场平均收益率为 16%，无风险收益率为 10%。

要求：

（1）计算各种股票各自的必要收益率。

（2）计算该投资组合的综合 β 系数。

（3）计算该投资组合的风险收益率。

（4）计算该投资组合的必要收益率。

8. A、B 两种证券构成证券投资组合，A 证券的预期收益率为 10%，方差是 0.014 4；B 证券的预期收益率为 18%，方差是 0.04。证券 A 的投资比重占 80%，证券 B 的投资比重占 20%。

要求：

（1）计算 A、B 两种证券投资组合的平均报酬率。

（2）如果 A、B 两种证券报酬率的协方差是 0.004 8，计算 A、B 两种证券的相关系数和投资组合的标准差。

（3）如果 A、B 的相关系数是 0.5，计算投资于 A 和 B 的组合收益率与组合风险。

（4）如果 A、B 的相关系数是 1，计算投资于 A 和 B 的组合收益率与组合风险。

（5）说明相关系数的大小对投资组合的收益率和风险的影响。

9. A 股票和 B 股票在 5 种不同经济状况下预期收益率的概率分布如表 2-18 所示。

表 2-18 预期收益率的概率分布　　　　　　　　　　　　　　　　　　　　%

经济状况	概率分布	各种状况可能发生的收益率	
		A	B
1	0.2	30	-45
2	0.2	20	-15
3	0.2	10	15
4	0.2	0	45
5	0.2	-10	75

要求：

（1）分别计算 A 股票和 B 股票的预期收益率及其标准差。

（2）计算 A 股票和 B 股票收益率的协方差。

（3）根据（2），计算 A 股票和 B 股票的相关系数。

（4）根据（3），计算 A 股票和 B 股票在表 2-19 所示的不同投资比例下投资组合的预期收益率和标准差。

表 2-19 不同投资比例下投资组合的预期收益率和标准差

W_A	W_B	组合的预期收益率/%	组合的标准离差
1.0	0		
0.8	0.2		

（5）已知市场组合的平均收益率为 12%，无风险收益率为 4%，则 A 股票的 β 系数为多少？说明其经济含义？

（6）根据（5），如果 A 股票和 B 股票分别按 $W_A=0.8$、$W_B=0.2$ 的比重组合，组合的必要收益率为 11%，则 B 股票的 β 系数为多少？

10. 假定资本资产定价模型成立。在表 2-20 中列示了三种股票和无风险资产以及市场组合的有关资料，表中的数字是相互关联的。

要求：

计算表 2-20 中字母表示的数字，并列示计算过程。

表 2-20 三种股票和无风险资产以及市场组合的有关资料

资产名称	预期收益率/%	标准差	与市场组合的相关系数	β 系数
无风险资产	A	C	F	I
市场组合	B	0.1	G	J
甲股票	0.22	D	0.65	1.3
乙股票	0.16	0.15	H	0.9
丙股票	0.31	E	0.2	K

第3章

财务分析

学习目标

通过本章学习，让学生理解财务分析的目的、内容、方法，熟悉财务分析的基础；掌握评价企业偿债能力、营运能力、获利能力及发展能力的财务比率，并能加以运用分析；掌握综合分析企业财务状况和经营成果的杜邦财务分析体系和沃尔比重评分法。

导入案例

古越龙山的财务能力分析

浙江古越龙山绍兴酒股份有限公司（股票代码600059，简称古越龙山）于1997年5月在上交所上市，主要经营黄酒、白酒，是中国黄酒业第一家上市公司，是国内最大的黄酒生产基地。截至2012年年末，公司资产总额达35.86亿元，归属于上市公司股东的所有者权益24.08亿元；2012年，经营活动现金流量净额7 184万元，全年实现营业收入14.22亿元，同比增长14.15%，归属于上市公司股东的净利润1.91亿元，同比增长12.09%；2012年11月，公司股价连续下跌，至12月3日，跌至每股9.60元，与当年最高价16.24元相比，跌幅达40.89%。

如何解读古越龙山的财务报表？股东、债权人与管理层如何分析并利用财务报表？影响古越龙山营业收入、净利润以及股价的因素是什么？能否从财务报表的角度寻找古越龙山市值下降的原因？

（资料来源：《财务管理》，主编：竺素娥、裘益政，东北财经大学出版社，出版时间：2013年8月）

3.1 财务分析概述

3.1.1 财务分析的目的

财务分析是管理的重要方法之一。财务分析是以企业财务报告及其他相关资料为主要依据，对企业财务状况和经营成果进行评价和剖析，反映企业在运营过程中的利弊得失和发展趋势，从而为改进企业财务管理工作和优化经济决策提供重要的财务信息。

财务分析的目的取决于人们使用会计信息的目的。虽然财务分析所依据的资料是客观的，但是不同的人所关心的问题不同，因此，人们进行财务分析的目的也各不相同。会计信息的使用者包括债权人、股权投资者、企业管理层、审计师、政府部门等。下面分别介绍不同的会计信息使用者进行财务分析的目的。

1. 债权人财务分析的目的

债权人按照借款给企业的方式不同，可以分为贸易债权人和非贸易债权人。

贸易债权人在向企业出售商品或者提供劳务的同时，也为企业提供了商业信用。按照商业惯例，这种商业信用都是短期的，通常在30~60天，在信用期限内，企业应当向债权人付款。有时为了鼓励客户尽早付款，贸易债权人也会提供一定的现金折扣，如果客户在折扣期内付款，可以享有现金折扣。大多数的商业折扣都不需要支付利息，因此，对于企业来说，这是一种成本极低的融资方式。

非贸易债权人向企业提供融资服务，可以直接与企业签订借款合同，将资金贷给企业，也可以通过购买企业发行的债券，将资金借给企业。非贸易债权人与企业之间有正式的债务契约，明确约定还本付息的时间与方式，这种融资方式可以是短期的，也可以是长期的。

债权人为企业提供信用融资所能获得的收益是固定的，贸易债权人的收益直接来自商业销售的毛利，非贸易债权人的收益来自债务合同约定的利息。无论企业的业绩如何优秀，债权人的收益只能限定为固定的利息或者商业销售的毛利。但是，如果企业发生亏损或者经营困难，没有足够的偿付能力，债权人就可能无法收回全部或部分本金。债权人风险与收益的这种不对称性特征，决定了他们非常关注其贷款的安全性，这也是债权人财务分析的主要目的。

债权人为了保证其债权的安全，非常关注债务人的现有资源以及未来现金流量的可靠性、及时性和稳定性。在财务分析时，债权人对债务企业未来的预期是更为稳健，他们要求债务企业的管理层对未来的预期应与企业现有资源具有确切的联系，同时具有足够的能力实现预期。债权人的分析集中于评价企业控制现金流量的能力和在多变的经济环境下保持稳定的财务基础的能力。

由于债务的期限长短不同，债权人进行财务分析所关注的重点也有所不同。对于短期信用而言，债权人主要关心企业当前的财务状况、短期资产的流动性以及资金周转情况。而长期信用的债权人侧重于分析企业未来的现金流量和评价企业未来的盈利能力。从持续经营的角度看，企业未来的盈利能力是确保企业在各种情况下有能力履行债务合同的基本保障。因此，盈利能力分析对于长期债权人来说非常重要。此外，无论是短期信用还是长期信用，债权人都重视对企业资本结构的分析。资本结构决定了企业的财务分析，从而也影响到债权人的债权安全性。

2. 股权投资者财务分析的目的

股权投资者将资金投入企业后，成为企业的所有者，对于股份公司来说，就是普通股股东。股东投资者拥有对企业的剩余权益。剩余权益意味着，只有在企业的债权人和优先股股东等优先权享有者的求偿权得到满足之后，股权投资者才享有剩余的分配权。在企业持续经营情况下，企业只有支付完债务利息和优先股股利后，才能给股权投资者分配利润；在企业清算时,企业在偿付债权人和优先股股东后才能将剩余财产偿付给股权投资者。在企业繁荣时期,股权投资者可以比优先权享有者获得更多的收益;而在企业衰败时期,股权投资者要承担更大的风险。这种风险特征决定了他们对会计信息的要求更多,对企业的财务分析也更全面。

股权投资者进行财务分析的主要目的是分析企业的盈利能力和风险状况,以便据此评价企业价值或股票价值,进行有效的投资决策。企业价值是企业未来的预期收益以适当的折现率进行折现的现值。企业未来的预期收益取决于盈利能力,而折现率受风险大小的影响,风险越高,折现率越大。由此可见,股权投资者的财务分析内容更加全面,包括对企业的盈利能力、资产管理水平、财务风险、竞争能力、发展前景等方面的分析与评价。

3. 管理层财务分析的目的

企业管理层主要是指企业的经理,他们受托于企业所有者,对企业进行有效的经营管理。管理层对企业现时的财务状况、盈利能力和未来持续发展能力非常关注,其财务分析的主要目的在于通过财务分析所提供的信息来监控企业的运营活动和财务状况变化,以便尽早发现问题,采取改进措施。由于他们能够经常地、不受限制地获取会计信息,因此能够更加全面和系统地进行财务分析。管理层往往不是孤立地看待某一事件,而是系统地分析产生这一事件的原因和结果之间的联系,通过财务分析提供有价值的线索,提醒他们企业的经济环境、经营状况和财务状况可能发生的重大变化,以便提前采取应对措施。

4. 审计师财务分析的目的

审计师对企业的财务报表进行审计,其目的是在某种程度上确保财务报表的编制符合公认的会计准则,没有重大错误和不规范的会计处理。

审计师需要依据其审计结果对财务报表的公允性发表审计意见。审计意见可以分为四种类型:无保留意见的审计报告、保留意见的审计报告、否定意见的审计报告和拒绝出具意见的审计报告。财务分析是审计程序的一部分,对企业进行财务分析,尽可能快地发现会计核算中存在的最薄弱环节,以便在审计时重点关注。因为错误和不规范的会计处理会对许多财务、经营和投资关系产生重大影响,对这些关系的分析有时能够揭示其潜在内涵。因此,审计师进行财务分析的主要目的是提高审计工作的效率和质量,以便正确地发表审计意见,降低审计风险。

5. 政府部门财务分析的目的

许多政府部门都需要使用企业的会计信息,如财政部门、税务部门、统计部门以及监管机构等。政府部门进行财务分析的主要目的是更好地了解宏观经济的运行情况和企业的经营活动是否遵守法律法规,以便为其制定相关政策提供决策依据。如通过财务分析,可以了解一个行业是否存在超额利润,为制定税法提供合理的依据。

3.1.2 财务分析的内容

财务分析信息的使用者包括债权人、股权投资者、企业管理层、审计师、政府部门等。不同的主体所关心的侧重点有所不同,对财务分析信息有着各自不同的要求。总的来看,财务分析的基本内容包括偿债能力、营运能力、获利能力(盈利能力)、发展能力等几方面的分析。

1. 偿债能力分析

偿债能力是指企业偿还到期债务(包括本息)的现金保障能力,包括长期偿债能力和短期偿债能力。通过对企业财务报告等会计资料进行分析，可以了解企业资产的流动性、负债水平及偿债能力，从而评价企业的财务状况和财务风险，为企业管理者、投资者、债权人提供企业偿债能力的财务信息。

2. 营运能力分析

营运能力是指企业对资产利用的能力，即资产运用效率的分析，通常用各种资产的周转速度表示。企业的生产经营过程就是利用资产取得收益的过程。资产是企业生产经营活动的经济资源，资产的利用和管理能力直接影响到企业的收益，它体现了企业的经营能力。对营运能力进行分析，可以了解到企业资产的保值和增值情况，分析企业资产的利用效率、管理水平、资金周转情况、现金流量情况等，为评价企业的经营管理水平提供依据。

3. 获利能力分析

获利能力，又称盈利能力，是指企业一定时期内运用各种资源赚取利润的能力。获取利润是企业经营的最终目标，也是企业能否生存与发展的前提。获利能力的大小直接关系到企业财务管理目标的实现与否，直接关系到投资者的利益，也关系到债权人以及企业经营管理者的切身利益。对企业盈利能力的分析不能仅看其获取利润的绝对数，还应通过财务分析看其相应指标。

4. 发展能力分析

发展能力，也称成长能力，是指企业在从事经营活动过程中所表现出的增长能力，如规模的扩大、盈利的持续增长、市场竞争力的增强等。无论是企业的管理者，还是投资者、债权人，都十分关注企业的发展能力，通过对企业发展能力的分析，可以判断企业的发展潜力，预测企业的经营前景，从而为企业管理者和投资者进行经营决策和投资提供重要依据。

偿债能力、营运能力、获利能力、发展能力四类指标，基本可以满足不同的主体对财务信息各自不同的要求。

3.1.3 财务分析的方法

开展财务分析，需要运用一定的方法，财务分析的方法主要包括比较分析法和比率分析法。

1. 比较分析法

比较分析法是将同一企业不同时期或不同企业之间的财务状况进行比较，从而揭示企业的财务状况存在差异的分析方法。比较分析法可分为纵向比较分析法和横向比较分析法两种。

1）纵向比较分析法

纵向比较分析法又称趋势分析法，是将同一企业连续若干期的财务状况进行比较，确定其增减变动的方向、数额和幅度，以此来揭示企业财务状况发展变化趋势的分析方法，如比较财务报表法、比较财务比率法等。

2）横向比较分析法

这是将本企业的财务状况与其他企业的同期财务状况进行比较，确定其存在的差异及其程度，以此来揭示企业财务状况中所存在的问题的分析方法。

2. 比率分析法

比率分析法是将企业同一时期的财务报表中的相关项目进行比较，得出一系列财务比率,以此来揭示企业财务状况的分析方法。财务比率主要包括构成比率、效率比率和相关比率三大类。

1) 构成比率

构成比率又称结构比率,是反映某项经济指标的各个组成部分与总体之间关系的财务比率,如流动资产与总资产的比率、流动负债与负债总额的比率。

2) 效率比率

这是反映某项经济活动投入与产出之间关系的财务比率,如资产报酬率、销售净利率等,利用效率比率可以考察经济活动的经济效益,揭示企业的盈利能力。

3) 相关比率

这是反映经济活动中某两个或两个以上相关项目比值的财务比率。如流动比率、速动比率等,利用相关比率可以考察各项经济活动之间的相互关系,从而揭示企业的财务状况。

3.1.4 财务分析的基础

财务分析是以企业的会计核算资料为基础,通过对会计所提供的核算资料进行加工整理,得出一系列科学的、系统的财务指标,以便进行比较、分析和评价。这些会计核算资料包括日常核算资料和财务报告,但财务分析主要是以财务报告为基础,日常核算资料只作为财务分析的一种补充资料。

财务报告是企业向政府部门、投资者、债权人等与本企业有利害关系的组织或个人提供的,反映企业在一定时期内的财务状况、经营成果、现金流量以及影响企业未来经营发展的重要经济事项的书面文件。提供财务报告的目的在于为报告使用者提供财务信息,为他们进行财务分析、经济决策提供充足的依据。企业的财务报告主要包括资产负债表、利润表、现金流量表、所有者权益(股东权益)变动表、财务报表附注以及其他反映企业重要事项的文字说明。这些财务报表及附注集中、概况地反映了企业的财务状况、经营成果和现金流量情况等财务信息,对其进行财务分析,可以更加系统地揭示企业的偿债能力、营运能力、获利能力、发展能力等。

根据我国《企业会计准则》,财务报表的格式按照一般企业、商业银行、保险公司、证券公司等企业类型分别作出不同的规定。下面主要介绍一般企业的三张基本财务报表:资产负债表、利润表和现金流量表。

1. 资产负债表

1) 资产负债表的定义

资产负债表是反映企业某一特定的日期财务状况的会计报表,它是根据资产、负债和所有者权益之间的相互关系,按照一定的分类标准和一定的顺序,把企业一定日期的资产、负债和所有者权益各项目予以适当排列,并对日常工作中形成的大量数据进行高度浓缩整理而成的。表3-1为A股份有限公司2016年度的资产负债表。

2) 资产负债表的结构

从资产负债表的结构来看,它主要包括资产、负债和所有者权益三大类项目。资产负债表的左方列示企业资产各项目,资产按流动性从强到弱排列,上半部分列示各项流动资产,下半部分列示各项非流动资产。资产负债表右方列示企业负债和所有者权益各项目,资产各项目的合计等于负债和所有者权益各项目的合计,它说明了企业资金的来源情况,即有多少来源于债权人,有多少来源于企业所有者的投资。

表 3-1 资产负债表

编制单位:A 股份有限公司　　　　　　2016 年 12 月 31 日　　　　　　　　　　　　　　万元

资产	年初余额	年末余额	负债和所有者权益（或股东权益）	年初余额	年末余额
流动资产:			流动负债:		
货币资金	680	980	短期借款	800	840
交易性金融资产	60	160	交易性金融负债		
应收票据	40	30	应付票据	100	140
应收账款	1 290	1 370	应付账款	528	710
预付款项	28	28	预收款项	40	20
应收利息	6		应付职工薪酬	2	2
应收股利	10		应交税费	80	100
其他应收款	24	6	应付利息	24	
存货	1 160	1 380	应付股利	16	
一年内到期的非流动资产	60		其他应付款	40	48
其他流动资产	62	6	一年内到期的非流动负债	160	124
流动资产合计	3 420	3 960	其他流动负债	10	16
非流动资产:			流动负债合计	1 800	2 000
可供出售金融资产	40	40	非流动负债:		
持有至到期投资	60	60	长期借款	1 000	800
长期应收款	20	20	应付债券	640	840
长期股权投资	60	180	长期应付款	180	300
投资性房地产	40	60	专项应付款	28	100
固定资产	3 600	4 300	预计负债		
在建工程	200	160	递延所得税负债		
工程物资	60	100	其他非流动负债		
固定资产清理	22		非流动负债合计	1 848	2 140

续表

资产	年初余额	年末余额	负债和所有者权益（或股东权益）	年初余额	年末余额
生产性生物资产	18	40	负债合计	3 648	4 140
无形资产	20	64	所有者权益（或股东权益）：		
商誉			实收资本（或股本）	3 000	3 000
长期待摊费用	20	16	资本公积	262	480
递延所得税资产			盈余公积	440	918
其他非流动资产			未分配利润	250	462
非流动资产合计	4 180	5 040	所有者权益（或股东权益）合计	3 952	4 860
资产总计	7 600	9 000	负债和所有者权益（或股东权益）总计	7 600	9 000

资产负债表是进行财务分析的一张重要财务报表，它提供了企业的资产结构、资产流动性、资金来源状况、负债水平及负债结构等财务信息。分析者通过对资产负债表的分析，可以了解企业的偿债能力、资金营运能力等财务状况，为债权人、投资者及企业管理者提供决策依据。

2. 利润表

1）利润表的定义

利润表也称损益表，是反映企业一定期间生产经营成果的会计报表。利润表把一定期间的收入与其同一会计期间相关的费用进行配比，以计算出企业一定时期的净利润（或净亏损）。

通过利润表可以考核企业利润计划的完成情况，分析企业的盈利能力及利润增减变化的原因，预测企业利润的发展趋势，为投资者及企业管理者等提供决策有用的财务信息。

2）利润的构成项目

在利润表中，通常按照利润的构成项目来分别列示。表3－2为A股份有限公司2016年度的利润表。

表3－2 利润表

编制单位：A股份有限公司　　　　　2016年度　　　　　　　　　　　万元

项目	本期金额	上期金额
一、营业收入	18 750	16 514
减：营业成本	8 388	7 420
营业税金及附加	1 352	1 124
销售费用	2 740	2 510

续表

项目	本期金额	上期金额
管理费用	2 100	1 624
财务费用	650	616
资产减值损失		
加：公允价值变动收益		
投资收益	126	136
二、营业利润	3 646	3 356
加：营业外收入	17	20
减：营业外支出	31	10
三、利润总额	3 632	3 366
减：所得税费用	1 112	1 018
四、净利润	2 520	2 348
五、每股收益		
基本每股收益（元）	0.84	0.78
稀释每股收益（元）	0.84	0.78

企业的收入主要包括营业收入（销售收入）、公允价值变动收益和投资收益以及营业外收入。费用支出包括营业成本（销售成本）、营业税金及附加、销售费用、管理费用、财务费用、资产减值损失、公允价值变动损失、投资损失以及营业外支出等。总收入减去总费用就是利润总额。

企业的利润因收入与费用的不同配比，可以分为三个层次：营业利润、利润总额（税前利润）和净利润。

(1) 营业利润以营业收入减去营业成本，再扣除营业税金及附加、销售费用、管理费用、财务费用，加上公允价值变动收益（减去公允价值变动损失）和投资收益（减去投资收益）等得到的利润，营业利润主要反映企业的营业所得。

(2) 营业利润加上营业外收入，减去营业外支出，就是利润总额，是计算所得税的基础。

(3) 利润总额减去所得税费用后的余额，就是企业的净利润（或亏损），这是企业所有者可以得到的收益。

3. 现金流量表

1) 现金流量表的定义

现金流量表是反映一定时期内（如月度、季度或年度）企业经营活动、投资活动和筹资活动对其现金及现金等价物所产生影响的财务报表。现金流量表是以现金及现金等价物为基础编制的财务状况变动表,是企业对外报送的一张重要财务报表。它为财务报表使用者提供一定会计期间现金及现金等价物流入和流出的信息,以便于报表使用者了解和评价企业获取现金及现金等价物的能力,并据以预测企业未来现金流量。表3-3为A股份有限公司2016年度的现金流量表。

表 3-3 现金流量表

编制单位:A股份有限公司　　　　2016年度　　　　　　　　　　　万元

项目	本期金额	上期金额
一、经营活动产生的现金流量:		略
销售商品、提供劳务收到的现金	20 940	
收到的税费返还	900	
收到的其他与经营活动有关的现金	600	
经营活动现金流入小计	22 440	
购买商品、接受劳务支付的现金	13 260	
支付给职工以及为职工支付的现金	516	
支付的各项税费	5 084	
支付的其他与经营活动有关的现金	940	
现金流出小计	19 800	
经营活动产生的现金流量净额	2 640	
二、投资活动产生的现金流量		
收回投资所收到的现金	210	
取得投资收益所收到的现金	130	
处置固定资产、无形资产和其他长期资产所收回的现金净额	18	
收到的其他与投资活动有关的现金	12	
现金流入小计	370	
购建固定资产、无形资产和其他长期资产所支付的现金	1 710	
投资所支付的现金	152	
支付的其他与投资活动有关的现金	28	
现金流出小计	1 890	

续表

项目	本期金额	上期金额
投资活动产生的现金流量净额	-1 520	
三、筹资活动产生的现金流量		
吸收投资所收到的现金	700	
借款所收到的现金		
收到的其他与筹资活动有关的现金	700	
现金流入小计		
偿还债务所支付的现金	660	
分配股利、利润或偿付利息所支付的现金	706	
支付的其他与筹资活动有关的现金	54	
现金流出小计	1 420	
筹资活动产生的现金流量净额	-720	
四、汇率变动对现金的影响		
五、现金及现金等价物净增加额	400	

现金流量表反映了企业在一定会计期间的现金流量状况，它将企业的现金流量划分为经营活动产生的现金流量、投资活动产生的现金流量和筹资活动产生的现金流量三类，按照收付实现制原则编制而成，将权责发生制下的盈利信息调整为收付实现制下的现金流量信息。

2）现金流量表中的几个概念

为了正确地分析现金流量表，必须明确现金流量表中这几个重要的概念：现金、现金等价物、现金流量。

（1）现金。

现金流量表中的现金是指企业的库存现金以及可以随时用于支付的存款，包括库存现金、银行存款和其他货币资金。但是，银行存款和其他货币资金中不能随时用于支付的存款不属于现金，如不能随时支取的定期存款等。

（2）现金等价物。

现金等价物是指企业持有的期限短、流动性强、易于转换为已知金额现金、价值变动风险很小的投资。现金等价物虽然不是现金，但其支付能力与现金差别不大，可以视为现金。一项投资被确认为现金等价物，必须同时具备四个条件：期限短、流动性强、易于转换为已知金额现金、价值变动风险很小。其中期限短一般是指从购买日起3个月内到期。现金等价物通常包括3个月内到期的债券投资等，权益性投资变现的金额通常不确定，因而不属于现金等价物。

(3) 现金流量。

现金流量是企业一定时期内现金和现金等价物的流入和流出的数量,主要包括经营活动产生的现金流量、投资活动产生的现金流量和筹资活动产生的现金流量三类。

①经营活动是指企业投资活动和筹资活动以外的所有交易和事项,如销售商品、提供劳务、购买商品、接受劳务、支付税款等。

②投资活动是指企业长期资产的购建和不包括现金等价物范围内的投资及其处置活动,如购建或处置固定资产、对外长期投资或收回投资等。

③筹资活动是指导致企业资本及债务规模和结构发生变化的活动,如向银行借款或还款、发行债券、发行股票、支付利息或股利等。

3.2 财务指标分析

3.2.1 偿债能力分析

偿债能力是指企业偿还到期债务(包括本息)的现金保障能力。包括长期偿债能力和短期偿债能力。

1. 短期偿债能力分析

1) 短期偿债能力的含义

短期偿债能力是指企业偿付流动负债的能力。流动负债是将在1年内或超过1年的一个营业周期内需要偿付的债务。这部分负债对企业的财务风险影响较大,如果不能及时偿还,还可能使企业陷入财务困境,面临破产倒闭的危险。在资产负债表中,流动负债与流动资产形成一种对应关系。一般来说,流动负债需要以现金直接偿还,而流动资产就成为偿还流动负债的一个安全保障。因此,可以通过分析流动负债与流动资产之间的关系来判断企业短期偿债能力。

2) 评价短期偿债能力的财务比率

通常,评价短期偿债能力的财务比率主要有流动比率、速动比率和现金比率、现金流量比率和到期债务本息偿付比率等。

(1) 流动比率。

流动比率是企业流动资产与流动负债的比值。其计算公式为:

$$流动比率 = \frac{流动资产}{流动负债} \quad (3-1)$$

流动资产主要包括货币资金、交易性金融资产、应收票据、应收账款、预付账款、应收利息、应收股利、其他应收款、存货等,一般用资产负债表中的期末流动资产总额数表示;流动负债主要包括短期借款、交易性金融负债、应付票据、应付账款、预收账款、应付职工薪酬、应交税费、应付利息、应付股利、其他应付款、一年内到期的非流动负债等,通常也用资产负债表中的期末流动负债总额数表示。根据表3-1中的有关数据,A公司2016年的流动比率为:

$$流动比率 = \frac{3\,960}{2\,000} = 1.98$$

这表明A公司每有1元的流动负债,就有1.98元的流动资产作为安全保障。流动比率是衡量企业短期偿债能力的一个重要财务指标,这个比率越高,说明企业流动负债得到偿还的保障越大,短期偿债能力越强,因为该比率越高,不仅反映企业拥有较多的营运资金抵偿短期债务,而且表明企业可以变现的资产数额较大,债权人的风险越小。但是,过高的流动比率也并非好现象,因为流动比率过高,可能是企业滞留在流动资产上的资金过多,未能有效地加以利用,可能会影响企业的盈利能力。

根据西方的经验,流动比率在2∶1左右是比较合理的,A公司的流动比率为1.98,属于正常范围。实际上,对流动比率的分析应结合不同的行业特点、流动资产结构及各项流动资产的实际变现能力等因素。有的行业流动比率较高,有的行业流动比率较低,不可一概而论。所以,在分析流动比率时,应将其与同行业平均流动比率、本企业历史的流动比率进行比较,才能得出合理的结论。但是,单凭这种经验判断也并非可靠,有时流动比率较高,但其短期偿债能力未必很强,因为可能是存货积压或滞销的结果,而且企业也很容易伪造这个比率,以掩饰其偿债能力的不足。如年终时故意将借款还清,下年初再借入,这样就可以人为地提高流动比率。

假设某一公司拥有流动资产20万元,流动负债10万元,则流动比率为2∶1,如果该公司在年终编制财务报表时,故意还清了5万元短期借款,待下年初再借入,则该公司的流动资产就变成了15万元,流动负债变成了5万元,流动比率为3∶1。这样就提高了流动比率,粉饰了短期偿债的能力。因此,利用流动比率来评价企业短期借款偿债能力存在一定的局限性。

(2)速动比率。

速动比率也称酸性测试比率,是速动资产与流动负债的比率,是对流动比率的补充、修正。从前面的分析可知,流动比率在评价企业短期偿债能力时,存在一定局限性。如果流动比率较高,但流动资产的流动性较差,则企业的短期偿债能力仍然不强。在流动资产中,交易性金融资产、应收票据、应收账款的变现能力均比存货强,存货需经过销售才能转变为现金,如果存货滞销,则其变现就成问题,所以存货是流动资产中流动性相对较差的资产。一般来说,流动资产扣除存货后的资产称为速动资产,主要包括货币资金、交易性金融资产、应收票据、应收账款等。速动比率的计算公式为:

$$速动比率 = \frac{速动资产}{流动负债} = \frac{流动资产 - 存货}{流动负债} \qquad (3-2)$$

通过速动比率来判断企业短期偿债能力比用流动比率进了一步,因为它撇开了变现能力较差的存货。速动比率越高,说明企业的短期偿债能力越强。根据表3-1中的有关数据,A公司2016年年末的速动比率为:

$$速动比率 = \frac{3\ 960 - 1\ 380}{2\ 000} = 1.29$$

根据西方经验,一般认为速动比率为1∶1时比较合适,A公司的速动比率为1.29,应属于正常范围之内。但在实际分析时,应该根据企业性质和其他因素来综合判断,不可一概而论。通常影响速动比率可信度的重要因素是应收账款的变现能力,如果企业的应收账款中,有较大一部分不易收回,可能会成为坏账,那么速动比率就不能真实地反映企业的偿债能力。

需要说明的是,用流动资产扣除存货来计算速动资产只是一种粗略的计算,严格地讲,不仅要扣除存货,还应扣除预付账款、1年内到期的非流动资产和其他流动资产等变现能力较差的项目。这样,速动资产就只包括货币资金、交易性金融资产、应收票据、应收账款、应收利息、应收股利和其他应收款。

(3) 现金比率。

现金比率是企业的现金类资产与流动负债的比值。现金类资产包括库存现金、随时可用于支付的存款和现金等价物,即现金流量表中所反映的现金及现金等价物。现金比率是对企业即期实际偿债能力的再次修正。其计算公式为:

$$现金比率 = \frac{现金 + 现金等价物}{流动负债} \quad (3-3)$$

根据表3-1的有关数据(假定该公司的交易性金融资产均为现金等价物),该公司2016年年末的现金比率为:

$$现金比率 = \frac{980 + 160}{2\,000} = 0.57$$

现金比率可以反映企业的直接偿付能力,因为现金是企业偿还债务的最终手段,如果企业现金缺乏,就可能发生支付困难,面临财务危机。因而,现金比率高,说明企业有较好的支付能力,对偿付债务是有保障的。但是这个比率过高,可能意味着企业拥有的盈利能力较低的现金类资产过多,企业的资产未能得到有效的运用。

(4) 现金流动负债比率。

现金流动负债比率是企业经营活动产生的现金流量净额与流动负债的比值。其计算公式为:

$$现金流动负债比率 = \frac{经营活动产生的现金流量净额}{流动负债} \quad (3-4)$$

前面介绍的流动比率、速动比率和现金比率都是反映短期偿债能力的静态指标,揭示了企业的现存资源对偿还到期债务的保障程度。现金流动负债比率则从动态角度反映本期经营活动产生的现金流量净额足以偿付流动负债的能力。根据表3-1和表3-3的有关数据,A公司2016年的现金流动负债比率为:

$$现金流动负债比率 = \frac{2\,640}{2\,000} = 1.32$$

需要说明的是,经营活动产生的现金流量是过去一个会计年度的经营结果,而流动负债则是未来一个会计年度需要偿还的债务,二者的会计期间不同。因此,这个指标是建立在以过去1年的现金流量来估计未来1年现金流量的假设基础之上的。使用这一财务比率时,需要考虑未来一个会计年度影响经营活动的现金流量变动的因素。

(5) 到期债务本息偿付比率。

到期债务本息偿付比率是经营活动产生的现金流量净额与本期到期债务本息的比值。其计算公式为:

$$到期债务本息偿付比率 = \frac{经营活动产生的现金流量净额}{本期到期债务本金 + 现金利息支出} \quad (3-5)$$

到期债务本息偿付比率反映经营活动产生的现金流量净额是本期到期债务本息的倍数,它主要是衡量本年度内到期的债务本金及相关的利息支出可由经营活动所产生的现金来偿付的程度。该项财务比率越高,说明企业经营活动所产生的现金对偿付本期到期债务本息的保障程度越高,企业的偿债能力也越强。如果该指标小于1,表明企业经营活动产生的现金不足以偿付本期到期债务本息。公式（3-5）的数据均可从现金流量表中得到，分母中的本期到期债务本金及现金利息支出可从现金流量表和财务报表附注中得到。根据表3-2和表3-3有关数据，A公司本期偿还债务本金为660万元，假设利润表中列示的财务费用650万元全部为本期支付的利息，则A公司2016年的到期债务本息偿付比率为：

$$到期债务本息偿付比率 = \frac{2\,640}{660+650} = 2.02$$

计算结果说明，2016年度A公司经营活动产生的现金流量净额足以支付本年度到期的债务本息。

2. 长期偿债能力分析

1）长期偿债能力的含义

长期偿债能力是指企业偿还长期负债的能力，企业的长期负债主要有长期借款、应付债券、长期应付款、专项应付款、预计负债等。对于企业的长期债权人和所有者来说，他们不仅关心企业的短期偿债能力，更关心企业的长期偿债能力。因此，在对企业进行短期偿债能力分析的同时，还需分析企业的长期偿债能力，以便于债权人和投资者全面了解企业的偿债能力及财务风险。

2）反映企业长期偿债能力的财务比率

主要包括资产负债率、股东权益比率、权益乘数、产权比率、有形净值债务率、偿债保障比率、利息保障倍数和现金利息保障倍数等。

（1）资产负债率。

资产负债率是企业负债总额与资产总额的比率，也称为负债比率或举债经营比率，它反映企业的资产总额中有多大比例是通过举债而得到的。其计算公式为：

$$资产负债率 = \frac{负债总额}{资产总额} \times 100\% \qquad (3-6)$$

资产负债率反映企业偿还债务的综合能力，这个比率越高，企业偿还债务的能力越差，财务风险越大；反之，偿还债务的能力越强。根据表3-1的有关数据，A公司2016年年末的资产负债率为：

$$资产负债率 = \frac{4\,140}{9\,000} \times 100\% = 46\%$$

这表明，2016年A公司的资产有46%来源于举债；或者说，A公司每46元的债务，就需有100元的资产作为偿还债务的保障。

对于资产负债率，企业的债权人、股东和管理者往往从不同的角度来评价。

①从债权人角度来看，他们最关心的是其贷给企业资金的安全性。如果这个比率过高，说明在企业的全部资产中，股东提供的资本所占比重太低，这样，企业的财务风险就主要由债权人负担，其贷款的安全也缺乏可靠的保障，所以，债权人总是希望企业的负债比率低一些。

②从企业股东的角度来看，他们关心的主要是投资收益的高低。企业借入的资金与股东投入的资金在生产经营中可以发挥同样的作用，如果企业负债所支付的利率低于资产报酬率，股东就可以利用举债经营取得更多的投资收益。因此，股东所关心的往往是全部资产报酬率是否超过了借款的利率。企业股东可以通过举债经营的方式，以有限的资本、付出有限的代价而取得对企业的控制权，并且可以得到举债经营的杠杆利益。在财务分析中，资产负

债率也因此被人们称为财务杠杆。

③站在企业管理者的立场,他们既要考虑企业的盈利,也要顾及企业所承担的财务风险。资产负债率作为财务杠杆,不仅反映了企业的长期财务状况,也反映了企业管理当局的进取精神。如果企业不利用举债经营或者负债比率很小,则说明企业管理者比较保守,对前途信心不足,利用债权人资本进行经营活动的能力也较差。但是,负债也必须有一定限度,负债比率过高,企业的财务风险将增大,一旦资产负债率超过1,则说明企业资不抵债,有濒临倒闭的危险。

至于资产负债率为多少才是合理的,并没有一个确定的标准。不同行业、不同类型的企业其资产负债率会存在较大的差异。一般而言,处于高速成长时期的企业,其资产负债率可能会高一些,这样,所有者会得到更多的杠杆利益。但是,作为财务管理者,在确定企业的资产负债率时,一定要审时度势,充分考虑企业内部各种因素和企业外部的市场环境,在收益与风险之间权衡利弊得失,然后才能作出正确的财务决策。

(2) 产权比率与有形净值债务率。

产权比率,也称负债股权比率,是负债总额与股东权益总额的比值。其计算公式为:

$$产权比率 = \frac{负债总额}{股东权益总额} \qquad (3-7)$$

从公式(3-7)中可以看出,产权比率实际上是资产负债比率的另一种表现形式,它反映了债权人所提供资金与股东所提供资金的对比关系,因此它可以揭示企业的财务风险以及股东权益对债务的保障程度。该比率越低,说明企业长期财务状况越好,债权人贷款的安全越有保障,企业财务风险越小。根据表3-1的有关数据,A公司2016年年末的产权比率为:

$$产权比率 = \frac{4\,140}{4\,860} = 0.85$$

为了进一步分析股东权益对负债的保障程度,可以保守地认为无形资产不宜用来偿还债务(虽然实际上未必如此),故将其从公式(3-7)的分母中扣除,这样计算出来的财务比率称为有形净值债务率。其计算公式为:

$$有形净值债务率 = \frac{负债总额}{股东权益总额 - 无形资产净值} \qquad (3-8)$$

从公式(3-8)中可以看出,有形净值债务率实际上是产权比率的延伸,它更为保守地反映了在企业清算时债权人投入的资本受到股东权益的保障程度。该比率越低,说明企业的财务风险越小。根据表3-1的有关数据,A公司2016年年末的有形净值债务率为:

$$有形净值债务率 = \frac{4\,140}{4\,860 - 64} = 0.86$$

(3) 股东权益比率与权益乘数。

股东权益比率是股东权益总额与资产总额的比率,该比率反映资产总额中有多大比例是所有者投入的。其计算公式为:

$$股东权益比率 = \frac{股东权益总额}{资产总额} \times 100\% \qquad (3-9)$$

由公式(3-9)可知,股东权益比率与资产负债比率之和等于1。因此,这两个比率是从不同的侧面来反映企业长期财务状况的,股东权益比率越大,负债比率就越小,企业的财务风险也越小，偿还长期债务的能力就越强。根据表3-1的有关数据，A公司2016年年末的股东权益比率为：

$$股东权益比率 = \frac{4\,860}{9\,000} \times 100\% = 54\%$$

股东权益比率的倒数，称为权益乘数，即资产总额是股东权益总额的多少倍。权益乘数反映了企业财务杠杆的大小。权益乘数越大，说明股东投入的资本在资产中所占比重越小，财务杠杆越大。其计算公式为：

$$权益乘数 = \frac{资产总额}{股东权益总额} \tag{3-10}$$

根据表3-1的有关数据，A公司2016年年末的权益乘数为：

$$权益乘数 = \frac{9\,000}{4\,860} = 1.85$$

（4）偿债保障比率。

偿债保障比率，也称债务偿还期，是负债总额与经营活动产生的现金流量净额的比值。其计算公式为：

$$偿债保障比率 = \frac{负债总额}{经营活动产生的现金流量净额} \tag{3-11}$$

从公式（3-11）中可以看出，偿债保障比率反映了用企业经营活动产生的现金流量净额偿还全部债务所需的时间，所以该比率也称为债务偿还期。一般认为，经营活动产生的现金流量是企业长期资金的最主要来源，而投资活动和筹资活动所获得的现金流量虽然在必要时也可用于偿还债务，但不能将其视为经常性的现金流量。因此，用偿债保障比率可以衡量企业通过经营活动所获得的现金偿还债务的能力。该比率越低，说明企业偿还债务的能力越强。根据表3-1和表3-3的有关数据，A公司2016年的偿债保障比率为：

$$偿债保障比率 = \frac{4\,140}{2\,640} = 1.57$$

（5）利息保障倍数和现金利息保障倍数。

利息保障倍数，也称利息所得倍数或已获利息倍数，是税前利润加利息费用之和与利息费用的比值。其计算公式为：

$$利息保障倍数 = \frac{税前利润 + 利息费用}{利息费用} \tag{3-12}$$

根据表3-2的有关数据（假定A公司的财务费用都是利息费用，并且固定资产成本中不含资本化利息），A公司2016年的利息保障倍数为：

$$利息保障倍数 = \frac{3\,632 + 650}{650} = 6.59$$

公式（3-12）中的税前利润是指缴纳所得税之前的利润总额；利息费用不仅包括财务费用中的利息费用，还包括计入固定资产成本的资本化利息。利息保障倍数反映了企业的经营所得支付债务利息的能力。如果这个比率太低，说明企业难以保证用经营所得来按时按量支付债务利息，这会引起债权人的担心。一般来说，企业的利息保障倍数至少要大于1，否则，就难以偿付债务及利息，若长此以往，甚至会导致企业破产倒闭。

但是，在利用利息保障倍数这一指标时，必须注意，因为会计采用权责发生制来核算费用，所以本期的利息费用不一定就是本期的实际利息支出，而本期发生的实际利息支出也并非全部是本期的利息费用；同时，本期的息税前利润也并非本期的经营活动所获得的现金。这样，利用上述财务指标来衡量企业用经营所得支付债务利息的能力就存在一定的片面性，不能清楚地反映实际支付利息的能力。为此，可以进一步用现金利息保障倍数来分析企业用经营所得现金偿付利息支出的能力。其计算公式为：

$$现金利息保障倍数 = \frac{经营活动产生的现金流量净额 + 现金利息支出 + 付现所得税}{现金利息支出}$$

(3-13)

公式（3-13）中的现金利息支出是指本期用现金支付的利息费用；付现所得税是指本期用现金支付的所得税。从公式（3-13）可知，现金利息保障倍数反映了企业一定时期经营活动所取得的现金是现金利息支出的多少倍，它更明确地表明了企业用经营活动所取得的现金偿付债务利息的能力。根据表3-2、表3-3的有关数据（假设A公司财务费用都是现金利息支出，并且所得税也都是付现所得税），A公司2016年的现金利息保障倍数为：

$$现金利息保障倍数 = \frac{2\,640 + 650 + 1\,112}{650} = 6.77$$

以上两个财务比率究竟是多少时，才说明企业偿付利息的能力强，这一点并没有一个确定的标准，通常要根据历年的经验和行业特点来判断。

3. 影响企业偿债能力的其他因素

上述财务比率是分析企业偿债能力的主要指标，分析者可以比较最近几年的有关财务比率来判断企业偿债能力的变化趋势，也可以比较某一企业与同行业其他企业的财务比率，来判断该企业的偿债能力强弱。但是，在分析企业偿债能力时，除了使用上述指标以外，还应考虑到以下因素对企业偿债能力的影响，这些因素既可影响企业的短期偿债能力，也可影响企业的长期偿债能力。

1）或有负债

或有负债是企业过去的交易或者事项形成的潜在义务，其存在需通过未来不确定事项的发生或不发生予以证实。或有负债可能会转化为企业的债务，也可能不会转化为企业的债务，因此，其结果具有不确定性。例如，已贴现未到期的商业承兑汇票、销售的产品可能会发生的质量事故赔偿、诉讼案件和经济纠纷可能败诉并需赔偿的金额等。这些或有负债在资产负债表编制日还不能确定未来的结果如何，不作为负债在资产负债表的负债类项目中进行反映。但是，或有负债在将来一旦转化为企业现实的负债，就会对企业的财务状况产生影响，尤其是金额巨大的或有负债项目，会增加企业的财务风险，影响到企业的偿债能力。因此，在进行偿债能力分析时，不能不考虑这一因素影响。

2）担保责任

在经济活动中，企业可能会发生以本企业的资产为其他企业的债务提供法律担保的情况，如为其他企业的银行借款提供担保、为其他企业履行有关经济合同提供法律担保等。这种担保责任，在被担保人没有履行合同时，就有可能成为企业的负债，增加企业的财务风险。但是，这种担保责任在财务报表中并未得到反映，因此，在进行财务分析时，必须考虑到企业是否有巨额的法律担保责任。

3）租赁活动

企业在生产经营活动中，可以通过财产租赁的方式解决急需的设备。通常财产租赁有两种形式：融资租赁和经营租赁。

采用融资租赁方式，租入的固定资产作为企业的固定资产入账，租赁费用作为企业的长期负债入账，这在计算前面的有关财务比率时都已经包含在内。但是，当企业经营租赁资产时，其租赁费用并未包含在负债之中。如果经营租赁的业务量较大、期限较长或者具有经常性，则其租金虽然不包含在负债之中，但对企业的偿债能力也会产生较大的影响。在进行财务分析时，也应考虑这一因素。

4）可用的银行授信额度

可用的银行授信额度是指银行授予企业的贷款指标，该项信用额度已经得到银行的批准，但企业尚未办理贷款手续。对于这种授信额度，企业可以随时使用，从而能够方便、快捷地取得银行借款，可以提高企业的偿付能力，缓解财务困难。

3.2.2 营运能力分析

营运能力是指企业对资产利用的能力，即资产运用效率的分析，通常用各种资产的周转速度表示。对此进行分析，可以了解企业的营业状况及经营管理水平。资金周转状况好，说明企业的经营管理水平高，资金利用效率高。企业资金周转状况与供、产、销各个经营环节密切相关，任何一个环节出现问题，都会影响到企业资金的正常周转。资金只有顺利地通过各个经营环节，才能完成一次循环。在供、产、销各环节中，销售有着特殊的意义。因为产品只有销售出去，才能实现其价值，收回最初投入的资金，顺利地完成一次资金周转。这样，就可以通过产品销售情况与企业资金占用量来分析企业的资金周转状况，评价企业的营运能力。评价企业营运能力常用的财务比率有应收账款周转率、存货周转率、流动资产周转率、固定资产周转率、总资产周转率等。

1. 应收账款周转率

应收账款周转率是企业一定时期赊销收入净额与应收账款平均余额的比率。应收账款周转率是评价应收账款流动性大小的一个重要财务比率，它反映了应收账款在一个会计年度内的周转次数，可以用来分析应收账款的变现速度和管理效率。应收账款周转率反映了企业应收账款的周转速度，该比率越高，说明应收账款的周转速度越快、流动性越强。其计算公式为：

$$应收账款周转率 = \frac{赊销收入净额}{应收账款平均余额} \tag{3-14}$$

$$应收账款平均余额 = \frac{应收账款期初余额 + 应收账款期末余额}{2} \tag{3-15}$$

公式（3-14）中赊销收入净额是指销售收入净额扣除现销收入之后的余额；销售收入净额是指销售收入扣除了销售退回、销售折扣及折让后的余额。在资产负债表中，营业收入就是销售收入。在这里，我们假设 A 公司的营业收入全部都是赊销收入净额，根据表 3-1 和表 3-2 的有关数据，A 公司 2016 年的应收账款周转率为：

$$应收账款平均余额 = \frac{1\,290 + 1\,370}{2} = 1\,330 （万元）$$

$$应收账款周转率 = \frac{18\,750}{1\,330} = 14.10 （次）$$

在市场经济条件下，由于商业信用的普遍应用，应收账款成为企业一项重要的流动资产，应收账款的变现能力直接影响到资产的流动性。应收账款周转率越高，说明企业回收应收账款的速度越快,可以减少坏账损失,提高资产的流动性,企业的短期偿债能力也会得到增强,这在一定程度上可以弥补流动比率低的不利影响。如果企业的应收账款周转率过低,则说明企业回收应收账款的效率低,或者信用政策过于宽松,这样的情况会导致应收账款占用资金数量过多,影响企业资金利用率和资金的正常周转。但是,如果应收账款周转率过高,则可能是因为企业奉行了比较严格的信用政策,制定的信用标准和信用条件过于苛刻的结果。这样会限制企业销售量的扩大,从而影响企业的盈利水平,这种情况往往表现为存货周转率同时偏低。

用应收账款周转率来反映应收账款的周转情况是比较常见的,如上面计算的 A 公司应收账款周转率为 14.10 次,表明该公司一年内应收账款周转次数为 14.10 次。也可以用应收账款平均收账期来反映应收账款的周转情况。其计算公式为:

$$应收账款平均收账期 = \frac{360}{应收账款周转率} = \frac{应收账款平均余额 \times 360}{赊销收入净额} \quad (3-16)$$

应收账款平均收账期表示应收账款周转一次所需的天数。平均收账期越短,说明企业的应收账款周转速度越快。根据 A 公司的应收账款周转率,计算出的应收账款平均收账期为:

$$应收账款平均收账期 = \frac{360}{14.10} = 25.53(天)$$

A 公司的应收账款平均收账期为 25.53 天,说明 A 公司从赊销产品到收回应收账款的平均天数为 25.53 天。应收账款平均收账期与应收账款周转率呈反比例变动关系,对该项指标的分析是制定企业信用政策的一个重要依据。

2. 存货周转率

存货周转率,也称存货利用率,是企业一定时期的销售成本与存货平均余额的比率。其计算公式为:

$$存货周转率 = \frac{销售成本}{存货平均余额} \quad (3-17)$$

$$存货平均余额 = \frac{存货期初余额 + 存货期末余额}{2} \quad (3-18)$$

公式(3-18)中的销售成本可以从利润表中得知,假设营业成本全部为销售成本,存货平均余额是期初存货余额与期末存货余额的平均数,可以根据资产负债表计算得出。如果企业生产经营活动具有很强的季节性,则年度内各季度的销售成本与存货都会有较大幅度的波动。因此,存货平均余额应该按季度或月份余额来计算,先计算出各月或各季度的存货平均余额,然后再计算全年的存货平均余额。根据表 3-1 的有关数据,A 公司 2016 年的存货周转率为:

$$存货平均余额 = \frac{1\,160 + 1\,380}{2} = 1\,270(万元)$$

$$存货周转率 = \frac{8\,388}{1\,270} = 6.60(次)$$

存货周转率说明了一定时期内企业存货周转的次数,可以反映企业存货的变现速度,衡量企业的销售能力及存货是否过量。存货周转率反映了企业的销售效率和存货使用效率。在正常经营情况下,存货周转率越高,说明存货周转速度越快,企业的销售能力越强,营运资金占用在存货上的金额越少,表明企业的资产流动性较好,资金利用效率较高;反之,存货周转率过低,常常是库存管理不利,销售状况不好,造成存货积压,说明企业在产品销售方面存在一定的问题，应当采取积极的销售策略，提高存货的周转速度。但是，有时企业出于特殊的原因会增大存货储备量，如在通货膨胀比较严重的情况下，企业为了降低存货采购成本，可能会提高存货储备量，这种情况导致的存货周转率降低是一种正常现象。一般来说，存货周转率越高越好，但是，如果存货周转率过高，也可能说明企业存货管理方面存在一些问题，如存货水平太低，甚至经常缺货，或者采购次数过于频繁、批量太小等。因此，对存货周转率的分析，应当结合企业的实际情况，具体问题具体分析。

存货周转状况也可以用存货周转天数来表示。其计算公式为：

$$存货周转天数 = \frac{360}{存货周转率} = \frac{存货平均余额 \times 360}{销售成本} \quad (3-19)$$

存货周转天数表示存货周转一次所需要的时间，天数越短，说明存货周转得越快。前面计算的存货周转率为 6.60 次，表明一年存货周转 6.60 次，因此，存货周转天数为：

$$存货周转天数 = \frac{360}{6.60} = 54.55 \text{（天）}$$

3. 流动资产周转率

流动资产周转率是销售收入与流动资产平均余额的比率，它反映了企业全部流动资产的利用效率。其计算公式为：

$$流动资产周转率 = \frac{销售收入}{流动资产平均余额} \quad (3-20)$$

$$流动资产平均余额 = \frac{流动资产期初余额 + 流动资产期末余额}{2} \quad (3-21)$$

公式（3-20）中的销售收入即营业收入。流动资产周转率表明在一个会计年度内企业流动资产周转的次数，它反映了流动资产周转的速度。该指标越高，说明企业流动资产的利用效率越高。根据表 3-1 和表 3-2 的有关数据，A 公司 2016 年的流动资产周转率为：

$$流动资产平均余额 = \frac{3\,420 + 3\,960}{2} = 3\,690 \text{（万元）}$$

$$流动资产周转率 = \frac{18\,750}{3\,690} = 5.08 \text{（次）}$$

流动资产周转率是分析流动资产周转情况的一个综合指标，流动资产周转得快，可以节约流动资金，提高资金的利用效率。但是，究竟流动资产周转率为多少才算好，并没有一个确定的标准。通常分析流动资产周转率应比较企业历年的数据并结合行业特点。

4. 固定资产周转率

固定资产周转率，也称固定资产利用率，是企业销售收入与固定资产平均余额（净值）的比率。其计算公式为：

$$固定资产周转率 = \frac{销售收入}{固定资产平均余额} \quad (3-22)$$

$$固定资产平均余额 = \frac{固定资产期初余额 + 固定资产期末余额}{2} \quad (3-23)$$

公式（3-22）中的销售收入即营业收入。固定资产周转率主要用于分析企业对厂房、设备等固定资产的利用效率，该比率越高，说明固定资产的利用率越高，管理水平越好。如果固定资产周转率与同行业平均水平相比偏低，说明企业的生产效率较低，可能会影响企业的盈利能力。根据表 3-1 和表 3-2 的有关数据，A 公司 2016 年的固定资产周转率为：

$$固定资产平均余额 = \frac{3\,600 + 4\,300}{2} = 3\,950（万元）$$

$$固定资产周转率 = \frac{18\,750}{3\,950} = 4.75（次）$$

5. 总资产周转率

总资产周转率，也称总资产利用率，是企业销售收入与总资产平均总额的比率。其计算公式为：

$$总资产周转率 = \frac{销售收入}{总资产平均余额} \tag{3-24}$$

$$总资产平均余额 = \frac{总资产期初余额 + 总资产期末余额}{2} \tag{3-25}$$

公式（3-24）中的销售收入一般指销售收入净额，即营业收入扣除销售退回、销售折扣和折让后的净额。总资产周转率可用来分析企业全部资产的使用效率。如果这个比率较低，说明企业利用其资产进行经营的效率较差，会影响企业的盈利能力，企业应该采取措施提高销售收入或处置资产，以提高总资产的利用率。根据表3-1和表3-2的有关数据，A公司2016年的总资产周转率为：

$$总资产平均余额 = \frac{7\,600 + 9\,000}{2} = 8\,300（万元）$$

$$总资产周转率 = \frac{18\,750}{8\,300} = 2.26（次）$$

3.2.3 获利能力分析

获取利润是企业经营的最终目标，也是企业能否生存与发展的前提。获利能力的大小直接关系到企业财务管理目标的实现与否，直接关系到投资者的利益，也关系到债权人以及企业经营管理者的切身利益。

获利能力是指企业一定时期内运用各种资源赚取利润的能力。获利是企业的重要经营目标，是企业生存和发展的物质基础，它不仅关系到企业所有者的投资收益，也是企业偿还债务的一个重要保障。因此，企业的债权人、所有者以及管理者都十分关心企业的获利能力。获利能力分析是企业财务分析的重要组成部分，也是评价企业经营管理水平的重要依据。企业的各项经营活动都会影响到盈利，如营业活动、对外投资活动、营业外收支活动等都会引起企业利润的变化。但是，对企业获利能力进行分析，一般只分析企业正常经营活动的获利能力，不涉及非正常的经营活动。这是因为，一些非正常的、特殊的经营活动虽然也会给企业带来收益，但它不是经常的和持续的，因此，不能将其作为企业的一种持续性的获利能力加以评价。

评价企业获利能力的财务比率主要有销售毛利率、销售净利率、成本费用利润率、资产报酬率、股东权益报酬率、资产净利率、成本费用利润率等，对于股份有限公司，还应分析每股利润、每股现金流量、每股股利、股利支付率、每股净资产、市盈率和市净率等。

1. 销售毛利率与销售净利率

1）销售毛利率

销售毛利率，也称毛利率，是企业的销售毛利与营业收入净额的比率。其计算公式为：

$$销售毛利率 = \frac{销售毛利}{营业收入净额} \times 100\% = \frac{营业收入净额 - 营业成本}{营业收入净额} \times 100\% \quad (3-26)$$

公式（3-26）中，销售毛利是企业营业收入净额与营业成本的差额，可以根据利润表计算得出。营业收入净额是指营业收入扣除销售退回、销售折扣与折让后的净额。销售毛利率反映了企业的营业成本与营业收入的比例关系，毛利率越大，说明在营业收入净额中营业成本所占比重越小，企业通过销售获取利润的能力越强。根据表3-2的有关数据，A公司2016年的销售毛利率为：

$$销售毛利率 = \frac{18\,750 - 8\,388}{18\,750} \times 100\% = 55.26\%$$

从计算可知，A公司2016年的销售毛利率为55.26%，说明每100元的营业收入可以为公司创造55.26元的毛利。

2）销售净利率

销售净利率是企业净利润与营业收入净额的比率，其计算公式为：

$$销售净利率 = \frac{净利润}{营业收入净额} \times 100\% \quad (3-27)$$

销售净利率说明了企业净利润占营业收入的比例，它可以评价企业通过销售赚取利润的能力。销售净利率表明企业每100元营业收入可实现的净利润是多少。该比率越高，说明企业通过扩大销售获取收益的能力越强。根据表3-2的有关数据，A公司2016年的销售净利率为：

$$销售净利率 = \frac{2\,520}{18\,750} \times 100\% = 13.44\%$$

从计算可知，A公司的销售净利率为13.44%，说明每100元的营业收入可为公司创造13.44元的净利润。评价企业的销售净利率时，应比较企业历年的指标，从而判断企业销售净利率的变化趋势。但是，销售净利率受行业特点影响较大，因此，还应该结合不同行业的具体情况进行分析。

2. 成本费用利润率

成本费用利润率是企业利润总额与成本费用总额的比率。它反映企业生产经营过程中发生的耗费与获得的收益之间的关系。其计算公式为：

$$成本费用利润率 = \frac{利润总额}{成本费用总额} \times 100\% \quad (3-28)$$

其中，成本费用总额 = 营业成本 + 营业税金及附加 + 销售费用 + 管理费用 + 财务费用。

$$(3-29)$$

成本费用利润率越高，说明企业为获取收益而付出的代价越小，企业的盈利能力越强。因此，通过这个比率不仅可以评价企业盈利能力的高低，也可以评价企业对成本费用的控制能力和经营管理水平。根据表3-2的有关数据，A公司2016年的成本费用利润率为：

$$成本费用总额 = 8\,388 + 1\,352 + 2\,740 + 2\,100 + 650 = 15\,230（元）$$

$$成本费用利润率 = \frac{3\,632}{18\,750} \times 100\% = 19.37\%$$

A公司的成本费用利润率为19.37%，说明该公司每耗费100元，可以获取19.37元的利润。

3. 资产报酬率与资产净利率

1) 资产报酬率

资产报酬率是指企业一定时期的息税前利润与资产平均总额的比率。其计算公式为：

$$资产报酬率 = \frac{息税前利润}{资产平均总额} \times 100\% \quad (3-30)$$

其中，

$$息税前利润 = 利润总额 + 利息支出 = 净利润 + 所得税费用 + 利息支出 \quad (3-31)$$

资产报酬率是企业支付债务利息和所得税之前的利润总额。企业所实现的息税前利润首先要用于支付债务利息，然后才能缴纳所得税和向股东分配利润。因此，息税前利润可以看作企业为债权人、政府和股东所创造的收益。资产息税前利润率不受企业资本结构变化的影响，通常用来评价企业利用全部经济资源获取收益的能力，反映了企业利用全部资产进行经营活动的效率。债权人分析企业资产报酬率时可以采用资产息税前利润率。一般来说，只要企业的资产息税前利润率大于负债利息率，企业就有足够的收益用于支付债务利息。因此，该项比率不仅可以评价企业的盈利能力，而且可以评价企业的偿债能力。根据表 3-1 和表 3-2 的有关数据，A 公司 2016 年的资产报酬率为：

$$息税前利润 = 3\,632 + 650 = 4\,282（元）$$

$$资产报酬率 = \frac{4\,282}{8\,300} \times 100\% = 51.59\%$$

A 公司的总资产报酬率为 51.59%，说明 A 公司每 100 元的资产可以为股东赚取 51.59 元的净利润。这一比率越高，说明企业的盈利能力越强。

资产报酬率的高低并没有一个绝对的评价标准。在分析企业的资产报酬率时，通常采用比较分析法，与该企业以前会计年度的资产报酬率作比较，可以判断企业资产盈利能力的变动趋势，或者与同行业平均资产报酬率作比较，可以判断企业在同行业中所处的地位。通过这种比较分析，可以评价企业的经营效率，发现经营管理中存在的问题。如果企业的资产报酬率偏低，说明该企业的经营效率较低，经营管理存在问题，应该调整经营方针，加强经营管理，提高资产的利用效率。

2) 资产净利率

资产净利率是指企业一定时期的净利润与资产平均总额的比率。其计算公式为：

$$资产净利率 = \frac{净利润}{资产平均总额} \times 100\% \quad (3-32)$$

公式（3-32）中的净利润可以直接从利润表中得到，它是企业所有者获得的剩余收益，企业的营业活动、投资活动、融资活动以及国家税收政策的变化都会影响到净利润。因此，资产净利率通常用于评价企业对股权投资的回报能力。股东分析企业资产报酬率时通常采用资产净利率。根据表 3-1 和表 3-2 的有关数据，A 公司 2016 年的资产净利率为：

$$资产净利率 = \frac{2\,520}{8\,300} \times 100\% = 30.36\%$$

A 公司的资产净利率为 30.36%，说明 A 公司每 100 元的资产可以为股东赚取 30.36 元的净利润。这一比率越高，说明企业的盈利能力越强。

资产净利率可以分解为销售净利率与总资产周转率的乘积，其计算公式为：

$$资产净利率 = \frac{净利润}{资产平均总额} = \frac{净利润}{销售收入} \times \frac{销售收入}{资产平均总额}$$

$$= 销售净利率 \times 总资产周转率 \qquad (3-33)$$

由公式（3-33）可知，资产净利率主要取决于总资产周转率与销售净利率两个因素。企业销售净利率越大，资产周转速度越快，资产净利率越高。因此，提高资产净利率可以从两个方面入手：一方面加强资产管理，提高资产利用率；另一方面加强营销管理，增加销售收入，节约成本费用，提高利润水平。

4. 股东权益报酬率

股东权益报酬率，也称净资产收益率或所有者权益报酬率，是企业一定时期的净利润与股东权益平均总额的比率。其计算公式为：

$$股东权益报酬率 = \frac{净利润}{股东权益平均总额} \times 100\% \qquad (3-34)$$

$$股东权益平均余额 = \frac{股东权益期初余额 + 股东权益期末余额}{2} \qquad (3-35)$$

股东权益报酬率是评价企业盈利能力的一个重要财务比率，它反映了企业股东获取投资报酬的高低。该比率越高，说明企业的盈利能力越强。根据表3-1和表3-2的有关数据，A公司2016年的股东权益报酬率为：

$$股东权益平均余额 = \frac{3\,952 + 4\,860}{2} = 4\,406（万元）$$

$$股东权益报酬率 = \frac{2\,520}{4\,406} = 57.19\%$$

A公司的股东权益报酬率为57.19%，表明股东每投入100元资本，可以获得57.19元的净利润。需要明确的是，公式（3-35）中的股东权益平均余额是用账面价值而不是市场价值计算的。在正常情况下，股份公司的股东权益市场价值都会高于其账面价值，因此，以股东权益的市场价值计算的股东投资报酬率可能会远低于净资产收益率。

股东权益报酬率可以进行如下分解：

$$股东权益报酬率 = \frac{净利润}{股东权益平均总额} = \frac{净利润}{资产平均总额} \times \frac{资产平均总额}{股东权益平均总额}$$

$$= 资产净利率 \times 平均权益乘数 \qquad (3-36)$$

根据公式（3-36）可知，股东权益报酬率取决于企业的资产净利率和平均权益乘数两个因素。因此，提高股东权益报酬率可以有两种途径：一是在财务杠杆不变的情况下，通过增收节支，提高资产利用效率，来提高资产净利率，从而提高股东权益报酬率；二是在资产利润率大于负债利息率的情况下，可以通过增大权益乘数，即提高财务杠杆，来提高股东权益报酬率。但是，第一种途径不会增加企业的财务风险，第二种途径则会导致企业的财务风险增大。

5. 每股收益与每股现金流量

1）每股收益

每股收益也称每股利润，是公司普通股每股所获得的净利润，它是股份公司税后利润分析的一个重要指标。每股利润等于税后净利润扣除优先股股利后的余额，除以发行在外的普通股平均股数。其计算公式为：

$$每股收益 = \frac{净利润 - 优先股股利}{发行在外的普通股平均股数} \qquad (3-37)$$

每股收益是股份公司发行在外的普通股每股所取得的利润，它可以反映公司盈利能力的大小。每股利润越高，说明公司的盈利能力越强。根据 3-1 和表 3-2 的有关数据，A 公司发行在外的普通股平均股数为 3000 万股，并且没有优先股，则该公司 2016 年普通股每股利润为：

$$每股收益 = \frac{2\,520}{3\,000} = 0.84（元）$$

虽然每股利润可以很直观地反映股份公司的盈利能力以及股东的报酬，但它是一个绝对指标，在分析每股利润时，还应结合流通在外的股数。如果某股份公司采用股本扩张的政策，大量配股或以股票股利的形式分配股利，这样必然摊薄每股利润，使每股利润减少。同时，分析者还应注意到每股股价的高低，如果甲、乙两个公司的每股利润都是 0.84 元，但是乙公司股价为 25 元，而甲公司的股价为 16 元，则投资于甲、乙两公司的风险和报酬显然是不同的。因此，投资者不能只片面地分析每股利润，最好结合股东权益报酬率来分析公司的盈利能力。

2) 每股现金流量

每股现金流量是公司普通股每股所取得的经营活动的现金流量。每股现金流量等于经营活动产生的现金流量净额扣除优先股股利后的余额，除以发行在外的普通股平均股数。其计算公式为：

$$每股现金流量 = \frac{经营活动产生的现金流量净额 - 优先股股利}{发行在外的普通股平均股数} \qquad (3-38)$$

注重股利分配的投资者应当注意，每股利润的高低虽然与股利分配有密切的关系，但它不是决定股利分配的唯一因素。如果某公司的每股利润很高，但是因为缺乏现金，那么也无法分配现金股利。因此，还有必要分析公司的每股现金流量。每股现金流量越高，说明公司越有能力支付现金股利。根据表 3-1 和表 3-3 的有关数据，A 公司 2016 年的每股现金流量为：

$$每股现金流量 = \frac{2\,640}{3\,000} = 0.88（元）$$

在计算每股利润和每股现金流量时，公式（3-38）中的分母用公司发行在外的普通股平均股数。如果年度内普通股的股数未发生变化，则发行在外的普通股平均股数就是年末普通股总数；如果年度内普通股的股数发生了变化，则发行在外的普通股平均股数应当使用按月计算的加权平均发行在外的普通股股数。其计算公式为：

$$加权平均发行在外的普通股股数 = 期初发行在外普通股股数 + 当期新发行普通股股数 \times \frac{发行在外时间}{报告期时间} - 当期回购普通股股数 \times \frac{回购时间}{12} \qquad (3-39)$$

6. 每股股利与股利支付率

1) 每股股利

每股股利等于普通股分配的现金股利总额除以发行在外的普通股股数，它反映了普通股每股分得的现金股利的多少。其计算公式为：

$$每股股利 = \frac{已分配普通股现金股利}{发行在外的普通股股数} = \frac{现金股利总额 - 优先股股利}{发行在外的普通股股数} \qquad (3-40)$$

假定 A 公司 2016 年度已分配普通股现金股利为 600 万元，根据表 3-1 的有关数据，则该公司的每股股利为：

$$每股股利 = \frac{600}{3\ 000} = 0.2\ (元)$$

A 公司的每股股利为 0.2 元,说明该公司普通股股东每股可分得 0.2 元现金股利。每股股利的高低,不仅取决于公司盈利能力的强弱,还取决于公司的股利政策和现金是否充裕。倾向于分配现金股利的投资者,应当比较分析公司历年的每股股利,从而了解公司的股利政策。

2) 股利支付率

股利支付率,也称股利发放率,是普通股每股股利与每股利润的比率,它表明股份公司的净收益中有多少用于现金股利的分派。其计算公式为:

$$股利支付率 = \frac{每股股利}{每股利润} \times 100\% \qquad (3-41)$$

与股利支付率相关的反映利润留存比例的指标是收益留存率,或称留存比率。其计算公式为:

$$收益留存率 = \frac{每股利润 - 每股股利}{每股利润} \times 100\% \qquad (3-42)$$

或:

$$收益留存率 = \frac{净利润 - 现金股利额}{净利润} \times 100\% \qquad (3-43)$$

收益留存率反映了企业净利润留存的百分比,因此,它与股利支付率之和等于 1,即

$$股利支付率 + 收益留存率 = 1 \qquad (3-44)$$

根据前例计算结果,该公司的股利支付率和收益留存率分别为:

$$股利支付率 = \frac{0.2}{0.84} \times 100\% = 23.81\%$$

$$收益留存率 = 1 - 23.81\% = 76.19\%$$

A 公司的股利支付率为 23.81%,说明该公司将利润的 23.81% 用于支付普通股股利。股利支付率主要取决于公司的股利政策,没有一个具体的标准来判断股利支付率是大好还是小好。一般而言,如果一个公司的现金量比较充裕,并且目前没有更好的投资项目,则可能会倾向于发放现金股利;如果公司有较好的投资项目,则可能会少发股利,而将资金用于投资。

7. 每股净资产

每股净资产,也称每股账面价值,等于股东权益总额除以发行在外的普通股股数。其计算公式为:

$$每股净资产 = \frac{股东权益总额}{发行在外的普通股股数} \qquad (3-45)$$

严格地讲,每股净资产并不是衡量公司盈利能力的指标,但是,它会受公司盈利的影响。如果公司利润较高,每股净资产就会随之较快地增长。从这个角度来看,该指标与公司盈利能力有密切联系。投资者可以比较分析公司历年的每股净资产的变动趋势,来了解公司的发展趋势和盈利状况。根据表 3-1 的有关数据,A 公司 2016 年年末的每股净资产为:

$$每股净资产 = \frac{4\ 860}{3\ 000} = 1.62\ (元)$$

8. 市盈率与市净率

市盈率和市净率是以企业盈利能力为基础的市场估值指标。这两个指标并不是直接用于分析企业盈利能力的,而是投资者以盈利能力分析为基础,对公司股票进行价值评估的工具。通过对市盈率和市净率的分析,可以判断股票的市场定价是否符合公司的基本面,为投资者的投资活动提供决策依据。

1)市盈率

市盈率也称价格盈余比率或价格与收益比率,是指普通股每股市价与每股收益的比率。其计算公式为:

$$市盈率 = \frac{每股市价}{发行在外的每股收益} \quad (3-46)$$

市盈率是反映公司市场价值与盈利能力之间关系的一个重要财务比率,投资者对这个比率十分重视。市盈率是投资者作出投资决策的重要参考因素之一。资本市场上并不存在一个标准市盈率,对市盈率的分析要结合行业特点和企业的盈利前景。一般来说,市盈率高,说明投资者对该公司的发展前景看好,愿意出较高的价格购买该公司股票,所以,成长性好的公司其股票市盈率通常要高一些,而盈利能力低、缺乏成长性的公司其股票市盈率要低一些。但是,也应注意,如果某一种股票的市盈率过高,则也意味着这种股票具有较高的投资风险。

假定 2016 年年末,A 公司的股票价格为每股 16 元,则其股票市盈率为:

$$市盈率 = \frac{16}{0.84} = 19.05$$

2)市净率

市净率是指普通股每股市价与每股净资产的比率。其计算公式为:

$$市净率 = \frac{每股市价}{发行在外的每股净资产} \quad (3-47)$$

市净率反映了公司股东权益的市场价值与账面价值之间的关系,该比率越高,说明股票的市场价值越高。一般来说,对于资产质量好、盈利能力强的公司,其市净率会比较高;而风险较大、发展前景较差的公司,其市净率会比较低。在一个有效的资本市场中,如果公司股票的市净率小于 1,即股价低于每股净资产,则说明投资者对公司未来发展前景持悲观的看法。

在假定 2016 年年末 A 公司股票价格为 16 元的情况下,该公司的股票市净率为:

$$市净率 = \frac{16}{1.62} = 9.88$$

3.2.4 发展能力分析

发展能力,也称成长能力,是指企业在从事经营活动的过程中所表现出的增长能力,如规模的扩大、盈利的持续增长、市场竞争力的增强等。反映企业发展能力的主要财务比率有销售增长率、资产增长率、股权资本增长率、资本保值增值率、利润增长率、营业收入 3 年平均增长率、资本 3 年平均增长率等。

1. 销售增长率

销售增长率是企业本年营业收入增长额与上年营业收入总额的比率。其计算公式为:

$$销售增长率 = \frac{本年营业收入增长额}{上年营业收入总额} \times 100\% \qquad (3-48)$$

公式（3-48）中的本年营业收入增长额是指本年营业收入总额与上年营业收入总额的差额。销售增长率反映了企业营业收入的变化情况，是评价企业成长性和市场竞争力的重要指标。该比率大于 0，表示企业本年营业收入增加；反之，表示营业收入减少。该比率越高，说明企业营业收入的成长性越好，企业的发展能力越强。根据表 3-2 的有关数据，A 公司 2016 年的销售增长率为：

$$销售增长率 = \frac{18\,750 - 16\,514}{16\,514} \times 100\% = 13.54\%$$

2. 资产增长率

资产增长率是企业本年总资产增长额与年初资产总额的比率。该比率反映了企业本年度资产规模的增长情况。其计算公式为：

$$资产增长率 = \frac{本年总资产增长额}{年初资产总额} \times 100\% \qquad (3-49)$$

公式（3-49）中本年总资产增长额是指本年资产年末余额与年初余额的差额。资产增长率是从企业资产规模扩张方面来衡量企业的发展能力。企业资产总量对企业的发展具有重要的影响，一般来说，资产增长率越高，说明企业资产规模增长的速度越快，企业的竞争力会增强。但是，在分析企业资产数量增长的同时，也要注意分析企业资产的质量变化。根据表 3-1 的有关数据，A 公司 2016 年的资产增长率为：

$$资产增长率 = \frac{9\,000 - 7\,600}{7\,600} \times 100\% = 18.42\%$$

3. 股权资本增长率与资本保值增值率

1）股权资本增长率

股权资本增长率，也称净资产增长率或资本积累率，是指企业本年股东权益增长额与年初股东权益总额的比率。其计算公式为：

$$股权资本增长率 = \frac{本年股东权益增长额}{年初股东权益总额} \times 100\% \qquad (3-50)$$

公式（3-50）中本年股东权益增长额是指本年股东权益年末余额与年初余额的差额。股权资本增长率反映了企业当年股东权益的变化水平，体现了企业资本的积累能力，是评价企业发展潜力的重要财务指标。该比率越高，说明企业资本积累能力越强，企业的发展能力也越好。根据表 3-1 的有关数据，A 公司 2016 年的股权资本增长率为：

$$股权资本增长率 = \frac{4\,860 - 3\,952}{3\,952} \times 100\% = 22.98\%$$

在企业不依靠外部筹资，仅通过自身的盈利积累实现增长的情况下，股东权益增长额仅来源于企业的留用利润，这种情况下的股权资本增长率称为可持续增长率。可持续增长率可以看作企业的内生性成长能力，它主要取决于两个因素：股东权益报酬率和收益留存率。其计算公式为：

$$\begin{aligned} 可持续增长率 &= \frac{净利润 \times 收益留存率}{年初股东权益总额} \times 100\% \\ &= 股东权益报酬率 \times 收益留存率 \\ &= 股东权益报酬率 \times (1 - 股利支付率) \end{aligned} \qquad (3-51)$$

需要说明的是，公式（3-51）中的股东权益报酬率不是用全年平均股东权益总额计算的，而是用期初股东权益总额计算的。根据表3-1和表3-2的有关数据及前例计算结果，A公司2016年的可持续增长率为：

$$可持续增长率 = \frac{2\,520 \times 76.19\%}{3\,952} \times 100\% = 48.58\%$$

2）资本保值增值率

资本保值增值率是扣除客观因素后的年末股东权益总额与年初股东权益总额的比率，反映企业当年资本在企业自身努力下的实际增减变动情况。其计算公式为：

$$资本保值增值率 = \frac{年末股东权益总额}{年初股东权益总额} \times 100\% \quad (3-52)$$

资本保值增值率越高，表明企业的资本保全状况越好，股东权益增长越快，企业资本积累能力越强，企业的发展能力也越好。根据表3-1的有关数据，A公司2016年的资本保值增值率为：

$$资本保值增值率 = \frac{4\,860}{3\,952} \times 100\% = 122.98\%$$

4. 利润增长率

利润增长率是指企业本年利润总额增长额与上年利润总额的比率。其计算公式为：

$$利润增长率 = \frac{本年利润总额增长额}{上年利润总额} \times 100\% \quad (3-53)$$

公式（3-53）中，本年利润总额增长额是指本年利润总额与上年利润总额的差额。利润增长率反映了企业盈利能力的变化，该比率越高，说明企业的成长性越好，发展能力越强。根据表3-2的有关数据，A公司2016年的利润增长率为：

$$利润增长率 = \frac{3\,632 - 3\,366}{3\,366} \times 100\% = 7.90\%$$

分析者也可以根据分析的目的，计算净利润增长率，其计算方法与利润增长率相同，只需将公式（3-52）中的利润总额换为净利润即可。根据表3-2的有关数据，A公司2016年的净利润增长率为：

$$净利润增长率 = \frac{2\,520 - 2\,348}{2\,348} \times 100\% = 7.33\%$$

上述财务比率分别从不同的角度反映了企业的发展能力。需要说明的是，在分析企业的发展能力时，仅用1年的财务比率是不能正确评价企业的发展能力的，而应当计算连续若干年的财务比率，这样才能正确评价企业发展能力的持续性。

5. 营业收入3年平均增长率

营业收入3年平均增长率表明企业营业收入连续3年的增长状况，体现企业的持续发展态势和市场扩张能力。其计算公式为：

$$营业收入3年平均增长率 = \left[\left(\frac{本年营业收入总额}{3年前营业收入总额}\right)^{1/3} - 1\right] \times 100\% \quad (3-54)$$

公式（3-54）中的3年前营业收入总额指企业3年前营业收入总额数。比如在评价企业2016年的绩效情况时，则3年前营业收入总额是指2014年的营业收入总额。

营业收入是企业积累和发展的基础，该指标越高，表明企业积累的基础越牢，可持续发展能力越强，发展的潜力越大。利用营业收入3年平均增长率指标能够反映企业的经营业务增长趋势和稳定程度,体现企业的连续发展状况和发展能力,避免因少数年份业务波动而对企业发展潜力的错误判断。一般认为,该指标越高,表明企业经营业务持续增长势头越好,市场扩张能力越强。

6. 资本3年平均增长率

资本3年平均增长率表示企业资本连续3年的累计情况,在一定程度上体现了企业的持续发展水平和发展趋势。其计算公式为:

$$资本3年平均增长率 = \left[\left(\frac{年末所有者权益总额}{3年前年末所有者权益总额}\right)^{1/3} - 1\right] \times 100\% \quad (3-55)$$

公式(3-55)中的3年前所有者权益指企业3年前所有者权益年末数。比如在评价企业2016年的绩效情况时,3年前所有者权益年末数是指2014年的年末数。

由于一般增长率指标在分析时具有滞后性,仅反映当期情况,而利用该指标,能够反映企业资本积累或资本扩张的历史发展状况,以及企业稳步发展的趋势。一般认为,该指标越高,表明所有者利益得到的保障越大,企业可以长期使用的资金越充足,抗风险和持续发展的能力越强。

3.3 财务综合分析

财务分析的最终目的在于全面、准确、客观地揭示与披露企业财务状况和经营情况,并借以对企业经济效益优劣作出合理的评价。显然,要达到这样一个分析目的,仅仅测算几个简单、孤立的财务比率,或者将一些孤立的财务分析指标堆砌在一起,彼此毫无联系地考察,不可能得出合理、正确的综合性结论,有时甚至会得出错误的结论。因此,只有将企业偿债能力、营运能力、获利能力以及发展能力等各项分析指标有机地联系起来,作为一套完整的体系,相互配合使用,作出系统的综合评价,才能从总体意义上把握企业财务状况和经营情况的优劣。

综合分析的意义在于能够全面、正确地评价企业的财务状况和经营成果,因为局部不能替代整体,某项指标的好坏不能说明整个企业经济效益的高低。除此之外,综合分析的结果在进行企业不同时期比较分析和不同企业之间比较分析时消除了时间上和空间上的差异,使之更具有可比性,有利于总结经验、吸取教训、发现差距、赶超先进。进而从整体上、本质上反映和把握企业生产经营的财务状况和经营成果。企业财务综合分析方法有很多,常用的分析法有杜邦财务分析体系和沃尔比重评分法。

3.3.1 杜邦财务分析体系

1. 杜邦财务分析体系概述

杜邦财务分析体系,又称杜邦分析法,简称杜邦体系,是利用各主要财务比率指标间的内在联系,对企业财务状况及经济效益进行综合系统分析评价的方法。该体系以评价企业绩效最具综合性和代表性的指标净资产收益率为起点,以总资产净利率和权益乘数为核心,层层分解至企业最基本生产要素的使用,成本与费用的构成,从而满足经营者通过财务分析进行绩效监控的需要,在经营目标发生异动时,能及时查明原因并加以修正。

该体系重点揭示企业获利能力及权益乘数对净资产收益率的影响,以及各相关指标间的相互影响作用关系。因其最初由美国杜邦企业成功应用,故得名。在该体系中,净资产收益率指标是一个综合性最强的财务比率,是杜邦体系的核心,它等于总资产净利率与权益乘数的乘积。

2. 杜邦财务分析体系应用

这种分析法一般用杜邦体系图(图3-1)来表示。

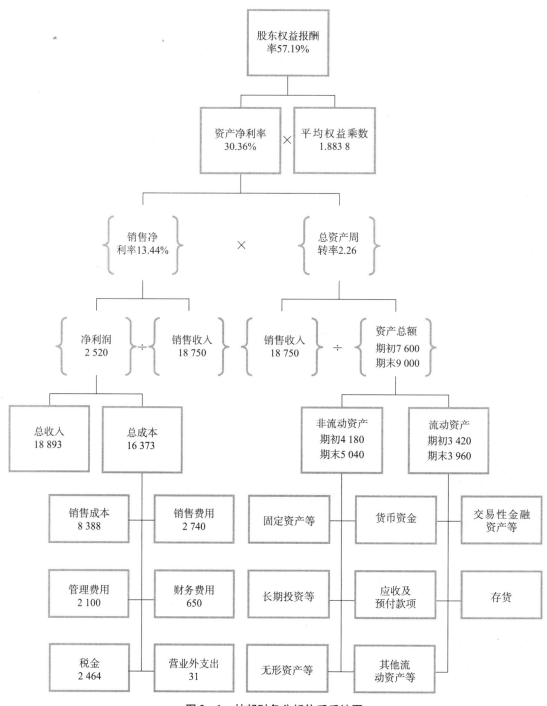

图3-1 杜邦财务分析体系系统图

1) 杜邦体系各主要指标之间的关系

（1）股东权益报酬率

$$股东权益报酬率 = \frac{净利润}{股东权益平均总额} = \frac{净利润}{资产平均总额} \times \frac{资产平均总额}{股东权益平均总额}$$

$$= 资产净利率 \times 平均权益乘数 \qquad (3-56)$$

（2）资产净利率

$$资产净利率 = \frac{净利润}{资产平均总额} = \frac{净利润}{销售收入} \times \frac{销售收入}{资产平均总额}$$

$$= 销售净利率 \times 总资产周转率 \qquad (3-57)$$

（3）销售净利率

$$销售净利率 = \frac{净利润}{销售收入} \qquad (3-58)$$

（4）总资产周转率

$$总资产周转率 = \frac{销售收入}{总资产平均余额} \qquad (3-59)$$

（5）平均权益乘数

$$平均权益乘数 = 1 \div (1 - 平均资产负债率) = 平均总资产 \div 平均净资产 \qquad (3-60)$$

杜邦系统在揭示上述几种关系之后，再将净利润、总资产进行层层分解，这样就可以全面系统地揭示企业的财务状况及这个财务状况内部各个因素之间的相互关系。图 3-1 就是 A 股份有限公司 2016 年杜邦体系分析图（单位金额：万元）。

杜邦财务分析是对企业财务状况及经济效益进行综合分析，它通过几种主要的财务指标之间的关系，直观、明了地反映出企业的财务状况。

2) 从杜邦财务分析体系可以了解到的财务信息

（1）股东权益报酬率反映公司所有者权益的投资报酬率，具有很强的综合性，是杜邦分析体系的起点。

可以看出：决定股东权益报酬率高低的因素有 3 个：权益乘数、销售净利率和总资产周转率。3 个比率分别反映了企业的负债比率、盈利能力比率和资产管理比率。这样分解之后，可以把权益净利率这样一项综合性指标发生升降的原因具体化，定量地说明企业经营管理中存在的问题，比一项指标能提供更明确的、更有价值的信息。

（2）权益乘数主要受资产负债率指标的影响。

权益乘数越大，企业负债程度越高，偿还债务能力越差，财务风险程度越高。这个指标同时也反映了财务杠杆对利润水平的影响。财务杠杆具有正反两方面的作用。在收益较好的年度，它可以使股东获得的潜在报酬增加，但股东要承担因负债增加而引起的风险；在收益不好的年度，则可能使股东潜在的报酬下降。当然，从投资者角度而言，只要资产报酬率高于借贷资本利息率，负债比率越高越好。

（3）销售净利率高低的分析，需要从销售额和销售成本两个方面进行。

这方面的分析是有关盈利能力的分析。这个指标可以分解为销售成本率、销售其他利润率和销售税金率。销售成本率还可进一步分解为毛利率和销售期间费用率。深入的指标分解可以将销售利润率变动的原因定量地揭示出来，如售价太低，成本过高，还是费用过大。当然，经理人员还可以根据企业的一系列内部报表和资料进行更详尽的分析。

（4）总资产周转率是反映企业运用资产以产生销售收入能力的指标。

对总资产周转率的分析，则需对影响资产周转的各因素进行分析。除了对资产的各构成部分从占用量上是否合理进行分析外，还可以通过对流动资产周转率、存货周转率、应收账款周转率等有关资产组成部分使用效率的分析，判明影响资产周转的问题出在哪里。

总之，从杜邦体系可以看出，企业的盈利能力涉及生产经营活动的方方面面。股东权益报酬率（净资产收益率）与企业的资本结构、销售规模、成本水平、资产管理等因素密切相关，这些因素构成一个完整的系统，系统内部各要素之间互相作用，只有协调好系统内部各个要素之间的关系，才能使净资产收益率得到提高，从而实现企业股东财富最大化的理财目标。

3）杜邦财务分析方法的局限性

杜邦财务分析方法的指标设计也有一定的局限性，它偏重于企业所有者的利益角度。从杜邦指标体系来看，在其他因素不变的情况下，资产负债率越高，净资产收益率就越高。这是因为利用较多负债，从而利用财务杠杆作用的结果，但没有考虑财务风险的因素，负债越多，财务风险越大，偿债压力越大。因此，还要结合其他指标进行分析。

3.3.2 沃尔比重评分法

1. 沃尔比重评分法概述

沃尔比重评分法，是指通过对选定的几项财务比率进行评分，然后计算出综合得分，并据此评价企业的综合财务状况的方法。企业财务综合分析的先驱者之一是亚历山大·沃尔。他在1928年出版的《信用晴雨表研究》和《财务报表比率分析》中提出了信用能力指数的概念，他把若干个财务比率用线性关系结合起来，以此来评价企业的信用水平，被称为沃尔评分法或沃尔比重评分法。他选择了七种财务比率，包括流动比率、产权比率、固定资产比率、存货周转率、应收账款周转率、固定资产周转率、自有资金（股权资本）周转率，分别给定了其在总评价中所占的比重，总和为100分；然后，以同行业平均数为基础确定各项财务比率的标准值，将各项财务比率的实际值与标准值比较，得出一个关系比率，将此关系比率与各项财务比率的权重相乘得出总评分，以此来评价企业的信用状况。

原始意义上的沃尔比重评分法从理论上讲有两个弱点：

（1）未能证明为什么要选择这七个指标，而不是更多些或更少些，或者选择别的财务比率，以及未能证明每个指标所占比重的合理性。

（2）当某一个指标严重异常时，会对综合指数产生不合逻辑的重大影响。这个缺陷是由相对比率与比重相乘而引起的。财务比率提高一倍，其综合指数增加100%；而财务比率缩小一半，其综合指数只减少50%。

现代社会与沃尔的时代相比，已有很大的变化。一般认为，在选择企业财务评价指标时，盈利能力、偿债能力、发展能力及营运能力指标均应当选择，除此之外，还应选取一些非财务指标作为参考。

2. 沃尔比重评分法的应用

采用沃尔比重评分法进行企业财务状况的综合分析，一般要遵循如下基本步骤：

1）选定评价财务状况的财务比率

在选择财务比率时，需要注意以下三方面：

（1）财务比率要求具有全面性。

一般来说，反映企业的偿债能力、运营能力、盈利能力和发展能力的财务比率都应包括在内。

（2）财务比率应当具有代表性。

所选择的财务比率数量不一定很多，但应当具有代表性，要选择能够说明问题的重要的财务比率。

（3）各项财务比率要具有变化方向的一致性。

当财务比率增大时，表示财务状况改善；反之，当财务比率减小时，表示财务状况恶化。

2）确定财务比率标准评分值

根据各项财务比率的重要程度，确定其标准评分值，即重要性系数。各项财务比率的标准评分值之和应等于100分。各项财务比率评分值的确定是沃尔比重评分法的一个重要问题，它直接影响到对企业财务状况的评分多少。对各项财务比率的重要程度，不同的分析者会有截然不同的态度，但一般来说，应根据企业经营活动的性质、企业生产经营的规模、市场形象和分析者的目的等因素来确定。

3）确定评分值的上限和下限

规定各项财务比率评分值的上限和下限，即最高评分值和最低评分值。这主要是为了避免个别财务比率异常给总分造成不合理的影响。

4）确定财务比率的标准值

财务比率的标准值是指各项财务比率在本企业现时条件下最理想的数值，即最优值。财务比率的标准值通常以本行业平均数为基础。

5）计算相对比率

计算企业在一定时期各项财务比率的实际值，然后，计算出各项财务比率实际值与标准值的比值，即相对比率。相对比率反映了企业某一财务比率的实际值偏离标准值的程度。

6）计算出各项财务比率的实际得分

各项财务比率的实际得分是相对比率和标准评分值的乘积，每项财务比率的得分都不超过上限或下限，所有各项财务比率实际得分的合计数就是企业财务状况的综合得分。企业财务状况的综合得分反映了企业综合财务状况是否良好。如果综合得分等于或接近100分，说明企业的财务状况是良好的，达到了预先确定的标准；如果综合得分远远低于100分，则说明企业的财务状况较差，应当采取措施加以改善；如果综合得分远远超过100分，则说明企业的财务状况很理想。

采用沃尔比重评分法，对A公司2016年的财务状况进行综合评价。如表3-4所示。

表 3-4 A 公司 2016 年的财务状况综合评分表

财务比率	评分值①/分	上/下限②/分	标准值③	实际值④	相对比率⑤=④/③	实际得分⑥=①×⑤
偿债能力	20	30/10				
流动比率	10	15/5	2	1.98	0.990	9.90
利息保障倍数	10	15/5	5	6.59	1.318	13.18
营运能力	16	24/8				
流动资产周转率	8	12/4	5	5.08	1.016	8.13
总资产周转率	8	12/4	2	2.26	1.130	9.04
盈利能力	40	60/20				
销售毛利率	15	23/7	55%	55.26%	1.005	15.08
股东权益报酬率	25	48/12	40%	57.19%	1.430	35.75
发展能力	24	36/12				
股权资本增长率	12	18/6	20%	22.98%	1.149	13.79
净利润增长率	12	18/6	5%	7.33%	1.466	17.59
综合得分	100					122.46

表 3-4 所选择的财务比率包括了偿债能力、盈利能力、营运能力和发展能力四类财务比率。根据表 3-4 的综合评分，A 公司的综合评分为 122.46 分，高于 100 分，说明企业的财务状况很理想。

本章案例

1. 案例资料

某公司 2016 年的简要资产负债表和简要利润表分别如表 3-5 和表 3-6 所示。

表 3-5 资产负债表

2016 年 12 月 31 日　　　　　　　　　　　　　　　　　万元

资产	年初余额	年末余额	负债和所有者权益	年初余额	年末余额
流动资产：			流动负债：		
货币资金	2 850	5 020	短期借款	650	485
交易性金融资产	425	175	应付账款	1 945	1 295

续表

资产	年初余额	年末余额	负债和所有者权益	年初余额	年末余额
应收账款	3 500	3 885	应付职工薪酬	585	975
预付款项	650	810	应付股利	1 620	2 590
存货	2 610	2 820	一年内到期的非流动负债	385	485
其他流动资产	75	80	流动负债合计	5 185	5 830
流动资产合计	10 110	12 790	非流动负债：		
非流动资产：			长期借款	650	975
持有至到期投资			应付债券	400	640
长期应收款			非流动负债合计	1 050	1 615
长期股权投资	975	1 650	负债合计	6 235	7 445
固定资产	5 650	6 280	所有者权益：		
无形资产	90	75	实收资本	4 860	5 850
长期待摊费用	75	55	资本公积	1 560	2 370
递延所得税资产			盈余公积	2 595	3 240
其他非流动资产			未分配利润	1 650	1 945
非流动资产合计	6 790	8 060	所有者权益合计	10 665	13 405
资产总计	16 900	20 850	负债和所有者权益总计	16 900	20 850

表 3-6 利润表

2016 年 万元

项目	本期金额	上期金额
一、主营业务收入	49 100	37 580
减：主营业务成本	27 500	22 500
营业税金及附加	2 450	1 875
销售费用	1 750	1 575
管理费用	2 750	2 450
财务费用	195	165

续表

项目	本期金额	上期金额
投资收益	350	245
二、营业利润	114 455	9 015
加：营业外收入	165	195
减：营业外支出	95	165
三、利润总额	14 875	9 290
减：所得税费用	4 910	3 065
四、净利润	9 965	6 225

2. 思考题

（1）根据该公司的财务报表资料，计算该公司的流动比率、速动比率和资产负债率。

（2）根据该公司的财务报表资料，计算该公司的应收账款周转率和存货周转率。

（3）根据该公司的财务报表资料，计算该公司的资产净利率、销售净利率和净资产收益率。

（4）通过以上计算分析，评价该公司财务状况存在的问题，并提出改进意见。

本章小结

财务分析是以企业财务报告及其他相关资料为主要依据，对企业才财务状况和经营成果进行评价和剖析，反映企业在运营过程中的利弊得失和发展趋势，从而为改进企业财务管理工作和优化经济决策提供重要的财务信息。开展财务分析，需要运用一定的方法，财务分析的方法主要包括比较分析法和比率分析法。财务分析信息的使用者包括债权人、股权投资者、企业管理层、审计师、政府部门等。不同的主体所关心的侧重点有所不同，对财务分析信息有着各自不同的要求。

财务分析的基本内容包括偿债能力、营运能力、获利能力、发展能力等几方面的分析。偿债能力是指企业偿还到期债务（包括本息）的现金保障能力，包括长期偿债能力和短期偿债能力。评价短期偿债能力的财务比率主要有流动比率、速动比率和现金比率、现金流量比率和到期债务本息偿付比率等；反映企业长期偿债能力的财务比率主要有资产负债率、股东权益比率、权益乘数、产权比率、有形净值债务率、偿债保障比率、利息保障倍数和现金利息保障倍数等。营运能力是指企业对资产利用的能力，即资产运用效率的分析，通常用各种资产的周转速度表示。评价企业营运能力常用的财务比率有应收账款周转率、存货周转率、流动资产周转率、固定资产周转率、总资产周转率等。获利能力是指企业一定时期内运用各种资源赚取利润的能力。评价企业获利能力的财务比率主要有销售毛利率、销售净利、成本费用利润率、资产报酬率、股东权益报酬率、销售净利率等；对于股份有限公司，还应分析每股收益、每股现金流量、每股股利、股利支付率、每股净资产、市盈率和市净率等。发展能力，也称成长能力，是指企业在从事经营活动的过程中所表现出的增长能力，如规模的扩大、盈利的持续增长、市场竞争力的增强等。反映企业发展能力的主要财务比率有销售增长率、资产增长率、股权资本增长率、利润增长率等。将各种指标等诸多方面纳入有机的整体之中，全面地对企业经营状况、财务状况进行剖析，称为财务综合分析。财务综合分析的方法主要有杜邦财务分析体系和沃尔比重评分法。

本章习题

1. 甲公司2016年度的营业收入（销售收入）为10 000万元，营业成本（销售成本）为7 000万元；应收账款周转率为8次，存货周转率为3.5次，资产负债率为50%。2016年12月31日的资产负债表（简表）如表3-7所示。

表3-7　甲公司资产负债表　　　　　　　　　　　　　　　　　万元

资产	年初余额	年末余额	负债和所有者权益	年初余额	年末余额
货币资金	500	1 000	短期借款	1 100	1 500
应收账款	1 000	A	应付账款	1 400	D
存货	2 000	B	长期借款	2 500	1 500
长期股权投资	1 000	1 000	股本	250	250
固定资产	4 000	4 000	资本公积	2 750	2 750
无形资产	500	500	盈余公积	1 000	E
合计	9 000	C	合计	9 000	F

要求：

计算表中所有字母所代表的值（要有计算过程）。

2. 2016年乙公司的销售收入净额为325万元，2016年12月31日的资产负债表（简表）如表3-8所示。

表3-8　乙公司资产负债表　　　　　　　　　　　　　　　　　万元

资产	年初余额	年末余额	负债和所有者权益	年初余额	年末余额
货币资金	50	45	短期借款	50	70
应收账款	60	90	应付账款	55	80
存货	92	150	长期借款	175	200
其他流动资产	23	30	股本	200	200
流动资产合计	225	315	资本公积	100	100
固定资产	375	385	盈余公积	20	50
合计	600	700	合计	600	700

要求：

计算2016年年末的流动比率、速动比率、资产负债率、总资产周转率。

3. 丙股份有限公司2016年本年利润分配及年末股东权益的有关资料如表3-9所示。

表3-9 丙股份有限公司本年利润分配及年末股东权益有关资料　　　　万元

净利润	2 100	股本（每股面值1元）	3 000
加：年初未分配利润	400	资本公积	2 200
可供分配利润	2 500	盈余公积	1 200
减：提取法定盈余公积金	500	未分配利润	600
可供股东分配的利润	2 000		
减：提取任意盈余公积金	200		
已分配普通股股利	1 200		
未分配利润	600	所有者权益合计	7 000

该公司当前股票市场价格为10.5元/股，流通在外的普通股股数为3 000万股。

要求：

（1）计算普通股每股收益。

（2）计算该公司股票当前的市盈率、每股股利、股利支付率。

（3）计算每股净资产。

4. 丁企业有关财务信息及资产负债表（简表）如表3-10所示。

（1）速动比率为2∶1。

（2）长期负债是短期投资的4倍。

（3）应收账款为400万元，是速动资产的50%、流动资产的25%，并同固定资产价值相等。

（4）所有者权益总额等于营运资金，实收资本是未分配利润的2倍。（营运资金＝流动资产－流动负债）

要求：

计算表中所有字母所代表的值（要有计算过程）。

表3-10 丁公司资产负债表　　　　万元

资产	金额	负债和所有者权益	金额
货币资金	A	应付账款	G
短期投资	B	长期借款	H
应收账款	C	实收资本	I
存货	D	未分配利润	J
固定资产	E		
合计	F	合计	K

第4章

长期筹资

学习目标

通过本章的学习,要求学生理解长期筹资的动机和原则,熟悉长期筹资的渠道与类型;掌握权益资金的主要筹资方式:吸收直接投资、发行普通股、发行优先股和利用留存收益,熟悉每种筹资方式的程序、优缺点等;掌握长期负债的主要筹资方式:银行借款、发行公司债券、融资租赁等,熟悉每种筹资方式的程序、优缺点等;理解可转换债券的基本性质、基本要素及发行条件,掌握转换价格、转换比率,熟悉可转换债券的筹资优缺点;掌握预测资金需要量的回归分析法与销售百分比法。

导入案例

新湖中宝的多元化筹资方式

截至 2012 年年末,新湖中宝股份有限公司(股票代码 600208,简称新湖中宝)的总资产规模达 464.60 亿元,其中负债总额 325.50 亿元(其中,短期借款 35.88 亿元,长期借款 128.62 亿元,预收货款 42.82 亿元),股东权益总额 125.73 亿元,股本数量达 62.59 亿股。公司主营地产、金融及其他投资,为浙江省市值最大的上市公司。新湖中宝的前身为中宝戴梦得股份有限公司,系浙江新湖集团于 2006 年借壳上市成功后更名而成。回顾新湖中宝的筹资之路,公司于 1999 年发行新股 6 500 万股,筹集资金 31 330 万元;2006 年,公司以 3.21 元/股的价格,向浙江新湖集团定向发行 12 亿股股票,新湖集团以其拥有的 14 家房地产子公司的股权作为支付对价,公司筹集资金 38.52 亿元;2007 年,公司以 16.06 元/股的价格向 7 名符合相关规定的机构投资者非公开发行 A 股股票 9 962 万股,筹集资金总额 159 989.72 万元;2008 年 7 月,发行无担保固定利率公司债券 14 亿元;2009 年,公司完成吸收合并新湖创业事项,增加股本 56 255 万元……可以看到,正是由于其多元化的筹资方式和筹资渠道,支撑了新湖中宝经营规模的不断壮大。

新湖中宝运用了哪些筹资方式?为什么要运用这些筹资方式?筹资应遵循哪些原则?如何预测筹资需要量?股票筹资有哪些具体方式?应具备哪些条件?什么是可转换债券?债券筹资有哪些种类?应具备哪些条件?各种筹资方式有何利弊?

(资料来源:《财务管理》,主编:竺素娥、裘益政,东北财经大学出版社,出版时间:2013年8月)

4.1 长期筹资概述

企业筹资,是指企业为了满足其经营活动、投资活动、资本结构调整等需要,运用一定的筹资方式,筹措和获取所需资金的一种行为。资金是企业的血液,是企业设立、生存和发展的物质基础,是企业开展生产经营业务活动的基本前提。任何一个企业,为了形成生产经营能力、保证生产经营正常运行,必须拥有一定数量的资金。筹资活动是企业一项重要的财务活动,如果说企业的财务活动是以现金收支为主的资金流转活动,那么筹资活动则是资金运转的起点。

企业的筹资可以分为长期筹资和短期筹资。

长期筹资是指企业筹集使用期限在1年以上的资金筹集活动。长期筹资的目的主要在于形成和更新企业的生产和经营能力,或扩大企业的生产经营规模,或为对外投资筹集资金。长期筹资通常采取吸收直接投资、发行股票、发行债券、取得长期借款、融资租赁等方式,所形成的长期资金主要用于购建固定资产、形成无形资产、进行对外长期投资、垫支流动资金、进行产品和技术研发等。从资金权益性质来看,长期资金可以是股权资金,也可以是债务资金。

短期筹资,是指企业筹集使用期限在1年以内的资金筹集活动。短期资金主要用于企业的流动资产和日常资金周转,一般在短期内需要偿还。短期筹资经常利用商业信用、短期借款、保理业务等方式来筹集。长期筹资是企业筹资的主要内容,短期筹资则归为营运资本管理的内容。

4.1.1 长期筹资的动机

企业筹资的基本目的是满足自身生存与发展的需要。企业在持续的生存与发展中,其具体的筹资活动通常受特定的筹资动机所驱使。企业的筹资动机是多种多样的,譬如,为购置设备、引进新技术、开发新产品而筹资;为对外投资,并购其他企业而筹资;为资金周转与调度而筹资;等等。企业筹资的动机对筹资行为及其结果产生直接的影响。在企业筹资的实际活动中,这些具体的筹资动机有时是单一的,有时是复合的,归纳起来有三种类型:扩张性融资动机、调整性融资动机、混合性融资动机。

1. 扩张性筹资动机

扩张性筹资动机是企业因扩大生产经营规模或增加对外投资的需要而产生的追加筹资动机。

处于成长时期、具有良好发展前景的企业通常会产生这种投资动机。例如企业产品供不应求,需要增加市场供应;开发生产适销对路的新产品;追加有利的对外投资规模;开拓有发展前途的对外投资领域等,往往都需要追加筹资。扩张性筹资动机所产生的直接结果是企业资产总额和资本总额的增加。

2. 调整性筹资动机

企业的调整性筹资动机是企业因调整现有资本结构的需要而产生的筹资动机。

简而言之，资本结构是指企业各种筹资的构成及其比例关系，企业的资本结构是企业采取的各种筹资方式组合而形成的。一个企业在不同时期，由于筹资方式的不同组合，会形成不尽相同的资本结构，随着相关情况的变化，现有的资本结构可能不再合理，需要相应地调整，使之趋于合理。

企业产生调整性筹资动机的原因很多。譬如，一个企业有些债务到期必须偿付，企业虽然具有足够的偿付能力偿付这些债务，但为了调整现有的资本结构，仍然举债，从而使资本结构根据合理。

再如，一个企业由于客观情况的变化，现有的资本结构中债务筹资所占的比例过大，财务风险过高，偿债压力过重，需要降低债务筹资的比例，因而采取债转股等措施予以调整，使资本结构适应客观情况的变化而趋于合理。

3. 混合性筹资动机

企业同时即为扩张规模又为调整资本结构而产生的筹资动机称为混合性筹资动机。

即这种混合性筹资动机中兼容了扩张性筹资和调整性筹资两种筹资动机。在这种混合性筹资动机的驱使下，企业扩大了资产和资本的规模，又调整了资本结构。

4.1.2 长期筹资的原则

企业筹资管理的基本要求，是在严格遵守国家法律法规的基础上，分析影响筹资的各种因素，权衡资金的性质、数量、成本和风险，合理选择筹资方式，提高筹集效果。

1. 遵循国家法律法规，合法筹措资金

不论是直接筹资还是间接筹资，企业最终都通过筹资行为向社会获取资金。企业的筹资活动不仅为自身的生产经营提供资金来源，而且也会影响投资者的经济利益，影响社会经济秩序。企业的筹资行为和筹资活动必须遵循国家的相关法律法规，依法履行法律法规和投资合同约定的责任，合法合规筹资，依法披露信息，维护各方的合法权益。

2. 分析生产经营情况，正确预测资金需要量

企业筹集资金，首先要合理预测资金的需要量。筹资规模与资金需要量应当匹配一致，既避免因筹资不足，影响生产经营的正常进行，又要防止筹资过多，造成资金闲置。

3. 合理安排筹资时间，适时取得资金

企业筹集资金，还需要合理预测确定资金需要的时间。要根据资金需求的具体情况，合理安排资金的筹集时间，适时获取所需资金。使筹资与用资在时间上相衔接，既避免过早筹集资金形成的资金投放前闲置，又防止取得资金的时间滞后，错过资金投放的最佳时间。

4. 了解各种筹资渠道，选择资金来源

企业所筹集的资金都要付出资本成本的代价，不同的筹资渠道和筹资方式所取得的资金，其资本成本各有差异。企业应当在考虑筹资难易程度的基础上，针对不同来源资金的成本进行分析，尽可能选择经济、可行的筹资渠道与方式，力求降低筹资成本。

5. 研究各种筹资方式，优化资本结构

企业筹资要综合考虑股权资金与债务资金的关系、长期资金与短期资金的关系、内部筹资与外部筹资的关系，合理安排资本结构，保持适当偿债能力，防范企业财务危机，提高筹资效益。

4.1.3 长期筹资的渠道

筹资渠道是指客观存在的筹集资金的来源方向与通道，是企业资金的来源，即可供企业筹集资金的地方。我国企业的筹资渠道通常有以下七个方面：

1. 国家财政资金

国家财政资金历来是国有企业筹资的主要来源。国家财政资金是指有权代表国家投资的政府部门或者机构以国有资产投入企业，这种情况下形成的资本叫国家资本。

当前，除了原来以国家的拨款形式投入企业所形成的各种资金外，用利润总额归还贷款后所形成的资金，财政和主管部门拨给企业的专用拨款，以及减免税后的资金，也应视为国家财政资金。今后，国家财政资金仍然是国有独资或国有控股企业权益筹资的重要渠道。

2. 银行信贷资金

银行信贷资金是各类企业筹资的重要来源。银行一般分为商业银行和政策性银行。

在我国，商业银行主要有中国工商银行、中国农业银行、中国建设银行、中国银行、交通银行等；政策性银行有国家开发银行、农业发展银行和中国进出口银行。商业银行可以为各类企业提供各种商业性贷款；政策性银行主要为特定企业提供一定的政策性贷款。银行信贷资本拥有居民储蓄、单位存款等经常性的资本来源，贷款方式灵活多样，可以适应各类企业长期债务资本筹资的需要。

3. 非银行金融机构

非银行金融机构资本也可以为一些企业提供一定的长期筹资来源。非银行金融机构是指除银行以外的各种金融机构及金融中介机构。

在我国，非银行金融机构主要有租赁公司、保险公司、企业集团的财务公司以及信托公司、证券公司。它们有的集聚社会资本，融资融物；有的承销证券，提供信托服务。为一些企业直接筹集资本，或为一些公司发行债券等提供承销信托服务。这种筹资渠道的财力虽然比银行小，但具有广阔的发展前景。

4. 其他企业资金

其他企业资金有时也可为筹资企业提供一定的长期筹资来源。其他企业资金即法人投资，是指法人单位以其依法可以支配的资产投入企业，这种情况下形成的资本叫法人资本。

在我国，法人可分为企业法人、事业单位法人和团体法人等。它们在日常的资本运营周转中，有时也可能形成部分闲置的资本，为了让其发挥一定的效益，也需要互相融通，这就为一些企业提供了一定的长期筹资来源。

5. 居民个人资金

居民个人资金也可以为企业直接提供资金来源。

我国企业和事业单位的职工和广大城乡居民持有大笔的货币资金，可以对一些企业直接进行投资，为企业筹资提供资本来源。

6. 企业自留资金

企业自留资金主要是指企业提留的盈余公积和未分配利润而形成的资本。这是企业内部形成的筹资渠道，比较便捷，有盈利的企业都可以加以利用。

7. 外商资金

外商资金包括国外以及我国港、澳、台地区的投资者持有的资本,这些资本也可以加以吸收、利用,从而形成外商投资企业的筹资渠道。

上述各种长期筹资渠道中,国家财政资金、其他企业资金、居民个人资金、企业自留资金、外商资金,可以成为特定企业权益资本的筹资渠道;银行信贷资金、非银行金融机构、其他企业资金、居民个人资金、外商资金,可以成为特定企业债务资本的筹资渠道。

4.1.4 长期筹资的类型

由于筹资范围、筹资机制和资本属性不同,企业的长期筹资区分为各种不同类型,通常有股权筹资、债务筹资及衍生工具筹资,直接筹资与间接筹资,内部筹资与外部筹资等类型。

1. 股权筹资、债务筹资及衍生工具筹资

按企业所取得资金的权益特性不同,企业筹资分为股权筹资、债务筹资及衍生工具筹资三类,这也是企业筹资方式最常见的分类方法。

1)股权筹资

股权筹资形成股权资本,是企业依法长期拥有、能够自主调配运用的资本。股权资本在企业持续经营期间内,投资者不得抽回,因而也称为企业的自有资本、主权资本或股东权益资本。股权资本是企业从事生产经营活动和偿还债务的本钱,是代表企业基本资信状况的一个主要指标。企业的股权资本通过吸收直接投资、发行股票、内部积累等方式取得。股权资本由于一般不用还本,形成了企业的永久性资本,因而财务风险小,但付出的资本成本相对较高。

股权筹资项目,包括实收资本(股本)、资本公积金、盈余公积金和未分配利润等。其中,实收资本(股本)和实收资本溢价部分形成的资本公积金是投资者的原始投入部分;盈余公积金、未分配利润和部分资本公积金是原始投入资本在企业持续经营中形成的经营积累。通常,盈余公积金、未分配利润共称为留存收益。股权筹资在经济意义上形成了企业的所有者权益,其金额等于企业资产总额减去负债总额后的余额。

2)债务筹资

债务筹资,是企业通过借款、发行债券、融资租赁以及赊销商品或服务等方式取得的资金,形成在规定期限内需要清偿的债务。由于债务筹资到期要归还本金和支付利息,对企业的经营状况不承担责任,因而具有较大的财务风险,但付出的资本成本相对较低。从经济意义上来说,债务筹资也是债权人对企业的一种投资,也要依法享有企业使用债务所取得的经济利益,因而也可以称为债权人权益。

3)衍生工具筹资

衍生工具筹资包括兼具股权与债务特性的混合融资和其他衍生工具融资。

我国上市公司目前最常见的混合融资是可转换债券融资,最常见的其他衍生工具融资是认股权证融资。

2. 直接筹资与间接筹资

按其是否以金融机构为媒介,企业筹资分为直接筹资和间接筹资两种类型。

1）直接筹资

这是企业直接与资金供应者协商融通资本的一种筹资活动。直接筹资方式主要有吸收直接投资、发行股票、发行债券等。通过直接筹资，既可以筹集股权资金，也可以筹集债务资金。按法律规定，公司股票、公司债券等有价证券的发行需要通过证券公司等中介机构进行，但证券公司所起到的只是承销的作用，资金拥有者并未向证券公司让渡资金使用权，因此发行股票、债券属于直接向社会筹资。

2）间接筹资

这是企业借助银行等金融机构融通资本的筹资活动。在间接筹资方式下，银行等金融机构发挥了中介的作用，预先集聚资金，资金拥有者首先向银行等金融机构让渡资金的使用权，然后由银行等金融机构将资金提供给企业。间接筹资的基本方式是向银行借款，此外还有融资租赁等筹资方式，间接筹资形成的主要是债务资金，主要用于满足企业资金周转的需要。

3. 内部筹资与外部筹资

按资金的来源范围不同，企业筹资分为内部筹资和外部筹资两种类型。

1）内部筹资

这是指企业通过利润留存而形成的筹资来源。内部筹资数额的大小主要取决于企业可分配利润的多少和利润分配政策（股利政策），一般无须花费筹资费用，从而降低了资本成本。

2）外部筹资

这是指企业向外部筹措资金而形成的筹资来源。处于初创期的企业，内部筹资的可能性是有限的；处于成长期的企业，内部筹资往往难以满足需要。这就需要企业广泛地开展外部筹资，如发行股票、债券，取得商业信用、向银行借款等。

企业向外部筹资大多需要花费一定的筹资费用，从而提高了筹资成本。因此，企业筹资时首先应利用内部筹资，然后再考虑外部筹资。

4.2 权益资金的筹集

权益筹资形成企业的权益资本，也称股权资本，是企业最基本的筹资方式。权益资本是企业依法筹集并长期拥有的、可自主支配使用的资金，包括投资者投入企业的法定资本以及企业在生产经营中形成的资本积累，它是企业从事生产经营活动和偿还债务的本钱，是代表企业基本资信状况的一个主要指标。权益筹资的方式包括吸收直接投资、发行股票（包括普通股和优先股）和利用留存收益。权益筹资不用还本，因而财务风险小，但付出的资金成本相对较高。

4.2.1 吸收直接投资

吸收直接投资，是指企业按照"共同投资、共同经营、共担风险、共享收益"的原则，直接吸收国家、法人、个人和外商投入资金的一种筹资方式。吸收直接投资是非股份制企业筹集权益资本的基本方式，采用吸收直接投资的企业，资本部分为等额股份、无须公开发行的股票。吸收直接投资实际出资额、注册资本部分形成实收资本；超过注册资本的部分属于资本溢价,形成资本公积。

1. 吸收直接投资的种类

1)吸收国家投资

国家投资是指有权代表国家投资的政府部门或机构,以国有资产投入公司,这种情况下形成的资本叫国有资本。

根据《公司国有资本与公司财务暂行办法》的规定,在公司持续经营期间,公司以盈余公积、资本公积转增实收资本的,国有公司和国有独资公司由公司董事会或经理办公会决定,并报主管财政机关备案;股份有限公司和有限责任公司由董事会决定,并经股东大会审议通过。吸收国家投资一般具有以下特点:

(1)产权归属国家。
(2)资金的运用和处置受国家约束较大。
(3)在国有公司中采用比较广泛。

2)吸收法人投资

法人投资是指法人单位以其依法可支配的资产投入公司,这种情况下形成的资本称为法人资本。吸收法人资本一般具有以下特点:

(1)发生在法人单位之间。
(2)以参与公司利润分配或控制为目的。
(3)出资方式灵活多样。

3)吸收外商直接投资

企业可以通过合资经营或合作经营的方式吸收外商直接投资,即与其他国家的投资者共同投资,创办中外合资经营企业或者中外合作经营企业,共同经营、共担风险、共负盈亏、共享利益。

4)吸收社会公众投资

社会公众投资是指社会个人或本公司职工以个人合法财产投入公司,这种情况下形成的资本称为个人资本。吸收社会公众投资一般具有以下特点:

(1)参加投资的人员较多。
(2)每人投资的数额相对较少。
(3)以参与公司利润分配为基本目的。

2. 吸收直接投资的出资方式

1)以货币资产出资

以货币资产出资是吸收直接投资中最重要的出资方式。企业有了货币资产,便可以获取其他物质资源,支付各种费用,满足企业创建时的开支和随后的日常周转需要。我国《公司法》规定,公司全体股东或者发起人的货币出资金额不得低于公司注册资本的30%。

2)以实物资产出资

实物出资是指投资者以房屋、建筑物、设备等固定资产和材料、燃料、产品等流动资产所进行的投资。实物投资应符合以下条件:

(1)适合企业生产、经营、研发等活动的需要。
(2)技术性能良好。
(3)作价公平合理。

实物出资中实物的作价，可以由出资各方协商确定，也可以聘请专业资产评估机构评估确定。国有及国有控股企业接受其他企业的非货币资产出资，需要委托有资格的资产评估机构进行资产评估。

3）以土地使用权出资

土地使用权是指土地经营者对依法取得的土地在一定期限内有进行建筑、生产经营或其他活动的权利。土地使用权具有相对的独立性，在土地使用权存续期间，包括土地所有者在内的其他任何人和单位，不能任意收回土地和非法干预使用权人的经营活动。企业吸收土地使用权投资应符合以下条件：

（1）适合企业科研、生产、经营、研发等活动的需要。
（2）地理、交通条件适宜。
（3）作价公平合理。

4）以工业产权出资

工业产权通常是指专有技术、商标权、专利权、非专利技术等无形资产。投资者以工业产权出资应符合以下条件：

（1）有助于企业研究、开发和生产出新的高科技产品。
（2）有助于企业提高生产效率，改进产品质量。
（3）有助于企业降低生产消耗、能源消耗等各种消耗。
（4）作价公平合理。

吸收工业产权等无形资产出资的风险较大。因为以工业产权投资，实际上是把技术转化为资本，使技术的价值固定化。而技术具有强烈的时效性，会因其不断老化落后而导致实际价值不断减少甚至完全丧失。

3. 吸收直接投资的程序

1）确定筹资数量

企业在新建或扩大经营时，首先要确定资金的需要量。资金的需要量应根据企业的生产经营规模和供销条件等来核定，确保筹资数量与资金需要量相适应。

2）寻找投资单位

企业既要广泛了解有关投资者的资信、财力和投资意向，又要通过信息交流和宣传，使出资方了解企业的经营能力、财务状况以及未来预期，以便于公司从中寻找到最合适的合作伙伴。

3）协商和签署投资协议

找到合适的投资伙伴后，双方进行具体协商，确定出资数额、出资方式和出资时间。企业应尽可能吸收货币投资，如果投资方确有先进而适合需要的固定资产和无形资产，也可采取非货币投资方式。对实物投资、工业产权投资、土地使用权投资等非货币资产，双方应按公平合理的原则协商定价。当出资数额、资产作价确定后，双方须签署投资的协议或合同，以明确双方的权利和责任。

4）取得所筹集的资金

签署投资协议后，企业应按规定或计划取得资金。如果采取现金投资方式，通常还要编制拨款计划，确定拨款期限、每期数额及划拨方式，有时投资者还要规定拨款的用途，如把拨款区分为固定资产投资拨款、流动资金拨款、专项拨款等。如为实物、工业产权、非专利技术、土地使用权投资，一个重要的问题就是核实财产。财产数量是否准确，特别是价格有无高估低估的情况，关系到投资各方的经济利益，必须认真处理，必要时可聘请专业资产评估机构来评定，然后办理产权的转移手续，取得资产。

4. 吸收直接投资筹资的优缺点

1）吸收直接投资的优点

（1）能够尽快形成生产能力。

吸收直接投资不仅可以取得一部分货币资金，而且能够直接获得所需的先进设备和技术，尽快形成生产经营能力。

（2）容易进行信息沟通。

吸收直接投资的投资者比较单一，股权没有社会化、分散化，甚至于有的投资者直接担任公司管理层职务，公司与投资者易于沟通。

（3）吸收投资的手续相对比较简便，筹资费用较低。

2）吸收直接投资的缺点

（1）资本成本较高。

相对于股票筹资来说，吸收直接投资的资本成本较高。当企业经营较好、盈利较多时，投资者往往要求将大部分盈余作为红利分配，因为企业向投资者支付的报酬是按其出资数额和企业实现利润的比率来计算的。

（2）企业控制权集中，不利于企业治理。

采用吸收直接投资方式筹资，投资者一般都要求获得与投资数额相适应的经营管理权。如果某个投资者的投资额比例较大，则该投资者对企业的经营管理就会有相当大的控制权，容易损害其他投资者的利益。

（3）不利于产权交易。

吸收投入资本由于没有证券为媒介，不利于产权交易，难以进行产权转让。

4.2.2 发行普通股

发行股票是股份有限公司筹集长期资金的基本方式。

股票，是股份有限公司为筹措股权资本而发行的有价证券，是公司签发的证明股东持有公司股份的凭证。股票作为一种所有权凭证，代表着股东对发行公司净资产的所有权。股票只能由股份有限公司发行。股票作为一种所有权凭证，代表着股东对发行公司净资产的所有权。按照股东享有的权利和承担的义务不同，可将股票划分为普通股与优先股股票。

普通股股票简称普通股，是公司发行的代表着股东享有平等的权利、义务，不加特别限制的，股利不固定的股票。普通股是股份有限公司发行的最基本、最重要的股票形式，构成股份有限公司股本的基础。股份有限公司通常只发行普通股。

1. 普通股票的种类

1）按股票票面是否记名分类

按股票票面是否记名，将股票分为记名股票和无记名股票。

（1）记名股票是在股票票面上记载有股东姓名或将名称记入公司股东名册的股票。

（2）无记名股票不登记股东名称，公司只记载股票数量、编号及发行日期。

我国《公司法》规定，公司向发起人、国家授权投资机构、法人发行的股票，为记名股票；向社会公众发行的股票，可以为记名股票，也可以为无记名股票。

2）按股票票面有无金额分类

按股票票面上有无金额为标准，可把股票分为面值股票和无面值股票。

（1）面值股票是指股票票面上记载每股金额的股票。股票面值的主要功能是确定每股股票在公司所占份额；另外，还表明在股份有限公司中股东对每股股票所负有限责任的最高额度。

（2）无面值股票是指股票票面不标明票面金额，只在票面上载明所占公司股本总额的比例或股份数，又叫比例股。

3）按发行对象和上市地点分类

按发行对象和上市地点的不同，将股票分为 A 股、B 股、H 股、N 股和 S 股等。

A 股即人民币普通股票，由我国境内公司发行，境内上市交易，它以人民币标明面值，以人民币认购和交易。

B 股即人民币特种股票，由我国境内公司发行，境内上市交易，它以人民币标明面值，以外币认购和交易。

H 股是注册地在内地、上市在香港的股票，依此类推，在纽约和新加坡上市的股票，就分别称为 N 股和 S 股。

2. 普通股股东的权利

持有普通股股份者为普通股股东，普通股股东享受如下权利：

1）公司管理权

股东对公司的管理权主要体现在在董事会选举中有选举权和被选举权，通过董事会代表所有股东对企业进行控制和管理。管理权表现在投票权、查账权、阻止越权的权利等。

2）收益分享权

股东有权通过股利方式获取公司的税后利润，利润分配方案由董事会提出并经过股东大会批准。

3）优先认股权

原有股东拥有优先认购本公司增发股票的权利。

4）股份转让权

股东有权依法在证券市场上出售或转让所持有的普通股。

5）剩余财产分配权

当公司解散、清算时，股东有对清偿债务、清偿优先股股东以后的剩余财产索取的权利。

3. 股票发行方式和销售方式

1）股票发行方式

股票发行方式是指公司通过何种途径发行股票。这对于能否及时筹集和募足资本有重要意义。企业应当根据具体情况，选择适当的股票发行方式。总的来讲，股票的发行方式可分为两类：公开间接发行和不公开直接发行。

（1）公开间接发行。

公开间接发行指通过中介机构，公开向社会公众发行股票。我国股份有限公司采用募集设立方式向社会公开发行新股时，需由证券经营机构承销的做法，就属于股票的公开间接发行。这种发行方式的发行范围广、发行对象多，易于足额募集资本；股票的变现性强，流通性好；股票的公开发行还有助于提高发行公司的知名度，扩大其影响力。但这种发行方式也有不足，主要是手续繁杂，发行成本高。

（2）不公开直接发行。

不公开直接发行是指不公开对外发行股票，只向少数特定的对象直接发行，因而不需经中介机构承销。我国股份有限公司采用发起设立方式和以不向社会公开募集的方式发行新股的做法，即属于股票的不公开直接发行。这种发行方式弹性较大，发行成本低；但发行范围小，股票变现性差。

2）股票销售方式

股票销售方式是指股份有限公司向社会公开发行股票时所采取的股票销售方法。一般而言，股票销售方式有两类：自销和委托承销（简称承销）。

（1）自销方式。

股票发行的自销方式，指发行公司自己直接将股票销售给认购者。这种销售方式可由发行公司直接控制发行过程，实现发行意图，并可以节省发行费用；但往往筹资时间长，发行公司要承担全部发行风险，并需要发行公司有较高的知名度、信誉和实力。

（2）承销方式。

股票发行的承销方式，指发行公司将股票销售业务委托给证券经营机构代理。这种销售方式是发行股票所普遍采用的。我国《公司法》规定，股份有限公司向社会公开发行股票，必须与依法设立的证券经营机构签订承销协议，由证券经营机构承销。股票承销又分为包销和代销两种具体办法。

所谓代销，是证券经营机构仅替发行公司代售股票，并由此获取一定的佣金，但不承担股款未募足的风险。

所谓包销，是根据承销协议商定的价格，证券经营机构一次性全部购进发行公司公开募集的全部股份，然后以较高的价格出售给社会上的认购者。

对发行公司来说，代销的费用虽不高，但要承担股款未募足的风险；包销的办法可及时筹足资本，免于承担发行风险（股款未募足的风险由承销商承担），但股票以较低的价格售给承销商，会损失部分溢价。

4. 股票发行价格与定价方法

1）发行价格

股票发行，一般就是公开向社会募集股本，发行股份，这种价格的高低受市场机制的影响极大，取决于公司的投资价值和供求关系的变化。如果股份有限公司发行的股票其价格等于票面金额，称为等价发行，或面值价发行。如果股份有限公司发行的股票其价格超过了票面金额，称为溢价发行。在股票发行价格中，溢价发行或者等价发行都是允许的，但是不允许以低于股票票面的价格发行，又称折价发行。

当股票发行公司计划发行股票时，就需要根据不同情况，确定一个发行价格以推销股票。一般而言，股票的发行价格一般有以下三种：面值价、时价和中间价。

（1）面值价，即按股票的票面金额为发行价格。采用股东分摊的发行方式时，一般按平价发行，不受股票市场行情的左右。由于市价往往高于面额，因此以面额为发行价格，能够使认购者得到因价格差异而带来的收益，使股东乐于认购，又保证了股票公司顺利地实现筹措股金的目的。

（2）时价，即不是以面额，而是以流通市场上的股票价格（即时价）为基础确定发行价格。这种价格一般都是时价高于票面额，二者的差价称溢价，溢价带来的收益归该股份公司所有。时价发行能使发行者以相对少的股份筹集到相对多的资本，从而减轻负担，同时还可以稳定流通市场的股票时价，促进资金的合理配置。

（3）中间价，即股票的发行价格取票面额和市场价格的中间值。这种价格通常在时价高于面额，公司需要增资但又需要照顾原有股东的情况下采用。中间价格发行对象一般为原股东，在时价和面额之间采取一个折中的价格发行，实际上是将差价收益的一部分归原股东所有，一部分归公司所有，用于扩大经营。因此，在进行股东分摊时，要按比例配股，不改变原来的股东构成。

2）定价方法

股票的价格既要反映股票自身的内在价值，又要体现市场的供求关系，在确定股票发行价格时应考虑多种因素。一般来说，确定股票发行价格的方法主要有未来收益折现法、市盈率法、市场询价法、市场竞价法等多种方法。

（1）市盈率法。

所谓市盈率，就是股价与每股利润的比值。市盈率法是企业在发行股票时按照市盈率的倍数为确定股票发行价格的一种定价方法。企业在发行股票时，选择的市盈率通常以 13～20 倍为股票发行价格。

（2）未来收益折现法。

未来收益折现法是按照市场公允的贴现率将股票未来预期的收益贴现为现值，以此为基础来确定股票发行价格的一种定价方法。

（3）市场询价法。

市场询价法是由股票发行公司和承销股票的证券承销机构直接协商，确定股票价发行格的一种定价方法。这种市场化的定价方法，既反映了股票的内在价值，又体现了市场对股票价值的认可。

（4）市场竞价法。

市场竞价法是由股票承销商或投资者以投标的方式互相竞争，确定股票发行价格的一种定价方法。具体形式有三种：网上竞价、机构投资者竞价和券商竞价。

事实上，近年来我国大多数上市公司发行股票，是以市盈率法定价的。

5. 股份有限公司首次发行股票的一般程序

1）发起人认足股份、缴付股资

以发起方式设立的公司，发起人认购公司的全部股份；以募集方式设立的公司，发起人认购的股份不得少于公司股份总数的 35%。发起人可以用货币出资，也可以用非货币资产作价出资。在发起设立方式下，发起人缴付全部股资后，应选举董事会、监事会，由董事会办理公司设立的登记事项；在募集设立方式下，发起人认足其应认购的股份并缴付股资后，其余部分向社会公开募集。

2）提出公开募集股份的申请

以募集方式设立的公司，发起人向社会公开募集股份时，必须向国务院证券监督管理部门递交募股申请，并报送批准设立公司的相关文件，包括公司章程、招股说明书等。

3）公告招股说明书，签订承销协议

公开募集股份申请经国家批准后，应公告招股说明书。招股说明书应包括公司的章程、发起人认购的股份数、本次每股票面价值和发行价格、募集资金的用途等。同时，与证券公司等证券承销机构签订承销协议。

4）招认股份，缴纳股款

发行股票的公司或其承销机构一般用广告或书面通知的办法招募股份。认股者一旦填写了认股书，就要承担认股书中约定的缴纳股款义务。如果认股者的总股数超过发起人拟招募的总股数，可以采取抽签的方式确定哪些认股者有权认股。认股者应在规定的期限内向代收股款的银行缴纳股款，同时交付认股书。股款认足后，发起人应委托法定的机构验资，出具验资证明。

5）召开创立大会，选举董事会、监事会

发行股份的股款募足后，发起人应在规定的期限内（法定30天）主持召开创立大会。创立大会由发起人、认股人组成，应有代表股份总数半数以上的认股人出席方可举行。创立大会通过公司章程，选举董事会和监事会成员，并有权对公司的设立费用进行审核，对发起人用于抵作股款的财产作价进行审核。

6）办理公司设立登记，交割股票

经创立大会选举的董事会，应在创立大会结束后30天内，办理申请公司设立的登记事项。登记成立后，即向股东正式交付股票。

6. 股票上市

股票上市是指股份有限公司公开发行的股票经批准在证券交易所进行挂牌交易。

1）股票上市对公司的影响

（1）股票上市的有利影响是多方面的，主要包括以下几点：

①便于筹措新资金。证券市场是资本商品的买卖市场，证券市场上有众多的资金供应者。同时，股票上市经过了政府机构的审查批准并接受严格的管理，执行股票上市和信息披露的规定，容易吸引社会资本投资者。公司上市后，还可以通过增发、配股、发行可转换债券等方式进行再融资。

②促进股权流通和转让。股票上市后便于投资者购买，提高了股权的流动性和股票的变现力，便于投资者认购和交易。

③促进股权分散化。上市公司拥有众多的股东，加之上市股票的流通性强，能够避免公司的股权集中，分散公司的控制权，有利于公司治理结构的完善。

④便于确定公司价值。股票上市后，公司股价有市价可循，便于确定公司的价值。对于上市公司来说，即时的股票交易行情，就是对公司价值的市场评价。同时，市场行情也能够为公司收购兼并等资本运作提供询价基础。

（2）股票上市也有对公司不利的一面，主要有以下几点：

①上市成本较高，手续复杂严格。

②公司将负担较高的信息披露成本。

③信息公开的要求可能会暴露公司的商业机密。

④股价有时会歪曲公司的实际情况，影响公司声誉。

⑤可能会分散公司的控制权，造成管理上的困难。

⑥上市交易的普通股票增加了对社会公众股东的责任，其财务状况和经营成果都要公开，接受公众股东的监督。一旦公司经营出现问题或遇到财务困难，公司有被他人收购的风险。

2）股票上市的条件

公司公开发行的股票进入证券交易所交易，必须受严格的条件限制。我国《证券法》规定，股份有限公司申请股票上市，应当符合下列条件：

（1）股票经国务院证券监督管理机构核准已公开发行。

（2）公司股本总额不少于人民币3 000万元。

（3）公开发行的股份达到公司股份总数的25%以上；公司股本总额超过人民币4亿元的，公开发行股份的比例为10%以上。

（4）公司最近3年无重违法行为，财务会计报告无虚假记载。

3）股票上市的暂停、终止与特别处理

当上市公司出现经营情况恶化、存在重大违法违规行为或其他原因导致不符合上市条件时，就可能被暂停或终止上市。

（1）上市公司出现财务状况或其他异常的，其股票交易将被交易所特别处理。

财务状况异常是指以下几种情况：

①最近2个会计年度的审计结果显示的净利润为负值。

②最近1个会计年度的审计结果显示其股东权益低于注册资本。

③最近1个会计年度经审计的股东权益扣除注册会计师和有关部门不予确认的部分后，低于注册资本。

④注册会计师对最近1个会计年度的财产报告出具无法表示意见或否定意见的审计报告。

⑤最近一份经审计的财务报告对上年度利润进行调整，导致连续2个会计年度亏损。

⑥经交易所或中国证监会认定为财务状况异常的。

其他状况异常是指自然灾害、重大事故等导致生产经营活动基本中止，公司涉及的可能赔偿金额超过公司净资产的诉讼等情况。

（2）在上市公司的股票交易被实行特别处理期间，其股票交易遵循下列规则：

①股票报价日涨跌幅限制为5%。

②股票名称改为在原股票名前加"ST"。

③上市公司的中期报告必须经过审计。

7. 普通股筹资的优缺点

1）普通股筹资的优点

（1）所有权与经营权相分离，分散公司控制权，有利于公司自主管理、自主经营。

普通股筹资的股东众多，公司的日常经营管理事务主要由公司的董事会和经理层负责。

（2）没有固定的股息负担。

公司有盈利，并认为适于分配时才分派股利；公司盈利较少，或者虽有盈利但现金短缺或有更好的投资机会，也可以少支付或不支付股利。

(3) 能增强公司的社会声誉。

普通股筹资使得股东大众化，由此给公司带来了广泛的社会影响。特别是上市公司，其股票的流通性强，有利于市场确认公司的价值。

(4) 促进股权流通和转让。

普通股筹资以股票作为媒介的方式，便于股权的流通和转让，便于吸收新的投资者。

2) 普通股筹资的缺点

(1) 资本成本较高。

普通股筹资的资本成本一般高于债务资金。此外，其筹资费用也较高。

(2) 不易尽快形成生产能力。

普通股筹资吸收的一般都是货币资金，还需要通过购置和建造形成生产经营能力。

(3) 公司控制权分散，容易被经理人控制。

(4) 流通性强的股票交易，也容易被恶意收购。

4.2.3 发行优先股

优先股股票是指由股份有限公司发行的，在分配公司收益和剩余财产方面比普通股股票具有优先权的股票。优先股常被看成是一种混合证券，是介于股票与债券之间的一种有价证券。发行优先股对于公司资本结构、股本结构的优化，提高公司的效益水平，增强公司财务弹性，无疑具有十分重要的意义。

发行优先股是公司获得所有权资本的方式之一。利用优先股股票筹集的资本称为优先股股本。优先股与普通股相比，在分配公司收益方面具有优先权，一般只有先按约定的股息率向优先股股东分派了股息，普通股股东才能进行分派红利。因此，优先股股东承担的风险较小，但收益稳定可靠。不过，由于股息率固定，因此，即使公司的经营状况优良，优先股股东一般也不能分享公司利润增长的利益。如果公司破产清算，优先股对剩余财产有优先的请求权。优先股股东的优先权只能优先于普通股股东，但次于公司债券持有者。从控制权角度看，优先股股东一般没有表决权（除非涉及优先股股东的权益保障时），无权过问公司的经营管理，所以发行优先股一般不会稀释公司普通股股东的控制权。

从公司的最终所有者——普通股股东的立场看，优先股是一种可以利用的财务杠杆，可视为一种永久性负债。公司有时也可以赎回发行在外的优先股，当然要付出一定的代价，如溢价赎回的贴水。从债权人的立场来看，优先股又是构成公司主权资本的一部分，可以用作偿债的铺垫。

可见：优先股是一种特别股票，从法律的角度来讲，它属于自有资金。

1. 优先股的特征

1) 优先股较普通股而言具有一定的优先权

主要表现在两个方面：

(1) 优先股股东领取股息先于普通股股东。

(2) 对公司剩余财产的索偿权先于普通股股东，但次于债权人。

2) 优先股有固定的股息率

优先股股息率一般在事先确定，这一点与债券相同。但债券利息必须无条件支付，而优先股股息当公司无利润或利润不足时可不支付，以后也不一定补偿。优先股股息与普通股股息相同之处是这两者都是在税后支付，即股息支付不能获得税收利益。

2. 优先股的种类

公司发行优先股，在操作方面与发行普通股无较大差别，但由于公司与优先股股东的约定不同，从而有多种类型的优先股。

1）按股息是否可以累积分

按股息是否可以累积，可分为累积优先股和非累积优先股。

（1）累积优先股是指公司在任何经营年度内未支付的股利能积累起来，递延到以后年度支付。也就是说，公司经营状况不佳时欠发的优先股股息，可在公司经营状况好转时补发。

（2）非累积优先股是指对以前年度欠发的股利不予积累计算，也不再由以后年度补发的优先股。

一般情况下，对投资者来说，累积优先股比非累积优先股具有更大的优越性。

2）按优先股能否参与剩余利润分派分

按优先股能否参与剩余利润的分派和参与程度，可分为参与优先股和非参与优先股。当企业利润增大时，优先股股东除按固定股利率计算的股利外，还可分得额外红利，称为参与优先股；反之，称为非参与优先股。

3）按优先股能否转换分

按优先股能否转换，可分为可转换优先股和不可转换优先股。可转换优先股是指允许优先股持有人在特定条件下把优先股转换成一定数额的普通股或企业债券。不可转换优先股是指不具备这种酌情转换权利的优先股。

4）按优先股能否赎回分

按优先股能否赎回，可分为可赎回优先股和不可赎回优先股。可赎回优先股是指允许企业在股票发行后的某一时期内按发行价格和规定的方式予以赎回的优先股。不可赎回优先股是指发行后不能按发行价格赎回的优先股。

3. 发行优先股的动机

股份制企业发行优先股筹集自有资金，扩大资金来源只是其目的之一，企业利用优先股筹资往往还有其他的动机。

（1）防止公司控制权分散。

（2）增强企业筹资的灵活性。

4. 优先股筹资的优缺点

1）优先股筹资的优点

（1）优先股的股息率一般为固定比率，从而使优先股筹资有财务杠杆的作用。

（2）公司采用优先股筹资，可以避免固定的支付负担。

（3）优先股一般没有到期日，实际上可将优先股看成一种永久性负债，但不需要偿还本金。只有在有利于公司的根本利益时，公司才会赎回优先股。优先股在赎回、股息支付等方面公司较为主动，增强了公司财务的机动性。

（4）优先股股东也是公司的所有者，不能强迫公司破产。

（5）由于优先股股东一般没有投票权，所以发行优先股不会引起普通股股东的反对，其筹资能够顺利进行。当使用债务融资风险很大，利率很高，而发行普通股又会产生控制权问题时,优先股是一种最理想的筹资方式。有些国家的税法对于企业购买优先股的股息有部分免税的政策优惠,这就对发行公司的优先股股票的销售十分有利。

2) 优先股筹资的缺点

(1) 资本成本较高。

(2) 由于优先股在股息分配、资产清算等方面拥有优先权,使得普通股股东在公司经营不稳定时收益受到影响。当公司盈利下降时,优先股的股息可能会成为公司一项沉重的财务负担。

(3) 优先股筹资对公司的限制较多。

4.2.4 留存收益筹资

1. 留存收益的性质

从性质上看,企业通过合法有效地经营所实现的税后净利润,都属于企业的所有者。企业将本年度的利润部分甚至全部留存下来的原因很多,主要包括以下几点:

(1) 收益的确认和计量是建立在权责发生制基础上的,企业有利润,但企业不一定有相应的现金净流量增加,因而企业不一定有足够的现金将利润全部或部分派给所有者。

(2) 法律法规从保护债权人利益和要求企业可持续发展等角度出发,限制企业将利润全部分配出去。《公司法》规定,企业每年的税后利润,必须提取10%的法定盈余公积金。

(3) 企业基于自身扩大再生产和筹资的需求,也会将一部分利润留存下来。

2. 留存收益的筹资途径

通常,留存收益的筹资途径有以下两种:提取盈余公积金和未分配利润。

1) 提取盈余公积金

盈余公积金,是指有指定用途的留存净利润。盈余公积金是从当期企业净利润中提取的积累资金,其提取基数是本年度的净利润。盈余公积金主要用于企业未来的经营发展,经投资者审议后也可以用于转增股本(实收资本)和弥补以前年度经营亏损,但不得用于以后年度的对外利润分配。

2) 未分配利润

未分配利润,是指未限定用途的留存净利润。未分配利润有两层含义:

(1) 这部分净利润本年没有分配给公司的股东投资者。

(2) 这部分净利润未指定用途,可以用于企业未来的经营发展、转增资本(实收资本)、弥补以前年度的经营亏损及以后年度的利润分配。

3. 利用留存收益筹资的优缺点

1) 利用留存收益筹资的优点

(1) 不用发生筹资费用。企业从外界筹集长期资本,与普通股筹资相比较,留存收益筹资不需要发生筹资费用,资本成本较低。

(2) 维持公司的控制权分布。利用留存收益筹资,不用对外发行新股或吸收新投资者,由此增加的权益资本不会改变公司的股权结构,不会稀释原有股东的控制权。

2) 利用留存收益筹资的缺点

(1) 筹资数额有限。留存收益的最大数额是企业到期的净利润和以前年度未分配利润之和,不像外部筹资一次性可以筹集大量资金。如果企业发生亏损,那么当年就没有利润留存。另外,股东和投资者从自身期望出发,往往希望企业每年发放一定的利润,保持一定的利润分配比例。

(2) 资本成本较高。利用留存收益筹资的资本成本一般高于债务资金很多。

(3) 对企业股票价格构成冲击。保留盈余过多,股利支付过少,可能不利于股票价格的上涨,影响企业在证券市场上的形象,可能会影响到今后的外部融资。

4.3 负债资金的筹集

负债筹资主要指企业向银行借款、向社会发行公司债券、融资租赁以及赊销商品或劳务等方式筹资和取得资金。向银行借款、向社会发行公司债券、融资租赁和商业信用,是债务筹资的基本形式。其中不足一年的短期借款和商业信用,属于与短期负债相关的筹资,不在本节介绍,本节仅介绍与长期负债相关的筹资。

4.3.1 长期银行借款

长期银行借款是指企业向银行或非银行金融机构借入的期限超过一年的贷款。长期借款主要用于企业的固定资产购置和满足长期流动资金占用的需要。

1. 长期银行借款的种类

1) 按提供贷款的机构不同,分为政策性银行贷款、商业性银行贷款和其他金融机构贷款

(1) 政策性银行贷款是指执行国家政策性贷款业务的银行向企业发放的贷款,通常为长期贷款。如国家开发银行贷款,主要满足企业承建国家重点建设项目的资金需要;中国进出口信贷银行贷款,主要为大型设备的进出口提供的买方信贷或卖方信贷;中国农业发展银行贷款,主要用于确保国家对粮、棉、油等政策性收购资金的供应。

(2) 商业性银行贷款是指由各商业银行,如中国工商银行、中国建设银行、中国农业银行、中国银行等,向工商企业提供的贷款,用以满足企业生产经营的资金需要,包括短期贷款和长期贷款。

(3) 其他金融机构贷款,如从信托投资公司取得实物或货币形式的信托投资贷款,从财务公司取得的各种中长期贷款,从保险公司取得的贷款等。其他金融机构的贷款一般较商业性银行贷款的期限要长,要求的利率较高,对借款企业的信用要求和担保的选择比较严格。

2) 按机构对贷款有无担保要求,分为信用贷款和担保贷款

(1) 信用贷款是指以借款人的信誉或保证人的信用为依据而获得的贷款。企业取得这种贷款,无须以财产作抵押。对于这种贷款,由于风险较高,银行通常要收取较高的利息,往往还附加一定的限制条件。

(2) 担保贷款是指由借款人或第三方依法提供担保而获得的贷款。担保包括保证责任、财务抵押、财产质押,因此,担保贷款包括保证贷款、抵押贷款和质押贷款。

①保证贷款是指按《担保法》规定的保证方式,以第三人作为保证人,承诺在借款人不能偿还借款时,按约定承担一定保证责任或连带责任而取得的贷款。

②抵押贷款是指按《担保法》规定的抵押方式,以借款人或第三人的财产作为抵押物

而取得的贷款。抵押是指债务人或第三人不转移财产的占有，将该财产作为债权的担保，债务人不履行债务时，债权人有权将该财产折价或者以拍卖、变卖的价款优先受偿。作为贷款担保的抵押品，可以是不动产、机器设备、交通运输工具等实物资产，可以是依法有权处分的土地使用权，也可以是股票、债券等有价证券等，它们必须是能够变现的资产。如果贷款到期，借款企业不能或不愿偿还贷款，银行可取消企业对抵押品的赎回权。抵押贷款有利于降低银行贷款的风险，提高贷款的安全性。

③质押贷款是指按《担保法》规定的质押方式，以借款人或第三人的动产或财产权利作为质押物而取得的贷款。质押是指债务人或第三人将其动产或财产权利移交给债权人占有，将该动产或财务权利作为债权的担保，债务人不履行债务时，债权人有权以该动产或财产权利 折价或者以拍卖、变卖的价款优先受偿。作为贷款担保的质押品，可以是汇票、支票、债券、存款单、提单等信用凭证，可以是依法可以转让的股份、股票等有价证券，也可以是依法可以转让的商标专用权、专利权、著作权中的财产权等。

3）按企业取得贷款的用途，分为固定资产投资贷款（基本建设贷款）和专项贷款

（1）固定资产投资贷款（基本建设贷款）是指企业因从事新建、改建、扩建等基本建设项目需要资金而向银行申请借入的款项。

（2）专项贷款是指企业因为专门用途而向银行申请借入的款项，包括更新改造技改贷款、大修理贷款、研发和新产品研制贷款、小型技术措施贷款、出口专项贷款、引进技术转让费周转金贷款、进口设备外汇贷款、进口设备人民币贷款及国内配套设备贷款等。

2. 取得长期银行借款的条件

我国银行金融机构对企业发放贷款的原则是：按计划发放、择优扶持、有物资保证、按期归还。企业申请借款一般应具备的条件如下：

（1）独立核算、自负盈亏、有法人资格。

（2）经营方向和业务范围符合国家产业政策，借款用途属于银行贷款规定的范围。

（3）借款企业具有一定的物资和财产保证，担保单位具有相应的经济实力。

（4）具有偿还贷款的能力。

（5）财务管理和经济核算制度健全，资金使用效益及公司经济效益良好。

（6）在银行开立账户，办理结算。

3. 银行借款的程序与保护性条款

1）银行借款的程序

（1）提出申请。

企业根据筹资需求向银行书面申请，按银行要求的条件和内容填报借款申请书。

（2）银行审批。

银行按照有关政策和贷款条件，对借款企业进行信用审查，依据审批权限，核准公司申请的借款金额和用款计划。银行审查的主要内容是：公司的财务状况、信用情况、盈利的稳定性、发展前景、借款投资项目的可行性、抵押品和担保情况。

（3）签订合同。

借款申请获批准后，银行与企业进一步协商贷款的具体条件，签订正式的借款合同，规定贷款的数额、利率、期限和一些约束性条款。

（4）取得借款。

借款合同签订后，企业在核定的贷款指标范围内，根据用款计划和实际需要，一次或分次将贷款转入公司的存款结算户，以便使用。

2) 长期借款的保护性条款

由于银行等金融机构提供的长期贷款金额高、期限长、风险大，因此，除借款合同的基本条款之外，债权人通常还在借款合同中附加各种保护性条款，以确保企业按要求使用借款和按时足额偿还借款。保护性条款一般有以下三类：

（1）例行性保护条款。

这类条款作为例行常规，在大多数借款合同中都会出现。主要包括：要求定期向提供贷款的金融机构提交财务报表，以使债权人随时掌握公司的财务状况和经营成果。不准在正常情况下出售较多的非产成品存货，以保持企业的正常生产经营能力。如期清偿应缴纳税金和其他到期债务，以防被罚款而造成不必要的现金流失。不准以资产作其他承诺的担保或抵押。不准贴现应收票据或出售应收账款，以避免或有负债等。

（2）一般性保护条款。

一般性保护条款是对企业资产的流动性及偿债能力等方面的要求条款，这类条款应用于大多数借款合同，主要包括：保持企业的资产流动性。要求企业需持有一定最低限度的货币资金及其他流动资产，以保持企业资产的流动性和偿债能力，一般规定了企业必须保持的最低营运资金数额和最低流动比率数值。限制企业非经营性支出。如限制支付现金股利、购入股票和职工加薪的数额规模，以减少企业资金的过度外流。限制企业资本支出的规模。控制企业资产结构中的长期性资产的比例，以减少公司日后不得不变卖固定资产以偿还贷款的可能性。限制公司再举债规模，目的是防止其他债权人取得对公司资产的优先索偿权。限制公司的长期投资。如规定公司不准投资于短期内不能收回资金的项目，不能未经银行等债权人同意而与其他公司合并等。

（3）特殊性保护条款。

这类条款是针对某些特殊情况而出现在部分借款合同中的条款，只有在特殊情况下才能生效。主要包括：要求公司的主要领导人购买人身保险，借款的用途不得改变，违约惩罚条款，等等。

上述各项条款结合使用，将有利于全面保护银行等债权人的权益。但借款合同是经双方充分协商后决定的，其最终结果取决于双方谈判能力的大小，而不是完全取决于银行等债权人的主观愿望。

4. 长期银行借款的利率

长期银行借款的利率通常分为三种：固定利率、变动利率和浮动利率。

1) 固定利率

固定利率是以与借款公司风险类似的公司发行债券的利率作参考，借贷双方商定的利率，此利率一经确定，不得随意改变。

2) 变动利率

变动利率是指规定在长期借款的期限内，利率可以定期调整，一般根据金融市场的行情每半年或一年调整一次。调整后贷款的余额按新利率计息。

3) 浮动利率

浮动利率是指借贷双方协商同意，按照资金市场变动情况随时调整的利率。企业借入资金时一般应开出浮动利率期票,期票注明借款期限,单利率则在基本利率基础上,根据资金市场变动情况调整计算。

5. 长期银行借款的偿还

长期银行借款的偿还方式有四种:

(1) 到期一次还本付息,且按复利计算。

(2) 定期付息,到期一次还本。

(3) 每期偿还小额本息,到期偿还大额本金。

(4) 定期等额偿还本利和。

不同的偿还方式,在债务偿还期内的现金流量分布不同,支付总额也不同,对企业财务状况的影响也不同。企业应根据各种偿还方式的现金流量的特点,结合本企业的现金支付状况和投资收益水平选择偿还方式。

6. 长期银行借款筹资的优缺点

1) 长期银行借款筹资的优点

(1) 筹资速度快。

与发行债券、融资租赁等债权筹资方式相比,银行借款的程序相对简单,所花时间较短,公司可以迅速获得所需资金。

(2) 资本成本较低。

利用银行借款筹资,比发行债券和融资租赁的利息负担要低,且利息费用可全部在所得税前列支。而且,无须支付证券发行费用、租赁手续费用等筹资费用。

(3) 筹资弹性较大。

在借款之前,公司根据当时的资本需求与银行等贷款机构直接商定贷款的时间、数量和条件。在借款期间,若公司的财务状况发生某些变化,也可与债权人再协商,变更借款数量、时间和条件,或提前偿还本息。因此,借款筹资对公司具有较大的灵活性,特别是短期借款更是如此。

2) 长期银行借款筹资的缺点

(1) 财务风险高。

长期借款的金额大、期限长、风险高,企业要承担还本付息的法定义务。

(2) 限制条款多。

与债券筹资相比较,银行借款合同对借款用途有明确规定,通过借款的保护性条款,对公司资本支出额度、再筹资、股利支付等行为有严格的约束,以后公司的生产经营活动和财务政策必将受到一定程度的影响。

(3) 筹资数额有限。

银行借款的数额往往受到贷款机构资本实力的制约,不可能像发行债券、股票那样一次筹集到大笔资金,无法满足公司大规模筹资的需要。

4.3.2 发行公司债券

企业债券又称公司债券,是企业依照法定程序发行的、约定在一定期限内还本付息的有价证券。债券是持有人拥有公司债权的书面证明,它代表持券人同发债公司之间的债权债务关系。

1. 公司债券的种类

1) 按是否记名，分为记名债券和无记名债券

（1）记名公司债券，应当在公司债券存根簿上载明债券持有人的姓名及住所、债券持有人取得债券的日期及债券的编号等债券持有人信息。记名公司债券，由债券持有人以背书方式或者法律、行政法规规定的其他方式转让；转让后由公司将受让人的姓名或者名称及住所记载于公司债券存根簿。

（2）无记名公司债券，应当在公司债券存根簿上载明债券总额、利率、偿还期限和方式、发行日期及债券的编号。无记名公司债券的转让，由债券持有人将该债券交付给受让人后即发生转让的效力。

2) 按是否能够转换成公司股权，分为可转换债券与不可转换债券

（1）可转换债券，债券持有者可以在规定的时间内按规定的价格转换为发债公司的股票。这种债券在发行时，对债券转换为股票的价格和比率等都作了详细规定。《公司法》规定，可转换债券的发行主体是股份有限公司中的上市公司。

（2）不可转换债券，是指不能转换为发债公司股票的债券，大多数公司债券属于这种类型。

3) 按有无特定财产担保，分为担保债券和信用债券

（1）担保债券是指以抵押方式担保发行人按期还本付息的债券，主要是指抵押债券。抵押债券按其抵押品的不同，又分为不动产抵押债券、动产抵押债券和证券信托抵押债券。

（2）信用债券是无担保债券，是仅凭公司自身的信用发行的、没有抵押品作抵押担保的债券。在公司清算时，信用债券的持有人因无特定的资产作担保品，只能作为一般债权人参与剩余财产的分配。

2. 发行债券的条件

在我国，根据《公司法》的规定，股份有限公司、国有独资公司和两个以上的国有公司或者两个以上的国有投资主体投资设立的有限责任公司，具有发行债券的资格。

1) 根据《证券法》的规定，公开发行公司债券，应当符合的条件

（1）股份有限公司的净资产不低于人民币 3 000 万元，有限责任公司的净资产不低于人民币 6 000 万元。

（2）累计债券余额不超过公司净资产的 40%。

（3）最近 3 年平均可分配利润足以支付公司债券 1 年的利息。

（4）筹集的资金投向符合国家产业政策。

（5）债券的利率不超过国务院限定的利率水平。

（6）国务院规定的其他条件。

公开发行公司债券筹集的资金，必须用于核准的用途，不得用于弥补亏损和非生产性支出。

2) 根据《证券法》的规定，公司申请公司债券上市交易，应当符合的条件

（1）公司债券的期限为 1 年以上。

（2）公司债券实际发行额不少于人民币 5 000 万元。

（3）公司申请债券上市时仍符合法定的公司债券发行条件。

3) 公司债券上市交易后，有以下情形之一的，由证券交易所决定暂停或终止债券交易

(1) 公司有重大违法行为。
(2) 公司情况发生重大变化，不符合公司债券上市条件。
(3) 公司债券所募集资金不按照核准用途使用。
(4) 未按照公司债券募集办法履行义务。
(5) 公司最近两年连续亏损。

3. 发行债券的程序

1) 作出决议

公司发行债券要由董事会制定方案，由股东大会作出决议。

2) 提出申请

我国规定，公司申请发行债券由国务院证券管理部门批准。证券管理部门按照国务院确定的公司债券发行规模，审批公司债券的发行。公司申请应提交公司登记证明、公司章程、公司债券募集办法、资产评估报告和验资报告。

3) 公告募集办法

企业发行债券的申请经批准后，向社会公告债券募集办法。公司债券分私募发行和公募发行，私募发行是以特定的少数投资者为对象发行债券；而公募发行则是在证券市场上以非特定的广大投资者为对象公开发行债券。

4) 委托证券经营机构发售

公募间接发行是各国通行的公司债券发行方式，在这种发行方式下，发行公司与承销团签订承销协议。承销团由数家证券公司或投资银行组成，承销方式有代销和包销两种。

代销是指承销机构代为推销债券，在约定期限内未售出的余额可退还发行公司，承销机构不承担发行风险。

包销是由承销团先购入发行公司拟发行的全部债券，然后再售给社会上的投资者，如果约定期限内未能全部售出，余额要由承销团负责认购。

5) 交付债券，收缴债券款，登记债券存根簿

发行债券通常不需经过填写认购过程，由债券购买人直接向承销机构付款购买，承销单位付给企业债券。然后，发行公司向承销机构收缴债券款，并结算代理费及预付款项。

4. 债券的偿还

债券偿还时间按其实际发生与规定的到期日之间的关系，分为提前偿还与到期偿还两类，其中后者又包括分批偿还和一次偿还两种。

1) 提前偿还

提前偿还又称提前赎回或收回，是指在债券尚未到期之前就予以偿还。只有在公司发行债券的契约中明确规定了有关允许提前偿还的条款，公司才可以进行此项操作。提前偿还所支付的价格通常要高于债券的面值，并随到期日的临近而逐渐下降。具有提前偿还条款的债券可使公司筹资有较大的弹性。当公司资金有结余时，可提前赎回债券；当预测利率下降时，也可提前赎回债券，而后以较低的利率来发行新债券。

2) 到期偿还

(1) 分批偿还。

如果一个公司在发行同一种债券的当时就为不同编号或不同发行对象的债券规定了不同的到期日，这种债券就是分批偿还债券。因为各批债券的到期日不同，它们各自的发行价格

和票面利率也可能不相同,从而导致发行费较高;但由于这种债券便于投资人挑选最合适的到期日,因而便于发行。

(2) 一次偿还。

到期一次偿还的债券是最为常见的。

5. 债券发行价格

债券的发行价格是债券发行单位发行债券时使用的价格,也是债券的原始投资者购买债券时实际支付的价格。债券发行价格通常有三种情况:溢价发行、平价发行和折价发行。债券的发行价格是由债券本金和债券年利息收入按债券期限内的市场利率折现后的现值之和决定的。用公式表示如下:

$$债券发行价格 = \sum_{t=1}^{n} \frac{票面金额 \times 票面利率}{(1+市场利率)^t} + \frac{票面金额}{(1+市场利率)^n} \quad (4-1)$$

公式(4-1)中,n 为债券期限;t 为付息期限。

即:

$$债券发行价格 = 债券年息 \times 年金现值系数 + 票面金额 \times 复利现值系数 \quad (4-2)$$

【例 4-1】 A 股份有限公司发行面值 1 000 元,票面利率 10%,期限 10 年的债券,每年年末付息一次,假定市场利率分别为 10%、8%、12%。

要求:

试计算发行价格,说明面值、溢价、折价发行的原理。

分析:

(1) 市场利率 = 10% 时:

发行价格 $P = I(P/A, i, n) + M(P/F, i, n)$
$= 100 \times (P/A, 10\%, 10) + 1\,000(P/F, 10\%, 10) \approx 1\,000$(元)

当票面利率(10%)= 市场利率(10%)时,平价发行。

(2) 市场利率 = 8% 时:

发行价格 $P = I(P/A, i, n) + M(P/F, i, n)$
$= 100 \times (P/A, 8\%, 10) + 1\,000(P/F, 8\%, 10) \approx 1\,134$(元)> 面值

当票面利率(10%)> 市场利率(8%)时,溢价发行。

(3) 市场利率 = 12% 时:

发行价格 $P = I(P/A, i, n) + M(P/F, i, n)$
$= 100 \times (P/A, 12\%, 10) + 1\,000(P/F, 12\%, 10) \approx 887$(元)< 面值

当票面利率(10%)< 市场利率(12%)时,折价发行。

6. 债券的信用评估

公开发行的债券通常需要由债券评估机构评定等级。目前,国际上流行的债券等级是 3 等 9 级,其中,AAA 为最高级,C 为最低级。国际上公认的权威评估机构美国标准普尔的债券信用等级评级情况如表 4-1 所示。

债券评级对企业和投资者都十分重要。

(1) 从企业角度看,债券评级反映的是企业违约风险,对债券筹资的资本成本产生重要影响。债券的等级越高,企业的违约风险越低,企业债券的利率越低;反之,则相反。

表 4-1 债券信用级位设置、表达符号及含义

级别划等	级别次序	级别含义
一等	AAA	表示最高级债券，其还本付息能力最强，投资风险最低
一等	AA	高级债券，有很强的还本付息能力，但保证程度略低于AAA级，投资风险略高于AAA级
一等	A	表示有较强的还本付息能力，但可能受环境和经济条件的不利影响
二等	BBB	表示有足够的还本付息能力，但经济条件或环境的不利变化可能导致偿付能力的削弱
二等	BB	表示债券本息的支付能力有限，具有一定的投资风险
二等	B	表示投机性债券，风险较高
三等	CCC	表示完全投机性债券，风险很高
三等	CC	表示投机性最大的债券，风险最高
三等	C	最低级债券，一般表示未能付息的收益债券

（2）从投资者角度看，购买债券是要承担一定风险的，如果发行方到期不能偿还本息，投资者就会蒙受损失。因此，当企业债券的评级低于BBB级时，该债券的违约风险将限制投资者的投资意愿，企业的筹资当然也会受影响。

7. 发行公司债券筹资的优缺点

1）发行公司债券筹资的优点

（1）资本成本较低。

利用债券筹资的资本成本要低于股权筹资。

①是取得资金的手续费等筹资费用较低。

②是利息、租金等用资费用比股权资本要低。

③是利息等资本成本可以在税前支付，有一定的抵税作用。

（2）保证公司的控制权。

债权人无权参加企业的经营管理，利用债券筹资不会改变和分散股东对公司的控制权。

（3）可以利用财务杠杆。

债券筹资的债权人从企业那里只能获得固定的利息或租金，不能参加公司剩余收益的分配。当企业的资本报酬率高于债务利率时，会增加普通股股东的每股收益，提高净资产报酬率，提升企业价值。

2）发行公司债券筹资的缺点

（1）财务风险较大。

债券有固定的到期日，有固定的利息负担，利用债券筹资，要承担还本付息的义务。这些都要求企业必须有一定的偿债能力，要保持资产流动性及其资产报酬水平，作为债务清偿的保障，对企业的财务状况提出了更高的要求，否则会给企业带来财务危机，甚至导致企业

破产。

(2) 限制条款多。

发行公司债券,实际上是公司面向社会负债,债权人是社会公众,因此,国家为了保护投资者的利益,维护社会经济秩序,对发债公司的资格有严格的限制。从申报、审批、承销到取得资金,需要经过众多环节和较长时间的审批。

(3) 筹资数额有限。

公司利用债券筹资一般受一定额度的限制。我国《公司法》规定,发行公司流通在外的债券总额不得超过公司净资产的40%。

4.3.3 融资租赁

融资租赁是企业的一种特殊筹资方式,适用于各类企业。

1. 租赁的含义与种类

1) 租赁的含义

租赁是指出租人在承租人给予一定报酬的条件下,授予承租人在约定的期限内占有和使用其财产的一种契约性行为。租赁行为实质上具有借贷属性,不过它直接涉及的是物而不是钱。在租赁业务中,出租人主要是各种专业租赁公司,属非银行的金融机构,承租人主要是其他类型的企业,承租物大多为设备等固定资产。

租赁兼有商品信贷和资金信贷的两重性,以融物的形式达到融资的目的。现代租赁对承租企业来说,尤其是融资租赁,获得财产的使用权就等于获得资金的使用权,满足了生产经营对资金的需要,支付租金等于支付贷款的利息或本息,是一种特殊而有效的筹资方式。

2) 租赁的种类及特点

租赁的种类很多,目前我国主要有经营租赁和融资租赁两类。

(1) 经营租赁。

经营租赁又称营业租赁、服务性租赁,是出租人在短期内按合同或契约规定向承租人提供资产,承租人支付租金,并在租赁期满,将租赁资产归还给出租人的一种交易行为。经营租赁是典型的租赁形式,它通常为短期租赁,由租赁公司提供维修、保养、人员培训等的一种服务性业务。

经营租赁的特点主要是:

①出租的设备一般由租赁公司根据市场需要选定,然后再寻找承租企业。

②租赁期较短,短于资产的有效使用期,在合理的限制条件内,承租企业可以中途解约。

③租赁设备的维修、保养由租赁公司负责。

④租赁期满或合同中止以后,出租资产由租赁公司收回。经营租赁比较适用于租用技术过时较快的生产设备。

(2) 融资租赁。

融资租赁也称财务租赁或金融租赁,它是一种以融资为主要目的的租赁方式。在这种方式下,承租企业按照租赁合同在租赁资产寿命的大部分时间内可以使用资产,出租人收取租金,但不提供保养、维修等服务。承租人在租赁期间内对租赁资产拥有实际控制权,根据《企业会计制度》中的规定,融资租入固定资产视为企业自有资产进行管理。租赁期满后,资产通常归承租企业所有。

融资租赁的特点主要是：

①一般由承租人向出租人提出正式申请，由出租人融通资金，引进用户所需的设备，然后再租给用户。

②租期较长。融资租赁的租期一般为租赁资产寿命的一半以上。

③租赁合同比较稳定。在融资租赁期内，承租人必须连续交付租金，非经双方同意，中途不得退租。这样既能保证承租人长期使用资产，又能保证出租人在基本租期内收回投资并获得一定利润。

④租赁期满后，可选择以下办法处理租赁财产：将设备作价转让给承租人、由出租人收回、延长租期续租。

⑤在租赁期间内，承租人提供维修和保养设备方面的服务。

2. 融资租赁的方式

融资租赁按其业务的不同特点，可细分为如下三种具体方式。

1）直接租赁

直接租赁是融资租赁的主要形式，承租方提出租赁申请时，出租方按照承租方的要求选购，然后再出租给承租方。直接租赁的出租人主要是制造厂商或租赁公司。除制造厂商外，其他出租人都是从制造厂商处购买资产出租给承租人。根据协议，企业将其资产卖给出租人，再将其租回使用。

2）售后租回

售后租回是指承租方由于急需资金等各种原因，将自己的资产售给出租方，然后以租赁的形式从出租方原封不动地租回资产的使用权。在这种租赁合同中，除资产所有者的名义改变之外，其余情况均无变化。采用这种租赁形式，资产的售价大致为市价，出售资产的企业可收到相当于售价的一笔资金，同时仍然可以使用资产。

3）杠杆租赁

杠杆租赁要涉及承租人、出租人和资金出借者三方当事人。从承租人的角度来看，这种租赁与其他租赁形式并无区别，同样是按合同的规定，在基本租赁期内定期支付定额租金，取得资产的使用权。但对出租人却不同，出租人只出购买资产所需的部分资金（如30%，一般为20%~40%），作为自己的投资；另外，以该资产作为担保向资金出借者借入其余资金（如70%，一般为60%~80%）。因此，他既是出租人又是借款人，同时拥有对资产的所有权，既要收取租金，又要偿付债务。如果出租人不能按期偿还借款，那么资产的所有权就要转归资金出借者。这种融资租赁形式由于租赁收益一般大于借款成本，出租人借款购物出租可获得财务杠杆利益，故称为杠杆租赁。

3. 融资租赁的基本程序

1）选择租赁公司，提出委托申请

当企业决定采用融资租赁方式以获取某项设备时，需要了解各个租赁公司的资信情况、融资条件和租赁费率等，分析比较选定一家作为出租单位。然后，向租赁公司申请办理融资租赁。

2）办理租赁委托

租赁企业选定租赁公司后，便可向其提出申请，办理委托。这时，承租企业需填写《租赁申请书》，说明所需设备的具体要求，同时还要向租赁公司提供财务状况文件，包括资产负债表、利润表和现金流量表等资料。

3）签订购货协议

由承租企业和租赁公司中的一方或双方，与选定的设备供应厂商进行购买设备的技术谈判和商务谈判，在此基础上，与设备供应厂商签订购货协议。

4）签订租赁合同

承租企业与租赁公司签订租赁设备的合同，如需要进口设备，还应办理设备进口手续。租赁合同是租赁业务的重要文件，具有法律效力。融资租赁合同的内容可分为一般条款和特殊条款两部分。

5）交货验收

设备供应厂商将设备发运到指定地点，承租企业要办理验收手续。验收合格后，签发交货及验收证书，交给租赁公司，作为其支付货款的依据。

6）定期交付租金

承租企业按租赁合同规定，分期交纳租金，这也就是承租企业对所筹资金的分期还款。

7）合同期满处理设备

承租企业根据合同约定，对设备续租、退租或留购。

4. 融资租赁租金的计算

在租赁筹资方式下，承租企业要按合同规定向租赁公司支付租金。租金是承租人占用出租人的资产向出租人支付的代价。租金的数额和支付方式对承租企业的未来财务状况具有直接的影响，也是租赁筹资决策的重要依据。

1）租金的支付方式

租金的支付方式也影响到租金的计算，支付租金的方式一般有如下种类：

（1）按支付时间的长短，可以分为年付、半年付、季付和月付等方式。

（2）按支付时间先后，可以分为先付租金和后付租金两种。先付租金是指在期初支付；后付租金是指在期末支付。

（3）按每期支付金额，可以分为等额支付和不等额支付两种。

实务中，承租企业与租赁公司商定的租金支付方式，大多为后付等额年金。

2）租金的构成

融资租赁每期租金的多少，取决于以下几项因素：

（1）设备原价及预计残值，包括设备买价、运输费、安装调试费、保险费等，以及该设备租赁期满后，出售可得的市价。

（2）利息，指租赁公司为承租企业购置设备垫付资金所应支付的利息。

（3）租赁手续费，指租赁公司承办租赁设备所发生的业务费用和必要的利润。

3）租金的计算

目前，国际上流行的租金计算方法主要有平均分摊法、等额年金法、附加率法、浮动利率法。我国融资租赁实务中，租金的计算大多采用平均分摊法和等额年金法。

（1）平均分摊法。

平均分摊法是先以商定的利息率和手续费率计算出租赁期内的利息和手续费，然后连同设备成本，在租赁期内，按支付次数平均计算的方法。这种方法比较简单，但是没有充分考虑资金时间价值。每次应付租金的计算公式如下：

$$A = \frac{(C-S) + I + F}{N} \qquad (4-3)$$

式中，A 为每次支付的租金；

C 为租赁设备购置成本；

S 为租赁设备预计残值；

I 为预计的租赁公司租赁期间的融资成本利息；

F 为预计的租赁手续费；

N 为租赁期限。

【例 4-2】 某企业于 2016 年 1 月 1 日从租赁公司租入一套设备，价值 60 万元，租期 6 年，租赁期满时预计残值 5 万元，归租赁公司。年利率 10%，租赁手续费率为设备价值的 2%。租金每年年末支付一次，该套设备每次支付租金多少？

解：

$$每年租金 = \frac{(60-5) + [60 \times (F/P, 10\%, 6) - 60] + 60 \times 2\%}{6} = 17.08 （万元）$$

（2）等额年金法。

等额年金法是运用年金现值的计算原理计算每期应付租金的方法。在这种方法下，通常要结合租赁公司融资成本率和手续费率确定一个贴现率。后付租金的计算公式如下：

$$A = \frac{PV}{(P/A, i, n)} \qquad (4-4)$$

公式（4-4）中，A 为每期支付的租金；PV 为租赁设备的购置成本并考虑残值因素确定的等额租金现值；$(P/A, i, n)$ 为年金现值系数，其中，n 为租赁付租期；i 为贴现率。

【例 4-3】 根据例 4-2 资料，不考虑租赁手续费率，贴现率即为年利率，则该套设备每次支付租金多少？

解：

每年租金 = $[600\,000 - 50\,000 \times (P/F, 10\%, 6)]/(P/A, 10\%, 6) = 131\,283$（元）

为了便于有计划地安排租金的支付，承租企业可编制租金摊销计划表。根据例 4-3 的有关资料，编制租金摊销计划表如表 4-2 所示。

表 4-2 租金摊销计划表 元

年份	期初本金①	支付租金②	应计租费③ = ①×10%	本金偿还额④ = ②-③	本金余额⑤ = ①-④
2016	600 000	131 283	60 000	71 283	528 717
2017	528 717	131 283	52 872	78 411	450 306
2018	450 306	131 283	45 031	86 252	364 054
2019	364 054	131 283	36 405	94 878	269 176
2020	269 176	131 283	26 918	104 365	164 811
2021	164 811	131 283	16 481	114 802	50 009
合计		787 698	237 707	549 991	50 009*

注：*表示 50 009 即为到期残值。尾数 9 为中间计算过程四舍五入的误差导致。

5. 融资租赁的筹资优缺点

1）租赁筹资方式的优点

（1）筹资速度快、弹性大。

融资租赁集融资与融物于一身，融资租赁使企业在资金短缺的情况下引进设备成为可能。特别是针对中小企业、新创企业而言，融资租赁是一条重要的融资途径。有时，大型企业对于大型设备、工具等固定资产，也需要通过融资租赁解决巨额资金的需要，如商业航空公司的飞机，大多是通过融资租赁取得的。

（2）限制条件少。

企业运用股票、债券、长期借款等筹资方式，都会受到相当多的资格条件限制，相比之下，租赁筹资的限制条件很少，融资便利。

（3）融资租赁可以避免设备陈旧过时的风险。

随着科学技术的不断进步，设备陈旧过时的风险很高，而多数租赁协议规定由出租人承担风险，承租企业可免遭这种风险。

（4）财务风险小。

融资租赁与购买的一次性支付相比，能避免一次性支付的负担。而且租金在整个租赁期内分摊，不用到期归还大量本金，这会适当减少不能偿付的风险。

（5）税收负担轻。

融资租赁的租金费用可在所得税前扣除，具有抵免所得税的效用。

2）租赁筹资方式的缺点

（1）融资租赁成本高。

租赁的内含利率通常高于银行贷款利率，造成企业所付租金较高，租金总额通常要高于设备价值的30%。

（2）采用租赁筹资方式，如不能享有设备残值，也可视为承租人的一种机会损失。

（3）有时需支付额外的担保金。

4.3.4 可转换债券筹资

可转换债券是一种混合型证券，是公司普通债券与证券期权的组合体。可转换债券的持有人在一定期限内，可以按照事先规定的价格或者转换比例，自由地选择是否转换为公司普通股。

按照转股权是否与可转换债券分离，可转换债券可以分为两类：一类是一般可转换债券，其转股权与债券不可分离，持有者直接按照债券面额和约定的转股价格，在约定的期限内将债券转换为股票；另一类是可分离交易的可转换债券，这类债券在发行时附有认股权证，是认股权证和公司债券的组合，又称为"可分离的附认股权证的公司债券"，发行上市后，公司债券和认股权证各自独立流通、交易。认股权证的持有者认购股票时，需要按照认购价（行权价）出资购买股票。

1. 可转换债券的基本性质

1）证券期权性

可转换债券给予了债券持有者未来的选择权，在事先约定的期限内，投资者可以选择将债券转换为普通股票，也可以放弃转换权利，持有至债券到期还本付息。由于可转换债券持有人具有在未来按一定的价格购买股票的权利,因此可转换债券实质上是一种未来的买入期权。

2)资本转换性

可转换债券在正常持有期,属于债权性质;转换成股票后,属于股权性质。在债券的转换期间中,持有人没有将其转换为股票,发行企业到期必须无条件地支付本金和利息。转换成股票后,债券持有人成为企业的股权投资者。资本双重性的转换,取决于投资者是否行权。

3)赎回与回售

可转换债券一般都会有赎回条款,发债公司在可转换债券转换前,可以按一定条件赎回债券。通常,公司股票价格在一段时期内连续高于转股价格,达到某一幅度时,公司会按事先约定的价格买回未转股的可转换公司债券。同样,可转换债券一般也会有回售条款,公司股票价格在一段时期内连续低于转股价格,达到某一幅度时,债券持有人可按事先约定的价格将所持债券回卖给发行公司。

2. 可转换债券的基本要素

可转换债券的基本要素是指构成可转换债券基本特征的必要因素,它们代表了可转换债券与一般债券的区别。

1)标的股票

可转换债券转换期权的标的物,就是可转换成的公司股票。标的股票一般是发行公司自己的普通股票,不过也可以是其他公司的股票,如该公司的上市子公司的股票。

2)票面利率

可转换债券的票面利率一般会低于普通债券的票面利率,有时甚至还低于同期银行存款利率。因为可转换债券的投资收益中,除了债券的利息收益外,还附加了股票买入期权的收益部分。一个设计合理的可转换债券在大多数情况下,其股票买入期权的收益是以弥补债券利息收益的差额。

3)转换价格

转换价格是指可转换债券在转换期间内据以转换为普通股的折算价格,即将可转换债券转换为普通股的每股普通股的价格。如每股 30 元,就是指可转换债券到期时,将债券金额按每股 30 元转换为相应股数的股票。由于可转换债券在未来可以行权转换成股票,在债券发售时,所确定的转换价格一般比发售日股票市场价格高出一定比例,如高出 10% ~ 30%。我国《可转换公司债券管理暂行办法》规定,上市公司发行可转换公司债券,以发行前 1 个月股票的平均价格为基准,上浮一定幅度作为转股价格。

4)转换比率

转换比率是指每一份可转换债券在既定的转换价格下能转换为普通股股票的数量。在债券面值和转换价格确定的前提下,转换比率为债券面值与转换价格之商:

$$转换比率 = \frac{单位可转换债券面值}{转换价格} \tag{4-5}$$

$$转换溢价率 = \frac{(转股价格 - 股票价格)}{股票价格} \tag{4-6}$$

【例 4-4】 某公司发行的可转换债券面值为 1 000 元,转换价格为 50 元,期限为 10 年,则固定转换比率为多少?

$$转换比率 = \frac{1\,000}{50} = 20 \text{（股）}$$

若前 5 年的转换价格为 50 元，5 年后的转换价格为 55 元，则逐期降低的转换比率为：

$$前 5 年期间：转换比率 = \frac{1\,000}{50} = 20 \text{（股）}$$

$$后 5 年期间：转换比率 = \frac{1\,000}{55} = 18.18 \text{（股）}$$

可转换债券转换价格的设定一般高于可转换债券发售日股票市场价格，这种转换价格高于当时股票市场价格的差额即为公司债券的转换溢价，其越高，则普通股的稀释程度越低。

【例 4-5】 承例 4-4，若当时普通股市价为 40 元/股，转换价格为 50 元，则转换溢价率是多少？

$$转换溢价 = (50-40) \times \frac{1\,000}{50} = 200 \text{（元）}$$

$$转换溢价率 = \frac{(50-40)}{40} \times 100\% = 25\%$$

5）转换期

转换期指的是可转换债券持有人能够行使转换权的有效期限。可转换债券的转换期可以与债券的期限相同，也可以短于债券的期限。转换期间的设定通常有四种情形：

(1) 债券发行日至到期日。
(2) 发行日至到期前。
(3) 发行后某日至到期日。
(4) 发行后某日至到期前。

至于选择哪种情形，要看公司的资本使用状况、项目情况、投资者要求等。由于转换价格高于公司发债时股价，投资者一般不会在发行后立即行使转换权。

6）赎回条款

赎回条款是指发债公司按事先约定的价格买回未转股债券的条件规定，赎回一般发生在公司股票价格在一段时期内连续高于转股价格达到某一幅度时。赎回条款通常包括：不可赎回期间与赎回期；赎回价格（一般高于可转换债券的面值）；赎回条件（分为无条件赎回和有条件赎回）等。发债公司在赎回债券之前，要向债券持有人发出赎回通知，要求他们在将债券转股与卖回给发债公司之间作出选择。一般情况下，投资者大多会将债券转换为普通股。可见，设置赎回条款最主要的功能是强制债券持有者积极行使转股权，因此，又被称为加速条款。同时也能使发债公司避免在市场利率下降后，继续向债券持有人支付较高的债券利率所蒙受的损失。

7）回售条款

回售条款是指债券持有人有权按照事前约定的价格将债券卖回给发债公司的条件规定。回售一般发生在公司股票价格在一段时期内连续低于转股价格达到某一幅度时。回售对于投资者而言实际上是一种卖权，有利于降低投资者的持券风险。与赎回一样，回售条款也有回售时间、回售价格和回收条件等规定。

8）强制性转换调整条款

强制性转换调整条款是指在某些条件具备之后，债券持有人必须将可转换债券转换为股票，无权要求偿还债权本金的规定。可转换债券发行之后，其股票价格可能出现巨大波动。如果股价长期表现不佳，又未设计回售条款，投资者就不会转股。公司可设置强制性转换调整条款，保证可转换债券顺利地转换成股票，预防投资者到期集中挤兑引发公司破产的悲剧。

3. 可转换债券的发行条件

（1）最近3年连续盈利，且最近3年净资产收益率平均在10%以上；属于能源、原材料、基础设施类的公司可以略低，但是不得低于7%。

（2）可转换债券发行后，公司资产负债率不高于70%。

（3）累计债券余额不超过公司净资产额的40%。

（4）上市公司发行可转换债券，还应当符合关于公开发行股票的条件。

发行分离交易的可转换公司债券，除符合公开发行证券的一般条件外，还应当符合的规定包括：公司最近一期未经审计的净资产不低于人民币15亿元；最近3个会计年度实现的年均可分配利润不少于公司债券1年的利息；最近3个会计年度经营活动产生的现金流量净额平均不少于公司债券1年的利息；本次发行后累计公司债券余额不超过最近一期净资产额的40%，预计所附认股权全部行权后募集的资金总量不超过拟发行公司债券金额等。分离交易的可转换公司债券募集说明书应当约定，上市公司改变公告的募集资金用途的，赋予债券持有人一次回售的权利。

所附认股权证的行权价格应不低于公告募集说明书日前20个交易日公司股票均价和前1个交易日的均价；认股权证的存续期间不超过公司债券的期限，自发行结束之日起不少于6个月；募集说明书公告的权证存续期限不得调整；认股权证自发行结束至少已满6个月起方可行权，行权期间为存续期限届满前的一段期间，或者是存续期限内的特定交易日。

4. 可转换债券的筹资优缺点

1）可转换债券的筹资优点

（1）筹资灵活性。

可转换债券将传统的债务筹资功能和股票筹资功能结合起来，筹资性质和时间上具有灵活性。债券发行企业先以债务方式取得资金，到了债券转换期，如果股票市价较高，债券持有人将会按约定的价格转换为股票，避免了企业还本付息之负担。如果公司股票长期低迷，投资者不愿意将债券转换为股票，企业即时还本付息清偿债务，也能避免未来长期的股权资本成本负担。

（2）资本成本较低。

可转换债券的利率低于同一条件下普通债券的利率，降低了公司的筹资成本；此外，在可转换债券转换为普通股时，公司无须另外支付筹资费用，又节约了股票的筹资成本。

（3）筹资效率高。

可转换债券在发行时，规定的转换价格往往高于当时本公司的股票价格。如果这些债券将来都转换成了股权，这相当于在债券发行之际，就以高于当时股票市场价格新发行了股票，以较少的股份代价筹集了更多的股权资金。因此，在公司发行新股时机不佳时，可以先发行可转换债券，以期将来变相发行普通股。

2）可转换债券的筹资缺点

（1）存在不转换的财务压力。

如果在转换期内公司股价处于恶化的低位，持券者到期不会转股，会造成公司集中兑付债券本金的财务压力。

（2）存在回售的财务压力。

若可转换债券发行后，公司股价长期低迷，在设计有回售条款的情况下，投资者集中在一段时间内将债券回售给发行公司，加大了公司的财务支付压力。

（3）股价大幅度上扬风险。

如果债券转换时公司股票价格大幅度上扬，公司只能以较低的固定转换价格换出股票，便会降低公司的股权筹资额。

4.4 资金需要量的预测

企业合理筹集资金的前提是科学地预测资金需要量。因此，企业在筹资之前，应当采用一定的方法预测资金需要量，以保证企业生产经营活动时资金的需求，同时，也避免筹资过量造成资金闲置。企业资金需要量的预测可以采用定性预测法和定量预测法。

定性预测法是根据调查研究所掌握的情况和数据资料，凭借预测人员的知识和经验，对资金需要量所作的判断。这种方法一般不能提供有关事件确切的定量概念，而主要是定性地估计某一事件的发展趋势、优劣程度和发生的概率。

定量预测法是指以资金需要量与有关因素的关系为依据，在掌握大量历史资料的基础上选用一定的数学方法加以计算，并将计算结果作为预测的一种方法。定量预测方法很多，如趋势分析法、相关分析法、线性规划法等，下面主要介绍两种预测方法：回归分析法和销售百分比法。

4.4.1 回归分析法

1. 回归分析法的原理

回归分析法是假定资金需要量与营业业务量（如销售数量、销售收入）之间存在线性关系而建立的数学模型，然后根据历史有关资料，用回归直线方程确定参数，预测资金需要量的方法。其预测模型为：

$$y = a + bx$$

式中：y 为资金需要量总额；

a 为不变资本总额（含半变动资本中的不变资本）；

b 为单位业务量所需要的可变资本（含半变动资本中的可变资本）；

x 为产销量。

不变资本是指在一定的产销量范围内，不受产销量变动的影响而保持不变的那部分资金。也就是说，产销量在一定范围内变动，这部分资金保持不变。这部分资金主要包括：为维持营业而占用的最低数额的现金、原材料的保险储备、必要的成品或商品储备，以及厂房、机器设备等固定资产占用的资金。

可变资本是指随产销量的变动而同比例变动的那部分资金。它一般包括：直接构成产品实体的原材料、外购件等占用的资金。另外，最低储备以外的现金、存货、应收账款等也具有可变资本的性质。

半变动资本是指虽然受产销量变动的影响，但不成比例变动的资金，如一些辅助材料所占用的资金。半变动资本可采用一定的方法划分为不变资本和可变资本。

上述模型推导后，a、b 值的计算公式为：

$$a = \frac{\sum x_i^2 \sum y_i - \sum x_i \sum x_i y_i}{n \sum x_i^2 - (\sum x_i)^2} \qquad (4-7)$$

$$b = \frac{n \sum x_i y_i - \sum x_i \sum y_i}{n \sum x_i^2 - (\sum x_i)^2} \qquad (4-8)$$

公式（4-7）和（4-8）中，x_i 为第 i 期的产销量；y_i 为第 i 期的资金需要量。

2. 回归分析法的运用

【例 4-6】 某企业历年产销量及资金需要量情况如表 4-3 所示。

表 4-3 产销量及资金需要量情况

年度	产销量 x_i/万件	资金需要量 y_i/万元
2012	150	2 000
2013	250	2 200
2014	400	2 500
2015	350	2 400
2016	550	2 800

2017 年预计销售量为 900 件，试计算 2017 年的资金量。

解：

（1）计算整理有关数据。

根据表 4-3，整理出如表 4-4 所示回归方程数据计算表。

表 4-4 回归方程数据计算表

年度	产销量 x_i/万件	资金需要量 y_i/万元	$x_i y_i$	x_i^2
2012	150	2 000	300 000	22 500
2013	250	2 200	550 000	62 500
2014	400	2 500	1 000 000	160 000
2015	350	2 400	840 000	122 500
2016	550	2 800	1 540 000	302 500
合计 $n=5$	$\sum x_i = 1\,700$	$\sum y_i = 11\,900$	$\sum x_i y_i = 4\,230\,000$	$\sum x_i^2 = 670\,000$

（2）把表 4-6 中的有关数据代入公式：

$$a = \frac{\sum x_i^2 \sum y_i - \sum x_i \sum x_i y_i}{n \sum x_i^2 - (\sum x_i)^2}$$

$$= \frac{670\,000 \times 11\,900 - 1\,700 \times 4\,230\,000}{5 \times 670\,000 - 1\,700^2} = 1\,700 \text{（元）}$$

$$b = \frac{n \sum x_i y_i - \sum x_i \sum y_i}{n \sum x_i^2 - (\sum x_i)^2}$$

$$= \frac{5 \times 4\,230\,000 - 1\,700 \times 11\,900}{5 \times 670\,000 - 1\,700^2} = 2 \text{（元）}$$

（3）把 $a = 1\,700$，$b = 2$ 代入 $y = a + bx$，得 $y = 1\,700 + 2x$
（4）把 2017 年预计销售量为 900 万件代入上式，得出 2017 年资金需要量为

$$y = 1\,700 + 2x = 1\,700 + 2 \times 900 = 3\,500 \text{（万元）}$$

3. 运用回归分析法时需注意的问题

运用回归分析法预测资金需要量时，应当注意以下问题：

（1）资金需要量与产销量之间的线性关系应符合历史实际情况，预期未来这种关系将保持下去。

（2）确定 a、b 两个参数的数值，应利用预测年度前连续若干年的历史资料，一般要有 3 年以上的资料，才能取得比较可靠的参数。

（3）应当考虑价格等因素的变动情况。在预期原材料、设备的结构和人工成本发生变动时，应相应调整有关预测参数，以取得准确的预测结果。

4.4.2 销售百分比法

1. 销售百分比法的原理

销售百分比法是一种在分析报告年度资产负债表有关项目与销售额关系的基础上，根据市场调查和销售预测取得的资料，确定资产、负债和所有者权益的有关项目占销售额的百分比，然后依据计划期销售额及假定不变的百分比关系预测计划期资金需要量的一种方法。企业的销售规模扩大时，要相应增加流动资产；如果销售规模增加很多，还必须增加长期资产。为取得扩大销售所需增加的资产，企业需要筹措资金。这些资金一部分来自留存收益，另一部分通过外部筹资取得。通常销售增长率较高时，仅靠留存收益不能满足资金需要，即使获利良好的企业，也需外部筹资。因此，企业需要预先知道自己的筹资需求，提前安排筹资计划，否则就可能发生资金短缺问题。

销售百分比法将反映生产经营规模的销售因素与反映资金占用的资产因素连接起来，根据销售与资产之间的数量比例关系，预计企业的外部资金需要量。销售百分比法首先假设某些资产与销售额存在稳定的百分比关系，根据销售与资产的比例关系预计资产额，根据资产额预计相应的负债和所有者权益，进而确定资金需要量。

2. 销售百分比法的运用

销售百分比法的基本步骤如下：

（1）分析基期资产负债表各个项目与销售收入总额之间的依存关系，划分敏感项目和非敏感项目。

资产负债表中，随销售额同比例变化的项目称为敏感项目。随销售额同比例变化的资产称为敏感资产（经营性资产）；随销售额同比例变化的负债称为敏感负债（经营性负债）。不随销售额变化的项目称为非敏感项目。资产是资金使用的结果，随着销售额的变动，敏感资产（经营性资产）项目将占用更多的资金。同时，随着敏感资产增加，相应的敏感负债（经营性债务）也会增加，如存货增加会导致应付账款增加，此类债务称为自发性债务，可以为企业提供暂时性资金。敏感资产与敏感负债的差额通常与销售额保持稳定的比例关系。这里，敏感资产包括库存现金、应收账款、存货等项目，不包括对外投资、固定资产等项目；敏感负债包括应付账款、应付票据等项目，不包括短期借款、长期负债和实收资本等项目。

（2）根据资产负债表资料，计算各敏感项目的销售百分比。

如果企业资金周转的运营效率保持不变，敏感资产与敏感负债会随销售额的变动而呈正比例变动，保持稳定的百分比关系。企业应当根据历史资料和同业情况，确定各敏感项目与销售额的百分比关系。

（3）计算预测期需要增加的外部筹集资金量（资金需要量）。

根据各敏感项目与销售额的百分比关系，预计由于销售增长而需要的资金增长额，扣除留用利润后，即为所需要的外部筹资额。外部筹资需要量计算公式如下：

$$外部筹资需要量 = \frac{A}{S_1}(\Delta S) - \frac{B}{S_1}(\Delta S) - EP(S_2) \qquad (4-9)$$

公式（4-9）中，A 为基期敏感资产；

B 为基期敏感负债；

S_1 为基期销售额；

S_2 为预测期销售额；

P 为销售净利率；

E 为留存收益比率；

A/S_1 为敏感资产占基期销售额的百分比；

B/S_1 为敏感负债占基期销售额的百分比。

【例 4-7】 新华公司 2016 年 12 月的简要资产负债表如表 4-5 所示。假定新华公司 2016 年销售额为 100 000 万元，销售净利率为 15%，利润留存率为 40%。2017 年销售额预计增长 30%，销售净利率和利润留存率与上年保持一致。新华公司有足够的生产能力，无须追加固定资产投资。预计新华公司 2017 年需外部筹集的资金量。

表 4-5 新华公司资产负债表（2016 年 12 月 31 日） 万元

资产	2016 年年初	2016 年年末	负债和所有者权益	2016 年年初	2016 年年末
货币资金	略	5 000	短期借款	略	10 000
应收账款		15 000	应付账款		15 000
存货		30 000	应付债券		25 000
固定资产		30 000	股本		20 000
			留存收益		10 000
合计		80 000	合计		80 000

（1）找出敏感项目和非敏感项目，确定敏感项目与销售额的百分比关系。在表4-6中，N为非敏感项目，不随销售额的变化而变化。其余为敏感项目，如货币资金占基期销售额的百分比为5%（5 000/100 000），其他具体项目与销售额的百分比关系如表4-6所示。

表4-6　其他具体项目与销售额的百分比关系（2016年12月31日）　　　万元

资产	金额	与销售额的百分比关系/%	负债和所有者权益	金额	与销售额的百分比关系/%
货币资金	5 000	5	短期借款	10 000	N
应收账款	15 000	15	应付账款	15 000	15
存货	30 000	30	应付债券	25 000	N
固定资产	30 000	N	股本	20 000	N
			留存收益	10 000	N
合计	80 000	50	合计	80 000	15

（2）确定需要增加的资金量总额。从表4-6中可以看出，销售收入每增加100元，必须增加50元的资金占用，但同时自动增加15元的资金来源，两者相差35%的资金需求。因此，每增加100元的销售收入，公司必须取得35元的资金来源，销售额增加30 000万元（100 000×30%），按照35%的比率，预测将需要增加的资金量总额为10 500万元（30 000×35%）。

（3）确定需要增加的外部筹集资金量。需要增加的资金量总额为10 500万元，再扣除留存利润，即为增加的外部筹集资金量。该公司2017年净利润预计为19 500万元［(100 000×30%＋100 000)×15%］，利润留存率为40%，留存利润为7 800万元（19 500×40%），还需从外部筹资的资金量为2 700万元（10 500－7 800）。

外部筹集资金量＝50%×30 000－15%×30 000－40%×19 500＝2 700（万元）

3. 运用销售百分比法时需注意的问题

运用销售百分比法预测筹资需要量，是以下列假定为前提的：

（1）企业的部分资产和负债与销售额同比例变化。

（2）企业各项资产、负债与所有者权益结构已达到最优。

本章案例

1. 案例资料

某航空公司于2010年实行杠杆式收购后，负债比率一直居高不下。直至2015年年底，公司的负债比率仍然很高，有近15亿元的债务将于2018年到期。为此，需要采用适当的筹资方式追加筹资，降低负债比率。

2016年年初，公司董事长和总经理在研究公司的筹资方式的选择问题。董事长和总经理两人都是主要的持股人，也都是财务专家。他们考虑了包括增发普通股等筹资方式，并开始向投资银行咨询。

起初投资银行认为，可按每股20元的价格增发普通股。但经分析得知，这是不切实际的，因为投资者对公司有关机票打折策略和现役服役机老龄化等问题顾虑重重，如此高价位发行，成功概率不大。最后投资银行建议，公司可按每股 13 元的价格增发普通股 2 000 万股，以提升股权资本比重，降低负债比率，改善财务状况。

该航空公司 2015 年年底和 2016 年年初增发普通股后，如果接受银行的咨询建议，筹资方式组合如表 4-7 所示。

表 4-7 某航空公司长期筹资方式情况

长期筹资方式	2015 年年末实际数		2016 年年初估计数	
	金额/亿元	百分比/%	金额/亿元	百分比/%
长期债券	49.66	70.90	48.63	68.10
融资租赁	2.45	3.50	2.45	3.40
优先股	6.51	9.30	6.51	9.10
普通股	11.43	16.30	13.86	19.40
总计	70.05	100.00	71.45	100.00

2. 思考题

假如你是该公司的财务总监，请思考以下问题：
(1) 请你分析股票筹资方式的优缺点。
(2) 你如何评价投资银行对公司的咨询？
(3) 你将对公司提出怎样的筹资方式建议？

本章小结

筹资活动是企业的一项基本财务活动，是企业资金运动的起点。按照资金的来源渠道不同，企业长期筹资分为权益资金的筹集和负债资金的筹集。权益筹资形成企业的权益资本，也称股权资本，是企业最基本的筹资方式，主要有吸收直接投资、发行普通股、发行优先股和利用留存收益。企业采用权益筹资方式筹集的资金，一般不用还本，财务风险小，但付出的资本成本相对较高。长期负债筹资主要是企业通过向银行借款、发行公司债券、融资租赁等方式取得使用权在 1 年以上的资金。企业采用长期负债方式筹集的资金，到期要还本付息，一般承担较大的财务风险，但相对权益筹资方式而言，付出的资本成本相对较低。可转换债券筹资属于兼具股权与债务特性的混合融资，其持有者拥有在普通股市场价格上升到转换价格以上时，按低于市价的价格将持有的债券转换为普通股股票的权利。

不论是权益筹资还是长期负债筹资，不同类型的筹资方式，其风险和成本各不相同。企业在筹集长期资金时，要充分考虑各筹资方式的优缺点及适应条件，作出合理的筹资决策。企业合理筹集资金的前提是科学地预测资金需要量，资金需要量的预测通常有定性和定量两类预测方法，其中回归分析法和销售百分比法是最常用的两种定量预测方法。

本章习题

1. 某企业拟发行面额 100 元，期限 5 年的债券，票面利率 8%，每年年末计息一次。假定市场利率分别 8%、6%、10%。

   要求：

   试计算发行价格，说明面值、溢价、折价发行的原理。

2. 某企业历年产销量及资金需要量情况如表 4-8 所示。

   表 4-8　某企业历年产销量及资金需要量情况

年度	产销量 x_i/万件	资金需要量 y_i/万元
2012	6.0	500
2013	5.5	475
2014	5.0	450
2015	6.5	520
2016	7.0	550

   要求：

   2017 年预计销售量为 900 件，试计算 2017 年的资金量。

3. 某公司 2016 年 12 月 31 日的简要资产负债表如表 4-9 所示。假定该公司 2016 年销售额为 20 000 万元，销售净利率为 20%，利润留存率为 40%。2017 年销售额预计增长 20%，销售净利率和利润留存率与上年保持一致。公司有足够的生产能力，无须追加固定资产投资。预计该公司 2017 年需外部筹集的资金量是多少？

   表 4-9　某公司资产负债表（2016 年 12 月 31 日）　　　　　　　　　万元

资产	年初余额	年末余额	负债和所有者权益	年初余额	年末余额
货币资金	略	1 000	短期借款		5 000
应收账款		3 000	应付账款		2 000
存货		6 000	应付票据	略	1 000
固定资产		6 000	股本		6 000
			留存收益		2 000
合计		16 000	合计		16 000

4. 某公司 2016 年销售收入为 20 000 万元，销售净利率为 12%，净利润的 60% 分配给投资者。2016 年 12 月 31 日的资产负债表（简表）如表 4-10 所示。

资产负债表（简表）

表 4-10　2016 年 12 月 31 日　　　　　　　　　　　　　　　　　　　　　万元

资　产	期末余额	负债及所有者权益	期末余额
货币资金	1 000	应付账款	1 000
应收账款净额	3 000	应付票据	2 000
存货	6 000	长期借款	9 000
固定资产净值	7 000	实收资本	4 000
无形资产	1 000	留存收益	2 000
资产总计	18 000	负债与所有者权益总计	18 000

该公司 2017 年计划销售收入比上年增长 30%，为了实现这一目标，公司需新增设备一台，价值 148 万元。据历年财务数据分析，公司流动资产与流动负债随销售额同比例增减。公司如需对外筹资，可按面值发行票面年利率为 10%，期限为 10 年，每年年末付息的公司债券解决。

假定该公司 2017 年的销售净利率和利润分配政策与上年保持一致，公司债券的发行费用可忽略不计，适用的企业所得税税率为 25%。

要求：

(1) 计算 2017 年公司需增加的营运资金。

(2) 预测 2017 年需要对外筹集的资金量。

(3) 计算发行债券的资本成本。

第 5 章

资本结构决策

学习目标

通过本章学习，要求学生掌握各种个别资本成本、加权平均资本成本和边际资本成本的计算；熟练掌握经营杠杆系数、财务杠杆系数和总杠杆系数的计算、应用；熟练运用每股收益无差别点法、资本成本比较法和公司价值分析法进行资本结构决策。

导入案例

著名公司的资本现状

某公司是全球最大的面粉生产商，在世界各地均有业务，被誉为全球管理最优秀的公司之一，该公司通过超额收益向股东提供回报。公司一直致力于投资那些收益超过资本成本的项目，并以此为股东创造价值。

资本的获取方式主要有三种：债务、优先股和普通股股权，其中，股权资本主要来源于发行新股和公司留存收益。提供资本的投资者的预期收益率至少要高于资本的必要收益率，必要收益率表示公司需要支付的资本成本。影响资本成本的因素很多，有些因素是公司无法控制的因素。不过，公司的筹资和投资政策对公司的资本成本也具有深远的影响。

对于像该公司这样的公司，从概念上看，估计资本成本是非常简单的。该公司的资本大部分来自债务和股权，而股权主要来自公司留存收益，所以，公司的资本成本主要取决于市场利率水平和边际投资者对股权资本的必要收益率。该公司在全球各个国家和地区开展经营，每个国家和地区具有不同的资本成本，因此该公司的资本成本等于各个国家和地区的资本成本的平均值。

该公司大量利用债务融资，在兼并某食品公司后，负债率达到了86%，这是非常高的，公司管理层意识到高的负债比率会导致一贯表现良好的公司走向破产。于是管理层开始偿还债务，并使负债率重新恢复到60%的合理水平。对于很多公司而言，60%的负债率仍然很高。但是，对于该公司来说，由于经营十分稳定，因此，这一财务比率并不算太坏，即使在经济衰退时期，人们对食物的消费仍然保持稳定。而且，如果仔细考察该公司的资产负债表，会发现该公司的债务高达48亿元，而股权资本仅为28亿元，但股权的市场价值大约为

177 亿元。从市场价值的角度考虑，公司的资本结构还是相当保守的。

（案例来源：尤金·F·布里格姆《财务管理基础》（第 11 版）北京：中国人民大学出版社，2009 年，553－554.）

5.1 资本成本的测算

资本成本是财务管理中非常重要的概念，企业要想实现企业价值最大化的目标，首先要使企业投入的资本的成本最小化；同时要使投资的收益要尽可能地高于资本成本。

5.1.1 资本成本的概念和意义

1. 资本成本的含义

1）资本成本的概念

资本成本是指投资资本的机会成本。资本成本的概念包括两个方面：一方面，资本成本与公司的筹资活动有关，它是公司募集和使用资金的成本，即筹资的成本；另一方面，资本成本与公司的投资活动有关，它是投资所要求的必要报酬率。这两个方面既有联系，也有区别，前者称为公司的资本成本，后者称为投资项目的资本成本。

2）资本成本的构成

资本成本是企业为筹集和使用资本而付出的代价，包括筹资费用和占用费用。

（1）筹资费。

筹资费，是指企业在资本筹措过程中为获取资本而付出的代价，如向银行支付的贷款手续费，因发行股票、公司债券而支付的费用等。筹资费用通常在资本筹集时一次性发生，在资本使用过程中不再发生，因此，视为筹资数额的一项扣除。

（2）占用费。

占用费，是指企业在资本使用过程中因占用资本而付出的代价，如向银行等债权人支付的利息、向股东支付的股利等。占用费用是因为占用了他人资金而必须支付的，是资本成本的主要内容。

2. 资本成本的作用

1）资本成本用于投资决策

当投资项目与公司现在的业务相同时，公司资本成本是适合的折现率。当然，在确定一个项目风险恰好等于现有资产平均风险时，需要审慎地判断。

如果投资项目与现有资产平均风险不同，公司资本成本不能作为项目现金流量的折现率。不过，公司资本成本仍具有重要价值，它提供了一个调整基础。根据项目风险与公司风险的差别，适当调增或调减可以估计项目的资本成本。评价投资项目最普遍的方法是净现值法和内含报酬率法。采用净现值法的时候，项目资本成本是计算净现值的折现率；采用内含报酬率法时，项目资本成本是其取舍率或必要报酬率。因此，项目资本成本是项目投资评价的基准。

2）资本成本用于筹资决策

筹资决策的核心问题是决定资本结构。最优资本结构是使股票价格最大化的资本结构。由于估计资本结构对股票价格的影响非常困难，通常的办法是假设资本结构不改变企业的现金流，那么能使公司价值最大化的资本结构就是加权平均资本成本最小化的资本结构。预测资本结构变化对平均资本成本的影响,比预测对股票价格的影响要容易。因此,加权平均资本成本可以指导资本结构决策。

3)资本成本用于营运资本管理

公司各类资产的收益、风险和流动性不同,营运资本投资和长期资产投资的风险不同,其资本成本也不同。可以把各类流动资产投资看成是不同的"投资项目",它们也有不同的资本成本。

在管理营运资本方面,资本成本可以用来评估营运资本投资政策和营运资本筹资政策。例如,用于流动资产的资本成本提高时,应适当减少营运资本投资额,并采用相对激进的筹资政策。决策存货的采购批量和储存量、制定销售信用政策和决定是否赊购等,都需要使用资本成本作为重要依据。

4)资本成本用于企业价值评估

在现实中,经常会碰到需要评估一个企业价值的情况,例如企业并购、重组等。在制定公司战略时,需要知道每种战略选择对企业价值的影响,也会涉及企业价值评估。

评估企业价值时,主要采用现金流量折现法,需要使用公司资本成本作为公司现金流量的折现率。

5)资本成本用于业绩评价

资本成本是投资人要求的报酬率,与公司实际的投资报酬率进行比较,可以评价公司的业绩。日渐兴起的以价值为基础的业绩评价,其核心指标是经济增加值。计算经济增加值,需要使用公司资本成本。公司资本成本与资本市场有关,所以经济增加值可以把业绩评价和资本市场联系在一起。

3. 影响资本成本的因素

1)总体经济环境

一个国家或地区的总体经济环境状况,表现在国民经济发展水平、预期的通货膨胀等方面,这些都会对企业筹资的资本成本产生影响。如果国民经济保持健康、稳定、持续增长,整个社会经济的资金供给和需求相对均衡且通货膨胀水平低,资金所有者投资的风险小,预期报酬率低,筹资的资本成本率相应就比较低。相反,如果经济过热,通货膨胀持续居高不下,投资者投资的风险大,预期报酬率高,筹资的资本成本率就高。

2)资本市场条件

资本市场条件包括资本市场的效率和风险。如果资本市场缺乏效率,证券的市场流动性低,投资者投资的风险大,要求的预期报酬率高,那么通过资本市场融通的资本其成本水平就比较高。

3)企业经营状况和融资状况

企业的经营风险和财务风险共同构成企业总体风险,如果企业经营风险高,财务风险大,则企业总体风险水平高,投资者要求的预期报酬率高,企业筹资的资本成本相应就大。

4)企业对筹资规模和时限的需求

在一定时期内,国民经济体系中资金供给总量是一定的,资本是一种稀缺资源。因此,企业一次性需要筹集的资金规模大、占用资金时限长,资本成本就高。当然,融资规模、时限与资本成本的正向相关性并非线性关系,一般说来,融资规模在一定限度内,并不引起资本成本的明显变化,当融资规模突破一定限度时,才引起资本成本的明显变化。

5.1.2 个别资本成本的测算

个别资本成本是指单一融资方式本身的资本成本,包括银行借款资本成本、公司债券资本成本、融资租赁资本成本、优先股资本成本、普通股资本成本和留存收益成本等,其中前三类是债务资本成本,后三类是权益资本成本。个别资本成本的高低,用相对数即资本成本率表达。

1. 资本成本率计算的基本模式

1)一般模式

为了便于分析比较,资本成本通常不考虑货币的时间价值。计算时,将初期的筹资费用作为筹资额的一项扣除,扣除筹资费用后的筹资额称为筹资净额,一般模式通用的计算公式是:

$$资本成本率 = \frac{年资金占用费}{筹资总额 - 筹资费用} = \frac{年资金占用费}{筹资总额 \times (1 - 筹资费用率)} \quad (5-1)$$

2)贴现模式

对于金额大、时间超过1年的长期资本,更为准确一些的资本成本计算方式是采用贴现模式,即将债务未来还本付息或股权未来股利分红的贴现值与目前筹资净额相等时的贴现率作为资本成本率。即:

$$P_0(1-f) = \frac{CF_1}{(1+K)} + \frac{CF_2}{(1+K)^2} + \cdots + \frac{CF_n}{(1+K)^n} \quad (5-2)$$

公式(5-2)中,P_0 为公司筹资获得的资本总额;f 为筹资费用与筹资总额的比率,简称筹资费率;CF_t 为第 t 期支付的占用费用;K 为资本成本。

2. 长期银行借款资本成本的计算

长期银行借款资本成本包括借款利息和借款手续费用,手续费用是筹资费用的具体表现。利息费用在所得税税前支付,可以起抵税作用,一般计算税后资本成本率,以便与权益资本成本率具有可比性。

长期银行借款的资本成本率一般模式计算为:

$$K_b = \frac{年利息 \times (1 - 所得税税率)}{筹资总额 \times (1 - 手续费率)} \times 100\% = \frac{I(1-T)}{L(1-f)} \times 100\% \quad (5-3)$$

公式(5-3)中,L 为筹资总额;I 为年利息;T 为所得税率;f 为筹资费用率。

考虑到货币的时间价值,借款时间超过一年的银行借款的资本成本计算如下(M 为名义借款额):

$$M(1-f) = \sum_{t=1}^{n} \frac{I_t(1-T)}{(1+K_b)^t} + \frac{M}{(1+K_b)^n}$$

考虑到货币的时间价值,该项公司债券的资本成本计算如下:

$5\,200 \times (1-2\%) = 5\,000 \times 5\% \times (1-25\%) \times (P/A, K_b, 5) + 5\,000 \times (P/F, K_b, 5)$

按插值法计算,得:$K_b = 4.2\%$

3. 公司债券资本成本的计算

公司债券资本成本率一般模式计算为:

$$K_L = \frac{I_L(1-T)}{B(1-f_L)} \quad (5-4)$$

式中，K_L 为债券资本成本率；B 为债券筹资额，按发行价格确定；I_L 为债券年利息；T 为所得税税率；f_L 为债券筹资费率。

考虑到货币的时间价值，公司债券和借款时间超过一年的银行借款的资本成本计算如下（M 为名义借款额）：

$$M(1-f) = \sum_{t=1}^{n} \frac{I_t(1-T)}{(1+K_L)^t} + \frac{M}{(1+K_L)^n}$$

【例 5–1】 某企业以 5 200 元的价格，溢价发行面值为 5 000 元，期限 5 年，票面利率为 5% 的公司债券一批。每年付息一次，到期一次还本，发行费用率 2%，所得税税率 25%，该批债券的资本成本率为：

$$K_L = \frac{5\ 000 \times 5\% \times (1-25\%)}{5\ 200 \times (1-2\%)} = 3.53\%$$

考虑到货币的时间价值，该项公司债券的资本成本计算如下：

$5\ 200 \times (1-2\%) = 5\ 000 \times 5\% \times (1-25\%) \times (P/A, K_L, 5) + 5\ 000 \times (P/F, K_L, 5)$

按插值法计算，得 $K_L = 4.2\%$。

4. 优先股资本成本的计算

优先股是介于债券和普通股之间的一种混合证券，与债券相同之处是，要定期支付股利，不同之处是，它没有到期日。与普通股相同之处是，同为股权资本，其股利用税后收益支付，不能获得税收优惠。因此，从某种意义上说，优先股恰似一种无期限的债券。如果优先股股利每年相等，则可视为永续年金，采用下列公式计算资本成本：

$$K_p = \frac{D_p}{P_0(1-f)} \tag{5-5}$$

公式（5–5）中，K_p 为优先股资本成本；D_p 为优先股年股利；P_0 为优先股市场价格；f 为筹资费率。

【例 5–2】 某公司上市流通的优先股价格 50 元，每年的股利为 2.5 元，如果优先股发行费用为发行额的 4%，则优先股的资本成本是多少？

解：

$$K_p = \frac{2.5}{50(1-4\%)} = 4.8\%$$

5. 普通股资本成本的计算

因为股票价格的波动、每期股利的非固定性，普通股资本成本的估算是所有资本成本计算中最难的，从理论上说，普通股资本成本是资本市场的投资者投资于股票所要求的必要报酬率。普通股资本成本的计算有股利增长模型法、资本资产定价模型法和风险溢价法等。

1）股利增长模型法

假定资本市场有效，股票市场价格与价值相等。假定某股票本期支付的股利为 D_0，未来各期股利按 g 速度增长。目前股票市场价格为 P_0，则普通股资本成本为：

$$K_s = \frac{D_0(1+g)}{P_0(1-f)} + g = \frac{D_1}{P_0(1-f)} + g \tag{5-6}$$

【例 5–3】 某公司普通股面值 1 元，市价 20 元，筹资费用率 3%，上年发放现金股利，每股 0.08 元，预期股利年增长率为 10%。则其资本成本是多少？

解：

$$K_s = \frac{0.08 \times (1 + 10\%)}{20 \times (1 - 3\%)} + 10\% = 10.45\%$$

2）资本资产定价模型法

假定资本市场有效，股票市场价格与价值相等。假定无风险报酬率为 R_f，市场平均报酬率为 R_m，某股票贝塔系数为 β，则普通股资本成本率为：

$$K_s = R_f + \beta (R_m - R_f) \tag{5-7}$$

【例 5-4】 某公司普通股 β 系数为 1.2，此时一年期国债利率 5.7%，市场平均报酬率为 13%，则该普通股资本成本率为多少？

解：

$$K_s = 5.7\% + 1.2 \times (13\% - 5.7\%) = 14.46\%$$

3）无风险利率加风险溢价法

这种方法是根据"风险和收益相关"的原理来确定普通股资本成本的。由于普通股投资风险大于债券投资风险，可在债券投资收益率的基础上加上一定的风险溢价，其计算公式为：

$$K_s = K_b + RP \tag{5-8}$$

公式（5-8）中，RP 表示普通股股本承担更大风险所要求的风险溢价。

研究表明，在利率稳定期间，风险溢价也相当稳定；利率变化较大时，风险溢价变化也较大。在西方，风险溢价在 4%~6%。

6. 留存收益资本成本的计算

留存收益是由企业税后净利润形成的，是一种所有者权益，其实质是所有者向企业追加投资。股东放弃一定的股利，期望将来获取更多的股利，因此要求与直接购买普通股的投资者一样的收益。假定对股利不征税，公司使用这部分资本的最低成本和普通股成本相同，差别在于它不考虑发行费。留存收益资本成本可按下列公式计算：

$$K_s = \frac{D_0 (1 + g)}{P_0} + g = \frac{D_1}{P_0} + g \tag{5-9}$$

5.1.3 综合资本成本的测算

综合资本成本是指多元化融资方式下的平均资本成本，反映着企业资本成本整体水平的高低。在衡量和评价单一融资方案时，需要计算个别资本成本；在衡量和评价企业筹资总体经济性时，需要计算企业的平均资本成本。平均资本成本用于衡量企业资本成本水平，确立企业理想的资本结构。

企业综合资本成本，是以各项个别资本在企业总资本中的比重为权数，对各项个别资本成本率进行加权平均而得到的总资本成本率。计算公式为：

$$K_W = \sum_{j=1}^{n} K_j W_j \tag{5-10}$$

公式（5-10）中，K_W 为综合资本成本；K_j 为第 j 种个别资本成本率；W_j 为第 j 种个别资本在全部资本中的比重。

综合资本成本率的计算，存在着权数价值的选择问题，即各项个别资本按什么权数来确定资本比重。通常，可供选择的价值形式有账面价值、市场价值等。

1. 账面价值权数

即以各项个别资本的会计报表账面价值为基础来计算资本权数，确定各类资本占总资本的比重。

其优点是资料容易取得，可以直接从资产负债表中得到，而且计算结果比较稳定。其缺点是，当债券和股票的市价与账面价值差距较大时，导致按账面价值计算出来的资本成本不能反映目前从资本上筹集资本的现时机会成本，不适合评价现时的资本结构。

2. 市场价值权数

即以各项个别资本的现行市价为基础来计算资本权数，确定各类资本占总资本的比重。

其优点是能够反映现时的资本成本水平，有利于进行资本结构决策。但现行市价处于经常变动之中，不容易取得，而且现行市价反映的只是现时的资本结构，不适用未来的筹资决策。

【例5-5】 某公司本年年末长期资本账面总额为20 000万元，其中，银行长期贷款5 000万元，占25%；长期债券3 000万元，占15%；普通股12 000万元（共2 000万股，每股面值1元，市价10元），占60%。个别资本成本分别为7%、8%、14%。则该公司的加权平均资本成本为多少？

解：

（1）按账面价值计算：

$$K_W = 7\% \times 25\% + 8\% \times 15\% + 14\% \times 60\% = 11.35\%$$

（2）按市场价值计算：

$$K_W = \frac{7\% \times 5\,000 + 8\% \times 3\,000 + 14\% \times 20\,000}{5\,000 + 3\,000 + 120\,000} = 13.59\%$$

5.1.4 边际资本成本的测算

企业的个别资本成本和平均资本成本是企业过去筹集资本或目前使用资本的成本。随着企业规模的扩大和筹资条件的变化，新增资本的成本也会发生变化。因此，企业在未来追加筹资时，不能仅考虑目前使用的资本成本，还要考虑新筹资成本，即边际资本成本。

边际资本成本就是新增资本的平均资本成本。影响平均资本成本的因素有两个：一是各种资本来源的资本成本；二是目标资本结构。如果个别资本成本或目标资本结构发生了变化，新增资本的平均资本成本必然与原来的平均资本成本不同。

【例5-6】 某企业目标资本结构为债务资本：股权资本 = 4:6，现拟追加投资100万元。有关个别资本成本的资料如表5-1所示，据此计算追加投资的资本成本。

表5-1 有关个别资本成本的资料

资本来源	资本结构/%	筹资规模/万元	资本成本/%
债务资本	40	10以下（含10）	5
		10～20	6
		20～30	8
		30以上	10

续表

资本来源	资本结构/%	筹资规模/万元	资本成本/%
股权资本	60	15 以下（含 15）	12
		15～60	14
		60～90	17
		90 以上	20

解：该企业追加投资 100 万元，资本结构是 4∶6，债务资本为 40 万元，股权资本为 60 万元，从表 5-1 可以看出，债务资本的个别资本成本为 10%，股权资本的个别资本成本为 14%，可得边际资本成本：

$$K_m = 10\% \times 40\% + 14\% \times 60\% = 12.4\%$$

5.2 杠杆利益与风险的衡量

财务管理中存在着类似于物理学中的杠杆效应，表现为：由于特定固定支出或费用的存在，当某一财务变量以较小幅度变动时，另一相关变量会以较大幅度变动。财务管理中的杠杆效应，包括经营杠杆、财务杠杆和总杠杆三种效应形式。杠杆效应既可以产生杠杆利益，也可能带来杠杆风险。

5.2.1 成本按性态分类

1. 成本性态的含义

成本性态又称成本习性，是指在一定条件下成本总额与特定业务量之间的依存关系。

这里所说的业务量，是指企业在一定的生产经营期内投入或完成的经营工作量的统称。业务量既可以用绝对量表示，也可以用相对量表示。绝对量又可细分为实物量、价值量和时间量三种形式；相对量可以用百分比或比率等形式反映。为了简化管理会计的定量分析过程，避免出现多元模型，人们通常总是假定业务量是唯一的，大多指生产量或销售量。

这里所说的成本总额，是指一定时期内为取得营业收入而发生的各种营业成本费用，包括全部生产成本和非生产成本。

这里所说的一定条件，是指一定的时间范围内和业务量的一定变动范围，即相关范围。所谓相关范围，是指不会改变或破坏特定成本项目固有特征的时间和业务量的变动范围。

2. 成本按其性态分类

全部成本按其性态可分为固定成本、变动成本和混合成本三大类。

1）固定成本

（1）固定成本的概念及内容。

固定成本是指在一定相关范围内，其总额不随业务量发生任何数额变化的那部分成本。在西方会计实务中，固定成本的内容一般包括：房屋设备租赁费、保险费、广告费、不动产捐税、管理人员薪金和按直线法计提的固定资产折旧费等。

在我国工业企业中，可以作为固定成本看待的项目包括：生产成本中列入制造费用中的不随产量变动的办公费、差旅费、折旧费、劳动保护费、管理人员工资和租赁费；销售费用中不受销量影响的销售人员工资、广告费和折旧费；管理费用中不受产量或销量影响的企业管理人员工资、折旧费、租赁费、保险费和土地使用税等。

（2）固定成本的特征。

固定成本具有以下两个特征：

①固定成本总额的不变性。

这一特征就是其概念的再现。在平面直角坐标系上，固定成本线就是一条平行于 x 轴的直线，其总成本模型为 $y=a$，如图 5-1 所示。

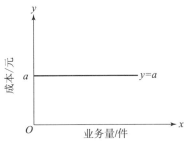

图 5-1　固定成本总额性态模型

②单位固定成本的反比例变动性。

由于固定成本具有总额不变性的特征，必然导致单位产品负担的固定成本随着业务量的变动成反比例变动，其单位成本模型为 $y=a/x$，反映在坐标图上，是一条反比例曲线，如图 5-2 所示。

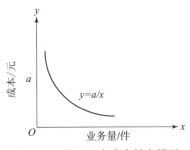

图 5-2　单位固定成本性态模型

（3）固定成本的分类。

为了寻求降低固定成本的途径，可将固定成本按其是否受管理当局短期决策行为的影响，进一步细分为约束性固定成本和酌量性固定成本两类。

①约束性固定成本。

这是指不受管理当局短期决策行为影响的那部分固定成本。这类成本反映的是形成和维持企业最起码生产经营能力的成本，也是企业经营业务必须负担的最低成本，又称经营能力成本。包括厂房机器设备的折旧费、不动产税、保险费和管理人员薪金等内容。这类成本具有很强的约束性，即随着企业经营能力的形成，这类成本在短时间内不能轻易改变，如果硬性追求约束性固定成本的降低，就意味着削减企业的经营能力，有可能影响或改变企业长远目标的实现和导致盈利能力的降低。因此,在不改变企业经营方向的前提下,降低此类固定成本,通常不宜采取降低其总额的措施,而应从合理地利用企业的生产能力,提高产品质量,降低其单位成本入手。

②酌量性固定成本,又称选择性固定成本。

这是指受管理当局短期决策行为影响,可以在不同时期改变其数额的那部分固定成本,包括广告费、新产品研究开发费和职工培训费等内容,这类成本的发生可以增强企业的竞争能力、扩大产品的销路,但其发生额服从于企业的经营方针,一般由企业的管理当局在会计年度开始前,对这类成本的各个项目是否需要继续支出、是否需要增减作出决定。所以,降低这类固定成本的有效途径就是降低其总额的支出,这就要求在预算时精打细算、厉行节约、避免浪费,在不影响生产经营的前提下,尽量减少其绝对支出额。

2) 变动成本

(1) 变动成本的概念及内容。

变动成本是指在一定相关范围内,其总额随业务量成正比例变化的那部分成本。

在西方会计实务中,变动成本的内容一般包括:生产成本中的直接材料、直接人工和制造费用中随产量成正比例变动的物料用品费、燃料费、动力费;销售费用中按销售量支付的销售佣金、装运费、包装费等。

在我国工业企业中,则可将那些直接用于产品制造且消耗数额相对稳定的原材料、燃料和动力费、外部加工费、计件工资形式下的生产工人工资,以及按生产数量法或工作时间法计提的折旧费等列入变动成本。

(2) 变动成本的特征。

变动成本具有以下两个特征:

①变动成本总额的正比例变动性。

这一特征也在其概念中得以体现。如果用 $y = bx$ 代表变动成本总额模型,在平面直角坐标系上,变动成本总额就是一条通过原点的直线,如图 5-3 所示。

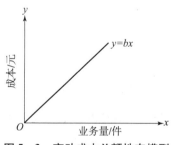

图 5-3 变动成本总额性态模型

②单位变动成本的不变性。

由于变动成本具有总额的正比例变动性特征,就决定了在业务量不为零时,单位变动成本不受业务量的增减影响而保持不变。将此特点反映在平面直角坐标系上,单位变动成本就是一条平行于横轴的直线。它的性态模型为 $y = b$,如图 5-4 所示。

(3) 变动成本的分类。

为了寻求变动成本的降低途径,可将变动成本按其发生的原因进一步细分为技术性变动成本和酌量性变动成本两类。

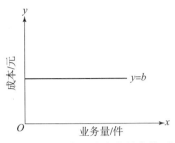

图 5-4 单位变动成本性态模型

①技术性变动成本。

这是指其单位成本受客观因素影响,消耗量由技术因素决定的那部分变动成本。如生产成本中主要受到设计方案影响的单耗相对稳定的外购零部件成本以及流水作业的生产工人工资等都属于这类成本。若打算降低此类变动成本,必须通过改进设计、改进工艺技术、提高材料综合利用率、提高劳动生产率,以及避免浪费、降低单耗等手段来实现。

②酌量性变动成本。

这是指其单位成本主要受企业管理部门决策影响的那部分变动成本。如在保证质量符合要求的前提下,企业可以从不同供货渠道购买到不同价格的某种材料,消耗该材料的成本就属于酌量性变动成本。在分散作业的计件工资制下,由于计件单价受到管理部门决策的制约,使得相关工资成本具有酌量性的特点。若要降低此类成本,需要通过采取科学决策、降低材料采购成本或优化劳动组合,以及严格控制开支的手段来实现。

变动成本水平一般用单位额表现较好,因为在一定范围内,单位变动成本不受业务量变动的影响,却能直接反映主要材料、人工成本和变动制造费用的消耗水平,因此,要降低变动成本,就应从降低单位产品变动成本的消耗量入手,如采取改进设计、降低材料单耗、降低材料采购单价、提高劳动生产率和优化劳动组合等措施。

3)混合成本

(1)混合成本的概念。

混合成本是指介于固定成本与变动成本之间,其总额既随业务量变动又不成正比例变动的那部分成本。

(2)混合成本的存在具有必然性。

全部成本按其性态分类,其结果必然导致出现游离于固定成本和变动成本之间的混合成本。这是因为这种分类采用了"是否变动"和"是否呈正比例变动"的双重分类标准。

(3)混合成本的分类。

混合成本与业务量之间的关系比较复杂,按照混合成本变动趋势的不同,可分为阶梯式混合成本、标准式混合成本、低坡式混合成本和曲线式混合成本四种类型。

①阶梯式混合成本。

阶梯式混合成本又称半固定成本。这类成本的特点是在一定业务量范围内其成本不随业务量的变动而变动,类似固定成本,当业务量突破这一范围时,成本就会跳跃上升,并在新的业务量变动范围内固定不变,直到出现另一个新的跳跃为止。企业化验员、保养工、质检员、运货员等人员的工资就属于阶梯式混合成本。如图 5-5 所示。

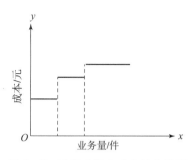

图 5-5　阶梯式混合成本性态模型

②标准式混合成本。

标准式混合成本又称半变动成本。它由固定和变动两部分成本组成,固定部分不受业务量的影响,固定不变,变动部分则是在以固定部分为基数的基础上随业务量的增长而成正比例增长。电话费、水费、电费、设备维修保养费、销售人员薪金等属于这类成本。如图5-6所示。

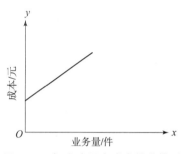

图 5-6　标准式混合成本性态模型

③低坡式混合成本。

低坡式混合成本又称延期变动成本。这类成本在一定的业务范围内其总额保持固定不变,一旦突破这个业务量限度,其超额部分的成本就相当于变动成本。固定工资外的人工费、加班工资、浮动工资等属于这类成本。如图5-7所示。

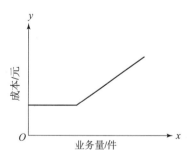

图 5-7　低坡式混合成本性态模型

④曲线式混合成本。

这类成本通常有一个初始量,一般不变,相当于固定成本。在这个初始量的基础上,成本随业务量变动但并不存在线性关系,在坐标图上表现为一条曲线。按照曲线斜率的不同变动趋势,又可分为递减型混合成本和递增型混合成本。如图5-8所示。

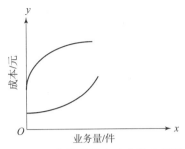

图 5-8 曲线式混合成本性态模型

不论上述哪一类混合成本,都可直接或间接地用一个直线方程 $y = a + bx$ 去模拟,其中,a 表示混合成本中的固定部分,bx 表示混合成本中的变动部分,b 表示混合成本中变动部分的单位额。在成本性态分析过程中,进行混合成本分解,就是设法求出 a、b 的数值,并建立 $y = a + bx$ 模型的过程。

5.2.2 经营杠杆利益与风险

1. 经营杠杆的含义

经营杠杆,是指由于固定性经营成本的存在,而使得企业的资产报酬(息税前利润)变动率大于业务量变动率的现象。经营杠杆反映了销售量与息税前利润之间的关系,主要用于衡量销售量变动对息税前利润的影响,两者之间的关系可用下式表示:

$$EBIT = px - bx - a = (p - b)x - a = T_{cm} - a \tag{5-11}$$

公式(5-11)中,$EBIT$ 为息税前利润;T_{cm} 为边际贡献。

公式(5-11)中,影响 $EBIT$ 的因素包括产品售价、产品需求、产品成本等因素。在其他因素不变的条件下,边际贡献随着销售量的变动而变动,固定成本总额则是常数,不随销售量变动。因此,当销售量变动时,虽然不会改变固定成本总额,但会降低或提高单位固定成本,从而提高或降低单位产品利润,使息税前利润变动率大于销售量变动率,进而产生经营杠杆效应。当不存在固定性经营成本时,所有成本都是变动性经营成本,边际贡献等于息税前利润,此时息税前利润变动率与产销业务量的变动率完全一致。

2. 经营杠杆系数

只要企业存在固定性经营成本,就存在经营杠杆效应。但以不同产销业务量为基础,其经营杠杆效应的程度是不一致的。测算经营杠杆效应程度,常用指标是经营杠杆系数。经营杠杆系数(DOL)是息税前利润变动率与产销业务量变动率的比值,计算公式为:

$$DOL = \frac{\Delta EBIT/EBIT_0}{\Delta x/x_0} = \frac{息税前利润变动率}{产销业务量变动率} \tag{5-12}$$

公式(5-12)中,DOL 为经营杠杆系数;$\Delta EBIT$ 为息税前利润变动额;Δx 为产销业务量变动值。

公式(5-12)经整理,经营杠杆系数的计算也可以简化为:

$$DOL = \frac{T_{cm_0}}{T_{cm_0} - a_0} = \frac{EBIT_0 + a_0}{EBIT_0} = \frac{基期边际贡献}{基期息税前利润} \tag{5-13}$$

【例 5-7】 某企业只生产一种产品,销售量 50 万件,固定成本 1 000 万元,单价 100

元,单位变动成本60元,计算该企业的经营杠杆系数。

解:

$$DOL = \frac{T_{cm_0}}{T_{cm_0} - a_0} = \frac{EBIT_0 + a_0}{EBIT_0} = \frac{50\,\text{万} \times (100 - 60)}{50\,\text{万} \times (100 - 60) - 1\,000\,\text{万}} = 2$$

上述计算结果表明,保持其他条件不变,在销售量为50万件的基础上,经营杠杆系数是2,销售量每变动(增加或减少)1个百分点,息税前利润将变动(增加或减少)2个百分点。

3. 经营杠杆与经营风险

经营风险是指企业由于生产经营上的原因而导致的资产报酬波动的风险。引起企业经营风险的主要原因是市场需求和生产成本等因素的不确定性,经营杠杆本身并不是资产报酬不确定的根源,只是资产报酬波动的表现。但是,经营杠杆放大了市场和生产等因素变动对利润波动的影响。经营杠杆系数越高,表明息税前利润受产销量变动的影响程度越大,经营风险也应越大。根据经营杠杆系数的计算公式,有:

$$DOL = \frac{EBIT_0 + a_0}{EBIT_0} = 1 + \frac{基期固定成本}{基期息税前利润} \quad (5-14)$$

公式(5-14)表明,在息税前利润为正的前提下,经营杠杆系数最低为1,不会为负数;只要有固定性经营成本存在,经营杠杆系数总量大于1。

从公式(5-14)可知,影响经营杠杆的因素包括企业成本结构中的固定成本比重、息税前利润水平。其中,息税前利润水平又受产品销售数量、销售价格、成本水平(单位变动成本和固定成本总额)高低的影响。固定成本比重越高、成本水平越高、产品销售数量和销售价格水平越低,经营杠杆效应越大,反之亦然。

【例5-8】 接例5-7,当销售量分别为40万件、30万件和25万件时,经营杠杆系数分别是多少?

解:

$$DOL_{40} = \frac{40\,\text{万} \times (100 - 60)}{40\,\text{万} \times (100 - 60) - 1\,000\,\text{万}} = 2.67$$

$$DOL_{30} = \frac{30\,\text{万} \times (100 - 60)}{30\,\text{万} \times (100 - 60) - 1\,000\,\text{万}} = 5$$

$$DOL_{25} = \frac{25\,\text{万} \times (100 - 60)}{25\,\text{万} \times (100 - 60) - 1\,000\,\text{万}} \to \infty$$

上例计算结果表明:在其他因素不变的情况下,销售量越小,经营杠杆系数越大,经营风险也就越大,反之亦然。如销售量为50万件,DOL为2;销售量为40万件,DOL为2.67,显然,后者的不稳定性大于前者,经营风险也大于前者。在销售量处于盈亏临界点25万件时,经营杠杆系数趋于无穷大,此时企业销售量稍有减少,便会导致更大的亏损。

5.2.3 财务杠杆利益与风险

1. 财务杠杆的含义

财务杠杆,是指由于固定性资本成本的存在,使得企业的普通股收益(或每股收益)变动率大于息税前利润变动率的现象。财务杠杆主要反映息税前利润与普通股每股收益之间的关系,用于衡量息税前利润变动对普通股每股收益变动的影响程度,两者之间的关系如下:

$$EPS = \frac{(EBIT - 1)(1 - T) - D}{N} \qquad (5-15)$$

公式（5-15）中，EPS 为每股盈余；I 为债务资金利息；D 为优先股股利；T 为所得税率；N 为普通股股数。

公式（5-15）中，影响普通股收益的因素包括资产报酬、资本成本、所得税税率等因素。当筹资成本包含固定的债务资本成本和股权资本成本（优先股）时，使得息税前利润的某个变化引起普通股每股收益更大的变化，就认为存在财务杠杆。即在资本结构不变的条件下，企业从息税前利润中支付的固定筹资成本是固定的；当息税前利润发生变化时，每一元息税前利润所负担的固定资本成本就会相应地发生变化，从而给普通股股东带来一定的财务杠杆收益或损失。当不存在固定利息、股息等资本成本时，息税前利润就是利润总额，此时利润总额变动率与息税前利润变动率完全一致。

2. 财务杠杆系数

只要企业融资方式中存在固定性资本成本，就存在财务杠杆效应。测算财务杠杆效应程度，常用指标是财务杠杆系数。财务杠杆系数（DFL）是普通股每股收益的变动率，相当于息税前利润变动率的倍数，即每股收益变动率（普通股盈余变动率）与息税前利润变动率的比值，计算公式为：

$$DFL = \frac{普通股盈余变动率}{息税前利润变动率} = \frac{EPS 变动率}{EBIT 变动率} \qquad (5-16)$$

公式（5-16）经整理，财务杠杆系数的计算也可以简化为：

$$DFL = \frac{基期息税前利润}{基期利润总额} = \frac{EBIT_0}{EBIT_0 - I_0} \qquad (5-17)$$

【例 5-9】 某公司资本总额 10 000 万元，由 4 000 万元债务和 6 000 万元普通股构成，债务资金利率 10%，公司所得税税率 25%，本期 EBIT 为 2 000 万元，计算财务杠杆系数。

解：

$$DFL = \frac{2\,000}{2\,000 - 4\,000 \times 10\%} = 1.25$$

当债务资本与普通股资本相等时，财务杠杆系数为：

$$DFL = \frac{2\,000}{2\,000 - 5\,000 \times 10\%} = 1.33$$

当资本全部都由普通股提供时，财务杠杆系数为：

$$DFL = \frac{2\,000}{2\,000} = 1$$

可见，固定性资本成本的资本所占比重越高，财务杠杆系数就越大。当公司不存在固定性资本成本的资本时，没有财务杠杆效应；当公司存在债务资本时，其普通股每股收益增长幅度是息税前利润增长幅度的 1.25 倍；当公司不仅存在债务资本，而且债务资本的比重提高时，其普通股每股收益增长幅度是息税前利润增长幅度的 1.33 倍。

3. 财务杠杆与财务风险

财务风险也称筹资风险，是指举债经营给企业未来收益带来的不确定性，影响财务风险的因素主要有资本供求变化、利率水平变化、获利能力变化和资本结构变化等。财务杠杆放大了资产报酬变化对普通股收益的影响，财务杠杆系数越高，表明普通股收益的波动程度越大，财务风险也就越大。根据财务杠杆系数的计算公式，有：

$$DFL = 1 + \frac{基期利息}{基期息税前利润 - 基期利息} \tag{5-18}$$

公式（5-18）中，分子是企业筹资产生的固定性资本成本负担，分母是归属于股东的收益。公式（5-18）表明，在企业有正的税后利润的前提下，财务杠杆系数最低为1，不会为负数；只要有固定性资本成本的存在，财务杠杆系数总是大于1。

从公式（5-18）可知，影响财务杠杆的因素包括企业资本结构中债务成本比重、普通股盈余水平、所得税税率水平。其中，普通股盈余水平又受息税前利润、固定性资本成本高低的影响。债务成本比重越高、固定性资本成本支付额越高、息税前利润水平越低，财务杠杆效应越大，反之亦然。

【例5-10】 在例5-9中，不同资本结构的财务杠杆系数分别为1、1.25和1.33。这意味着，如果EBIT下降，财务杠杆系数为1时，EPS与之同步下降；在其他两种情况下，EPS会以更大的幅度下降。导致EPS不为负数的EBIT的最大降幅如表5-2所示。

表5-2 EBIT的最大降幅

资本结构	DFL	EPS降低率/%	EBIT降低率/%
100%普通股	1	100	100
40%债权，60%普通股	1.25	100	80
50%债权，50%普通股	1.33	100	75

上述结果表明，随着拥有固定资本成本的债权在资本结构中比例的提升，使每股收益降为0的EBIT的变动率在逐渐下降，也就是说，随着财务杠杆的提升，EBIT的变化引起的EPS的变化也在提升。

5.2.4 总杠杆利益与风险

1. 总杠杆的含义

经营杠杆和财务杠杆可以独自发挥作用，也可以综合发挥作用，总杠杆是用来反映二者之间共同作用结果的，即权益资本报酬与产销业务量之间的变动关系。由于固定性经营成本的存在，产生经营杠杆效应，导致产销业务量变动对息税前利润变动有放大作用；同样，由于固定性资本成本的存在，产生财务杠杆效应，导致息税前利润变动对普通股每股收益有放大作用。两种杠杆共同作用，将导致产销业务量稍有变动，就会引起普通股每股收益更大的变动。

总杠杆，是指由于固定经营成本和固定资本成本的存在，导致普通股每股收益变动率大于产销业务量变动率的现象。

2. 总杠杆系数

只要企业同时存在固定性经营成本和固定性资本成本，就存在总杠杆效应。产销量变动通过息税前利润的变动，传导至普通股收益，使得每股收益发生更大的变动。用总杠杆系数（DTL）表示总杠杆效应程度，可见，总杠杆系数是经营杠杆系数和财务杠杆系数的乘积，是普通股盈余变动率与产销量变动率的倍数，其计算公式为：

$$DTL = \frac{普通股盈余变动率}{产销量变动率} \quad (5-19)$$

公式（5-19）经整理，财务杠杆系数的计算也可以简化为：

$$DTL = DOL \times DFL = \frac{基期边际贡献}{基期利润总额} = \frac{基期税后边际贡献}{基期税后利润} \quad (5-20)$$

【例 5-11】 某企业生产经营一种产品，售价 100 元/件，单位变动成本 60 元/件，固定成本 40 万元，每年产销量 2 万件，债务利息 10 万元。计算该公司的总杠杆系数。

解：

$$DTL = \frac{(100-60) \times 2万}{(100-60) \times 2万 - 40万 - 10万}$$

$$= \frac{(100-60) \times 2万}{(100-60) \times 2万 - 40万} \times \frac{(100-60) \times 2万 - 40万}{(100-60) \times 2万 - 40万 - 10万}$$

$$= 2.67$$

3. 总杠杆与公司风险

公司风险包括企业的经营风险和财务风险，反映了企业的整体风险。总杠杆系数反映了经营杠杆和财务杠杆之间的关系，用以评价企业的整体风险水平。在总杠杆系数一定的情况下，经营杠杆系数与财务杠杆系数此消彼长。

总杠杆效应的意义在于以下两点：

（1）能够说明产销业务量变动对普通股收益的影响，所以，可以预测未来的每股收益水平。

（2）揭示了财务管理的风险管理策略，即要保持一定的风险状况水平，需要维持一定的总杠杆系数，经营杠杆和财务杠杆可以有不同的组合。

一般来说，固定资产比重较大的资本密集型企业，经营杠杆系数高，经营风险大，企业筹资主要依靠权益资本，以保持较小的财务杠杆系数和财务风险；变动成本比重较大的劳动密集型企业，经营杠杆系数低，经营风险小，企业筹资主要依靠债务资本，保持较大的财务杠杆系数和财务风险。

一般来说，在企业初创阶段，产品市场占有率低，产销业务量小，经营杠杆系数大，此时企业筹资主要依靠权益资本，在较低程度上使用财务杠杆；在企业扩张成熟期，产品市场占有率高，产销业务量大，经营杠杆系数小，此时，企业资本结构可扩大债务资本比重，在较高程度上使用财务杠杆。

5.3 资本结构

5.3.1 资本结构概述

资本结构及其管理是企业筹资管理的核心问题。如果企业现有资本结构不合理，应通过筹资活动优化调整资本结构，使其趋于科学合理。

1. 资本结构的含义

筹资管理中，资本结构有广义和狭义之分。广义的资本结构是指全部债务与股东权益的构成比例；狭义的资本结构则是指长期负债与股东权益的构成比例。在狭义的资本结构下，短期债务作为劳动资金来管理。本节所指的资本结构，是指狭义的资本结构。

资本结构是在企业多种筹资方式下筹集资金形成的，各种筹资方式不同的组合决定着企业的资本结构及其变化。企业筹资方式虽然很多，但总的来看，可分为债务资本和权益资本两大类。权益资本是企业必备的基础资本，因此资本结构问题实际上也就是债务资本的比例问题，即债务资本在企业全部资本中所占的比重。

不同的资本结构会给企业带来不同的后果。企业利用债务资本进行举债经营具有双重作用，既可以发挥财务杠杆效应，也可能带来财务风险。因此企业必须权衡财务风险和资本成本的关系，确定最佳的资本结构。评价企业资本结构最佳状态的标准应该是能够提高股权收益或降低资本成本，最终目的是提升企业价值。

股权收益，表现为总资产报酬率或普通股每股收益；资本成本，表现为企业的平均资本成本率。根据资本结构理论，当公司平均资本成本最低时，公司价值最大。所谓最佳资本结构，是指在一定条件下使企业平均资本成本率最低、企业价值最大的资本结构。资本结构优化的目标，是降低平均资本成本率或提高普通股每股收益。

从理论上讲，最佳资本结构是存在的，但由于企业内部和外部环境的经常性变化，动态地保持最佳资本结构十分困难。因此在实践中，目标资本结构通常是企业结合自身实际进行适度负债经营所确立的资本结构，是根据满意化原则确定资本结构。

2. 影响资本结构的因素

资本结构，是一个产权结构问题，是社会资本在企业经济组织形式中的资源配置结果。资本结构的变化，将直接影响社会资本所有者的利益。

1）企业经营状况的稳定性和成长率

企业产销业务量的稳定程度对资本结构有重要影响：如果产销业务量稳定，企业可较多地负担固定的财务费用；如果产销业务量和盈余有周期性，则要负担固定的财务费用，将承担较大的财务风险。经营发展能力表现为未来产销业务量的增长率，如果产销业务量能够以较高的水平增长，企业可以采用高负债的资本结构，以提升权益资本的报酬。

2）企业的财务状况和信用等级

企业财务状况良好，信用等级高，债权人愿意向企业提供信用，企业容易获得债务资金。相反，如果企业财务状况欠佳，信用等级不高，债权人投资风险大，这样会降低企业获得信用的能力，加大债务资金筹资的资本成本。

3）企业的资产结构

资产结构是企业筹集资本后进行资源配置和使用后的资金占用结构，包括长短期资产构成和比例，以及长短期资产内部的构成和比例。资产结构对企业资本结构的影响主要包括两点：拥有大量固定资产的企业主要通过长期负债和发行股票融通资金；拥有较多流动资产的企业更多地依赖流动负债融通资金。资产适用于抵押贷款的企业负债较多，以技术研发为主的企业则负债较少。

4）企业投资人和管理当局的态度

（1）从企业所有者（企业投资人）的角度看，如果企业股权分散，企业可能更多地采用权益资本筹资以分散企业风险。如果企业为少数股东控制，股东通常重视企业控股权问题，为防止控股权稀释，企业一般尽量避免普通股筹资，而是采用优先股或债务资金筹资。

（2）从企业管理当局的角度看，高负债资本结构的财务风险高，一旦经营失败或出现财务危机,管理当局将面临市场接管的威胁或者被董事会解聘。因此,稳健的管理当局偏好于选择低负债比例的资本结构。

5) 行业特征和企业发展周期

(1) 不同行业的资本结构差异很大。产品市场稳定的成熟产业经营风险低,因此可提高债务资金比重,发挥财务杠杆作用。高新技术企业产品、技术、市场尚不成熟,经营风险高,因此可降低债务资金比重,控制财务杠杆风险。

(2) 同一企业在不同的发展阶段上,资本结构安排也不同。

在企业初创阶段,经营风险高,在资本结构安排上应控制负债比例;在企业发展成熟阶段,产品产销业务量稳定和持续增长,经营风险低,可适度增加债务资金比重,发挥财务杠杆作用;在企业收缩阶段上,产品市场占有率下降,经营风险逐步加大,应逐步降低债务资金比重,保证经营现金流量能够偿付到期债务,保持企业的持续经营能力,减少破产风险。

6) 经济环境的税务政策和货币政策

要作出资本结构决策,必然要研究理财环境因素,特别是宏观经济状况。政府调控经济的手段包括财政税收政策和货币金融政策,当所得税税率较高时,债务资金的抵税作用大,企业充分利用这种作用以提高企业价值。货币金融政策影响资本供给,从而影响利率水平的变动,当国家执行了紧缩的货币政策时,市场利率较高,企业债务资金成本增大。

5.3.2 资本结构决策

资本结构决策,要求企业权衡负债的低资本成本和高财务风险的关系,确定合理的资本结构。资本结构优化的目标,是降低平均资本成本率或提高企业价值。

1. 每股收益无差别点法

在其他条件相同的情况下,资本结构中债务资本的比重越高,财务杠杆系数越大,当 $EBIT$ 足够高时(至少超过固定利息费用),财务杠杆收益随着 $EBIT$ 的增加而逐渐增大;反之,当 $EBIT$ 较低时,尤其是还没有覆盖固定利息费用时,会给企业带来较大的财务杠杆损失,因此,要根据企业的预期 $EBIT$ 的高低来决定企业资本结构中债务资本的多寡。

要找到不同资本结构下每股收益相同的 $EBIT$,如果预期 $EBIT$ 高于每股收益无差别的 $EBIT$,就选择债务比例大的筹资方案;反之亦然。每股收益无差别点用公式表示如下:

$$\frac{(EBIT_{无差别} - I_1)(1-T) - DP_1}{N_1} = \frac{(EBIT_{无差别} - I_2)(1-T) - DP_2}{N_2} \quad (5-21)$$

当不存在优先股时,可以导出 $EBIT_{无差别}$,如下面公式所示:

$$EBIT_{无差别} = \frac{I_1 \cdot N_2 - I_2 \cdot N_2}{N_2 - N_1} \quad (5-22)$$

公式(5-21)和(5-22)中,$EBIT_{无差别}$为息税前利润平衡点,即每股收益无差别点;I_1、I_2为两种筹资方式下的债务利息;DP_1、DP_2为两种筹资方式下的优先股股利;N_1、N_2为两种筹资方式下的普通股股数;T为所得税税率。

【例5-12】 某公司目前资本结构为:总资本 10 000 万元,其中债务资金 4 000 万元(年利息 400 万元);普通股资本 6 000 万元(普通股 600 万股)。企业需要追加筹资 1 000 万元,有两种筹资方案:

甲方案:增发普通股 100 万股,每股发行价 10 元。

乙方案:向银行取得长期借款 1 000 万元,利息率 12%。

应选择哪种方案？

分析：

根据财务人员测算，追加筹资后，EBIT 可望达到 1 200 万元 所得税税率为 25%，不考虑筹资费用因素。根据上述数据，代入无差别点状态公式：

$$\frac{(EBIT_{无差别} - 400) \times (1 - 25\%)}{600 + 100} = \frac{(EBIT_{无差别} - 400 - 120) \times (1 - 25\%)}{600}$$

得：$EBIT_{无差别} = 1\ 240$（万元）

这里，$EBIT_{无差别}$ 为 1 240 万元，是两个筹资方案的每股收益无差别点。在此点上，两个方案的每股收益相等，均为 0.9 元。企业预期追加筹资后，EBIT 为 1 200 万元，低于无差别点 1 240 万元，应当采用财务风险较小的甲方案，即增发普通股方案。

当企业需要的资本额较大时，可能会采用多种筹资方式组合融资。这时，需要详细比较分析各种组合筹资方式下的资本成本负担及其对每股收益的影响，选择每股收益最高的筹资方案。

2. 综合资本成本比较法

综合资本成本比较法，是指通过计算和比较各种可能的筹资组合方案的平均资本成本，选择平均资本成本率最低的方案。即平均资本成本最低的筹资方案就是能使企业价值最大化的方案。

【例 5-13】 某公司需筹集 10 000 万元长期资本，债权和股权的个别资本成本如表 5-3 所示。

该公司应选择哪个方案？

表 5-3 资本成本与资本结构数据表

筹资方式	资本结构/万元			个别资本成本率/%
	甲方案	乙方案	丙方案	
债券	5 000	4 000	3 000	10
普通股	5 000	6 000	7 000	15
合计	10 000	10 000	10 000	

（1）分别计算三个方案的综合资本成本。

甲方案资本成本 = 50% × 10% + 50% × 15% = 12.5%

乙方案资本成本 = 40% × 10% + 60% × 15% = 13%

丙方案资本成本 = 30% × 10% + 70% × 15% = 13.5%

（2）根据企业筹资评价的其他标准，考虑企业的其他因素，对各个方案进行修正；之后，再选择其中成本最低的方案。本例中，假设其他因素对方案选择的影响甚小，则甲方案的综合资本成本最低。这样，该公司筹资的资本结构为债券 5 000 万元，普通股 5 000 万元。

3. 公司价值分析法

以上两种方法都是从账面价值的角度进行资本结构优化分析，没有考虑市场反应，即没有考虑风险因素。

公司价值分析法,是指在考虑市场风险的基础上,以公司市场价值为标准,进行资本结构优化。即能够提升公司价值的资本结构,就是合理的资本结构。这种方法主要用于对现有资本结构进行调整,适用于资本规模较大的上市公司资本结构优化分析。同时,在公司价值最大的资本结构下,公司的平均资本成本率也是最低的。

设:V 表示公司价值,B 表示债务资本价值,S 表示权益资本价值。公司价值应该等于资本的市场价值,即:

$$V = S + B$$

为简化分析,假设公司各项的 $EBIT$ 保持不变,债务资本的市场价值等于其面值,权益资本的市场价值可通过下面公式计算:

$$S = \frac{(EBIT - I)(1 - T)}{K_s} \tag{5-23}$$

且:

$$K_s = R_f + \beta \times (R_m - R_f) \tag{5-24}$$

此时:

$$K_W = K_b \times \frac{B}{V}(1 - T) + K_s \times \frac{S}{V} \tag{5-25}$$

【例 5-14】 某公司年息税前利润为 500 万元,没有债务资金,股票账面价值 2 000 万元,所得税税率为 40%,该公司认为目前的资本结构不合理,准备采用发行债券来回购部分股票的办法予以调整。目前的债务利率和权益资本成本情况如表 5-4 所示,根据表 5-4 分析该公司的市场价值。

表 5-4 目前的债务利率和权益资本成本情况

债券的市场价值/万元	债务利率/%	β 值	无风险收益率/%	平均风险股票必要收益率/%	权益资本成本/%
0	—	1.20	10	14	14.8
200	10	1.25	10	14	15
400	10	1.30	10	14	15.2
600	12	1.40	10	14	15.6
800	14	1.55	10	14	16.2
1 000	16	2.10	10	14	18.4

该公司市场价值和加权平均资本成本如表 5-5 所示。

可以看出,在没有债务资本的情况下,公司的总价值等于股票的账面价值。当公司增加一部分债务时,财务杠杆开始发挥作用,公司总价值上升,平均资本成本率下降。在债务资本达到 600 万元时,公司总价值最高,平均资本成本率最低。债务资本超过 600 万元后,随着利息率的不断上升,财务杠杆作用逐步减弱甚至显现副作用,公司总价值下降,平均资本成本率上升。因此,债务资本为 600 万元时的资本结构是该公司的最优资本结构。

表 5-5　该公司市场价值和加权平均资本成本

债券的市场价值/万元	股票的市场价值/万元	公司的市场价值/万元	债务利率/%	权益资本成本/%	加权平均资本成本/%
0	2 027	2 027	—	14.8	14.8
200	1 920	2 120	10	15	14.15
400	1 816	2 216	10	15.2	13.54
600	1 646	2 246	12	15.6	13.36
800	1 437	2 237	14	16.2	13.41
1 000	1 109	2 109	16	18.4	14.23

本章案例

1. 案例资料

大宇集团资本结构的神话

韩国第二大企业集团大宇集团（以下简称大宇）1999 年 11 月 1 日向新闻界正式宣布，该集团董事长金宇中以及 14 名下属公司的总经理决定辞职，以表示"对大宇的债务危机负责，并为推行结构调整创造条件"。韩国媒体认为，这意味着"大宇集团解体进程已经完成""大宇集团已经消失"。

大宇集团于 1967 年开始奠基立厂，其创办人金宇中当时是一名纺织品推销员。经过 30 年的发展，通过政府的政策支持、银行的信贷支持和在海内外的大力购并，大宇成为直逼韩国最大企业——现代集团的庞大商业帝国。1998 年年底，总资产高达 640 亿美元，营业额占韩国 GDP 的 5%；业务涉及贸易、汽车、电子、通信设备、重型机械、化纤、造船等众多行业；国内所属企业曾多达 41 家，海外公司数量 600 家，鼎盛时期，海外雇员多达几十万，大宇成为国际知名品牌。大宇是"章鱼足式"扩张模式的积极推行者，认为企业规模越大，就越能立于不败之地，即所谓的"大马不死"。据报道，1993 年，金宇中提出"世界化经营"战略时，大宇在海外的企业只有 15 家，而到 1998 年年底，已增至 600 多家，"等于每 3 天增加一个企业"。更让韩国人为大宇着迷的是：在韩国陷入金融危机的 1997 年，大宇不仅没有被危机困倒，反而在国内的集团排名中由第 4 位上升到第 2 位，金宇中本人也被美国《幸福》杂志评为亚洲风云人物。1997 年年底，韩国发生金融危机后，其他企业集团都开始收缩，但大宇仍然我行我素，结果债务越背越重。尤其是 1998 年年初，韩国政府提出"五大企业集团进行自律结构调整"方针后，其他集团把结构调整的重点放在改善财务结构方面，努力减轻债务负担。大宇却认为，只要提高开工率、增加销售额和出口，就能躲过这场危机。因此，它继续大量发行债券，进行"借贷式经营"。1998 年，大宇发行的公司债券达 7 万亿韩元（约 58.33 亿美元）。1998 年第 4 季度，大宇的债务危机已初露端倪，在各方援助下才避过债务灾难。此后，在严峻的债务压力下，大梦方醒的大宇虽作出了种种努力，但为时已晚。1999 年 7 月中旬，大宇向韩国政府发出求救信号；7 月 27 日，大宇因"延迟重组"，被韩国 4 家债权银行接管；8 月 11 日，大宇在压力下屈服，割价出售两家财务出现问题的公司；8月16日，大宇与债权人达成协议，在1999年年底前，将出售盈利最佳的大宇证券公司，以及大宇电器、大宇造船、大宇建筑公司等，大宇的汽车项目资产免遭处理。"8月16日协议"的达成，表明大宇已处于破产清算前夕，遭遇"存"或"亡"的险境。由于在此后的几个月中，经营依然不善，资产负债率仍然居高不下，大宇最终不得不走向本文开头所述的那一幕。

大宇集团为什么会倒下？在其轰然坍塌的背后，存在的问题固然是多方面的，但不可否认，有财务杠杆的消极作用在作怪。大宇集团在政府政策和银行信贷的支持下，走上了一条"举债经营"之路。试图通过大规模举债，达到大规模扩张的目的，最后实现"市场占有率至上"的目标。1997年亚洲金融危机爆发后，大宇集团已经显现出经营上的困难，其销售额和利润均不能达到预期目的，而与此同时，债权金融机构又开始收回短期贷款，政府也无力再给它更多支持。

正由于经营上的不善，加上资金周转的困难，韩国政府于1999年7月26日下令债权银行接手，对大宇集团进行结构调整，以加快这个负债累累的集团的解散速度。由此可见，大宇集团的举债经营所产生的财务杠杆效应是消极的，不仅难以提高企业的盈利能力，反而因巨大的偿付压力使企业陷于难以自拔的财务困境。从根本上说，大宇集团的解散，是其财务杠杆消极作用影响的结果。

（案例来源：http://wenku.baidu.com/link? url = eNMCy5Jwg8x_rN2FJwZYsxC2dfTtgm_k-U4hBYqERRszoONr4o-7Fq0P5JXyFFjyGpkejoUiwSnMhWgFUzrk2mwdt0SNxfjjS2_os4aJgqe）

2. 思考题

（1）大宇在其发展的数十年中，都是在"举债经营"，分析财务杠杆带给该公司的利与弊。

（2）从资本结构原理的角度分析大宇提出的所谓"大马不死"神话破灭的原因。

（3）大宇公司的发展和破产带给我们怎样的思考和启示？

本章小结

个别资本成本计算的原理是企业现在获得的现金流与未来支付的现金流折现相等时的折现率，短期资金的资本成本计算可以采用简便的、近似的计算方法。分别有银行借款、债券、优先股、普通股和留存收益等资本成本的计算。平均资本成本的计算是在已知个别资本，再以各个资本的价值作为权数计算的加权平均资本成本。边际资本成本是新增资本的资本成本。

由于固定成本的存在产生了杠杆效应，分为经营杠杆、财务杠杆，二者共同作用就是总杠杆。资本结构决策的目标是公司价值最大化，确定最优资本结构的方法有每股收益无差别点法、综合资本成本比较法和公司价值分析法。

本章习题

1. 兴隆公司拟采用普通股、银行贷款和债券三种方式筹资新建一条生产线，预计筹资总额2 000万元，其中股票预计发行100万股，每股发行价10元，筹资费用率为2%，预计第一年每股股利为1元，以后每年按5%的比例递增；银行借款500万元，年利率为10%，期限5年，每年付息一次，借款手续费率为0.1%；债券面值480万元，发行价500万元，票面年利率为5%，5年期，每年付息一次，发行费用率为2%；企业所得税税率为25%，预计该生产线投产后每年可增加净收益250万元。

要求：回答该筹资项目是否可行？

2. 某公司2011年的净利润为750万元，所得税税率为25%。该公司全年固定性经营成本总额为1 500万元，公司年初发行了一种5年期债券，数量为1万张，每张面值为1 000元，发行价格为1 100元，债券年利息为当年利息总额的10%，发行费用占发行价格的2%，计算确定的财务杠杆系数为2。

要求：

根据上述资料计算如下指标：

（1）2011年利润总额。

（2）2011年利息总额。

（3）2011年息税前利润总额。

（4）2011年债券资本成本（采用一般模式，计算结果保留两位小数）。

（5）经营杠杆系数。

3. 2014年A公司销售产品500 000件，单价80元/件，单位变动成本60元/件，固定成本和费用6 000 000元（含利息）。该公司负债3 000 000元，年利率12%。2015年该公司只有销售量增加了100 000件，其余条件不变。

要求：

（1）计算该公司2014年的息税前利润总额；

（2）计算该公司2015年的息税前利润总额；

（3）根据2015年的相对量数据计算该公司2015年的经营杠杆系数；

（4）根据2015年的绝对量数据计算该公司2016年的经营杠杆系数；

（5）假定2016年销售量在2015年的基础上变动+10%，其余条件不变，根据已知的该年经营杠杆系数，计算2016年的息税前利润变动率。

4. A公司目前资本结构为：总资本3 500万元，其中债务资本1 400万元（年利息140万元）；普通股资本210万元（210万股，面值1元，市价5元），资本公积1 000万元，留存收益890万元。公司目前的息税前利润为300万元，企业由于扩大经营规模，需要追加筹资2 800万元，投资一个新项目，所得税税率为25%，不考虑筹资费用因素。有三种筹资方案：

甲方案：增发普通股400万股，每股发行价6元；同时向银行借款400万元，利率保持原来的10%。

乙方案：增发普通股 200 万股，每股发行价 6 元；同时溢价发行 1 600 万元面值为 1 000 万元的公司债券，票面利率 15%。

丙方案：不增发普通股，溢价发行 2 500 万元面值为 2 300 万元的公司债券，票面利率 15%；由于受债券发行数额的限制，需要补充向银行借款 300 万元，利率 10%。

要求：

（1）计算甲方案与乙方案的每股收益无差别点息税前利润。

（2）计算乙方案与丙方案的每股收益无差别点息税前利润。

（3）计算甲方案与丙方案的每股收益无差别点息税前利润。

（4）若公司预计新项目每年可给公司带来新增的息税前利润为 200 万元时，应如何筹资？

（5）若公司预计新项目每年可给公司带来新增的息税前利润为 300 万元时，应如何筹资？

（6）若公司预计新项目每年可给公司带来新增的息税前利润为 500 万元时，应如何筹资？

5. 公司息税前利润为 600 万元，公司适用的所得税税率为 25%，公司目前总资本为 2 000 万元，其中 80% 由普通股资本构成，股票账面价值为 1 600 万元，20% 由债券资本构成，债券账面价值为 400 万元，假设债券市场价值与其账面价值基本一致。该公司认为目前的资本结构不够合理，准备用发行债券购回股票的办法予以调整。经咨询调查，目前债务利息率和权益资本成本率情况如表 5-6 所示。

表 5-6　债务利息率与权益资本成本率

债券市场价值/万元	债券利息率/%	股票的 β 系数	无风险报酬率%	证券市场平均报酬率/%	权益资本成本/%
400	8	1.3	6	16	A
600	10	1.42	6	B	20.2
800	12	1.5	C	16	21
1 000	14	2.0	6	16	D

要求：

（1）填写表 5-6 中用字母表示的空格。

（2）填写表 5-7 中公司市场价值与企业综合资本成本中用字母表示的空格。

表 5-7　公司市场价值与企业综合资本成本

债券市场价值/万元	股票市场价值/万元	公司市场总价值/万元	债券资本比重/%	股票资本比重/%	债券资本成本/%	权益资本成本/%	综合资本成本/%
400	E	F	15.14	84.86	G	H	I
600	2 004.95	2 604.95	23.03	76.97	7.50	20.20	17.27
800	1 800.00	2 600.00	30.77	69.23	9.00	21.00	17.31
1 000	J	K	L	M	N	O	P

（3）根据表 5-7 的计算结果，确定该公司的最优资本结构。

第6章

项目投资决策

学习目标

通过本章的学习，要求学生理解项目投资的含义和种类，掌握项目投资的现金流量测算技术，以及净现值法、现值指数法、内含报酬率法等项目投资决策的贴现评价法及其应用；熟悉静态投资回收期法和会计收益率法等非贴现评价法。

导入案例

李嘉诚的投资特点

在香港人眼里，李嘉诚常常被看作"超人"。当年李嘉诚做塑胶花生意，在"长江"成为世界上最大的塑胶花生产基地，李嘉诚本人被冠以"塑胶花大王"美誉的时候，他急流勇退，转做塑胶玩具。两年后，当别的塑胶花企业产品严重滞销的时候，李嘉诚的塑胶玩具生意却在国际市场大显身手。

20世纪60年代，香港遭遇严重的房地产危机，房地产价格一落千丈。在别人都不看好香港房地产的时候，李嘉诚独具慧眼，觉得香港商业地产潜力无限，并实行"人弃我取"的策略，用低价大量收购地皮和旧楼。不出3年，香港经济复苏，大批当年离港商家纷纷回流，房地产价格随机暴涨，李嘉诚趁机将廉价收购来的房地产高价抛售，并转购具有发展潜力的楼宇及地皮。这也让李嘉诚更加看好房地产行业，随后房地产投资成了李嘉诚的主业。之前李嘉诚的塑胶花生意只是小打小闹，只有这时候的房地产生意才让他真正做大了起来，随着李嘉诚在国内外各个地方大力投资房地产，李嘉诚的商业帝国也开始一步步走强。

总结李嘉诚的投资特点，就是审时度势、知进知退、逆向行动，这是他做投资最厉害的地方。在别人都不看好的时候，他能独具慧眼，每次押宝都能让其赚得盆满钵满。李嘉诚的投资主要走逢低吸纳、见顶抛售路线。在香港的房地产有危机时，他低价买进、高价卖出，2008年以来，他又不断收购海外资产，也是因为金融危机导致资产价格走低。在投资选择上，投资环境和政治环境是李嘉诚在投资时考量的两个重要因素。

（资料来源：http://www.360doc.com/content/15/0208/00/4938641_447133974.shtml）

6.1 项目投资概述

6.1.1 项目投资的意义和分类

投资是指经济主体（包括国家、企业和个人）为了在未来可预见的时期内获得收益或使资金增值，在一定时期向一定领域的标的物投放足够数额的资金或实物等货币等价物的经济行为。从特定企业角度看，投资就是企业为获取收益而向一定对象投放资金的经济行为。投资是企业获得利润的前提，是企业生存和发展的必要手段，是企业降低经营风险的重要途径。

与其他形式的投资相比，项目投资具有投资内容独特（每个项目都至少涉及一项形成固定资产的投资）、投资数额大、影响时间长（至少 1 年或一个营业周期以上）、发生频率低、变现能力差和投资风险高的特点。

1. 项目投资的意义

1) 从宏观角度看，项目投资的意义

（1）项目投资是实现社会资本积累功能的主要途径，也是扩大社会再生产的重要手段，有助于促进社会经济的长期可持续发展。

（2）增加项目投资，能够为社会提供更多的就业机会，提高社会总供给量，不仅可以满足社会需求的不断增长，而且会最终拉动社会消费的增长。

2) 从微观角度看，项目投资的积极意义

（1）增强投资者的经济实力。

投资者通过项目投资，扩大其资本积累规模，提高其收益能力，增强其抵御风险的能力。

（2）提高投资者的创新能力。

投资者通过自主研发和购买知识产权，结合投资项目的实施，实现科技成果的商品化和产业化，不仅可以不断地获得技术创新，而且能够为科技转化为生产力提供更好的业务操作平台。

（3）提升投资者的市场竞争能力。

市场竞争不仅是人才的竞争、产品的竞争，而且从根本上说，是投资项目的竞争。一个不具备核心竞争能力的投资项目，是注定要失败的。无论是投资实践的成功经验还是失败的教训，都有助于促进投资者自觉按市场规律办事，不断提升其市场竞争力。

2. 项目投资的分类

根据不同的划分标准，企业项目投资可作如下分类：

1) 根据投资行为的介入程度，企业项目投资可分为直接投资和间接投资

（1）直接投资是指不借助金融工具，由投资人直接将资金转移交付给被投资对象使用的投资，包括企业内部直接投资和对外直接投资。前者形成企业内部直接用于生产经营的各项资产，如各种货币资金、实物资产、无形资产等。后者形成企业持有的各种股权性资产，如持有子公司或联营公司股份等。

（2）间接投资是指通过购买被投资对象发行的金融工具而将资金间接转移交付给被投

资对象使用的投资,如企业购买特定投资对象发行的股票、债券、基金等。

2)根据投资的方向,企业项目投资可分为对内投资和对外投资

(1)从企业的角度看,对内投资就是项目投资,是指企业将资金投放于为取得供本企业生产经营使用的固定资产、无形资产、其他资产和垫支流动资金而形成的一种投资。

(2)对外投资是指企业为购买国家及其他企业发行的有价证券或其他金融产品(包括期货与期权、信托、保险),或以货币资金、实物资产、无形资产向其他企业(如联营企业、子公司等)注入资金而发生的投资。

3)根据投资回收时间的长短,企业项目投资可分为长期投资和短期投资

(1)短期投资是指准备在一年以内收回的投资,主要指对现金、应收账款、存货、短期有价证券等的投资。

(2)长期投资是指一年以上才能收回的投资(长期投资还可以分为5年以上的长期投资和3~5年的中期投资),主要指对房屋、建筑物、机器设备等能够形成生产能力的物质技术基础的投资,也包括对无形资产和长期有价证券的投资。一般而言,长期投资的风险高于短期投资的风险,与此对应,长期投资的收益通常高于短期投资的收益。长期投资中对房屋、建筑物、机器、设备等能够形成生产能力的物质技术基础的投资,是一种以特定项目为对象,直接与新建或更新改造项目有关的长期投资行为,且投资所占比重较大,建设周期较长,所以称为项目投资。

4)根据不同投资项目之间的相互关系,企业项目投资可分为独立项目投资、互斥项目投资和依存项目投资

(1)独立项目投资指的是项目之间是相互独立的,选择其中的某个项目,不会影响其他项目的选择,在资本不受限制的情况下,可以采纳备选方案中的一个项目或者是多个项目。

(2)互斥项目投资指的是两个项目是相互对立的,选择其中的一个,就不能选择另一个项目。举个简单的例子,你现在手里只有5元钱,要买一瓶饮料、矿泉水和橙汁的价格都是5元/瓶,那么,如果你买矿泉水,就不能买橙汁,反之,就不能买矿泉水。这就是一个互斥的决策。

(3)依存项目投资,是指一个项目的拒绝或接受必须取决于一个或多个其他项目的拒绝或接受,依存项目可能是替代性的,也可能是互补性的。替代性的依存项目的分析应该将所有项目现金流的相互作用都考虑进去。

3. 投资项目的可行性研究

可行性研究实际上就是对你投资的项目在经济上的理性、技术上的可行性的分析论证与判断。可行性研究有广义和狭义之分。

广义的可行性研究包括投资项目决策过程中所有分析论证方面的活动。照此推断,企业投资项目拍板定案之前的有关投资项目的分析论证,均属广义可行性研究,包括投资机会研究、初步可行性研究和详细可行性研究。

狭义可行性研究仅仅指的是详细可行性研究。

可行性研究工作一般依次分为投资机会研究、初步可行性研究、详细可行性研究三个步骤。这三个步骤的关系表现为:研究内容由浅入深,投资与成本估算的精度要求由低到高,

研究工作量由小到大，研究所需的费用由少到多。

1）投资机会研究

企业的投资机会能否转化为投资设想、形成投资方案，并成为现实的投资行为，往往取决于企业是否具备投资的"天时""地利"等外部因素和"人和"等内部因素，即投资机会。显然，投资机会指的是企业投资条件和由构成企业投资环境的条件要素所传递的对企业有利的信息。投资机会研究则指的是企业在一定的地区，根据对投资环境和自身投资条件的分析，寻找最有利的投资机会和可能的投资项目的全部工作，它包括一般机会研究和项目机会研究。

（1）一般机会研究旨在对企业投资方向提出建议，具体又有以下三种方式：

①地区研究，即研究某一地区的投资机会。

②部门研究，即对某一部门的投资机会进行鉴别。

③以资源为基础的研究，即识别以利用自然资源为基础的投资机会。

一般机会研究往往由公共机构完成，但是企业可以根据外部的有关信息，结合自身的条件作出判断与鉴别，并在此基础上进行项目机会研究。

（2）项目机会研究旨在将企业投资设想变为投资建议，它是在一般机会研究作出鉴别之后进行的。

一般而言，在进行投资机会研究时，应对下列情况进行调查、预测与分析：自然环境、地理环境、水文地质条件、气候、自然资源；市场状况、供求关系、同业竞争、价格动向、消费偏好、可替代性、规模经济的要求等；立法与司法、政府、财政政策、金融政策、产业政策（产业技术政策、产业部门政策、产业地区政策）等；技术进步、生产要素成本；国内外类似投资成败的经验教训、企业投资条件分析等。

依照国际惯例，投资机会研究主要是对拟投资项目的投资成本与生产成本进行粗略的估计，估算误差要求在±30%以内，所需经费占投资预算的0.2%~1.0%。当投资机会研究证明该投资项目可行的时候，则应继续进行可行性研究。

投资机会研究完成后，要编制投资项目建议书，为初步选择投资项目提供依据。投资项目建议书是企业生产经营管理者根据对投资机会的判断，向企业最高投资决策者提出的有关投资的建设性文件。投资项目建议书一般包括以下内容：

①投资项目的必要性和主要依据。

②市场预测，包括对国际与国内市场的现状、发展趋势预测，销售与价格预测。

③拟议的投资规模和投资方向（产品方案），包括对投资规模的分析，对投资方向决定的产品方案是否符合产业政策和市场需求的分析。

④投资地点的选择，包括对拟选择地的所选投资方向有直接影响的投资环境要素，如自然条件、社会条件、资源条件、经济条件等影响的初步评价以及对投资地点是否符合国家生产力地区布局要求的初步判断。

⑤主要技术、工艺设想。

⑥投资预算与筹资方案，包括对投资额及其依据的确定，投资来源、投资补偿及措施、方式的选择以及对垫底营运资本数额的估算。

⑦投资周期预计。

⑧投资效益预计，包括对投资收益率、投资回收期、投资净现值、投资贷款偿还期等指

标的粗略测算。

2) 初步可行性研究

初步可行性研究是在投资机会研究的基础上,对拟投资项目的可行性和潜在效益进行技术经济分析,以判断投资机会的价值和拟投资项目的生命力,从而作出有关投资项目的初步选择。

(1) 初步可行性研究应对以下问题进行粗略分析:

①市场需求与现有生产能力。

②生产要素的供给。

③投资地区与厂址选择。

④项目设计。

⑤管理费用。

⑥人力资源。

⑦项目进度。

⑧项目财务效益分析。

(2) 初步可行性研究对拟投资项目的投资成本与生产成本的估算误差要控制在 ±20% 以内,所需经费占投资预算的 0.25%~1.25%。当初步可行性研究通过后,便可进行详细可行性研究。

3) 详细可行性研究

详细可行性研究是企业投资过程中的主要阶段,它是在投资决策前,根据初步可行性研究的结果,在调查与预测的基础上,对拟投资项目进行系统深入的技术经济分析与论证的科学方法和工作阶段。

企业投资的详细可行性研究是企业投资最终决策的直接依据,核心是对拟投资项目的关键所在作深刻、审慎的研究,以利投资决策。具体而言,详细可行性研究应深入有关产品市场、生产方案、资源供应、厂址选择、工艺技术、设备选型、工程实施进度安排、资金筹措计划以及组织管理机构和定员方面各种可能选择的技术方案,进行全面的技术经济分析和比较、选择、评价,应对拟投资项目进行多方案比较和选择,确定并推荐一个可行性的投资方案,进行投资项目准备。在该阶段,务必防止草率和弄虚作假,否则,仍会导致作出错误的投资决策。

6.1.2 项目计算期的构成和项目投资的内容

1. 项目计算期的构成

项目计算期是指投资项目从投资建设开始到最终清理结束整个过程的全部时间,即该项目的有效持续期间。完整的项目计算期包括建设期和生产经营期。

建设期是指从项目资金正式投入开始到项目建成投产为止所需要的时间,建设期的第一年年初称为建设起点(记作第 0 年),建设期的最后一年年末称为投产日;项目计算期的最后一年年末(通常记为第 n 年)称为终结点;从投产日到终结点之间的时间间隔称为生产经营期,而生产经营期又包括投产期和达产期。

假设某企业建设期 4 年,第 5 年年初开始运营,使用寿命 8 年,前 4 年为投产期,后 4 年为达产期。如图 6-1 所示。

图 6-1 项目计算期

2. 项目投资的内容

原始总投资是反映项目所需现实资金水平的一个价值指标。它是指为使项目完全达到设计生产能力、开展正常经营而投入的全部现实资金。从项目投资的角度看，原始总投资等于企业为使项目完全达到设计生产能力、开展正常经营而垫支的全部现实资金。原始总投资包括建设投资和流动资金投资两项具体内容。

1）建设投资

包括固定资产投资、无形资产投资、其他投资（生产准备和开办费投资）。

注意：固定资产投资与固定资产原值不同，固定资产投资不考虑资本化利息。

$$固定资产原值 = 固定资产投资 + 资本化利息$$

2）流动资金投资

流动资金投资是指项目投产前后分次或一次投放于流动资产项目的投资增加额，又称营运资金投资或垫支流动资金。

流动资金投资的计算公式为：

本年流动资金增加额（垫支数）= 本年流动资金需用额 − 截至上年的流动资金投资额

本年流动资金需用额 = 该年流动资产需用额 − 该年流动负债增加额

某年流动资金需用额 = 该年存货需用额 + 该年应收账款需用额 + 该年预付账款需用额 + 该年现金需用额

流动负债增加额 = 应付账款增加额 + 预收账款增加额

注意：原始总投资与项目投资总额不同。项目投资总额是反映项目投资总体规模的价值指标，等于原始总投资与建设期资本化利息之和。

【例 6-1】 某企业拟新建一条生产线，需要在建设起点一次投入固定资产投资 200 万元，在建设期末投入无形资产投资 25 万元。建设期为 1 年，建设期资本化利息为 10 万元，全部计入固定资产原值。流动资金投资合计为 20 万元。计算项目总投资。

解：

$$固定资产原值 = 200 + 10 = 210（万元）$$
$$建设投资 = 200 + 25 = 225（万元）$$
$$原始总投资 = 225 + 20 = 245（万元）$$
$$项目总投资 = 245 + 10 = 255（万元）$$

3. 项目投资决策必须考虑的成本因素

1）相关成本

相关成本是指对企业经营管理有影响或在经营管理决策分析时必须加以考虑的各种形式的成本。相关成本是预计的未来成本。决策是面向未来的，与之相关的成本也只能是未来将要发生的成本。决策不能改变已经发生的历史成本，因而过去发生的历史成本与现在要做的决策毫无关系。

相关成本主要包括以下几项：

(1) 机会成本。

这是指从备选方案中选择某项方案而放弃其他方案可能丧失的潜在利益。这是进行决策时使用的一种成本，是并没有实际发生的假设成本。例如，某企业拥有现金 100 万元，如果存在银行，会产生年利息 5 万元，则 5 万元属于现金持有的机会成本。

(2) 付现成本。

这是指由于某项决策而引起的需要在未来动用现金支付的成本。企业考虑货币的时间价值和资金拮据而筹措困难时，往往充分考虑付现成本。

(3) 重置成本。

这是指目前从市场上购买同样原有资产所需支付的成本。

(4) 差量成本。

这是指两个备选方案的预期成本之间的差异数，是用来确定不同备选方案的经济效益大小的因素。

(5) 边际成本。

这是指单位产量的变动所引起的成本变动额，是用来判断企业最佳生产量的因素。

(6) 可避免成本。

这是指企业可以通过决策行动改变其数额的成本，或是成本发生与否直接同某项备选方案是否选用相关联的成本。

(7) 可延缓成本。

这是指对已决定选用的某一方案如推迟执行，还不致影响企业大局，而与这一方案有关的成本。

(8) 专属成本。

这是指可以明确归属于某种、某批或某个部门的固定成本。

相关成本可以是变动成本，也可以是固定成本。一般而言，变动成本与决策相关，因为它们因可选方案而异，且没有被指定用途，即是非约束性的。与此相反，固定成本则因一般不随可选方案而变，故通常是不相关的。

2) 非相关成本

非相关成本是指与相关成本相对应的成本概念。它是指由于过去的决策已经发生了的，而不能由现在或将来的任何决策改变的成本，因而在决策时可不予考虑。例如，接受特殊订货时，原有固定成本就属于非相关成本，因为即使不接受这批特殊订货，这些固定成本也会照样发生；当有几种方案可供选择时，各种方案都需发生的成本就是非相关成本，如采用不同的生产工艺组织生产时，构成产品实体的原材料在各种生产工艺过程中都要发生，所以这些原材料成本便是非相关成本。不可避免成本、沉没成本等也属于非相关成本。

例如，你花 2 万元考察市场后，发现有两个项目可以选择：A 项目，项目总收入 100 万元，总成本 80 万元；B 项目，项目总收入 120 万元，总成本 90 万元。那么你在考虑这两个项目的现金流时，A 项目的现金流入为 100－80＝20（万元）；B 项目的现金流入为 120－90＝30（万元），此时考察市场花费的 2 万元就是沉没成本，在考虑项目现金流时，不需要考虑它，因为不管你选不选项目或者选择哪个项目，这 2 万元都花了，和现在或将来是没有关系的。

6.1.3 现金流量的测算

由一项长期投资方案所引起的在未来一定期间所发生的现金收支，叫做现金流量。在项目投资决策的各个步骤中，估计投资项目的预期现金流量是项目投资评价的首要环节，也是最重要、最困难的步骤之一。

1. 投资决策时使用现金流量而不是利润指标的理由

1）二者的计量基础不同

企业的财务利润是以权责发生制为基础计算出来的，即收入与支出均要考虑其受益期，不同期间受益就将收入或支出归属于不同的时期，进而得出该期间的利润。而现金流量却不同，它是以收付实现制为基础计算出来的，即不论该笔收入与支出属于哪个会计期间，只要在此期间实际收到或支出的现金，就作为此期间的现金流量。

2）二者包含的内容不同

企业的净利润一般包括营业利润、投资净收益、补贴收入和营业外收支等部分。而现金流量的内容虽然主要是利润，但它还包含了其他组成部分。除包括购买和销售商品、投资或收回投资外，还包括提供或接受劳务、购建或出售固定资产、向银行借款或偿还债务等。

3）二者说明的经济含义不同

财务利润，其数额大小在很大程度上反映了企业在生产经营过程中所取得的经济效益，表明企业在每一会计期间的最终经营成果。而现金流量的多少能清楚表明企业经营周转是否顺畅、资金是否紧缺、支付偿债能力大小，以及是否过度扩大经营规模、对外投资是否恰当、资本经营是否有效等，从而为投资者、债权人、企业管理者提供非常有用的信息。

2. 现金流量的分类

1）按照现金流动的方向分类

可以将投资项目在整个项目计算期内各个时点上实际发生的现金流量分为现金流入量、现金流出量以及流入和流出的差额，又称净现金流量（NCF）。现金流量一般以计息周期（年、季、月等）为时间量的单位，用现金流量图或现金流量表来表示。

现金流量图是一种反映特定系统资金运动状态的图式，即把现金流量绘入一个时间坐标图中，表示出各现金流入、流出与相应时间的对应关系。运用现金流量图，就可全面、形象、直观地表达特定系统的资金运动状态。

现金流量图绘图方法和规则：

（1）以横轴为时间轴，向右延伸表示时间的延续，轴线等分成若干间隔，每一间隔代表一个时间单位，通常是"年"（在特殊情况下，也可以是季或半年等）。时间轴上的点称为时点，通常表示的是该年年末的时点，同时也是下一年的年初。零时点即为第1年开始之时点，代表"现值"的时点。

（2）与横轴相连的垂直箭线代表不同时点的现金流量情况，垂直箭线的长度根据现金流量的大小按比例画出。箭头向下，表示现金流出；箭头向上，表示现金流入。在各箭线的上方（或下方）注明现金流量的数值。

总之，要正确绘制现金流量图，必须把握好现金流量的三要素，即现金流量的大小（现金数额）、方向（现金流入或流出）和时点（现金流量发生的时间）。如图6-2所示。

图6-2 现金流量图

图6-2中箭头向下的 A_1、A_2 为现金流出,发生在第1年年末和第2年年末(注意:现金流出不是必须发生在年末);箭头向上的 $A_1 \sim A_n$ 为现金流入,发生在第3年~第 n 年年末。

2)按照现金流量发生的时间分类

投资活动的现金流量又可以分为初始现金流量、营业现金流量和终结现金流量。因为用这种分类方法计算现金流量比较方便,本章主要分析这三种现金流量包括的内容。

3. 现金流量的估算

1)初始现金流量

初始现金流量是指开始投资时发生的现金流量,一般包括如下几个部分:

(1)固定资产上的投资。

包括固定资产的购入或建造成本、运输成本和安装成本等。

(2)流动资产上的投资。

包括对材料、在产品、产成品和现金等流动资产上的投资。它是指投资项目形成了生产能力,需要在流动资产上追加的投资。由于扩大了企业生产能力,原材料、在产品、产成品等流动资产规模也随之扩大,需要追加投入日常营运资金。同时,企业营业规模扩大后,应付账款等结算性流动负债也随之增加,自动补充了一部分日常营运资金的需要。因此,为该投资垫支的营运资金是追加的流动资产扩大量与结算性流动负债扩大量的净差额。

(3)其他投资费用。

这是指与长期投资有关的职工培训费、谈判费、注册费用等。

(4)原有固定资产的变价收入。

这主要是指固定资产更新时原有固定资产的变卖所得的现金收入。按规定,出售固定资产时(如旧设备),如果出售价高于账面净值,应缴纳所得税,多缴的所得税构成现金流出量;出售资产时发生损失(如出售价低于账面净值),可以抵减当年所得税支出,少缴的所得税构成现金流入量。

2)营业现金流量

营业现金流量是指投资项目投入使用后,在其寿命周期内由于生产经营所带来的现金流入和流出的数量。这种现金流量一般以年为单位进行计算。这里现金流入一般是指营业现金收入。现金流出是指营业现金支出和缴纳的税金。如果一个投资项目的每年销售收入等于营业现金收入,付现成本(指不包括折旧等非付现的成本)等于营业现金支出,那么,年营业净现金流量(NCF)可用下列公式计算:

$$\text{每年营业净现金流量}(NCF) = \text{营业收入} - \text{付现成本} - \text{所得税} \tag{6-1}$$

或:

$$\text{每年营业净现金流量}(NCF) = \text{净利} + \text{折旧} \tag{6-2}$$

或:

每年营业净现金流量（NCF）=营业收入×（1-所得税税率）-付现成本×
（1-所得税税率）+折旧×所得税税率　　（6-3）

3) 终结现金流量

终结现金流量是指投资项目完结时所发生的现金流量，主要包括固定资产的残值收入或变价收入、原有垫支在各种流动资产上的资金的收回、停止使用的土地的变价收入等。

【例6-2】 某公司打算投资一个项目，预计该项目需固定资产投资1 000万元（不需要安装，该资金均为自有资金）。估计每年固定成本为（不含折旧）20万元，变动成本是每件60元。固定资产折旧采用直线法，折旧年限为10年，估计净残值为10万元。另需垫支营运资本30万元。销售部门估计各年销售量均为5万件，该公司可以接受130元/件的价格，所得税税率为25%。则该项目各年的净现金流量为多少？

解：

年折旧额=（1 000-10）/10=99（万元）

表6-1和表6-2为计算结果。

表6-1　投资项目的营业净现金流量表　　　　　　　　万元

项目	第1年	第2~9年	第10年
销售收入	650	650	650
付现成本	300	300	300
折旧	99	99	99
固定成本	20	20	20
税前利润	231	231	231
所得税	57.75	57.75	57.75
税后净利润	173.25	173.25	173.25
营业净现金流量	272.25	272.25	272.25

表6-2　投资项目的现金流量表　　　　　　　　万元

项目	第0年	第1~9年	第10年
固定资产投资	-1 000		
营运资本垫支	-30		
营业净现金流量		272.25	272.25
固定资产残值			10
营运资本回收			30
现金流量合计	-1 030	272.25	312.25

6.2 投资决策评价方法

6.2.1 贴现现金流量法

贴现现金流量法即考虑了货币时间价值因素的投资决策评价指标,主要包括净现值法、现值指数法和内含报酬率等。

1. 净现值法

这种方法使用净现值(NPV),即项目投产后产生的净现金流量的总现值与原始投资现值的差额作为评价投资方案优劣的指标。净现值的计算公式为:

$$净现值(NPV) = \sum_{t=0}^{n} \frac{NCF_t}{(1+i)^t} - \sum_{t=0}^{n} \frac{O_t}{(1+i)^t} \quad (6-4)$$

公式(6-4)中,n 表示投资涉及的年限;NCF_t 表示第 t 年的现金流入量;O_t 表示第 t 年的现金流出量;i 表示预定的贴现率。

1) 采用净现值法评价投资方案的步骤

(1) 测定投资方案各年的现金流量,包括现金流出量和现金流入量。

(2) 设定投资方案采用的贴现率。

确定贴现率的参考标准如下:

① 以市场利率为标准。资本市场的市场利率是整个社会投资报酬率的最低水平,可以视为无风险最低报酬率要求。

② 以投资者希望获得的预期最低投资报酬率为标准。这就考虑了投资项目的风险补偿因素以及通货膨胀因素。

③ 以企业平均资本成本率为标准。企业投资所需要的资金都或多或少地具有资本成本,企业筹资承担的资本成本率水平,给投资项目提出了最低报酬率要求。

(3) 按设定的贴现率,分别将各年的现金流出量和现金流入量折算成现值。

(4) 将未来的净现金流量现值与投资额现值进行比较,若前者大于或等于后者,方案可行;若前者小于后者,方案不可行,说明方案达不到投资者的预期投资报酬率。

【例6-3】 接例6-2,设贴现率为10%,问该方案的净现值是多少?是否投资该项目?

解:
$$NPV = 272.25 \times (P/A, 10\%, 9) + 312.25 \times (P/F, 10\%, 10) - 1\,030$$
$$= 272.25 \times 5.759 + 312.25 \times 0.3855 - 1\,030$$
$$= 659.796(万元)$$

因为 $NPV > 0$,所以该项目可以投资。

2) 净现值法的决策规则

在只有一个备选方案的采纳与否决策中,净现值为正者,则采纳;净现值为负者,不采纳。在有多个备选方案的互斥选择决策中,应选用净现值是正值中的最大者。

3) 净现值法的优缺点

(1) 净现值法是项目投资评价中常用的方法,其主要优点有:

① 考虑了资金时间价值,增强了投资经济性评价的实用性。

② 系统考虑项目计算期内全部现金流量,体现了流动性与收益性的统一。

③考虑了投资风险,项目投资风险可以通过提高贴现率加以控制。

(2) 净现值法也存在某些缺点,主要有:

①净现值是一个绝对数,不能从动态的角度直接反映投资项目的实际收益率。进行互斥性投资决策,当投资额不等时,仅用净现值法有时无法确定投资项目的优劣。

②净现值的计算比较复杂,且较难理解和掌握。

③净现值法的计算需要有较准确的净现金流量的预测,并且要正确选择贴现率,而实际上净现金流量的预测和贴现率的选择都比较困难。

2. 现值指数法

现值指数又称为获利指数,是指未来现金流入现值与现金流出现值的比率,记作 PI。其计算公式为:

$$现值指数(PI) = \frac{\sum_{t=0}^{n} \frac{NCF_t}{(1+i)^t}}{\sum_{t=0}^{n} \frac{O_t}{(1+i)^t}} \qquad (6-5)$$

【例 6-4】 接例 6-2,设贴现率为 10%,问该方案的现值指数是多少?是否投资该项目?

解:
$$PI = [272.25 \times (P/A, 10\%, 9) + 312.25 \times (P/F, 10\%, 10)]/1\ 030$$
$$= 1.641$$

因为 PI > 1,所以该项目可以投资。

1) 现值指数法的决策准则

在只有一个备选方案的采纳与否决策中,现值指数大于 1 时,选取该项目;现值指数小于 1 时,放弃该项目;当有多个互斥项目并存时,选取现值指数最大的项目。

2) 现值指数法的优缺点

(1) 优点:

①考虑了资金时间价值,增强了投资项目经济性评价的可靠性。

②考虑了全过程的净现金流量,体现了流动性与收益性的统一。

③考虑了风险,风险大,则采用高折现率;风险小,则采用低折现率。

④便于不同投资方案的比较。

(2) 缺点:

①净现金流量难预测,折现率高低难掌握。

②无法从动态角度直接反映投资项目的实际收益水平。

3. 内含报酬率法

内含报酬率法是根据投资方案本身的内含报酬率(IRR)来评价方案优劣的一种方法。

所谓内含报酬率(又称内部收益率),是指能够使未来现金流入现值等于未来现金流出现值的贴现率,或者说是使投资方案净现值为零的贴现率。当下,股票、基金、黄金、房产、期货等投资方式已为众多理财者所熟悉和运用。但投资的成效如何,许多人的理解仅仅局限于收益的绝对量,缺乏科学的判断依据。对他们来说,内部收益率指标是个不可或缺的工具。计算公式为:

$$\sum_{t=0}^{n} \frac{NCF_t}{(1+IRR)^t} - \sum_{t=0}^{n} \frac{O_t}{(1+IRR)^t} = 0 \qquad (6-6)$$

1）内含报酬率的计算方法

（1）逐步测算法。

它适合于各期现金流入量不相等的非年金形式。

计算步骤是：

①先估计一个贴现率，用它来计算方案的净现值，在计算净现值的基础上，如果净现值是正值，就要采用这个净现值计算中更高的折现率来测算，直到测算的净现值正值接近于0。

②再继续提高折现率，直到测算出一个净现值为负值。如果负值过大，就降低折现率后再测算到接近于0的负值。

③根据接近于0的相邻正负两个净现值的折现率，用插值法求得内含报酬率。

（2）年金法。

它适合于各期现金流入量相等的年金形式，内含报酬率可通过直接查年金现值系数表来确定，不需要进行逐步测算。

2）内含报酬率的计算实例

(1) 每年的 NCF 相等时，如下例：

【例6-5】 某投资项目的净现金流量如下：$NCF_0 = -100$ 万元，$NCF_{1\sim10} = 20$ 万元。则该项目的内含报酬率为多少？

解：
$$(P/A, IRR, 10) = 100/20 = 5$$

查10年的年金现值系数表：
$$(P/A, 14\%, 10) = 5.2161 > 5$$
$$(P/A, 16\%, 10) = 4.8332 < 5$$

故知：$14\% < IRR < 16\%$，应用内插法计算。

$IRR = 14\% + (5.2161 - 5) \times (16\% - 14\%)/(5.2161 - 4.8332) = 15.13\%$

(2) 每年的 NCF 不相等时，首先必须逐次测算，然后采用内插法进行测算。

【例6-6】 A方案内含报酬率的测算如表6-3所示。

表6-3 A方案内含报酬率的测算

年份	净现金流量/元	贴现率=18%		贴现率=16%	
		贴现系数	现值/元	贴现系数	现值/元
0	(20 000)	1	(20 000)	1	(20 000)
1	11 800	0.847	9 995	0.862	10 172
2	13 240	0.718	9 506	0.743	9 837
净现值			(499)		9

经过以上测算,可以看出该方案的内含报酬率在16%~18%。采用内插法确定,如表6-4所示。

表6-4 采用内插法

贴现率/%	净现值/元
16	9
IRR	0
18	-499

解:

$$\frac{IRR - 18\%}{16\% - 18\%} = \frac{0 - (-499)}{9 - (-499)}$$

$$IRR = 16.04\%$$

3)内含报酬率法的决策规则

在只有一个备选方案的采纳与否决策中,如果计算出的内含报酬率大于或等于企业的资本成本(ic)或必要报酬率,就采纳;反之,则拒绝。在有多个备选方案的互斥选择决策中,选用内含报酬率超过资本成本(ic)或必要报酬率最多的投资项目。

4)内含报酬率法的优缺点

(1)优点:

①内含报酬率反映了投资项目可能达到的报酬率,易于被高层决策人员所理解。

②对于独立投资方案的比较决策,如果各方案原始投资额现值不同,可以通过计算各方案的内含报酬率,并与现值指数法结合,反映各独立投资方案的获利水平。

(2)缺点:

①计算复杂,不易直接考虑投资风险大小。

②在互斥投资方案决策时,如果各方案的原始投资额现值不相等,有时无法作出正确的决策。某一方案原始投资额低,净现值小,但内含报酬率可能较高;而另一方案原始投资额高,净现值大,但内含报酬率可能较低。

4. 单个独立项目的投资决策中,净现值(NPV)、现值指数(PI)、内含报酬率(IRR)三者之间的关系

1)相同点

(1)都考虑了资金时间价值。

(2)都考虑了项目期限内全部的现金流量。

(3)都受建设期的长短、回收额的有无以及现金流量大小的影响。

(4)在评价单一方案可行与否的时候,结论一致。

当净现值>0时,现值指数>1,内含报酬率>资本成本率;

当净现值<0时,现值指数<1,内含报酬率<资本成本率;

当净现值=0时,现值指数=1,内含报酬率=资本成本率。

2)不同点

净现值:绝对指标,衡量投资的效益,受设定折现率的影响,不反映项目投资方案本身的报酬率。

现值指数：相对指标，衡量投资的效率，受设定折现率的影响，不反映项目投资方案本身的报酬率。

内含报酬率：相对指标，衡量投资的效率，不受设定折现率的影响，反映项目投资方案本身的报酬率。

5. 净现值法与内含报酬率法比较分析

净现值法和内含报酬率法是投资项目评估中最受欢迎的两种方法。无论从理论基础还是从计算方法上看，净现值法都要优于内含报酬率法，但在实践中，企业却倾向于采用内含报酬率法进行投资项目评估。

1）净现值法优势分析

净现值是指投资方案未来现金流入现值与未来现金流出现值的差额。净现值为正数，表明项目为投资者创造了财富，投资方案可行，而且，净现值越大越好；净现值为负数，表明投资项目在毁损投资者的财富，投资方案不可行。

净现值法在理论及计算方法上比内含报酬率法更完善，二者主要的差异在于：

（1）对财富增长的揭示形式不同。

尽管净现值和内含报酬率都是衡量投资项目盈利能力的指标，但净现值能直接揭示投资项目对企业财富绝对值的影响，反映投资效益，使投资决策与股东财富最大化目标保持一致；而内含报酬率与企业财富之间的联系不如净现值明显，在互斥投资项目决策中，甚至有可能得出与股东财富最大化目标不一致的结论，因为内含报酬率高的方案，净现值不一定大。如果企业能以现有资金成本获得所需资金，净现值法能帮助企业充分利用现有资金，获取最大投资收益。

（2）再投资假设不同。

①净现值法在投资评价中以实际资金成本作为再投资利率，内含报酬率以项目本身的收益率作为再投资利率。相比而言，净现值法以实际资金成本作为再投资利率更为科学，因为投资项目的收益是边际收益，在市场竞争充分的条件下，边际收益受产品供求关系影响呈下降趋势，投资报酬率超出资金成本的现象是暂时的，超额报酬率会逐步趋向于零。因此，以高于资金成本的内含报酬率作为再投资利率不符合经济学的一般原理。如果以高于资金成本的内含报酬率作为再投资利率，必将高估投资项目收益，是一种不稳健的做法。如表6-5和表6-6所示。

②项目的现金流入量可以再投资，但再投资于原项目的情况是很少的，而投资于其他项目的情况居多。因此，采用原投资项目内含报酬率作为再投资利率缺乏客观性。而净现值法以实际资金成本作为再投资利率，是对投资收益较为合理的预期。

表6-5　各方案现金流量　　　　　　　　　　　　万元

年度	A方案	B方案	C方案	D方案	E方案
0	-10 000	-4 500	-15 000	-15 000	-2 000
1	5 900	600	10 000	0	12 000
2	6 620	3 000	10 000	21 000	-22 000
3	3 000	12 000			

表6-6　各方案净现值及内含报酬率

项目	A方案	B方案	C方案	D方案	E方案
资金成本/%	10	10	5	5	10
净现值/万元	834	779	3 594	4 047	-256
内含报酬率/%	16.04	17.88	21.53	18.32	0

③当各年度现金流量正负号出现多次改变时，内含报酬率有可能存在多重解或无解的情况。如表6-6中的方案E，这是数学上符号规则运行的结果，每次现金流量改变符号，就可能有一个新解出现。而净现值法以固定资金成本作为再投资利率，从而避免了这一问题。

（3）可操作性不同。

确定各年现金流量后，内含报酬率法要求逐步测算项目的投资回报率。对于每年净现金流量不相等的投资项目，一般要经过多次测算才能得出结果，计算过程十分烦琐，并且还存在一定的误差。而净现值的计算过程则相对较为简单，计算结果也更准确。如果项目经济寿命期内存在资金成本变动或通货膨胀，净现值法也比内含报酬率法更易于调整。

2）内含报酬率法优势分析

内含报酬率是指使未来现金流入现值等于未来现金流出现值的折现率，也就是使投资方案净现值为0的折现率。内含报酬率反映了投资项目的真实报酬率和内在获利能力，大于项目资金成本或最低报酬率，则方案可行，并且内含报酬率越大越好；内含报酬率小于项目资金成本或最低报酬率，则方案不可行。虽然净现值法在理论上优于内含报酬率法，但在实际工作中，应用净现值法的企业明显少于应用内含报酬率法的企业。引起这种理论与实践之间偏差的原因主要在于折现率。

因为采用内含报酬率法进行投资项目评估，不需要确定折现率，只需要根据内含报酬率就可以确定投资方案的先后顺序，从而减轻了实际应用的难度。而且，内含报酬率作为相对数指标，能够直观地反映方案本身的获利水平，且不受其他因素的影响，有利于不同投资方案之间的直接比较。

采用净现值法进行投资项目评估，正确选择折现率是关键。因为折现率的高低将影响投资方案的优先顺序，进而影响投资评估的结论。企业可以投资项目的资金成本作为折现率，也可以投资项目的机会成本作为折现率，或者以行业平均资金收益率作为折现率。如果选择的折现率过低，将会使一些经济效益较差的项目通过投资评估，浪费企业有限的资源；如果选择的折现率过高，则会导致一些效益较好的项目不能通过投资评估，从而使企业资金闲置，不能充分发挥现有资源的作用。正是由于应用净现值法时折现率不易确定，故而限制了其应用范围。

内含报酬率倍受青睐，还与投资报酬率指标广泛应用于企业经营者业绩考评密不可分。为了提高业绩考评结果，经营者总是倾向于选择有利于提高企业经营业绩的投资方案。内含报酬率是方案本身的投资报酬率，能直观地反映投资方案的实施对企业经营业绩的影响。因此，投资报酬率指标的风行是内含报酬率得以广泛应用的一个重要原因。

3) 互斥投资项目决策中投资评价方法的选择

在独立投资项目可行性决策中，净现值法和内含报酬率法的结论基本一致，即净现值大于零时，内含报酬率一般也大于项目的资金成本。但在互斥投资项目决策中，两种方法得出的结论可能相反。即使两个互斥投资项目的初始投资和经济寿命都相同，两种方法所得结论仍有可能相反。如在表 6-5 和表 6-6 中，方案 C 和方案 D 的初始投资和经济寿命都相同，方案 C 的净现值小于方案 D 的净现值，但方案 C 的内含报酬率大于方案 D 的内含报酬率。

这是因为净现值法假设项目经济寿命内的净现金流量仍按该项目的资金成本再投资，这样，项目终了时，C 方案的净现金流量终值为：$10\,000 \times (1 + 5\%) + 10\,000 = 20\,500$（元），小于 D 方案的净现金流量终值 21 000 元。因此，如果采用净现值法进行投资评估，会得出 D 方案优于 C 方案的结论。而内含报酬率法假设 C 方案的再投资利率为项目本身的投资报酬率，即 21.53%，其净现金流量终值为：$10\,000 \times (1 + 21.53\%) + 10\,000 = 22\,153$（元），大于 D 方案的净现金流量终值 21 000 元。因此，如果采用内含报酬率法进行投资评价，会得出 C 方案优于 D 方案的结论。

净现值表示在既定资金成本下投资方案所能实现的价值增值，能够满足企业实现股东财富最大化经营目标的需要。内含报酬率表示企业在保本时所适用的折现率，与投资方案本身的价值紧密相关，但不能直接准确地予以表达。因此，对于互斥投资方案，当净现值法和内含报酬率法的结论相矛盾时，应以净现值法所得评估结论为准。

6.2.2 非贴现现金流量法

非贴现现金流量是指不考虑资金时间价值，直接根据不同时期的现金流量分析项目的经济效益的指标。主要有静态投资回收期和会计收益率。

1. 静态投资回收期

投资回收期（PP）是指回收初始投资所需要的时间，一般以年为单位。包括不考虑资金时间价值的静态投资回收期和考虑资金时间价值的动态投资回收期。

1）静态投资回收期的计算方法

（1）如果每年的营业净现金流量（NCF）相等，则投资回收期可按下式计算：

$$投资回收期 = 原始投资额 / 每年 NCF \qquad (6-7)$$

【例 6-7】 A 企业投资 20 万元购入一台设备，无其他投资，投资期为 0，预计使用年限为 20 年，无残值。设备投产后，预计每年可获得净利 4 万元，则该投资的静态投资回收期为多少年？

解：

$$年折旧 = 20/20 = 1（万元），$$
$$年营业净现金流量 = 4 + 1 = 5（万元）$$
$$静态投资回收期 = 20/5 = 4（年）$$

（2）如果每年 NCF 不相等，那么，计算投资回收期要根据每年年末尚未回收的投资额加以确定。

【例 6-8】 某企业拟进行一项固定资产投资，该项目的现金流量表（部分）如表 6-7 所示，则该项目包括建设期的静态投资回收期为多少年？不包括建设期的静态投资回收期为多少年?

表 6-7 该项目各年净现金流量和累计净现金流量   万元

年份	建设期		经营期				
	0	1	2	3	4	5	6
净现金流量	-1 000	-1 000	100	1 000	1 800	1 000	1 000
累计净现金流量	-1 000	-2 000	-1 900	-900	900	1 900	2 900

解:

包括建设期的静态投资回收期 = 3 + |-900|/1 800 = 3.5(年)

不包括建设期的静态投资回收期 = 3.5 - 1 = 2.5(年)

2)静态投资回收期法的决策准则

静态投资回收期指标≤基准投资回收期,则投资项目才具有财务可行性。反之,则不可行。

3)静态投资回收期法的优缺点

投资回收期法的概念容易理解,计算也比较简便。但这一指标没有考虑货币时间价值,没有考虑回收期满后的现金流量状况。

补充资料:

动态投资回收期

动态投资回收期是指在考虑货币时间价值的条件下,以投资项目净现金流量的现值抵偿原始投资现值所需要的全部时间。即动态投资回收期是项目从投资开始起,到累计折现现金流量等于 0 时所需的时间。

求出的动态投资回收期也要与行业标准动态投资回收期或行业平均动态投资回收期进行比较,低于相应的标准,则认为项目可行。

投资者一般都十分关心投资的回收速度,为了减少投资风险,都希望越早收回投资越好。动态投资回收期是一个常用的经济评价指标。动态投资回收期弥补了静态投资回收期没有考虑资金时间价值这一缺点,使其更符合实际情况。其计算公式如下:

PT = (累计折现值出现正值的年数 -1) + 上年累计折现值的绝对值/当年净现金流量的折现值

【例 6-9】 某项目初始投资 2 000 万元,从第一年年末开始每年净现金流量为 480 万元,项目寿命周期 8 年,相关资料如表 6-8 所示。若基准收益率为 10%,则该项目的动态投资回收期为多少?

解:

动态投资回收期 = 5 + |-180.491/270.947| = 5.67(年)

动态投资回收期法考虑了资金时间价值,克服了静态投资回收期法的缺陷,因而优于静态投资回收期法。

但它仍然具有主观性,同样忽略了回收期以后的净现金流量。当未来年份的净现金流量为负数时,动态投资回收期可能变得无效,甚至作出错误的决策。因此,用动态投资回收期法计算投资回收期限并不是一个完善的指标。

表6-8 某项目相关资料　　　　　　　　　　　　　　　　　　　　　　万元

年份	年净现金流量	年净现金流量现值	年净现金流量现值的累计数
0	-2 000	-2 000	-2 000
1	480	436.368	-1 563.632
2	480	396.694	-1 166.938
3	480	360.631	-806.307
4	480	327.846	-478.461
5	480	298.042	-180.491
6	480	270.947	90.528
	…	…	…

2. 会计收益率

会计收益率（ROI）是投资项目寿命周期内平均的年投资报酬率，也称平均投资报酬率。

1）会计收益率的计算公式

$$平均投资报酬率（ROI）= 平均现金流量/原始投资额 \qquad (6-8)$$

【例6-10】 某公司拟建一条生产线，需投资100万元。在建设起点一次投入借入资金100万元，建设期一年，发生建设期资本化利息10万元。预计投产后每年可获净现金流量10万元。

解：

$$投资总额 = 100 + 10 = 110（万元）$$
$$平均投资报酬率 = [10/110] \times 100\% \approx 9.09\%$$

2）会计收益率法的决策规则

在作出接受或拒绝的决策时，要确立最小可接受的收益率。如果会计收益率比这一可接受收益率大，项目可接受；否则，项目要拒绝。

3）会计收益率法的优缺点

优点是简明、易算、易懂。其主要缺点是没有考虑资金时间价值，第一年的现金流量与最后一年的现金流量被看作具有相同的价值，所以有时会作出错误的决策。

6.3 投资决策评价方法的应用

6.3.1 独立项目的投资决策

独立项目是指在决策过程中，一组互相分离、互不排斥的项目或单一的项目。

运用相关指标评价投资项目的财务可行性分析汇总如表6-9所示。

表 6-9 运用相关指标评价投资项目的财务可行性分析汇总

项目	判断标准	具体要求
完全具备财务可行性条件	主要评价指标（净现值、现值指数、内含报酬率）、次要评价指标（静态投资回收期）和辅助指标（会计收益率）都处于可行区间	$NPV \geq 0$，$PI \geq 1$，$IRR \geq ic$，$PP \leq n/2$，$ROI \geq$ 基准总投资收益率
完全不具备财务可行性条件	主要评价指标、次要评价指标和辅助指标都处于不可行区间	$NPV < 0$，$PI < 1$，$IRR < ic$，$PP > n/2$，$ROI <$ 基准总投资收益率
基本具备财务可行性条件	主要评价指标处于可行区间，次要或辅助评价指标处于不可行区间	$NPV \geq 0$，$PI \geq 1$，$IRR \geq ic$，$PP > n/2$，或 $ROI <$ 基准总投资收益率
基本不具备财务可行性条件	主要评价指标处于不可行区间，次要或辅助指标处于可行区间	$NPV < 0$，$PI < 1$，$IRR < ic$，$PP \leq n/2$，或 $ROI \geq$ 基准总投资收益率

6.3.2 互斥项目的投资决策

互斥项目指互相关联、互相排斥的项目，即一组项目中的各个项目彼此可以相互代替，采纳项目组中的某一项目，就会自动排斥这组项目中的其他项目。互斥项目的决策方法有净现值法、差额投资内含报酬率法和年等额净回收额法等。

1. 净现值法

净现值法最适用于原始投资相同且项目计算期相等的多方案比较决策。

【例 6-11】 某公司拟进行一项投资，有 A、B 两个方案可供选择，有关资料如表 6-10 所示。预期投资报酬率均为 10%。

表 6-10 A、B 两个方案有关资料　　　　　　　　万元

年份	A 方案	B 方案
0	(100 000)	(100 000)
1	20 000	40 000
2	25 000	35 000
3	30 000	30 000
4	35 000	25 000
5	40 000	20 000

要求:
计算 A、B 两个方案的净现值并选出最佳方案。

解:
$NPV_A = -100\,000 + 20\,000 \times (P/F, 10\%, 1) + 25\,000 \times (P/F, 10\%, 2) + 30\,000 \times (P/F, 10\%, 3) + 35\,000 \times (P/F, 10\%, 4) + 40\,000 \times (P/F, 10\%, 5)$
$= -100\,000 + 20\,000 \times 0.909\,1 + 25\,000 \times 0.826\,4 + 30\,000 \times 0.751\,3 + 35\,000 \times 0.683 + 40\,000 \times 0.620\,9$
$= 10\,124.74$(万元)

$NPV_B = -100\,000 + 40\,000 \times (P/F, 10\%, 1) + 35\,000 \times (P/F, 10\%, 2) + 30\,000 \times (P/F, 10\%, 3) + 25\,000 \times (P/F, 10\%, 4) + 20\,000 \times (P/F, 10\%, 5)$
$= -100\,000 + 40\,000 \times 0.909\,1 + 35\,000 \times 0.826\,4 + 30\,000 \times 0.751\,3 + 25\,000 \times 0.683 + 20\,000 \times 0.620\,9$
$= 17\,322.46$(万元)

B 方案净现值大于 A 方案,所以 B 方案更合适。

2. 差额投资内含报酬率法

差额投资内含报酬率法又称差额投资内部收益率法,是指在计算出两个原始投资额不相等的投资项目的差量净现金流量的基础上,计算出差额内含报酬率,并据以判断这两个投资项目孰优孰劣的方法。该方法适用于原始投资不相同但项目计算期相同的多个互斥方案的比较决策,不能用于项目计算期不同的方案的比较决策。

差额投资内含报酬率法的决策规则:

当差额投资内含报酬率(差额投资内部收益率)指标大于或等于基准收益率或设定贴现率时,原始投资额大的项目较优;反之,则投资额小的项目为优。差额投资内含报酬率与内含报酬率的计算过程一样,只是所依据的是差量净现金流量。

【例 6-12】 某企业有甲、乙两个可供选择的投资项目,其差量净现金流量如表 6-11 所示。

表 6-11 投资项目差量净现金流量表　　　　　　　　万元

项目	0	1	2	3	4	5
甲项目的净现金流量	-200	128.23	128.23	128.23	128.23	128.23
乙项目的净现金流量	-100	101.53	101.53	101.53	101.53	101.53
ΔNCF	-100	26.70	26.70	26.70	26.70	26.70

要求:
就以下两种不相关情况选择投资项目:
(1) 该企业的行业基准贴现率 i 为 8%;
(2) 该企业的行业基准贴现率 i 为 12%。

解:
根据所给资料可知,差量净现金流量(甲项目的净现金流量 - 乙项目的净现金流量)如下:

$\Delta NCF_0 = -100$ 万元，$\Delta NCF_{1\sim5} = 26.70$ 万元，

$(P/A, \Delta IRR, 5) = 1\,000\,000/267\,000 = 3.7453$

ΔIRR 指差额投资内含报酬率。

用内插法可求得，甲、乙两方案的差额投资内含报酬率 $\Delta IRR = 10.49\%$。

在第（1）种情况下，由于差额投资内含报酬率大于 8%，所以应该选择甲项目。

在第（2）种情况下，由于差额投资内含报酬率小于 12%，所以应该选择乙项目。

【例 6-13】 某企业有一台原始价值 80 000 元、已使用 5 年并预期还可使用 5 年的设备，目前已计提折旧 40 000 元，期满无残值，现在出售，可得价款 20 000 元，使用该设备每年可获得收入 100 000 元，每年付现成本 60 000 元；如果用一台新的设备代替旧设备，购置成本 120 000 元，使用寿命 5 年，期满残值 20 000 元，使用该设备每年可获收入 160 000元，每年付现成本 80 000 元。资本成本 6%，所得税税率为 33%，新旧设备均使用直线法计提折旧。问继续使用旧设备还是更换新设备？

解：

此题固定资产更新决策的原始投资不相同，但项目计算期是相同的，应该用差额投资内含报酬率法进行优选。

$\Delta NCF_0 = -(120\,000 - 20\,000) = -100\,000$（元）

因旧设备提前报废发生处理固定资产净损失抵税 $= [(80\,000 - 40\,000) - 20\,000] \times 33\%$
$= 6\,600$（元）

使用新设备比使用旧设备每年增加的折旧 $= [(120\,000 - 20\,000)/5] - (20\,000/5)$
$= 16\,000$（元）

使用新设备比使用旧设备每年增加的总成本 $= (80\,000 - 60\,000) + 16\,000$
$= 36\,000$（元）

使用新设备比使用旧设备每年可增加的息税前利润 $= (160\,000 - 100\,000) - 36\,000$
$= 24\,000$（元）

使用新设备比使用旧设备每年增加的净现金流量：

$\Delta NCF_1 = 24\,000 \times (1 - 33\%) + 16\,000 + 6\,600 = 38\,680$（元）

$\Delta NCF_{2\sim4} = 24\,000 \times (1 - 33\%) + 16\,000 = 32\,080$（元）

$\Delta NCF_5 = 24\,000 \times (1 - 33\%) + 16\,000 + 20\,000 = 52\,080$（元）

计算差额投资内含报酬率：

设差额投资内含报酬率为 ΔIRR，则有：

$-100\,000 + 38\,680 \times (P/F, \Delta IRR, 1) + 32\,080 \times [(P/A, \Delta IRR, 4) - (P/A, \Delta IRR, 1)] + 52\,080 \times (P/F, \Delta IRR, 5) = 0$

利用内插法求 ΔIRR：

当 $\Delta IRR = 24\%$ 时：

即，$-100\,000 + 38\,680 \times 0.8065 + 32\,080 \times (2.4043 - 0.8065) + 52\,080 \times 0.3411$
$= 217.33$

当 $\Delta IRR = 28\%$ 时：

即，$-100\,000 + 38\,680 \times 0.7813 + 32\,080 \times (2.2410 - 0.7813) + 52\,080 \times 0.2910$
$= -7\,796.86$

即 $\Delta IRR = 24\% + [(217.33 - 0)/217.33 - (-7796.86)] \times (28\% - 24\%)$

$$\Delta IRR = 24.1\% > 6\%$$

由于差额投资内含报酬率大于资本成本率,所以应选择更新设备方案。

3. 年等额净回收额法

年等额净回收额法,又称等额年金法,指在投资额不等且项目计算期不同的情况下,根据各个投资方案的年等额净回收额指标的大小来选择最优方案的决策方法。等额年金法是用于期限不同的互斥方案比较的另一种方法,它比共同年限法要简单。

计算步骤如下:

(1) 计算项目各自的净现值。

(2) 计算净现值的等额年金额 = 净现值/普通年金现值系数。

【例 6 – 14】 某企业拟投资建设一条新生产线。现有三个方案可供选择:A 方案的原始投资为 1 250 万元,项目计算期为 11 年,净现值为 958.7 万元;B 方案的原始投资为 1 100 万元,项目计算期为 10 年,净现值为 920 万元;C 方案的净现值为 – 12.5 万元。行业基准折现率为 10%。

要求:

(1) 判断每个方案的财务可行性。

(2) 用年等额净回收额法作出最终的投资决策(计算结果保留两位小数)。

解:

(1) 判断方案的财务可行性。

因为 A 方案和 B 方案的净现值均大于 0,所以这两个方案都具有财务可行性。

因为 C 方案的净现值小于 0,所以该方案不具有财务可行性。

(2) 比较决策。

A 方案的年等额净回收额 $= 958.7/(P/A, 10\%, 11) = 147.60$(万元)

B 方案的年等额净回收额 $= 920/(P/A, 10\%, 10) = 149.72$(万元)

因为 149.72 > 147.60,所以 B 方案优于 A 方案。

4. 共同年限法

如果两个互斥项目不仅投资额不同,而且项目期限也不同,则其净现值没有可比性。共同年限法是指通过对期限不相等的多个互斥方案选定一个共同的期限,以满足时间可比性的要求,进而根据调整后的净现值来选择最优方案的方法。共同年限法是假设项目可以在终止时进行重置,通过重置使两个项目达到共同的年限,然后比较其净现值。

共同年限法的基本原理是将各方案期限的最小公倍数作为比较方案的期限,进而调整净现值指标,并据此进行多个互斥方案比较决策的一种方法。

1) 共同年限法与等额年金法的对比

共同年限法比较直观,易于理解,但是预计现金流量的工作很难。等额年金法应用简单,但不便于理解。

2) 两种方法存在的共同缺点

(1) 有的领域技术进步快,目前就可以预期升级换代不可避免,不可能原样复制。

(2) 如果通货膨胀比较严重,必须考虑重置成本的上升,这是一个非常具有挑战性的任务,对此,两种方法都没有考虑。

(3) 从长期来看，竞争会使项目净利润下降，甚至被淘汰，对此，分析时也没有考虑。

通常在实务中，只有重置概率很高的项目才适宜采用上述分析方法。对于预计项目年限差别不大的项目，例如8年期限和10年期限的项目，直接比较净现值，不需要做重置现金流的分析，因为预计现金流量和资本成本的误差比年限差别还大。预计项目的有效年限本来就很困难，技术进步和竞争随时会缩短一个项目的经济年限，不断的维修和改进也会延长项目的有效年限。有经验的分析人员，历来不重视10年以后的数据，因其现值已经很小，往往直接舍去10年以后的数据，只进行10年内的重置现金流分析。

【例6-15】假设某公司有A和B两个互斥的投资项目，资本成本是10%。A项目的年限为6年，净现值12 441万元；B项目的年限为3年，净现值为8 324万元。请用共同年限法进行优选。

解：

用共同年限法进行分析：

假设B项目终止时可以进行一次重置，该项目的期限就延长到了6年，与A项目相同。

B项目的净现值 = 8 324 + 8 324 × (P/F, 10%, 3) = 14 577（万元）

经计算，重置B项目的净现值为14 577万元。因此，B项目优于A项目。

6.3.3 资本限额决策

资本限额是指某一特定时期内的资本支出总量必须在预算约束之内，不能超过预算上限。在不超过预算上限的情况下，选择能使每单位资本的投资带来最大价值增量的项目。

在单期预算上限的约束下，按现值指数递减的顺序选择项目，能选出最大限度地增加公司价值的项目组合。

【例6-16】假设某公司当期的资本预算为80 000元，面临如表6-12～表6-15所示一系列的投资机会，各投资项目相互独立。该公司应选择哪个组合?

表6-12 公司多种投资机会比较

项目	初始现金流出量/元	内含报酬率 IRR/%	净现值 NPV/元	现值指数 PI
A	60 000	16	14 000	1.23
B	40 000	20	15 000	1.375
C	40 000	28	40 000	2.00
D	30 000	26	2 000	1.67
E	20 000	25	14 500	1.725
F	10 000	35	12 000	2.20
G	10 000	20	13 000	2.30
H	2 000	18	80	1.04

表 6-13 组合一

项目	内含报酬率/%	净现值/元	初始现金流出量/元
F	35	12 000	10 000
C	28	40 000	40 000
D	26	2 000/54 000	30 000/80 000

表 6-14 组合二

项目	净现值/元	初始现金流出量/元
C	40 000	40 000
B	15 000/55 000	40 000/80 000

表 6-15 组合三

项目	现值指数	净现值/元	初始现金流出量/元
G	2.30	13 000	10 000
F	2.20	12 000	10 000
C	2.00	40 000	40 000
E	1.725	14 500/79 500	20 000/80 000

结论:

通过分析比较。在资本限额的情况下,应该选择"组合三(G、F、C、E)",它们的初始现金流出量为 80 000 元,提供的总净现值为 79 500 元,没有别的项目组合能提供更大的净现值。可见,在单期预算上限的约束下,按现值指数递减的顺序选择项目,能选出最大限度地增加公司价值的项目组合。

6.3.4 通货膨胀的处置

通货膨胀(简称通胀)是指在纸币流通条件下,因货币供给大于货币实际需求,即现实购买力大于产出供给,导致货币贬值,而引起的一段时间内物价持续而普遍上涨的现象。其实质是社会总需求大于社会总供给(供远小于求)。纸币、含金量低的铸币、信用货币,过度发行都会导致通胀。通货膨胀对项目投资决策的影响主要表现在两个方面:一是影响现金流量的估计;二是影响资本成本的估计。

1. 对折现率的影响

$$1 + r_{名义} = (1 + r_{实际}) \times (1 + 通货膨胀率)$$

2. 对现金流量的影响

$$名义现金流量 = 实际现金流量 \times (1 + 通货膨胀率)^n$$

其中，n 是相对于基期的期数。

项目投资决策评价指标的运用原则是：名义现金流量用名义折现率进行折现；实际现金流量用实际折现率进行折现。两种方法计算得到的净现值相等。

【例 6-17】 假设某项目的实际现金流量分别为：$NCF_0 = -100$ 万元，$NCF_1 = 50$ 万元，$NCF_2 = 60$ 万元，$NCF_3 = 50$ 万元。若名义资本成本为 12%，预计年通货膨胀率为 5%，则该项目的净现值为多少万元？

解：

名义现金流量分别为：

第 0 年名义现金流量 = -100 万元

第 1 年名义现金流量 = $50 \times (1+5\%) = 52.5$（万元）

第 2 年名义现金流量 = $60 \times (1+5\%)^2 = 66.15$（万元）

第 3 年名义现金流量 = $50 \times (1+5\%)^3 = 57.88$（万元）

$NPV = -100 + 52.5 \times (P/F, 12\%, 1) + 66.15 \times (P/F, 12\%, 2) + 57.88 \times (P/F, 12\%, 3)$

$= -100 + 52.5 \times 0.8929 + 66.15 \times 0.7972 + 57.88 \times 0.7118$

$= 40.81$（万元）

6.4 风险投资决策方法

所谓风险投资决策，是指项目实施之后出现的后果随机变量的投资决策。风险投资的首要特点就是高风险、高收益。因此，选择一个良好的投资项目对投资成功至关重要。目前，计算机、网络、生物医药等领域是风险投资的热点。

风险投资决策的基本思想是：先对投资项目进行风险分析，按风险程度对各项目未来现金流量进行调整，然后再据此对长期投资决策方案进行评价。

6.4.1 项目风险分析的主要概念

任何投资项目都是有风险的，或者说盈利性是不确定（不稳定）的。在项目分析中，项目的风险可以从三个层次来看待。

1. 项目的特有风险

特有风险是指项目本身的风险，它可以用项目预期收益率的波动性来衡量。通常，项目的特有风险不宜作为项目资本预算时风险的度量。因为有风险项目组合在一起后，单个项目的大部分风险可以在企业内部分散掉。

2. 项目的公司风险

项目的公司风险是指项目给公司带来的风险。项目的公司风险，可以用项目对于企业未来收入不确定的影响大小来衡量。考虑到新项目自身特有的风险可以通过与企业内部其他项目和资产的组合而分散掉一部分，因此应着重考察新项目对企业现有项目和资产组合的整体风险可能产生的增量。

3. 项目的市场风险

项目的市场风险是指新项目给股东带来的风险。从股东角度来看待，项目特有风险被公司资产多样化分散后剩余的公司风险中，有一部分能被股东的资产多样化组合而分散掉，从而只剩下任何多样化组合都不能分散掉的系统风险。

6.4.2 项目风险处置的一般方法

项目风险处置的一般方法是肯定当量法和风险调整贴现率法。实务上被普遍接受的做法是：根据项目的系统风险调整贴现率即资本成本，而用项目的特有风险调整现金流量。

风险调整贴现率法与肯定当量法的比较：二者都是风险投资决策分析的方法。区别是：前者用调整净现值公式中分母的办法来考虑风险，后者是用调整净现值公式中的分子的办法来考虑风险。

1. 肯定当量法

在风险投资决策中，由于各年的现金流量具有不确定性，因此必须进行调整。肯定当量法就是把不确定的各年现金流量，按照一定的系数折算为大约相当于确定的现金流量的数量，然后利用无风险折现率来评价风险投资项目的决策分析方法。

1）肯定当量法的计算步骤

（1）根据投资项目或方案年现金净流量的标准离差率，借助对照表确定约定系数。

（2）根据约定系数对投资项目或方案不确定的年现金净流量进行调整，计算其确定的年现金净流量。

（3）根据投资项目或方案确定的年现金净流量，利用净现值的计算公式，计算投资项目或方案的净现值。

（4）根据净现值法的决策标准，对投资项目或方案的可行性与优劣作出评价与选择。

肯定当量法的核心与关键在于肯定当量系数（简记为 d）的确定。所谓肯定当量系数，是指把不肯定的 1 元现金流量折算成相当于使投资者满意的肯定现金流量的系数。在进行评价时，可根据各年现金流量风险的大小，选取不同的肯定当量系数，当现金流量确定时，可取 $d=1.00$；当现金流量的风险很小时，可取 $1.00 > d \geqslant 0.80$；当风险一般时，可取 $0.80 > d \geqslant 0.40$；当现金流量风险很大时，可取 $0.40 > d > 0$。

$$肯定的现金流量 = 期望现金流量 \times 肯定当量系数$$

肯定当量系数的确定方法一般有理论系数法、经验系数法和换算系数法。这里主要介绍经验系数法。

经验系数法即以反映现金流量期望值风险程度的标准离差率（也称变异系数）表示现金流量的不确定程度。如表 6-16 所示。

表 6-16 标准离差率与肯定当量系数的经验数据

标准离差率（Q）	肯定当量系数（d）
0.00 ~ 0.07	1
0.08 ~ 0.15	0.9
0.16 ~ 0.23	0.8
0.23 ~ 0.32	0.7

续表

标准离差率（Q）	肯定当量系数（d）
0.33~0.42	0.6
0.43~0.54	0.5
0.55~0.70	0.4
…	…

标准离差率反映了投资项目的风险程度，风险越小，则标准差率越小，对应的肯定当量系数就大，可以肯定的现金流量也就越大；反之，风险越大，标准离差率就越大，对应的肯定当量系数也就小，可以肯定的现金流量也小。

【例 6-18】 某公司有 A、B 两个投资方案，各年的现金净流量如表 6-17 所示。无风险利率为 6%，用肯定当量法计算两个方案的净现值。

表 6-17 A、B 两个投资方案现金流量及概率

年份	A 方案		B 方案	
	概率	年现金净流量/万元	概率	年现金净流量/万元
0	1.00	5 000	1.00	2 000
1	0.25	3 000		
	0.5	2 000		
	0.25	1 000		
2	0.2	4 000		
	0.6	3 000		
	0.2	2 000		
3	0.3	2 500	0.1	3 000
	0.4	2 000	0.8	4 000
	0.3	1 500	0.1	5 000

解

A 方案：

$$E_1 = 3\ 000 \times 0.25 + 2\ 000 \times 0.5 + 1\ 000 \times 0.25 = 2\ 000（万元）$$
$$E_2 = 4\ 000 \times 0.2 + 3\ 000 \times 0.6 + 2\ 000 \times 0.2 = 3\ 000（万元）$$
$$E_3 = 2\ 500 \times 0.3 + 2\ 000 \times 0.4 + 1\ 500 \times 0.3 = 2\ 000（万元）$$

用标准差描述 A 方案现金流入的离散趋势：

$$\delta_1 = [(3\,000 - 2\,000)^2 \times 0.25 + (2\,000 - 2\,000)^2 \times 0.5 + (1\,000 - 2\,000)^2 \times 0.25]^{1/2}$$
$$= 707.11 \text{（万元）}$$

$$\delta_2 = [(4\,000 - 3\,000)^2 \times 0.2 + (3\,000 - 3\,000)^2 \times 0.6 + (2\,000 - 3\,000)^2 \times 0.2]^{1/2}$$
$$= 632.46 \text{（万元）}$$

$$\delta_3 = [(2\,500 - 2\,000)^2 \times 0.3 + (2\,000 - 2\,000)^2 \times 0.4 + (1\,500 - 2\,000)^2 \times 0.3]^{1/2}$$
$$= 316.23 \text{（万元）}$$

$$Q_1 = \delta_1 \div E_1 = 707.11 \div 2\,000 = 0.354$$
$$Q_2 = \delta_2 \div E_2 = 632.46 \div 3\,000 = 0.21$$
$$Q_3 = \delta_3 \div E_3 = 316.23 \div 2\,000 = 0.158$$

查表得：$d_1 = 0.6$ $d_2 = 0.8$ $d_3 = 0.8$

$$NPV_A = [(2\,000 \times 0.6)/1.06] + [(3\,000 \times 0.8)/1.06^2] + [(2\,000 \times 0.8)/1.06^3] - 5\,000$$
$$= -388.52 \text{（万元）}$$

B 方案：

$$E_B = 3\,000 \times 0.1 + 4\,000 \times 0.8 + 5\,000 \times 0.1 = 4\,000 \text{（万元）}$$

$$\delta_B = [(3\,000 - 4\,000)^2 \times 0.1 + (4\,000 - 4\,000)^2 \times 0.8 + (5\,000 - 4\,000)^2 \times 0.1]^{1/2}$$
$$= 447.21 \text{（万元）}$$

$$Q_B = 447.21/4\,000 = 0.11$$

查表得：$d_B = 0.9$

$$NPV_B = [(0.9 \times 4\,000)/1.06^3] - 2\,000 = 1\,022.63 \text{（万元）}$$

所以两个方案的优劣顺序为：B > A。

2) 肯定当量法的优缺点

肯定当量法的优点是克服了按风险调整贴现率法夸大远期风险的缺点，可以根据各年不同的风险程度分别采用不同的肯定当量系数。缺点是如何合理确定当量系数是个难题。

2. 风险调整贴现率法

风险调整贴现率法（Risk-adjusted Discount Rate，RADR）是将净现值法和资本资产定价模型结合起来，利用模型依据项目的风险程度调整基准折现率的一种方法。

风险调整贴现率法的基本思路是：对于高风险的项目，采用较高的贴现率去计算净现值；对低风险的项目，用较低的贴现率去计算，然后根据净现值法的规则来选择方案。因此，此种方法的关键在于根据风险的大小确定风险调整贴现率（即必要回报率）。

1）风险调整贴现率法的计算步骤

（1）计算方案各年的现金流入的期望值（E）。

（2）计算方案各年的现金流入的标准差（δ）。

（3）计算方案现金流入总的离散程度，即综合标准差（D）。

$$D = \sqrt{\sum_{t=1}^{n} \frac{\delta_t^2}{(1+i)^{2t}}}$$

（4）计算方案各年的综合风险程度，即综合变化系数（Q）。

$$Q = \text{综合标准差}/\text{现金流入预期现值} = D/EPV$$

（5）根据公式：$K = i + b \cdot Q$，确定项目的风险调整贴现率。

（6）以"风险调整贴现率"为贴现率计算方案净现值，并根据净现值法规则来选择方案。

风险调整贴现率的计算公式：
$$K = i + b \cdot Q$$

式中，K 为风险调整贴现率；i 为无风险贴现率；b 为风险报酬斜率；Q 为风险程度。

【例 6-19】 接例 6-18，两个方案的风险价值系数均为 10%。用风险调整贴现率法计算两个方案的净现值。

解：

A 方案：

计算总的离散程度，即综合标准差 D：

$$D_A = (707.11^2/1.06^2 + 632.46^2/1.06^4 + 316.23^2/1.06^6)^{1/2} = 943.41 \text{（万元）}$$

$$\text{现金流入预期现值}(EPV_A) = 2\,000/1.06 + 3\,000/1.06^2 + 2\,000/1.06^3$$
$$= 6\,236.02 \text{（万元）}$$

所以综合变化系数 $(Q_A) = 943.41/6\,236.02 = 0.15$；

A 方案风险调整贴现率 $K_A = 6\% + 0.15 \times 0.1 = 7.5\%$；

$$NPV_A = [2\,000/1.075] + [3\,000/1.075^2] + [2\,000/1.075^3] - 5\,000$$
$$= 1\,066.47 \text{（万元）}$$

B 方案：

B 方案风险调整贴现率 $K_B = 6\% + 0.11 \times 0.1 = 7.1\%$

$$NPV_B = [4\,000/1.071^3] - 2\,000 = 1\,256.27 \text{（万元）}$$

所以两个方案的优劣顺序为：B > A。

2）风险调整贴现率法的优、缺点

（1）风险调整贴现率法的优点：比较符合逻辑，广泛使用；在竞争的市场环境中，每种项目的效益在将来不同的经济状态下会发生变化，风险调整贴现率法能够通过调整项目在不同经济状态下的现金流贴现率，及时反映并规避市场风险。

（2）风险调整贴现率法的缺点：把时间价值和风险价值混在一起，并据此对现金流量进行折现，意味着风险随时间的推移而加大，夸大了远期风险。

6.4.3 项目系统风险的衡量和处置方法——可比公司法

1. 可比公司法的概念

可比公司法是寻找一个经营业务与待评估项目类似的上市企业，以该上市企业的 β 值推算项目的 β 值，这种方法也称为替代公司法。

运用可比公司法，应该注意替代公司的资本结构已经反映在其 β 值之中，如果替代企业的资本结构与项目所在企业的资本结构显著不同，那么，在估计项目的 β 值时，应该针对资本结构差异作出相应的调整。

2. 调整的基本步骤

1）卸载可比企业财务杠杆

根据可比公司股东权益波动性（一般为股价的波动）估计的 β 值，是含有财务杠杆的 β 值（权益）。可比公司的资本结构与项目所在公司（即目标公司）不同，要将资本结构因素排除，确定可比公司不含财务杠杆的 β 值即 $\beta_{资产}$。该过程通常叫卸载财务杠杆。

$$\beta_{资产} = \beta_{权益} \div [1 + (1 - 所得税税率) \times (负债/权益)]$$

$\beta_{资产}$是假设全部用权益资本融资的 β 值，此时没有财务风险。或者说，此时股东权益的风险与资产的风险相同，股东只承担经营风险，即资产的风险。

2）加载目标企业财务杠杆

根据目标企业的资本结构调整 β 值，该过程称加载财务杠杆。

$$\beta_{权益} = \beta_{资产} \times [1 + (1 - 所得税税率) \times (负债/权益)]$$

3）根据得出的目标企业的 $\beta_{权益}$，计算股东要求的报酬率

$$股东要求的报酬率（CAPM）= 无风险利率 + \beta_{权益} \times 风险溢价$$

如果使用股东现金流量法计算净现值，它就是适宜的折现率。

4）计算目标企业的加权平均资本成本

如果使用实体现金流量法计算净现值，还需要计算加权平均成本：

加权平均成本 = 负债成本 × (1 - 所得税税率) × (负债/资本) + 权益成本 × (权益/资本)

【例6-20】 甲公司主营电池生产业务，现已研发出一种新型锂电池产品，准备投向市场。为了评价该锂电池项目，需要对其资本成本进行估计。无风险利率为4.5%。有关资料如下：

(1) 该锂电池项目拟按照资本结构（负债/权益）30/70进行筹资，税前债务资本成本预计为9%。

(2) 锂电池行业的代表企业是乙、丙公司，乙公司的资本结构（负债/权益）为40/60，股东权益的 β 系数为1.5；丙公司的资本结构（负债/权益）为50/50，股东权益的 β 系数为1.54，权益市场风险溢价为7%。

(3) 甲、乙、丙三个公司适用的企业所得税税率均为25%。

要求：

(1) 使用可比公司法计算锂电池行业代表企业的平均 $\beta_{资产}$、该锂电池项目的 $\beta_{权益}$ 与权益资本成本。

(2) 计算该锂电池项目的加权平均资本成本。

解：

(1) 乙公司的 $\beta_{资产}$ = 1.5/[1 + (1 - 25%) × (4/6)] = 1

丙公司的 $\beta_{资产}$ = 1.54/[1 + (1 - 25%) × (5/5)] = 0.88

行业平均 $\beta_{资产}$ = (1 + 0.88)/2 = 0.94

锂电池项目的 $\beta_{权益}$ = 0.94 × [1 + (1 - 25%) × (3/7)] = 1.24

锂电池项目的权益资本成本 = 4.5% + 1.24 × 7% = 13.18%

(2) 锂电池项目的加权平均资本成本 = 9% × (1 - 25%) × 30% + 13.18% × 70% = 11.25%

本章案例

1. 案例资料

某食品厂多年以来以生产方便食品为主，企业及产品在当地享有盛誉，由于原料价格上涨幅度大，生产方便食品的企业越来越多，竞争十分激烈，去年，企业出现较大的亏损，面临经营困境。如何走出企业发展的低谷？企业决策者经过充分调查分析，决定兴建一个年加工山楂50万公斤的山楂加工厂，企业主要作了以下内部条件分析。

(1) 原料充足。

去年当地山楂总产量 120 万公斤，如果没有特别自然灾害或人为因素影响，山楂产量将逐年增长。

(2) 技术基础。

山楂加工工艺简单，容易掌握，可以利用本企业现有相关技术和设备。此外，当地现有的三个小型山楂加工厂，由于年加工能力有限（总加工能力在 10 万公斤左右），经营管理不善，资金周转十分困难，经双方协商后，这三家小型山楂工厂已经同意被本厂兼并，本厂可利用这三个山楂加工厂原有的一些技术、设备及技术工人。

(3) 交通条件。

产山楂的各乡镇都通公路，产品外销可利用经过当地的铁路运输，因而运输条件具备。

(4) 资金条件。

估计兴建 50 万公斤的山楂加工厂需总投资 65 万元，申请银行贷款 35 万元，企业可自筹 30 万元。能满足建厂和生产的需要。

(5) 加工产品的选择。

以山楂为原料可以加工的产品有果脯、果酱、罐头、山楂汁等，这些产品目前市场需求量大，市场前景乐观。

(6) 经济效益预算。

按当前的产品生产成本和预计产品销售情况，估计企业每年可盈利 60 万元左右，投资回收期为半年。

2. 思考题

(1) 你认为该企业兴建山楂加工厂决策是否合理？并说明理由。

(2) 如认为合理，你觉得他们还需要做些什么？

（资料来源：http://blog.sina.com.cn/s/blog_5fa4d7270100u2vj.html）

本章小结

项目投资具有投资金额大、影响时间长、投资风险大的特点，因此项目投资可行性评估十分重要。固定资产投资等长期投资决策指标根据是否考虑货币的时间价值可以分为两类：静态指标和动态指标。静态指标包括投资回收期、平均投资报酬率，它在评价投资方案的经济效益时，不考虑资金的时间价值，把不同时点的货币看成是等量的，是一种非折现的分析评价方法；动态指标包括净现值、获利指数、内含报酬率等，这是考虑货币时间价值的指标，折现的分析评价方法更能反映和把握客观实际状况，是现代投资决策中广泛应用的方法。而作为动态指标的净现值更是一个十分重要的分析评价指标。

所谓风险投资决策，是指项目实施之后出现的后果随机变量的投资决策。风险投资的首要特点就是高风险、高收益。因此，选择一个良好的投资项目对投资成功至关重要。在项目分析中，项目的风险可以从三个层次来看待，即项目的特有风险、项目的公司风险和项目的市场风险。项目风险处置的一般方法是肯定当量法和风险调整贴现率法。实务上被普遍接受的做法是：根据项目的系统风险调整贴现率即资本成本，而用项目的特有风险调整现金流量。项目系统风险的衡量和处置方法是可比公司法。可比公司法是寻找一个经营业务与待评估项目类似的上市企业，以该上市企业的 β 值推算项目的 β 值，这种方法也称为替代公司法。

本章习题

1. 某企业准备投资 4 000 万元引进一条生产线,该生产线有效期为 8 年,采用直线法折旧,期满无残值。该生产线当年投产,预计每年可实现现金净流量 800 万元。如果该项目的贴现率为 8%,请回答以下互不相关的问题。

要求:

(1) 计算其净现值并评价该项目的可行性。

(2) 假设该生产线有期末残值 700 万元,其他条件不变,则根据净现值如何作出决策?

(3) 假设建设期为 2 年,其他条件保持不变,则其净现值是多少?

(4) 假设建设期为 2 年,第一年、第二年年初各投资 2 000 万元,其他条件保持不变,则如何根据净现值作出决策?

2. 某投资项目建设期 2 年,在建设期初投入设备资金 100 万元,在第二年年初投入设备资金 50 万元,在建设期末投入垫支营运资本 50 万元。项目投产后,使用寿命 8 年,每年可增加销售产品 32 000 件,每件单价 120 元,每件经营付现成本 60 元。设备采用直线折旧法,期末有 8% 的净残值。企业所得税税率为 25%,资金成本率为 18%。

要求:

(1) 计算该项目的各年现金净流量。

(2) 计算该项目的净现值,并判别该方案是否可行。

3. 某企业拟用一台新设备代替目前正在使用的一台旧设备。旧设备的账面净值为 40 000 元,剩余寿命为 5 年,5 年后的残值为 5 000 元。如果现在出售,可得价款 35 000 元。新设备的买价和安装费共计 68 000 元,可使用 5 年,5 年后的残值为 18 000 元,新旧设备都采用直线折旧法计提折旧。使用新设备,每年可增加销售收入 9 000 元,并使付现成本降低 4 000 元,企业所得税税率为 25%,资本成本率为 10%。

要求:

(1) 分析计算利用新设备所增加的投资额。

(2) 分析计算利用新设备每年所增加的营业现金流量及终结现金流量。

(3) 分析是否应更新旧设备。

4. 某企业拟用一台新设备代替目前正在使用的一台旧设备。旧设备的账面净值为 40 000 元,剩余寿命为 5 年,5 年后的残值为 5 000 元。如果现在出售可得价款 35 000 元。新设备的买价和安装费共计 68 000 元,可使用 5 年,5 年后的残值为 18 000 元,新旧设备都采用直线折旧法计提折旧。使用新设备每年可增加销售收入 9 000 元,并使付现成本降低 4 000 元,企业所得税税率为 25%,资本成本率为 10%。

要求:

(1) 分析计算利用新设备所增加的投资额;

(2) 分析计算利用新设备每年所增加的营业现金流量及终结现金流量;

(3) 分析是否应更新旧设备。

5. 某公司需要新建一个项目，现有甲、乙两个备选方案。甲方案的原始投资额为1 000万元，在建设起点一次投入，项目的计算期为6年，净现值为150万元。乙方案的原始投资额为950万元，在建设起点一次投入，项目的计算期为4年，建设期为1年，运营期每年的净现金流量为500万元。该项目的折现率为10%。

要求：

（1）计算乙方案的净现值。

（2）用年等额净回收额法作出投资决策。

（3）用共同年限法作出投资决策。

6. 正大公司现有5个投资项目可供选择，资本限额为600万元，这些项目的获利能力指数、投资规模和净现值如表6-18所示。

表6-18　正大公司5个投资项目的相关资料

项目	获利能力指数（PI）	投资规模/万元	净现值/万元
A	2.0	400	400
B	1.5	100	50
C	2.2	250	300
D	0.9	150	-15
E	2.5	200	300

请作出最佳组合决策。

7. 某企业准备投资一个工业建设项目，其资本成本为10%，分别有甲、乙、丙三个方案可供选择。

（1）甲方案的有关资料如表6-19所示。

表6-19　甲方案的有关资料　　　　　　　　　　　　　　　　　　　　元

项目	0	1	2	3	4	5	6	合计
净现金流量	-50 000	0	20 000	20 000	10 000	20 000	30 000	—
折现的净现金流量	-50 000	0	16 528	15 026	6 830	12 418	16 935	17 737

已知甲方案的投资在建设期起点一次投入，等额年金为4 073元。

（2）乙方案的项目计算期为8年，净现值为40 000元，等额年金为7 498元。

（3）丙方案的项目计算期为12年，净现值为60 000元。

要求：

（1）计算或指出甲方案的下列指标：

①建设期。

②包括建设期的静态回收期。

(2) 计算丙方案净现值的等额年金。

(3) 假设各项目重置概率均较高，要求按共同年限法计算甲、乙、丙三个方案调整后的净现值（计算结果保留整数）。

(4) 分别用等额年金法和共同年限法作出投资决策。

8. 假设某方案的名义现金流量如表6-20所示，实际折现率为8%，预计一年内的通货膨胀率为4%。

表6-20 某方案的名义现金流量   万元

时间	0	1	2	3	4
名义现金流量	-9 500	4 250	4 280	3 180	1 200

要求：计算该方案的净现值。

9. 某企业拟进行一项固定资产投资，该项目的现金流量表（部分）如表6-21所示。

表6-21 该项目的现金流量

时间	建设期		经营期					合计
	0	1	2	3	4	5	6	
净现金流量	-1 000	-1 000	100	1 000	B	1 000	1 000	2 900
累计净现金流量	-1 000	-2 000	-1 900	A	900	1 900	2 900	—
折现净现金流量	-1 000	-943.4	89	839.6	1 425.8	747.3	705	1 863.3

要求：

(1) 计算表6-21中用英文字母表示的项目的数值；

(2) 计算或确定下列指标：

①包括建设期的静态投资回收期、不包括建设期的静态投资回收期；

②净现值；

③获利指数；

(3) 评价该项目的财务可行性。

第7章

证券投资决策

学习目标

掌握企业证券投资的目的、种类、特点与估价方法;掌握债券和股票投资的风险与收益率的计算方法;了解影响证券投资决策的因素;了解基金投资的运作,掌握基金投资的估价方法。

导入案例

巴菲特投资案例

集"当代最伟大的投资者""华尔街股神""20世纪八大投资大师榜首"等众多称号于一体的巴菲特,其成功投资之道值得所有投资人深入学习和研究。巴菲特开创伯克希尔公司之后的几乎每一个投资案例,都堪称传世经典。

说起可口可乐,恐怕很少有人会说不知道吧。可以说在某种意义上,可口可乐早已与好莱坞一起,成为美国文化的世界象征了。而可口可乐公司的股票,正是巴菲特从买入之日起就一直坚定持有,并且屡次公开声明希望永久性保留的股票。

巴菲特之所以如此看好可口可乐的股票,其原因正在于可口可乐公司是当之无愧的满足"巴菲特选股三步曲"全部要求的超级明星企业。"第一步,选择具有长期稳定性的产业;第二步,在产业中选择具有突出竞争优势的企业;第三步,在优势公司中优中选优,选择竞争优势具有长期可持续性的企业。"在美国和西方国家,饮料是一个具有相当长期稳定性的产业。可口可乐从创建至今,数百年来一直稳执美国乃至世界软饮料界之牛耳,霸主地位无人可撼动。众所周知,可口可乐的配方,始终是世界上最昂贵的商业机密之一;可口可乐的品牌,也始终是最具商业价值的世界品牌之一。它唯一有力的竞争对手——百事可乐尽管使出浑身解数,倾尽全力追赶,却仍然无法超越这座饮料界巅峰而始终只能屈居第二。强大的长期持续竞争优势,使可口可乐成为基业长青的巴菲特首选投资目标企业。

从1977—2003年,16年间,巴菲特持有可口可乐股票从未动摇过,投资收益率高达681.37%。尽管这期间可口可乐也一度出现过业绩下滑,但巴菲特坚持相信对其强大长期竞争优势的判断,决不把股价的一时涨跌作为持有还是卖出的标准。1997年,可口可乐的股票资产回报率为56.6%，1998年下滑到42%，1999年更跌至35%。许多投资者纷纷抛售可口可乐的股票，但巴菲特不为所动。他继续坚决持有可口可乐公司股票，并与董事会一起解雇了可口可乐原CEO艾维斯特，聘任达夫为新CEO。果然，不久之后，可口可乐就重振雄风，为巴菲特继续创造高额投资回报。

选择股票，真正有决定意义的，是公司久经考验的长期持续竞争优势，这就是巴菲特投资可口可乐公司给我们的最大启示。

（资料来源：http://blog.sina.com.cn/s/blog_9962d1c10100xfnh.html）

7.1 证券投资概述

7.1.1 证券的概念和分类

1. 证券的概念

证券是以证明或设定权利为目的所作成的书面凭证。证券有广义和狭义之分。

广义的证券是证明持券人享有一定经济权益的书面凭证，包括资本证券、货币证券和商品证券。资本证券是证明持有人享有所有权或债权的书面凭证，持券人对一定本金带来的收益享有请求权，如股票、债券等；货币证券是证明持券人享有货币请求权的书面凭证，如银行卡、汇票、本票、支票等；商品证券是证明持券人享有商品请求权的书面凭证，如货单、货运单、栈单等。狭义的证券专指资本证券，是指具有票面金额，证明持券人享有所有权和债权的书面凭证，以及具有等同于书面效力的凭证。

证券法规范的证券，具有以下三个方面的法律特征：

1）证券是具有投资属性的凭证

就证券的持有人而言，无论其购买证券还是在证券市场上转让证券，几乎都是以追求投资回报最大化为目的的，或者说都把自己对证券的投入或回收的资金作为投资资本来看待的。所以，证券是投资者权利的载体，投资者的权利是通过证券记载，并凭借证券获取相应收益的。

2）证券是证明持券人拥有某种财产权利的凭证

证券体现一定的财产权利，如，股票代表着股权，债券则体现的是债权。证券是一种有待证实的资本，证券虽然可以在兑现前为持券人带来不特定的或约定的收益，但是证券本金的投资回报还须视股票市场行情或义务人的经济状况而定。

3）证券是一种可以流通的权利凭证

即证券具有可转让性和变现性，其持有者可以随时将证券转让出售，以实现自身权利。

2. 证券的分类

按照不同的标准，可以对证券进行多种分类。我国目前发行和流通的证券主要有以下几类：

1）股票

股票是股份公司为筹集资金而发行给股东作为持股凭证并借以取得股息和红利的一种有价证券。每股股票都代表股东对企业拥有一个基本单位的所有权。股票是股份公司资本的构成部分，可以转让、买卖或作价抵押，是资金市场的主要长期信用工具。股票投资是一种没有期限的长期投资。股票一经买入，只要股票发行公司存在，任何股票持有者都不能退股，即不能向股票发行公司要求抽回本金。同样，股票持有者的股东身份和股东权益就不能改变，但他可以通过股票交易市场将股票卖出，使股份转让给其他投资者，以收回自己原来的投资。

由于股票包含的权益不同，股票的形式也就多种多样。一般来说，股票可分为普通股股票和优先股股票。

2) 债券

债券是政府、金融机构、公司企业等单位依照法定程序发行的、约定在一定期限还本付息的有价证券。债券是一种债权凭证，是一种到期还本付息的有价证券，它具有风险性小和流通性强的特点。

理论上，债券按发行主体不同可分为三大类：企业、公司债券；金融债券；政府债券。此外，债券的实际品种还包括上市公司可转换债券等。

3) 基金券

基金券或称基金受益凭证，是证券投资信托基金发给投资者，用以记载投资者所持基金单位数的凭证。投资者按其所持基金券在基金中所占的比例来分享基金盈利、分担基金亏损。与股票、债券相比，基金券的特点是：基金券是一种无面额证券；基金券的持有人一般不直接参加对基金的管理，基金的具体业务活动由经理公司承担，即"专家理财"；通常认为，基金券的市场价格波动风险较股票低，但是比债券尤其是政府债券高。

此外，我国证券市场还存在认股权证。认股权证是股份有限公司给予持证人的无限期或在一定期限内，以确定价格购买一定数量普通股份的权利凭证。这是持证人认购公司股票的一种长期选择权，它本身不是股权证书。认股权证能依法转让，给持有人带来很大收益，因而也是一种有价证券。各种形式的认股权证在有些国家仍然存在。

7.1.2 证券投资分析

证券投资（Investment in Securities）是指投资者（法人或自然人）购买股票、债券、基金券等有价证券以及这些有价证券的衍生品，以获取红利、利息及资本利得的投资行为，是间接投资的重要形式。

1. 证券投资主体

证券投资主体指向证券市场投入资金以获得预期收益的自然人和法人。它和其他投资主体一样，需要有可供投资的资金，能够自主地进行投资决策，可以享受证券的收益权，并相应地承担投资的风险。证券投资主体可以分为四类：

1) 个人投资者

主要指从事证券投资的境内外居民个人，也包括居民合伙投资者，俗称散户。

2) 机构投资者

主要指投资基金、养老保险基金、商业保险公司、投资信托公司等法人投资主体。

3) 企业投资者

指各类以营利为目的的工商企业。它们用于证券投资的资金主要是企业积累资金或暂时闲置的营运资金。

4）政府投资者

包括中央政府、地方政府和政府部门投资者。

2. 证券投资的种类

随着金融市场的发展，可供投资者选择的投资工具越来越多，总体上可以分为传统金融工具和衍生金融工具，目前我国主要是传统金融工具，有价证券作为资本市场的主要工具，包括股票、债券和投资基金。随着我国金融市场的逐步开放发展，金融期货（外汇期货、利率期货、股指期货等）和期权（股票期权、利率期权、货币期权、金融期货期权以及互换期权等）等衍生金融工具也会成为投资者选择的对象。

3. 证券投资的构成要素

1）证券投资收益

这是指从事证券投资的投资收益。即证券投资的全部收入或报酬。主要包括当前收入（股息、利息）和资本收益（证券买卖差价收益）两部分。它包括当前收益（如股息）和证券价格的增值（或贬值）所带来的资本利得（或损失）两部分，可根据不同的计算方法形成不同的收益率。

2）证券投资风险

这是指影响证券投资收益的各种不确定性。一般分为系统风险和非系统风险，两者之和称为总风险。证券投资的风险主要有公司经营风险、公司信用风险、市场利率风险、货币购买力风险等。前两种风险，是证券投资的局部性风险，也称非系统性风险；后两种风险是在证券市场中所有的证券投资者须面临的风险，也称系统性风险。

3）证券投资时间

这是指投资者作出投资决策并进行投资的时间。在证券市场上，证券买卖时间的选择是交易成功与否的关键，争取在最有利的时机买进或卖出证券，是证券投资者投资成功的要诀。此外，投资者还需考虑投资时间的长短，投资时间的长短取决于不同时期证券投资的收益、风险及其评价。时间要素对于中长期证券投资来说，并不是一个重要的制约因素，但对于短期证券投资，情况则会大不一样，从事短期证券投资必须具备充裕的时间。

4. 证券投资的原则

1）收益与风险最佳组合原则

在证券投资中，收益与风险形影相随，是一对相伴而生的矛盾。要想获得收益，就必须冒风险。解决这一矛盾的办法是：在已定的风险条件下，尽可能使投资收益最优化；在已定的收益条件下，尽可能使风险减小到最低限度。这是投资者必须遵循的基本原则。

2）分散投资原则

证券投资是风险投资，它可能给投资者带来很高的收益，也可能使投资者遭受巨大的损失。为了尽量地减少风险，必须进行分散投资。分散投资可以从两个方面着手：一是对多种证券进行投资。二是在进行多种证券投资时，应把握投资方向，将投资分为进攻性和防御性两部分进行投资。

3）理性投资原则

证券市场由于受到各方面因素的影响而处在不断变化之中，谁也无法准确预测到行情的变化。这就要求投资者在进行投资时，不能感情用事，而应该冷静而慎重，善于控制自己的情绪，不要过多地受各种传言的影响，对各种证券加以细心地比较，最后才决定投资的对象。

4）剩余资金投资原则

投资必须有资金来源。资金来源无非是两个部分：一部分是自有资金，另一部分是借入资金。采取借入资金进行证券投资是不可取的，这是因为证券投资是一种风险较大的经济活动。妥善可靠的做法是利用剩余的长时间有可能闲置的资金进行证券投资。

5）能力充实原则

每个投资者都应该不断培养自我证券投资的能力，而这种能力的基础是投资知识和经验。掌握投资知识是从事投资的重要条件，没有知识的投资是盲目的投资，十有八九是要失败的。证券投资知识包括与证券有关的金融知识、法律知识、数学知识等。

5. 证券投资分析方法

1）基本分析

这是根据经济学、金融学、投资学等基本原理推导出结论的分析方法。

理论基础：任何一种投资对象都有一种可以称为内在价值的固定基准，且这种内在价值可以通过对该种投资对象的现状和未来前景的分析而获得；市场价格和内在价值之间的差距最终会被市场所纠正，因此市场价格低于（或高于）内在价值之日，便是买（卖）机会到来之时。主要内容包括宏观经济分析、行业分析和公司分析三大内容。

2）技术分析

这是根据证券市场自身变化规律得出结果的分析方法。

其理论基础建立在三个假设之上：市场的行为包含一切信息、价格沿趋势移动、历史会重复。技术分析方法包括K线理论、切线理论、形态理论、技术指标理论、波浪理论和循环周期理论等。

3）证券组合分析法

这是根据投资者对收益率和风险的共同偏好，以及投资者的个人偏好确定投资者的最优证券组合并进行组合管理的方法。以多元化证券组合来有效降低非系统性风险，是该分析方法运用的出发点。

现代证券组合管理理论：马柯威茨的均值方差模型是证券组合分析首要的理论基础，夏普的"单因素模型""多因素模型"和夏普、特雷诺、詹森的资本资产定价模型（CAPM）以及罗斯的套利定价模型（APT），又进一步扩充了该方法在实践运用中的理论基础。

7.1.3 证券投资的风险和收益

在证券投资里，收益和风险是相对应的，投资者投资的目的是得到利益，与此同时，又不可避免地面临着风险。

1. 证券投资的风险

1）系统性风险

（1）政策风险。

主要是指因财政政策、货币政策、产业政策、地区发展政策等国家宏观政策发生明显变化，导致证券市场大幅波动，影响证券投资收益而产生的风险。

（2）经济周期风险。

指随着经济运行的周期性变化，证券市场的收益水平呈周期性变化，证券投资的收益水平也会随之变化。

（3）利率风险。

金融市场利率的波动会导致证券市场价格和收益率的变动。

（4）通货膨胀风险。

如果发生通货膨胀，投资于证券所获得的收益可能会被通货膨胀抵消，从而影响金融资产的保值增值。

2）非系统性风险

（1）上市公司经营风险。

如果所投资的上市公司经营不善，其股票价格可能下跌，或者能够用于分配的利润减少，使证券投资收益下降。

（2）操作风险和技术风险。

证券投资的相关当事人在各业务环节的操作过程中，可能因内部控制不到位或者人为因素造成操作失误或违反操作规程而引发风险。

（3）管理和运作风险。

证券投资人的专业技能、研究能力及投资管理水平直接影响到其对信息的占有、分析和对经济形势、证券价格走势的判断，进而影响投资收益水平。

（4）信用风险。

即证券在交易过程中可能发生交收违约或者所投资债券的发行人违约、拒绝支付到期本息等情况，从而导致金融资产投资损失。

2. 证券投资的收益

证券投资的收益包括两部分：

1）所得利得

即根据证券发行者经营的成果定期取得的收益，如债券利息、股息。

2）资本利得

即在证券流通市场上通过买卖证券所实现的差价收益。

证券投资收益，既可以用相对数表示，也可以用绝对数表示，而在企业财务管理中，通常使用相对数，即用投资收益率来反映。

7.2 债券投资

7.2.1 债券投资的目的和特点

1. 债券投资的目的

企业进行短期债券投资的目的主要是合理利用暂时闲置资金，调节现金余额，获得收益。企业进行长期债券投资的目的主要是获得稳定的收益。

2. 债券投资的特点

1）投资期限方面

不论长期债券投资，还是短期债券投资，都有到期日，债券到期应当收回本金，投资应考虑期限的影响。

2）权利义务方面

从投资权利来说，在各种投资方式中，债券投资者的权利最小，无权参与被投资企业的经营管理，只有按约定取得利息，到期收回本金的权利。

3）收益与风险方面

债券投资收益通常是事前预定的，收益率通常不及股票高，但具有较强的稳定性，投资风险较小。

7.2.2 债券投资价值

债券价值是指进行债券投资时投资者预期可获得的现金流入的现值。债券的现金流入主要包括利息和到期收回的本金或出售时获得的现金两部分。债券内在价值的大小是投资人决策的依据，当债券的内在价值高于它的市价时，投资人倾向于购入，反之，该债券就会被视为不理想的债券。在判断债券的理想程度时，通常要计算内在价值减报价后的净现值，视净现值大小为决策依据。

$$债券价值 = 未来各期利息收入的现值合计 + 未来到期本金或售价的现值 \quad (7-1)$$

其中，未来的现金流入包括利息、到期的本金（面值）或售价（未持有至到期）。

1. 债券估价的基本模型

典型的债券是固定利率、分期利息、到期归还本金的债券，按照这种债券的特点，人们归纳出债券估价的基本模型。

$$PV = I \times (P/A, i, n) + M \times (P/F, i, n)$$

其中，PV 代表债券价值；M 代表债券到期日的票面价值；I 代表债券分期利息。

【例 7-1】 某种债券的面值是 1 000 元，息票利率是 9%，要求的债券必要收益率为 11%，债券到期日为 20 年。计算债券的内在价值。

解：

$$债券的内在价值 = 1\,000 \times 9\% \times (P/A, 11\%, 20) + 1\,000 \times (P/F, 11\%, 20)$$
$$= 90 \times 7.963 + 1\,000 \times 0.124 = 840.67（元）$$

本例中要求的债券收益率高于息票利率，因此债券的内在价值低于它的面值。

2. 其他模型

1）到期一次还本付息债券

如果一次还本付息债券按单利计息、复利贴现，其内在价值：

$$P = M(1 + i \times n) / (1 + r)^n \quad (7-2)$$

如果一次还本付息债券按复利计息、复利贴现，其内在价值：

$$P = M(1 + i)^n / (1 + r)^n \quad (7-3)$$

其中，M 为债券的面值，i 为债券票面利率，r 为投资者要求的必要收益率。

【例 7-2】 某面值为 1 000 元的 5 年期的一次性还本付息债券的票面利率为 8%（单利付息），假设发行时折现率为 10%，试计算其发行时的内在价值。

解：

$$债券发行时的内在价值 = (1\,000 \times 8\% \times 5 + 1\,000) \times (P/F, 10\%, 5) = 869.26（元）$$

2）纯贴现债券

纯贴现债券是指承诺在未来某一确定日期作某一单笔支付的债券。这种债券在到期日前购买人不能得到任何现金支付，因此也称作零息债券。

【例7-3】 假定某零息债券的面值为1 000元,到期期限20年,市场利率为8%,则该债券的内在价值是多少元?

解:

$$债券的内在价值 = 1\,000/(1+8\%)^{20} = 214.55 \text{（元）}$$

3）永久债券

永久债券是指没有到期日,永不停止定期支付利息的债券。优先股实际上也是一种永久债券,如果公司的股利支付没有问题,将会持续地支付固定的优先股息。

永久债券的价值计算公式:

$$P = 利息额/折现率 \qquad (7-4)$$

4）流通债券

流通债券是指已经发行并在二级市场上流通的债券。

（1）流通债券的特点:

①到期时间小于债券发行在外的时间。

②估价的时点不在计息期期初,可以是任何时点,会产生"非整数计息期"问题。

（2）流通债券的估价方法有两种:

①以现在为折算时间点,历年现金流量按非整数计息期折现。

②以最近一次付息时间（或最后一次付息时间）为折算时间点,计算历次现金流量现值,然后将其折算到现在时点。

无论哪种方法,都需要用计算器计算非整数期的折现系数。

【例7-4】 有一面值为1 000元的债券,票面利率为8%,每年支付一次利息,2011年5月1日发行,2016年4月30日到期。现在是2014年4月1日,假设投资的必要报酬率为10%,问该债券的价值是多少?

解:

2014年5月1日的价值 = $1\,000 \times 8\% \times (P/A, 10\%, 2) + 1\,000 \times (P/F, 10\%, 2)$
$= 80 \times 1.735\,5 + 1\,000 \times 0.826\,4 = 965.24$（元）

2014年4月1日的价值 = $(1\,000 \times 8\% + 965.24)/(1+10\%/12)^1 = 1\,037$（元）

7.2.3 债券投资收益率

债券收益率（Bond Yield）:就是衡量债券投资收益通常使用的一个指标,是债券收益与其投入本金的比率,通常用年利率表示。债券的投资收益不同于债券利息,债券利息仅指债券票面利率与债券面值的乘积,它只是债券投资收益的一个组成部分。除了债券利息以外,债券的投资收益还包括价差和利息再投资所得的利息收入,其中价差可能为负值。决定债券收益率的主要因素有债券的票面利率、期限、面值、持有时间、购买价格和出售价格。

1. 当前收益率（直接收益率）

当前收益率是指债券的年利息收入与买入债券的实际价格的比率。

【例7-5】 投资者按800元价格买入面额为1 000元的,票面利率为10%,剩余期限为6年的债券。计算该投资者当前收益率。

解:

$$该投资者当前收益率 = [1\,000 \times 10\%/800] \times 100\% = 12.5\%$$

当前收益率度量的是债券年利息收益与购买价格的百分比，反映每单位投资能够获得的债券年利息收益，但不反映每单位投资的资本损益。

2. 持有期收益率

持有期收益率是指从买入债券到卖出债券期间所获得的年平均收益（包括当期发生的利息收益和资本利得）与买入债券的实际价格的比率。

持有期收益率 = [（债券的年利息 + 持有期平均每年的资本利得）/债券买入价格] × 100%

(7 – 5)

【例 7 – 6】 A 企业购买面额为 1 000 元，期限 5 年，票面利率为 10% 的债券，买入价为 950 元，到第 3 年年末以 995 元的价格转让，则持有期收益率为多少？

解：

$$持有期收益率 = [1\,000 \times 10\% + (995 - 950)/3]/950 = 12.11\%$$

持有期收益率度量的是持有债券期间的收益占购买价格的百分比，反映每单位投资能够获得的全部收益。

3. 到期收益率

所谓到期收益率（Yield to Maturity，YTM），是指将债券持有至偿还期所获得的收益。到期收益率又称最终收益率，是投资购买债券的内部收益率，即可以使投资购买债券获得的未来现金流入量的现值等于债券当前市价的贴现率。它相当于投资者按照当前市场价格购买并且一直持有至期满时可以获得的年平均收益率。

【例 7 – 7】 A 企业 2014 年 1 月 1 日购买某企业 2011 年 1 月 1 日发行的面值为 10 万元，票面利率为 4%，期限为 10 年，每年年末付息一次的债券，若按 94 000 元的价格买入，一直持有至到期，计算到期债券年均收益率。

解：

$$94\,000 = 100\,000 \times 4\% \times (P/A, YTM, 7) + 100\,000 \times (P/F, YTM, 7)$$

当 $YTM = 5\%$：

$$4\,000 \times (P/A, YTM, 7) + 100\,000 \times (P/F, YTM, 7) = 94\,215.6 > 94\,000$$

当 $YTM = 6\%$：

$$4\,000 \times (P/A, YTM, 7) + 100\,000 \times (P/F, YTM, 7) = 88\,839.69 < 94\,000$$

用内插法得出：

$$(YTM - 5\%)/(6\% - 5\%) = (94\,000 - 94\,215.6)/(88\,839.6 - 94\,215.6)$$

$$YTM = 5.04\%$$

【例 7 – 8】 某公司 2012 年 1 月 1 日发行的一种 3 年期的新债券，该债券的面值为 1 000 元，票面利率为 14%，每年付息一次。

要求：

（1）如果债券的发行价为 1 040 元，计算其到期收益率是多少？

（2）假定 2013 年 1 月 1 日的市场利率是 12%，债券市价为 1 040 元，是否应购买该债券？

（3）假定 2014 年 1 月 1 日的市场利率是 10%，此时债券的价值是多少？

（4）假定 2014 年 1 月 1 日债券的市价是 950 元，若持有至到期，则债券收益率为多少？

解：

（1）$1\,040 = 1\,000 \times 14\% \times (P/A, i, 3) + 1\,000 \times (P/F, i, 3)$

采用逐步测试法，由于债券发行价格大于面值，所以到期收益率低于票面利率。

当 $i=12\%$ 时，$P = 1\,000 \times 14\% \times (P/A, 12\%, 3) + 1\,000 \times (P/F, 12\%, 3)$
$= 1\,048.05$（元）

当 $i=14\%$ 时，$P = 1\,000 \times 14\% \times (P/A, 14\%, 3) + 1\,000 \times (P/F, 14\%, 3)$
$= 1\,000$（元）

采用内插法：到期收益率 $= 12\% + (14\% - 12\%) \times (1\,048.05 - 1\,040)/(1\,048.05 - 1\,000)$
$= 12.34\%$

（2）在2013年1月1日，该债券尚有两年到期。

债券价值 $= 1\,000 \times 14\% \times (P/A, 12\%, 2) + 1\,000 \times (P/F, 12\%, 2) = 1\,033.81$（元）

债券价值小于债券的价格，所以该债券不应该购买。

（3）在2014年1月1日，该债券尚有1年到期。

债券价值 $= 1\,000 \times 14\% \times (P/A, 10\%, 1) + 1\,000 \times (P/F, 10\%, 1) = 1\,036.37$（元）

（4）持有至到期债券年均收益率 $= [140 + (1\,000 - 950)]/950 = 20\%$

或者：$950 = 140/(1+i) + 1\,000/(1+i)$，则 $i = 20\%$

7.3　股票投资

7.3.1　股票投资的目的和特点

1. 股票投资的目的

1）获利

即作为一般的证券投资，获取股利收入及股票买卖差价。股票投资的收益是由收入收益和资本利得两部分构成的。

（1）收入收益是指股票投资者以股东身份，按照持股的份额，在公司盈利分配中得到的股息和红利的收益。

（2）资本利得是指投资者在股票价格的变化中所得到的收益，即将股票低价买进、高价卖出所得。

2）控股

即通过购买某一企业的大量股票达到控制该企业的目的。

2. 股票投资的特点

1）不可偿还性

股票是一种无偿还期限的有价证券，投资者认购了股票后，就不能再要求退股，只能到二级市场卖给第三者。股票的转让只意味着公司股东的改变，并不减少公司资本。从期限上看，只要公司存在，它所发行的股票就存在，股票的期限等于公司存续的期限。

2）参与性

股东有权出席股东大会，选举公司董事会，参与公司重大决策。股票持有者的投资意志和享有的经济利益，通常是通过行使股东参与权来实现的。股东参与公司决策的权利大小，取决于其所持有的股份的多少。从实践中看，只要股东持有的股票数量达到左右决策结果所需的实际多数时，就能掌握公司的决策控制权。

3）收益性

股东凭其持有的股票，有权从公司领取股息或红利，获取投资的收益。股息或红利的大小，主要取决于公司的盈利水平和公司的盈利分配政策。股票的收益性，还表现在股票投资者可以获得价差收入或实现资产保值增值。通过低价买入和高价卖出股票，投资者可以赚取价差利润。在通货膨胀时，股票价格会随着公司原有资产重置价格上升而上涨，从而避免了资产贬值。股票通常被视为在高通货膨胀期间可优先选择的投资对象。

4）流通性

股票的流通性是指股票在不同投资者之间的可交易性。流通性通常以可流通的股票数量、股票成交量以及股价对交易量的敏感程度来衡量。可流通股数越多，成交量越大，价格对成交量越不敏感，股票的流通性就越好，反之就越差。

股票的流通，使投资者可以在市场上卖出所持有的股票，取得现金。通过股票的流通和股价的变动，可以看出人们对于相关行业和上市公司的发展前景和盈利潜力的判断。那些在流通市场上吸引大量投资者、股价不断上涨的行业和公司，可以通过增发股票，不断吸收大量资本进行生产经营活动，收到了优化资源配置的效果。

5）价格波动性和风险性

由于股票价格要受到诸如公司经营状况、供求关系、银行利率、大众心理等多种因素的影响，其波动有很大的不确定性。正是由于这种不确定性，有可能使股票投资者遭受损失。价格波动的不确定性越大，投资风险也越大。因此，股票是一种高风险的金融产品。

7.3.2 股票价值的评估

1. 股票价值评估中的几个常见名词

1）股票面值

股票的面值是股份公司在所发行的股票票面上标明的票面金额，它以元/股为单位，其作用是用来表明每一张股票所包含的资本数额。在我国上海和深圳证券交易所流通的股票的面值均为壹元，即每股一元。股票面值的作用有两个：

（1）表明股票的认购者在股份公司的投资中所占的比例，作为确定股东权利的依据。如某上市公司的总股本为 1 000 000 元，则持有一股股票就表示在该公司占有的股份为 1/1 000 000。

（2）在首次发行股票时，将股票的面值作为发行定价的一个依据。一般来说，股票的发行价格都会高于其面值。当股票进入流通市场后，股票的面值就与股票的价格没有什么关系了。

2）股票净值

股票的净值又称为账面价值，也称为每股净资产，是用会计统计的方法计算出来的每股股票所包含的资产净值。其计算方法是用公司的净资产除以总股本，得到的就是每股的净值。股份公司的账面价值越高，则股东实际拥有的资产就越多。由于账面价值是财务统计、计算的结果，数据较精确，而且可信度很高，所以它是股票投资者评估和分析上市公司实力的重要依据之一。

3）股票发行价

当股票上市发行时，上市公司从公司自身利益以及确保股票上市成功等角度出发，对上市的股票不按面值发行,而制定一个较为合理的价格来发行,这个价格就称为股票的发行价。

4)股票市价

股票的市价,是指股票在交易过程中交易双方达成的成交价,通常所指的股票价格就是指市价。股票的市价直接反映着股票市场的行情,是股民购买股票的依据。由于受众多因素的影响,股票的市价处于经常性的变化之中。股票价格是股票市场价值的集中体现,因此,这一价格又称为股票行市。

5)股票清算价格

股票的清算价格是指一旦股份公司破产或倒闭后进行清算时,每股股票所代表的实际价值。从理论上讲,股票的每股清算价格应与股票的账面价值相一致,但企业在破产清算时,其财产价值是以实际的销售价格来计算的,而在进行财产处置时,其售价一般都会低于实际价值。所以股票的清算价格就会与股票的净值不相一致。股票的清算价格只是在股份公司因破产或其他原因丧失法人资格而进行清算时才被作为确定股票价格的依据,在股票的发行和流通过程中没有意义。

2. 股票价值评估模型

威廉姆斯(Williams)1938年提出了公司股票价值评估的股利贴现模型(简记为DDM),为定量分析虚拟资本、资产和公司价值奠定了理论基础,也为证券投资的基本分析提供了强有力的理论根据。

1)内在价值

内在价值是指股票本身应该具有的价值,而不是它的市场价格。股票内在价值可以用股票每年股利收入的现值之和来评价;股利是发行股票的股份公司给予股东的回报,按股东的持股比例进行利润分配,每一股股票所分得的利润就是每股股票的股利。这种评价方法的根据是,如果你永远持有这个股票(比如你是这个公司的老板,自然要始终持有公司的股票),那么你逐年从公司获得的股利的贴现值就是这个股票的价值。根据这个思想来评价股票的方法称为股利贴现模型。

2)股利贴现模型的简化公式

根据股利发放的方式,DDM模型有以下几种简化公式:

(1)股利零增长模型。

即股利增长率为0。计算公式为:

$$V_0 = D_0/k \tag{7-6}$$

其中,V_0为公司当期的价值,D_0为当期股利,K为投资者要求的必要投资回报率。

【例7-9】 某公司去年每股派发现金红利0.30元。预计今后无限期内该公司都按这个金额派现。假定必要收益率为3%。求该公司股票的内在价值。假定目前该公司股票的市场价格是8元/股。试对其投资价值进行评价。

解:

$$该公司股票的内在价值 = 0.30/3\% = 10(元)$$

对比该公司目前股票的市场价,该公司股票的内在价值10元高于市场价8元,具有投资价值。

(2)股利固定增长模型。

即股利按照固定的增长率g增长。计算公式为:

$$V_0 = D_1 / (k - g) \tag{7-7}$$

注意，此处的 $D_1 = D_0(1+g)$ 为下一期的股利，而非当期股利。

【例 7 - 10】 某公司去年分红额为每股 0.30 元，预计今后无限期内该公司的分红每年都会按 5% 的速度增长。假定必要收益率为 8%，试计算该公司股票的内在价值。假定目前该公司的股票市场价格是 8 元，试对其投资价值进行评价。

解：

该公司股票的内在价值 = 0.30 × (1 + 5%) / (8% - 5%) = 10.50（元）

对比市场价格 8 元，该公司股票的内在价值 10.50 元高于市场价，具有投资价值。

(3) 二阶段、三阶段、多阶段增长模型。

二阶段增长模型是假设在第一阶段内红利按照 g_1 增长率增长，在第一阶段外按照 g_2 增长率增长。三阶段和多阶段增长模型也是类似，不过多假设一个或多个时间点，增加一个或多个增长率 g_n。

【例 7 - 11】 某企业现准备投资甲、乙两种股票，已知甲、乙两种股票最近一次的股利分别为每股 2.5 元和 3.2 元。经过分析，甲公司股票预期在将来各年股利将以每年 10% 的成长率增长；乙公司股票预期在将来两年内各年股利将以每年 20% 的成长率增长，以后每年股利将以每年 8% 的成长率增长，乙公司股票最低投资报酬率 14%。当时，甲公司股票的市价为 35 元，股票市场平均必要收益率为 14%，国库券的利率为 8%，甲股票的 β 系数为 1.5。

要求：

通过计算说明该企业是否应以当时的市价购入甲公司的股票？通过计算说明乙公司的股票价格低于多少时，投资人才值得购买？

解：

甲公司股票预期必要报酬率 = 8% + 1.5 × (14% - 8%) = 17%

甲公司股票的价值 = 2.5 × (1 + 10%) / (17% - 10%) = 39.29（元）

由于甲公司股票的价值大于当时的股票市价，该企业可以按 35 元的价格购买。

乙公司股票的价值：

第一年股利为：$D_1 = 3.2 × (1 + 20\%) = 3.84$（元）

第二年股利为：$D_2 = 3.84 × (1 + 20\%) = 4.61$（元）

第三年股利为：$D_3 = 4.61 × (1 + 8\%) = 4.98$（元）

前两年的股利现值 = 3.84 × (P/F, 14%, 1) + 4.61 × (P/F, 14%, 2)
= 3.84 × 0.877 2 + 4.61 × 0.769 5 = 6.92（元）

第二年年底普通股内在价值：$V_2 = 4.98 / (14\% - 8\%) = 83$（元）

第二年年底普通股内在价值折现到第一年初的现值 = 83 × (P/F, 14%, 2)
= 83 × 0.769 5 = 63.83（元）

乙股票目前的内在价值 $V_0 = 6.92 + 63.83 = 70.79$（元）

如果乙公司股票价格低于 70.79 元，投资人就值得购买了。

3. 股票价值评估的意义

股票价格是市场供求关系的结果，不一定反映该股票的真正价值，而股票的价值应该在股份公司持续经营中体现。因此，公司股票的价值是由公司逐年发放的股利所决定的。而股利多少与公司的经营业绩有关。说到底,股票的内在价值是由公司的业绩决定的。通过研究一家公司的内在价值而指导投资决策,这就是股利贴现模型的现实意义。

7.3.3 股票投资收益率

假设股票价格是公平的市场价格,证券市场处于均衡状态,在任一时点证券的价格都能完全反映有关该公司的任何可获得的公开信息,而且证券价格对新信息能迅速作出反应。在这种假设条件下,股票的期望收益率等于其必要的收益率。

股票的总收益率可以分为两个部分:第一部分,D_1/P_0 是股利收益率;第二部分是固定增长率 g,由于 g 与股价增长速度相同,因此,g 可以解释为股价增长率或资本利得收益率。

【例 7-12】如果某投资者以 52.5 元的价格购买某公司的股票,该公司在上年年末支付每股股息 5 元,预计在未来该公司的股票按每年 5% 的速度增长,则该投资者的预期收益率(R)为多少?

解:

$$投资者的预期收益率 = [5 \times (1 + 5\%) / 52.5] + 5\% = 15\%$$

7.4 基金投资

7.4.1 基金投资的特征和分类

基金投资是一种间接的证券投资方式。基金管理公司通过发行基金份额,集中投资者的资金,由基金托管人(即具有资格的银行)托管,由基金管理人管理和运用资金,从事股票、债券等金融工具投资,然后共担投资风险、分享收益。通俗地说,证券投资基金是通过汇集众多投资者的资金,交给银行保管,由专业的基金管理公司负责投资于股票和债券等证券,以实现保值增值目的的一种投资工具。

1. 基金投资的特征

1)集合投资

基金是这样一种投资方式:它将零散的资金巧妙地汇集起来,交给专业机构投资于各种金融工具,以谋取资产的增值。基金对投资的最低限额要求不高,投资者可以根据自己的经济能力决定购买数量,有些基金甚至不限制投资额大小,完全按份额计算收益的分配,因此,基金可以最广泛地吸收社会闲散资金,集腋成裘,汇成规模巨大的投资资金。在参与证券投资时,资本越雄厚,优势越明显,而且可能享有大额投资在降低成本上的相对优势,从而获得规模效益的好处。

2)分散风险

以科学的投资组合降低风险、提高收益是基金的另一大特点。在投资活动中,风险和收益总是并存的,因此,"不能将所有的鸡蛋都放在一个篮子里",这是证券投资的箴言。但是,要实现投资资产的多样化,需要一定的资金实力,对小额投资者而言,由于资金有限,很难做到这一点,而基金则可以帮助中小投资者解决这个困难。基金可以凭借其雄厚的资金,在法律规定的投资范围内进行科学的组合,分散投资于多种证券,借助于资金庞大和投资者众多的公有制使每个投资者面临的投资风险变小,另外,又利用不同的投资对象之间的互补性，达到分散投资风险的目的。

3）专业理财

基金实行专家管理制度，这些专业管理人员都经过专门训练，具有丰富的证券投资和其他项目投资经验。他们善于利用基金与金融市场的密切联系，运用先进的技术手段分析各种信息资料，能对金融市场上各种品种的价格变动趋势作出比较正确的预测，最大限度地避免投资决策的失误，提高投资成功率。对于那些没有时间，或者对市场不太熟悉，没有能力专门研究投资决策的中小投资者来说，投资于基金，实际上就可以获得专家们在市场信息、投资经验、金融知识和操作技术等方面所拥有的优势，从而尽可能地避免盲目投资带来的失败。

2. 基金投资的分类

1）根据募集方式不同，证券投资基金可分为公募基金和私募基金

（1）公募基金，是指以公开发行方式向社会公众投资者募集基金资金，并以证券为投资对象的证券投资基金。它具有公开性、可变现性、高规范性等特点。

（2）私募基金，指以非公开方式向特定投资者募集基金资金，并以证券为投资对象的证券投资基金。它具有非公开性、募集性、大额投资性、封闭性和非上市性等特点。

2）根据能不能在证券交易所挂牌交易，证券投资基金可分为上市基金和非上市基金

（1）上市基金，是指基金份额在证券交易所挂牌交易的证券投资基金。比如交易型开放式指数基金（ETF）、上市开放式基金（LOF）、封闭式基金。

（2）非上市基金，是指基金份额不能在证券交易所挂牌交易的证券投资基金。包括可变现基金和不可流通基金两种。

①可变现基金是指基金虽不在证券交易所挂牌交易，但可通过"赎回"来收回投资的证券投资基金，如开放式基金。

②不可流通基金，是指基金既不能在证券交易所公开交易，又不能通过"赎回"来收回投资的证券投资基金，如某些私募基金。

3）根据运作方式的不同，证券投资基金可分为封闭式证券投资基金和开放式证券投资基金

（1）封闭式证券投资基金，可简称为封闭式基金，又称为固定式证券投资基金，是指基金的预定数量发行完毕，在规定的时间（也称封闭期）内基金资本规模不再增大或缩减的证券投资基金。从组合特点来说，它具有股权性、债权性和监督性等重要特点。

（2）开放式证券投资基金，可简称为开放式基金，又称为变动式证券投资基金，是指基金证券数量因发行新的基金证券或投资者赎回本金而变动的证券投资基金。从组合特点来说，它具有股权性、存款性和灵活性等重要特点。

4）根据组织形式的不同，证券投资基金可分为公司型证券投资基金和契约型证券投资基金

（1）公司型证券投资基金，简称公司型基金，在组织上是指按照公司法（或商法）的规定所设立的、具有法人资格并以营利为目的的证券投资基金公司（或类似法人机构）；在证券上是指由证券投资基金公司发行的证券投资基金证券。

（2）契约型证券投资基金，简称契约型基金。在组织上是指按照信托契约原则，通过发行带有受益凭证性质的基金证券而形成的证券投资基金组织；在证券上是指由证券投资基

金管理公司作为基金发起人所发行的证券投资基金证券。

3. 证券投资基金的设立程序

1）确定基金性质

按组织形态不同，基金有公司型和契约型之分；按基金可否赎回，又可分为开放型和封闭型两种，基金发起人首先应对此进行选择。

2）选择共同发起人、基金管理人与托管人，制定各项申报文件

根据有关对基金发起人资格的规定慎重选择共同发起人，签订"合作发起设立证券投资基金协议书"，选择基金保管人，制定各种文件，规定基金管理人、托管人和投资人的责、权、利关系。

3）向主管机关提交规定的报批文件

同时，积极进行人员培训工作，为基金成立做好各种准备。

4）发表基金招募说明书，发售基金券

一旦招募的资金达到有关法规规定的数额或百分比，基金即告成立，否则，基金发起便告失败。

7.4.2 投资基金的估价

1. 基金的价值

1）基金单位净值

基金单位净值是在某一时点每一基金单位（或基金股份）所具有的市场价值，是评价基金价值的最直观指标。基金估值是计算净值的关键。单位基金资产净值，即每一基金单位代表的基金资产的净值。基金估值是计算单位基金资产净值的关键。基金往往分散投资于证券市场的各种投资工具，如股票、债券等，由于这些资产的市场价格是不断变动的，因此，只有每日对单位基金资产净值重新计算，才能及时反映基金的投资价值。

其计算公式为：

$$\text{单位基金资产净值} = \text{基金净资产价值总额}/\text{基金单位总份数} \qquad (7-8)$$

其中：

$$\text{基金净资产价值总额} = \text{基金资产总额} - \text{基金负债总额}$$

基金负债总额是固定的，包括以基金名义对外融资借款以及付给投资者的分红、应付给基金管理人的经理费等。所以基金净资产价值主要取决于基金总资产的价值，即资产总额的市场价值。

2）基金的报价

封闭型基金在二级市场上的交易价格，由供求关系和基金业绩决定，围绕基金单位净值上下波动。

开放式基金可以随时进行申购或者赎回。其申购和赎回价格每天由基金管理人根据一定的计价方式对外公开报价。

报价通常包括卖出价和买入价两种价格。卖出价又称认购价，是投资者认购基金单位的价格；买入价又称赎回价，是投资者向基金公司卖出基金单位的价格。开放式基金的价格以基金资产净值为基础进行计算。一般基金的卖出价包括首次认购费用，或者为了吸引投资者，在报价时免掉销售费用；而买入价则除了包括销售费用外，有时还包括一定比例的赎回

费用，增加赎回基金的成本。

开放式基金的柜台交易价格完全以基金单位净值为基础，通常采用两种报价形式：认购价（卖出价）和赎回价（买入价）。

$$基金认购价 = 基金单位净值 + 首次认购费 \quad (7-9)$$
$$基金赎回价 = 基金单位净值 - 基金赎回费 \quad (7-10)$$

基金的首次认购费一般在3%~7%，有些新创立的基金为了吸引投资者，在首次推出时，不收首次认购费。

【例7-13】 某基金公司发行的是开放式基金，2014年年末的有关资料如表7-1所示。

表7-1 2014年年末的有关资料

项目	年末
基金资产账面价值/万元	1 200
负债账面价值/万元	320
基金资产市场价值/万元	2 000
基金份数/万	600

假设公司收取首次认购费，认购费率为基金资产净值的5%，不再收取赎回费。

要求：

计算2014年年末的下列指标：
（1）计算该基金公司基金净资产价值总额。
（2）计算基金单位净值。
（3）计算基金认购价
（4）计算基金赎回价。

解：
（1）计算该基金公司基金净资产价值总额。
$$基金净资产价值总额 = 2\,000 - 320 = 1\,680（万元）$$
（2）计算基金单位净值。
$$基金单位净值 = 1\,680/600 = 2.8（元）$$
（3）计算基金认购价。
$$基金认购价 = 2.8 + 2.8 \times 5\% = 2.94（元）$$
（4）计算基金赎回价。
$$基金赎回价 = 基金单位净值 - 基金赎回费 = 2.8（元）$$

2. 风险调整后的基金业绩评价指标

考虑基金风险因素的综合性评价指标：詹森指数、特雷诺指数以及夏普指数。这些评价指标是国际上通用的开放式基金评价指标，能够适应一般的投资要求。

1）夏普指数（Sharp Ratio）

夏普指数用 S_P 表示。威廉·夏普是美国经济学家，1990年第13届诺贝尔经济学奖得主之一。夏普指数表示用标准差作为衡量投资组合风险时，投资组合单位风险对无风险资产的超额投资收益率,即投资者承担单位风险所得到的风险补偿,是指单位风险获得的风险溢价。使用这一指标,有利于投资者判断开放式基金管理者经营的好坏。投资者可以用某一开放式基金的夏普指数与整个市场的夏普指数比较。要是某一开放式基金的夏普指数比市场平均指数高,表明该管理者经营得比市场好;要是某一开放式基金的夏普指数比市场平均指数低,则表明其经营得比市场差。

$$夏普指数 = [平均报酬率 - 无风险报酬率]/标准差 \tag{7-11}$$

夏普指数(夏普比率)的含义就是每一单位风险可给予的超额报酬。夏普指数代表投资人每多承担一分风险,可以拿到较无风险报酬率(定存利率)高出几分的报酬;若为正值,代表基金承担报酬率波动风险,有正的回馈;若为负值,代表承受风险,但报酬率反而不如银行利率。

【例7-14】 有 A、B、C、D 四只基金,过去 5 年平均收益率分别为 17%、13%、20% 和 11%;平均无风险利率为 6%;各基金的标准差分别为 21%、18%、25%、9%,试按各基金的夏普比率对它们的绩效进行排序。

解:

A 基金的夏普比率 = 0.523 8

B 基金的夏普比率 = 0.388 9

C 基金的夏普比率 = 0.560 0

D 基金的夏普比率 = 0.555 6

按绩效从高到低排序为 C、D、A、B。

2) 特雷诺指数(Treynor)

特雷诺指数用 T_p 表示,是美国经济学家杰克·特雷诺(Jack Treynor)发明的测算投资回报的指标。特雷诺指数表示用 β 系数作为衡量投资组合风险时,投资组合单位风险对无风险资产的超额投资收益率,是每单位风险获得的风险溢价,是投资者判断某一基金管理者在管理基金过程中所冒风险是否有利于投资者的判断指标。特雷诺指数越大,单位风险溢价越高,开放式基金的绩效越好,基金管理者在管理的过程中所冒风险越有利于投资者获利。相反,特雷诺指数越小,单位风险溢价越低,开放式基金的绩效越差,基金管理者在管理的过程中所冒风险越不利于投资者获利。

特雷诺指数是以基金收益的系统风险作为基金绩效调整的因子,反映基金承担单位系统风险所获得的超额收益。基金投资组合面临的投资风险包含系统风险和非系统风险两个部分。在财务理论中,衡量投资收益的风险一般采用两个指标:

(1) 历史收益率标准差 δ,衡量投资收益的总风险。

(2) 系统性风险系数 β 的估计值。

特雷诺认为,基金管理者通过投资组合应消除所有的非系统性风险,因此特雷诺用单位系统性风险系数所获得的超额收益率来衡量投资基金的业绩。足够分散化的组合没有非系统性风险,仅有与市场变动差异有关的系统性风险。因此,他采用基金投资收益率的 β_p 系数作为衡量风险的指标。

特雷诺指数是对单位风险的超额收益的一种衡量方法。在该指数中,超额收益被定义为基金的投资收益率与同期的无风险收益率之差,该指数计算公式为:

$$T = (R_p - R_f)/\beta_p \tag{7-12}$$

其中，T 表示特雷诺业绩指数，R_p 表示某只基金在投资考察期内的平均收益率，R_f 表示某只基金在考察期内的平均无风险利率，β_p 表示某只基金的系统风险。

特雷诺指数的含义就是每单位系统风险资产获得的超额报酬（超过无风险利率 R_f）。特雷诺指数越大，基金的表现就越好；反之，基金的表现越差。

3）詹森指数（Jensen）

詹森指数用 J_p 表示，是基金投资的期望收益与证券市场的期望收益的比较指标。迈克尔·詹森（Michael C. Jensen）是横跨经济学和公司财务与治理两大领域的大师，是代理经济学的创始人之一。投资基金可能在某一段时期收益是一个负值，但这并不表示这个开放基金不好。只要在这一阶段的詹森指数为正，尽管基金的收益是一个负值，我们还是可以认为这个基金是一个优秀的开放式基金。相反，即使在某一段时期投资者所购买的开放式基金有明显的现金收益，但如果它的詹森指数是一个负值，那么就表示投资者所购买的开放式基金是一个劣质的开放式基金，因为别的投资者 100 元能赚 20 元，而这个基金管理人只能帮投资者赚 10 元，投资者应当考虑选择新的基金。

特雷诺指数和夏普指数尽管能给出不同基金绩效的排序，却无法准确地告诉人们基金表现具体优于市场基准组合的数量。针对这一问题，詹森（1968）发表的论文《1945—1964 期间共同基金业绩分析》，以 CAPM 模型为基础提出评价基金业绩的绝对指标，即詹森指数，公式为：

$$J_p = R_p - [R_f + \beta_p \times (R_m - R_f)] \quad (7-13)$$

【例 7-15】 一个投资组合的预计收益率为 12.8%，β 系数为 0.7。已知该组合的市场风险溢价为 5.25%，无风险利率为 4.85%。那么，这个组合的詹森指数为多少？

解：

$$J_p = 12.8\% - (4.85\% + 0.7 \times 5.25\%) = 4.275\%$$

詹森指数所代表的就是基金业绩中超过市场基准组合所获得的超额收益。即詹森指数 > 0，表明基金的业绩表现优于市场基准组合，大得越多，业绩越好；反之，如果詹森指数 < 0，则表明其绩效不好。

【例 7-16】 有 A、B、C、D 四只基金，过去 5 年平均收益率分别为 16%、12%、22% 和 9%，平均无风险利率为 5.2%，市场组合的平均收益率为 6.6%；各基金的 β 系数分别为 1.33、1.17、1.46、0.98，试按各基金的詹森指数对它们的绩效进行排序。

解：

A 基金的詹森指数 = 0.089 4

B 基金的詹森指数 = 0.051 6

C 基金的詹森指数 = 0.147 6

D 基金的詹森指数 = 0.024 3

按绩效从高到低排序为：C、A、B、D。

3. 基金投资的优缺点

1）基金投资的优点

基金投资的最大优点是能够在不承担太大风险的情况下获得较高收益。原因在于投资基金具有专家理财优势，具有资金规模优势。

2）基金投资的缺点

无法获得很高的投资收益。投资基金在投资组合过程中，在降低风险的同时，也丧失了获得巨大收益的机会；在大盘整体大幅度下跌的情况下，投资人可能承担较大风险。

本章案例

1. 案例资料

张阿姨58岁退休在家，月生活费700元左右。张阿姨每月有1 800元左右退休金，存款5万元，国债5万元，之前单位办有医保。张阿姨首先考虑的是养老问题，希望在接下来的时间选择风险最小并且能保证收益的投资方式，同时还想留笔钱给子女。根据张阿姨的投资要求和年龄、风险承受能力等条件，可供投资的产品有了明确的范围和期限限制；投资品种以收益稳定、低风险的债券类产品为主，期限主要考虑3年以内的中短期产品。

投资国债是个很好的选择，产品风险有国家信用为担保，收益固定，但期限不够灵活，凭证式国债期限多为3年、5年，若提前支取，需支付相应的手续费。其他投资就可多选择一些期限在1年左右、更具灵活性的产品，以民生银行增利型产品为例，它的特点是主要投资于债券市场国债、企业债、央行票据、银行存款等，期限从7天、1个月、3个月、6个月到1年不等，收益率高于同期限的定期存款，比如1年期的产品，年收益率为3.25%（1年期定期存款利息3.5%）。

对于留给子女的那部分财产，除了直接留下现金，也可参与以子女作为被保险人的分红型商业保险。现在以张阿姨为受益人，张阿姨享受分红收益，将来可变更受益人为子女，子女继续享有分红收益；如果疾病或意外导致身故，能获得相应的保险赔偿金。但要注意的是：分红收益是不确定的。

2. 思考题

张阿姨应该选择哪种理财方式，才能将风险降低到最小并且能够保证收益？

（资料来源：http://course.5any.com/CourseLearningPlatform/WebUI/WebsiteStruct/Content/20020a001/87）

本章小结

随着金融市场的发展，可供投资者选择的投资工具越来越多，本章主要介绍了传统金融工具股票、债券和投资基金的基本内容。重点讲述了债券投资的评估方法和基本原理，债券基本估价公式：一次还本付息债券的现值公式、单利公式、复利公式；一年付息一次债券的估价公式、零息债券的估价公式、收益率的计算。股票内在价值的计算方法：根据收入资本化法建立的现金流贴现模型（一般公式、内部收益率的计算）、零增长模型（公式和内部收益率的计算以及模型的应用）、固定增长模型（公式和内部收益率的计算以及模型的应用）。基金投资部分，讲述基金投资的特点和分类，证券投资基金的设立程序，基金投资的优缺点。重点介绍投资基金的估价，即基金的价值（基金单位净值、基金的报价）和考虑基金风险因素的综合性评价指标：夏普指数、特雷诺指数以及詹森指数。

本章习题

1. H公司于2014年1月1日以1 010元的价格购买了L公司于2011年1月1日发行的面值为1 000元,票面利率为10%的5年期债券。

要求:

(1) 如该债券为一次还本付息的债券,计算其到期收益率。(单利计息,复利贴现)

(2) 如果该债券为每年年末付一次利息的债券,计算其到期收益率。

2. 一个投资人持有ABC公司的股票,他的投资必要报酬率为15%。预计ABC公司未来3年股利将高速增长,增长率为20%。在此以后,转为正常增长,增长率为12%。公司最近支付的股利是2元/股。计算该公司股票的内在价值。

3. A企业准备投资某股票,上年每股股利为0.45元,A企业的期望必要投资报酬率为20%。

要求:

针对下列条件分别计算股票的内在价值。

(1) 未来三年的每股股利分别为0.45元、0.60元、0.80元,三年后以28元的价格出售。

(2) 未来三年的每股股利为0.45元,三年后以每股28元的价格出售。

(3) 长期持有,股利不变。

(4) 长期持有,每股股利每年保持18%的增长率。

4. 假设某基金持有的某三种股票的数量分别为10万股、50万股和100万股,每股的收盘价分别为30元、20元和10元,银行存款为1 000万元,该基金负债有两项:对托管人或管理人应付未付的报酬为500万元,应付税金为500万元,已售出的基金单位为2 000万份。

要求:

计算该基金单位净值。

5. 某开放式基金首次认购费为0.2元/份,基金赎回费为0.1元/份,2014年年初总份数为1 000万份,基金资产总额的账面价值为5 000万元,其市场价值为8 000万元,基金的负债总额为6 000万元;2014年年末总份数为800万份,基金资产总额的账面价值为4 000万元,其市场价值为7 000万元,基金的负债总额为4 600万元。

要求:

(1) 计算2014年年初和年末基金净资产价值总额。

(2) 计算2014年年初和年末的基金单位净值。

(3) 计算该基金2014年年初的认购价和2014年年末的赎回价。

第8章

营运资金管理

学习目标

通过本章的学习,要求学生理解营运资金的含义与特点,掌握现金、应收账款、存货等流动资产项目的管理方法和技巧,掌握银行短期借款、应付账款等流动负债项目的管理;熟悉企业的营运资金政策。

导入案例

存货管理——三次变革

1953年,日本丰田公司的副总裁大野耐一创造了一种高质量、低库存的生产方式——即时生产(Just In Time, JIT)。JIT技术是存货管理的第一次革命,其基本思想是"只在需要的时候,按需要的量,生产所需的产品",也就是追求一种无库存或库存量达到最小的生产系统。在日本,JIT又称为"看板"管理,在每一个运送零部件的集装箱里面都有一个标牌,生产企业打开集装箱,就将标牌给供应商,供应商接到标牌之后,就开始准备下一批零部件。理想的情况是,下一批零部件送到时,生产企业正好用完上一批零部件。通过精确地协调生产和供应,日本的制造企业大大地降低了原材料的库存,提高了企业的运作效率,也增加了企业的利润。事实上,JIT技术成为日本汽车工业竞争优势的一个重要来源,而丰田公司也成为全球在JIT技术上最为领先的公司之一。

存货管理的第二次革命的动力来自数控和传感技术、精密机床以及计算机等技术在工厂里的广泛应用,这些技术使得工厂的整理准备时间从早先的数小时缩短到几分钟。在计算机的帮助下,机器很快从一种预设的工模具状态切换到另一种工模具状态,而无须走到遥远的工具室或经人工处理之后再进行试车和调整,整备工作的加快使待机时间结构性发生了关键的变化,困扰着传统工厂的在制品库存和间接成本也随之减少。而丰田公司在20世纪70年代率先进行了这方面的开拓。作为丰田的引擎供应商,洋马柴油机公司(Yanmar Diesel)效仿丰田进行了作业程序的改革,在不到5年的时间里,差不多将机型增加了4倍,但在制品的存货却减少了一半之多,产品制造的总体劳动生产率也提高了100%以上。

20世纪90年代信息技术和互联网技术兴起之后,存货管理发生了第三次革命。通过信息技术在企业中的运用（如 ERP、MRP Ⅱ 等），可以使企业的生产计划与市场销售的信息充分共享，计划、采购、生产和销售等各部门之间也可以更好地协同。而通过互联网技术可以使生产预测较以前更准确可靠。戴尔公司是这次革命的成功实践者，它充分运用信息技术和互联网技术展开网上直销，根据顾客的要求定制产品。一开始，在互联网还局限于少数科研和军事用途的时候，戴尔公司只能通过电话这样的网络来进行直销，但是互联网逐渐普及之后，戴尔根据顾客在网上的订单来组织生产，提供完全个性化的产品和服务。戴尔提出了"摒弃库存、不断聆听顾客意见、绝不进行间接销售"三项黄金律。戴尔公司完全消灭了成品库存，其零件库存量是以小时计算的，当它的销售额达到 123 亿美元时，库存额仅 2.33 亿美元，现金周转期则是负 8 天。

（资料来源：http://baike.so.com/doc/5401361-5638976.html）

8.1 营运资金的含义和特点

8.1.1 营运资金的含义

营运资金，也叫营运资本。广义的营运资金又称总营运资本，是指一个企业投放在流动资产上的资金。狭义的营运资金是指某时点内企业的流动资产与流动负债的差额。一个企业要维持正常的运转，就必须拥有适量的营运资金，因此，营运资金管理是企业财务管理的重要组成部分。据调查，公司财务经理有 60% 的时间都用于营运资金管理。营运资金管理的核心内容就是对资金运用和资金筹措的管理。

1. 流动资产

流动资产是指可以在 1 年以内或超过 1 年的一个营业周期内变现或运用的资产，流动资产具有占用时间短、周转快、易变现等特点。

流动资产按照占用形态不同，分为现金、交易性金融资产、应收及预付款项和存货等。按在生产过程中所处的环节不同，分为生产领域中的流动资产、流通领域中的流动资产以及其他领域的流动资产。

2. 流动负债

流动负债是指需要在 1 年或者超过 1 年的一个营业周期内偿还的债务，具有成本低、偿还期短的特点。

以应付金额是否确定为标准，流动负债可以分为应付金额确定的流动负债和应付金额不确定的流动负债。以流动负债的形成情况为标准，可以分为自然性流动负债和人为性流动负债。自然性流动负债是指不需要正式安排，由于结算程序或有关法律法规的规定等原因而自然形成的流动负债，如应付账款、预收账款等商业信用形式；人为性流动负债，是指由财务人员根据企业对短期资金的需求情况，通过人为安排所形成的流动负债，如短期借款。

营运资金越多，说明不能偿还的风险越小。因此，营运资金的多少可以反映偿还短期债务的能力。但是，营运资金是流动资产与流动负债之差，是个绝对数，如果公司之间规模相差很大，绝对数相比的意义很有限。而流动比率是流动资产和流动负债的比值，是个相对数，排除了公司规模不同的影响，更适合公司间以及本公司不同历史时期的比较。

8.1.2 营运资金的特点

为了有效地管理企业的营运资金,必须研究营运资金的特点,以便有针对性地进行管理。

1. 营运资金的来源具有灵活多样性

与筹集长期资金的方式相比,企业筹集营运资金的方式较为灵活多样,通常有银行短期借款、短期融资券、商业信用、应交税金、应交利润、应付工资、应付费用、预收货款、票据贴现等多种内外部融资方式。

2. 营运资金的数量具有波动性

流动资产的数量会随企业内外条件的变化而变化,时高时低,波动很大。季节性企业如此,非季节性企业也如此。随着流动资产数量的变动,流动负债的数量也会相应发生变动。

3. 营运资金的周转具有短期性

企业占用在流动资产上的资金,通常会在1年或一个营业周期内收回。根据这一特点,营运资金可以用商业信用、银行短期借款等短期筹资方式来加以解决。

4. 营运资金的实物形态具有变动性和易变现性

企业营运资金的实物形态是经常变化的,一般按照现金、材料、在产品、产成品、应收账款、现金的顺序转化。为此,在进行流动资产管理时,必须在各项流动资产上合理配置资金数额,做到结构合理,以促进资金周转顺利进行。此外,交易性金融资产、应收账款、存货等流动资产一般具有较强的变现能力,如果遇到意外情况,企业出现资金周转不灵、现金短缺时,便可迅速变卖这些资产,以获取现金。这对财务上应付临时性资金需求具有重要意义。

8.1.3 营运资金的筹集政策

营运资金筹集政策是指如何安排临时性流动资产和永久性流动资产的资金来源。

1. 配合型筹资政策

配合型筹资政策对于临时性流动资产而言,主要是运用临时性流动负债筹集资金满足其需要;对于永久性流动资产和长期资产而言,主要是运用长期负债、权益资本和自发性负债筹集资金满足其需要,如图8-1所示。

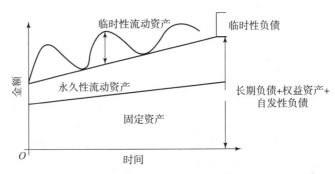

图8-1 配合型筹资政策

配合型筹资政策要求企业临时负债筹资计划严密,实现现金流动与预期安排相一致。在季节性低谷时，企业应当除了自发性负债外，没有其他流动负债；只有在临时性流动资产的需求高峰期，企业才举借各种临时性债务。这种政策是基于资产和负债能够完全相配合的情况，显然是一种理想的、对企业资金管理有着较高要求的营运资金筹集政策。

2. 激进型筹资政策

在激进型筹资政策下，临时性负债不但融通临时性流动资产的需要，还解决部分永久性资产的资金需要，如图8-2所示。从图8-2中可以看出，临时性负债在全部资金来源中所占的比重有所加大，部分永久性流动资产的资金需求也靠临时性负债来满足，具有较大的风险。由于临时性负债的成本一般低于长期负债和权益资本成本，所以，在激进型筹资政策下，企业的资本成本较低。如果企业果真能够做到不断地用短期资金满足长期资金需要，那是很好的，但事实上很难做到这一点。激进型筹资政策是一种收益性和风险性均较高的营运资金筹集政策。

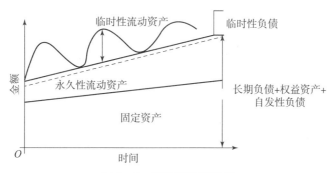

图8-2　激进型筹资政策

3. 稳健型筹资政策

如果企业放弃上述筹资原则，将所筹措长期资本用于部分短期资产，这样安排的长短资本比例所形成的资本组合就是比较保守的资本组合。因为，将部分短期资产和全部长期资产都用长期资本来融通，另一部分短期资产用短期资本来融通，风险是小了，但资本成本高了，会相应减少利润。这是一种风险和收益都较低的营运资金政策，如图8-3所示。

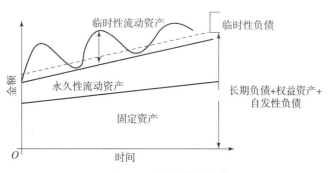

图8-3　稳健型筹资政策

企业对上述三种政策的选择，主要取决于企业财务决策者和财务管理人员的风险态度和管理水平。当然，如果企业获利，偿还能力强，信誉高，与债权人关系好，可适当增加短期资本比重，但企业的应变力一定要强。

8.2 流动资产的管理

8.2.1 现金管理

现金是企业资产中流动性最强的资产,持有一定数量的现金是企业开展正常生产活动的基础,是保证企业避免支付危机的必要条件;同时,现金又是获利能力最弱的一项资产,过多地持有现金,会降低资产的获利能力。

1. 企业持有现金的动机

1)交易性动机

企业持有现金是为了满足日常生产经营的需要,企业在生产经营过程中需要购买原材料,支付各种成本费用,为了满足这种要求,企业应持有一定数量的现金。一般来说,企业为满足交易动机所持有的现金余额主要取决于企业的销售水平,企业销售扩大,销售额增加,所需现金余额也随之增加。

2)预防性动机

企业在进行现金管理时,要考虑到可能出现的意外情况,为了应付企业发生意外可能对现金的需要,企业要准备一定的预防性现金。企业为应付紧急情况所持有的现金余额主要取决于三个方面:企业愿意承担风险的程度、企业临时举债能力的强弱、企业对现金流量预测的可靠程度。

3)投机性动机

企业的现金是与有价证券投资联系在一起的,即用多余的现金购买有价证券,需要将有价证券变现成现金。但是,有价证券的价格与利率的关系非常紧密,一般来说,利率下降,会使有价证券的价格上升;利率上升,会使有价证券的价格下降。当企业持有大量现金要购买有价证券时,可能由于预测利率将要上升而停止购买有价证券,这样企业就会持有一定量的现金,即投机性现金需求。

现金管理主要指交易性现金的管理,企业现金管理的目的是要在资产的流动性和盈利能力之间作出抉择,以获取最大的长期利润。

2. 最佳现金持有量的确定方法

"现金为王"一直以来都被视为企业资金管理的中心理念。现金管理除了要做好日常收支,加速现金流转速度外,还需控制好现金持有规模,即确定适当的现金持有量。

1)现金周转期模式

企业的经营周期是指从取得存货开始到销售存货并收回现金为止的时期。其中,从收到原材料到加工原材料,形成产成品,到将产成品卖出的这一时期,称为存货周转期;产品卖出后到收到顾客支付货款的这一时期,称为应收账款周转期。但是企业购买原材料并不用立即付款,这一延迟的付款时间段就是应付账款周转期。现金周转期,是指介于企业支付现金与收到现金之间的时间段,它等于经营周期减去应付账款周转期。

经营周期 = 存货周转期 + 应收账款周转期

现金周转期 = 经营周期 − 应付账款周转期

(1) 根据现金周转速度来确定最佳现金持有量的计算步骤。
①计算现金周转期。
现金周转期指从购买材料到商品销售收回现金的天数。

$$现金周转期 = 应收账款周转期 - 应付账款周转期 + 存货周转期 \quad (8-1)$$

②计算现金周转率。
现金周转率指一定时期内现金的周转次数。

$$现金周转率 = 计划期天数/现金周转期 \quad (8-2)$$

③计算最佳现金持有量。

$$最佳现金持有量 = 年现金需求量/现金周转率 \quad (8-3)$$

(2) 减少现金周转期的方法。
如果要减少现金周转期，可以从以下几个方面着手：
①加快制造与销售产成品来减少存货周转期。
②加速应收账款的回收来减少应收账款周转期。
③减缓支付应付账款来延长应付账款周转期。

【例 8-1】 某企业预计全年需用现金 1 440 万元，预计的存货周转期为 100 天，应收账款周转期为 50 天，应付账款周转期为 60 天，试计算该企业的最佳现金持有量。

解：

$$现金周转期 = 100 + 50 - 60 = 90（天）$$
$$现金周转率 = 360 \div 90 = 4（次）$$
$$最佳现金持有量 = 1\,440 \div 4 = 360（万元）$$

2）成本分析模式

成本分析模式是指通过分析持有现金的成本，寻找持有成本最低的现金持有量。企业持有的现金成本有三种：

(1) 机会成本。

现金作为企业的一项资金占用，是有代价的，这种代价就是它的机会成本。现金资产的流动性极佳，但营利性极差。持有现金，则不能将其投入生产经营活动，失去因此而获得的收益。企业为了经营业务，有必要持有一定的现金，以应付意外的现金需要。但现金拥有量过多，机会成本代价大幅度上升，就不合算了。

(2) 管理成本。

企业拥有现金，会发生管理费用，如管理人员工资、安全措施费等。这些费用是现金的管理成本。管理成本是一种固定成本，与现金持有量之间无明显的比例关系。

(3) 短缺成本。

现金的短缺成本，是因缺乏必要的现金，不能应付业务开支所需，而使企业蒙受损失或为此付出的代价。现金的短缺成本随现金持有量的增加而下降，随现金持有量的减少而上升。

上述三项成本之和最小的现金持有量，就是最佳现金持有量。在具体实务计算中，因管理成本与决策无关，在决策时可以不用考虑。

【例 8-2】 某企业现有 A、B、C、D 四种现金持有方案，有关成本资料如表 8-1 所示。

表 8-1 现金持有量备选方案表

项目	A	B	C	D
现金持有量/元	100 000	200 000	300 000	400 000
机会成本率/%	10	10	10	10
短缺成本/元	48 000	25 000	10 000	5 000

采用成本分析模式编制该企业最佳现金持有量测算表数据如表 8-2 所示。

表 8-2 最佳现金持有量测算表　　　　　　　　　　　　　　　　元

方案及现金持有量	机会成本	短缺成本	相关总成本
A（100 000）	10 000	48 000	58 000
B（200 000）	20 000	25 000	45 000
C（300 000）	30 000	10 000	40 000
D（400 000）	40 000	5 000	45 000

通过比较分析表 8-2 中各方案的总成本可以发现，由于 C 方案的相关总成本最低，因此，企业选择持有 300 000 元现金最合适，即最佳现金持有量为 300 000 元。

3）存货模式

现金持有量的存货模式又称鲍摩尔模型，是美国经济学家威廉·鲍摩尔（William Baumol）1952 年提出的用以确定目标现金持有量的模型。

鲍摩尔模型的基本原理是将现金持有量和有价证券联系起来权衡，即将现金的持有成本（机会成本）同转换有价证券的成本（交易成本）进行权衡，以求得两者相加总成本最低时的现金余额，即目标现金金额（最佳现金余额）。企业每次以有价证券换回现金是要付出代价的（如支付经纪费用），这被称为现金的交易成本。现金的交易成本与现金转换次数、每次的转换量有关。假定现金每次的交易成本是固定的，在企业一定时期现金使用量确定的前提下，每次以有价证券转换回现金的金额越大，企业平时持有的现金量便越高，转换的次数便越少，现金的交易成本就越低；反之，每次转换回现金的金额越低，企业平时持有的现金量便越低，转换的次数会越多，现金的交易成本就越高，现金交易成本与持有量成反比。

（1）运用存货模式确定最佳现金持有量时的假设前提。

企业所需要的现金可通过证券变现取得，且证券变现的不确定性很小；企业预算期内现金需要总量可以预测；现金的支出过程比较稳定、波动较小，而且每当现金余额降至零时，均通过部分证券变现得以补足；证券的利率或报酬率以及每次固定性交易费用可以获悉。

（2）目标现金持有量的计算公式。

$$\text{机会成本} = [C/2] \times K \tag{8-4}$$

$$\text{交易成本} = [T/C] \times F \tag{8-5}$$

$$\text{总成本} = [C/2] \times K + [T/C] \times F \tag{8-6}$$

为了使总成本达到最小，可以得到：

$$C^* = \sqrt{\frac{2TF}{K}} \tag{8-7}$$

其中，C = 期初现金最佳持有规模；$C/2$ = 平均现金持有规模；F = 售出证券以补充现金的固定成本；T = 在相关的计划周期（例如一年）内交易的现金总需要量；K = 持有现金的机会成本（即有价证券的利率）。

【例 8-3】 某企业明年需要 8 400 万元现金，持有现金的机会成本率为 7%，将有价证券转换为现金的成本为 150 元/次，要求计算最佳现金持有量和相关的最低总成本。

解：

最佳现金持有量 = $(2 \times 8\ 400 \times 0.015/7\%)^{\frac{1}{2}}$ = 60（万元）

机会成本 = $[60/2] \times 7\%$ = 2.1（万元）

交易成本 = $[8\ 400/60] \times 0.015$ = 2.1（万元）

相关总成本 = 机会成本 + 交易成本 = 2.1 + 2.1 = 4.2（万元）

4）随机模式

随机模式是在现金需求量难以预知的情况下进行现金持有量控制的方法。对企业来讲，现金需求量往往波动大且难以预知，但企业可以根据历史经验和现实需要，测算出一个现金持有量的控制范围，即制定出现金持有量的上限和下限，将现金量控制在上下限之内。当现金持有量达到控制上限时，用现金购入有价证券，使现金持有量下降；当现金持有量降到控制下限时，则抛售有价证券，换回现金，使现金持有量回升。若现金持有量在控制的上下限之内，便不必进行现金与有价证券的转换，保持它们各自的现有存量。如图 8-4 所示。

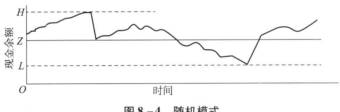

图 8-4 随机模式

目标现金余额 Z 线的确定，可按现金总成本最低，即持有现金的机会成本和转换有价证券的交易成本之和最低的原理，并结合现金余额可能波动的幅度考虑。

计算公式：

$$Z = \sqrt[3]{\frac{3FQ^2}{4K}} + L \tag{8-8}$$

$$H = 3Z - 2L \tag{8-9}$$

其中，Z = 目标现金余额；H = 现金持有量的上限；L = 现金持有量的下限；F = 转换有价证券的固定成本；δ = 日现金净流量的标准差；K = 持有现金的日机会成本（有价证券日利率）。

现金余额升至 H 时，可购进 $(H-Z)$ 的有价证券，使现金余额回落到 Z 线；现金余额降至 L 时，出售 $(Z-L)$ 金额的有价证券，使现金余额回升到 Z 的最佳水平。

【例 8-4】 某企业每次转换有价证券的固定成本为 100 元，有价证券的年利率为 9%，日现金净流量的标准差为 900 元，现金余额下限为 2 000 元。若一年以 360 天计算，计算该企业的现金最佳持有量和最大上限值。

解：

$$Z = \sqrt[3]{\frac{3 \times 100 \times 900^2}{4 \times \frac{0.09}{360}}} + 2\,000 = 8\,240 \text{（元）}$$

$$H = 3 \times 8\,240 - 2 \times 2\,000 = 20\,720 \text{（元）}$$

由上例可见，该企业现金最佳持有量为 8 240 元，当现金余额升到 20 720 元时，则可购进 12 480 元的有价证券［20 720 – 8 240 = 12 480（元）］；而当现金余额下降到 2 000 元时，则可售出 6 240 元［8 240 – 2 000 = 6 240（元）］的有价证券。

3. 企业持有现金的管理办法

1）制度管理

（1）要遵守国家关于现金的管理规定。

国家关于现金的管理制度主要包括：现金的使用范围；库存现金的限额、现金的存取规定等。

（2）要建立企业内部的关于现金管理的制度。

企业内部关于现金管理的制度包括：专人管理制度、现金登记制度、内部审计制度等。

2）预算管理

以现金预算作为管理现金活动的标准，现金预算通过对企业的现金收入、支出情况的预计推算出企业预算期的现金结余情况。利用预算管理能够提高企业的整体管理水平。现金预算是有关预算的汇总，由现金收入、现金支出、现金多余或不足、资金的筹集和运用（本书此处不详述）四个部分组成。

（1）现金收入部分包括期初现金余额和预算期现金收入。年初的现金余额是在编制预算时预计的；预计的现金收入主要是销售收入，还有一少部分的其他收入，所以预计现金收入的数额主要来自销售预算。可供使用现金是期初现金余额与本期现金收入之和。

（2）现金支出部分包括预算的预计现金支出，主要指营运资金支出和其他现金支出。具体包括采购原材料、支付工资、支付管理费用、营业费用、财务费用等其他费用以及企业支付的税金等。其中"直接材料""直接人工""制造费用""销售与管理费用"的数据，分别来自前述有关预算；"所得税""购置设备""股利分配"等现金支出的数据分别来自另行编制的专门预算。

（3）现金多余或不足是现金收入合计与现金支出合计的差额。差额为正，说明收入大于支出，现金有多余，如果现金多余，则可以采取归还贷款或对有价证券进行投资的方式，以增加收益；差额为负，说明支出大于收入，现金不足，则提前安排筹资，例如向银行取得新的借款，避免企业在需要资金时"饥不择食"。

3）收支管理

收支管理主要包括两个方面：加速收款，采取一些技术手段尽量使现金回收的时间缩短；控制现金支出，在不影响企业信誉的情况下，尽可能推迟款项的支付，利用银行存款的浮游量。

（1）加速收款管理，涉及收款成本和收款浮动期。

①收款成本。一个高效率的收款系统能够使收款成本和收款浮动期达到最小，同时能够保证与客户汇款及其他现金流入来源相关的信息的质量。收款成本包括浮动期成本、管理收

款系统的相关费用（例如银行手续费）及第三方处理费用或清算相关费用。在获得资金之前，收款在途项目使企业无法利用这些资金，也会产生机会成本。信息的质量包括收款方得到的付款人的姓名、付款的内容和付款时间。信息要求及时、准确地到达收款人一方，以便收款人及时处理资金，作出发货的安排。

②收款浮动期是指从支付开始到企业收到资金的时间间隔。收款浮动期主要是纸质支付工具导致的，有下列三种类型：

邮寄浮动期：从付款人寄出支票到收款人或收款人的处理系统收到支票的时间间隔。

处理浮动期：是指支票的接受方处理支票和将支票存入银行以收回现金所花的时间。

结算浮动期：是指通过银行系统进行支票结算所需的时间。

（2）延缓付款管理。

现金支出管理的主要任务是尽可能延缓现金的支出时间。控制现金支出的目标是在不损害企业信誉的条件下，尽可能推迟现金的支出。通过以下方式可延缓现金的支出。

①使用现金浮游量。
②推迟应付款的支付。
③汇票代替支票。
④改进员工工资支付模式。
⑤透支。
⑥争取现金流出与现金流入同步。
⑦使用零余额账户。

8.2.2 应收账款管理

应收账款是指企业在正常的经营过程中因销售商品、产品、提供劳务等业务，应向购买单位收取的款项，包括应由购买单位或接受劳务单位负担的税金、代购买方垫付的各种运杂费等。

应收账款表示企业在销售过程中被购买单位所占用的资金。企业应及时收回应收账款，以弥补企业在生产经营过程中的各种耗费，保证企业持续经营；对于被拖欠的应收账款，应采取措施，组织催收；对于确实无法收回的应收账款，凡符合坏账条件的，应在取得有关证明并按规定程序报批后，作坏账损失处理。

1. 应收账款的作用

1）增加销售的作用

商业竞争是应收账款产生的直接原因。市场竞争激烈时，信用销售是促进销售的一种重要方式。信用销售实际是向顾客提供了两项交易：销售产品和在一定时期内提供资金。信用销售方式能够吸引客户的原因主要有以下两点：

（1）在市场疲软和资金匮乏的情况下，客户总是希望通过赊欠方式得到需要的材料物资和劳务。

（2）许多客户希望保留一段时间的支付期以检验商品和复核单据。

2）减少存货的作用

在大部分情况下，企业持有应收账款比持有存货更有优势。从财务角度看，应收账款和存货都属于流动资产，但两者的性质是不同的。在正常情况下，应收账款是一种可以确认为收入的债权,而存货除占用一部分资金外,其持有成本相对较高,诸如储存费用、保险费用、管理费用,等等。

2. 应收账款的成本

1)应收账款的机会成本

应收账款的机会成本是现金不能收回而丧失的再投资机会的损失。应收账款的机会成本的计算取决于平均回收期的长短、应收账款的持有量、企业的平均投资收益率。机会成本是与上述三个因素呈正相关的。

$$应收账款机会成本 = 应收账款平均余额 \times 变动成本率 \times 机会成本率$$

$$应收账款平均余额 = 赊销额/360 \times 平均收账时间 \qquad (8-10)$$

就平均收账时间而言,如果没有现金折扣条件,则认为"信用期 = 平均收现期";如果存在现金折扣条件,则按照加权平均的办法计算。

例如:假设现金折扣条件为"2/10, 1/20, N/30",其中,有10%的顾客在10天内付款;40%的顾客在20天内付款;50%的顾客在30天内付款,则:

$$平均收现期 = 10\% \times 10 + 40\% \times 20 + 50\% \times 30 = 24(天)$$

2)应收账款的管理成本

应收账款的管理成本,顾名思义,就是因为进行应收账款管理所发生的费用。它主要有调查客户信用情况的费用、催收和组织收账的费用、其他与管理有关的费用。现代企业中大多设有专门的信用管理部门,用以协助制定和执行公司的信用政策,建立客户档案管理数据库,评估客户,审核信用额度,监控应收账款,执行收账政策。这一部门发生的日常费用就是类似于固定费用的管理成本,它不会随着应收账款数额的增加而增加。催收和组织收账的费用与应收账款的数量和应收账款的时间呈正方向变动,又与坏账成本呈反方向变动。

3)应收账款的坏账成本

坏账成本是指应收账款不能收回而形成的所谓坏账而给企业造成的损失。坏账率的高低取决于企业的信用政策和收账政策。一般来说,信用政策越是苛刻,其坏账率就越低。在其他条件不变的情况下,在一定的范围内,收账费用越多,坏账损失率就越低,且平均收账期也越短。

3. 应收账款的信用政策

信用政策,是指企业为对应收账款进行规划与控制而确立的基本原则性行为规范,是企业财务政策的一个重要组成部分。信用政策主要包括信用标准、信用条件和收账政策三部分内容。

1)信用标准

信用标准是指顾客获得企业的交易信用所应具备的条件。如果顾客达不到信用标准,便不能享受企业的信用或只能享受较低的信用优惠。一般用企业预计的坏账损失率来表示。

企业在设定某一顾客的信用标准时,往往先要评估他赖账的可能性,这可以通过"5C"系统来进行信用分析。所谓"5C"系统,是评估顾客信用品质的五个方面,即:

(1)品质(Character),是指顾客的信誉,即履行偿债义务的可能性。

(2)能力(Capacity),是指顾客的偿债能力,即其流动资产的数量与质量以及与流动负债的比例。

(3)资本(Capital),是指顾客的财务实力和财务状况,表明顾客可能偿还债务的背景。

(4) 抵押 (Collateral), 是指顾客付款或无力支付款时能被用作抵押的资产。

(5) 条件 (Condition), 是指可能影响顾客付款能力的经济环境。

2) 信用条件

信用条件是销货企业要求赊购客户支付货款的条件, 包括信用期限、折扣期限和现金折扣。信用期限是企业为顾客规定的最长付款时间, 折扣期限是为顾客规定的可享受现金折扣的付款时间, 现金折扣是在顾客提前付款时给予的优惠。

例如, 信用条件 (1/10, N/30) 的意思是: 如果在 10 天内付款, 可享受 1% 的现金折扣, 否则, 应在 30 天内全额付款。30 天是信用期限, 10 天是折扣期限, 1% 是现金折扣率。

提示: 计算应收账款信用成本前的收益, 是假定各方案的固定成本相同, 如果不同, 要考虑固定成本因素。如有必要, 需要进一步考虑销售增加引起存货增加而占用的资金发生的应计利息。如表 8-3 所示。

表 8-3 计算应收账款信用成本前后的收益

总额分析法		差额分析法 (A—B)
A 方案	B 方案	
年赊销额—变动成本	年赊销额—变动成本	Δ年赊销额—Δ变动成本
应收账款信用成本前收益	应收账款信用成本前收益	Δ应收账款信用成本前收益
应收账款成本: 机会成本 收账费用 坏账损失	应收账款成本: 机会成本 收账费用 坏账损失	应收账款成本差额: Δ机会成本 Δ收账费用 Δ坏账损失
应收账款信用成本后收益	应收账款信用成本后收益	Δ应收账款信用成本后收益
A 应收账款信用成本后的收益 > B 应收账款信用成本后收益, A 方案好; 反之, B 方案好。		Δ应收账款信用成本后收益 > 0, A 方案好; 反之, B 方案好。

【例 8-5】 某企业的资金成本率为 10%, 上年销售收入为 4 000 万元, 总成本为 3 000 万元, 其中固定成本为 600 万元。本年该企业有两种信用政策可供选用:

甲方案给予客户 60 天信用期限, 预计销售收入为 5 000 万元, 信用成本为 140 万元。预计不会增加固定成本, 不会改变变动成本率。

乙方案的信用条件为 (2/10, 1/20, N/60), 预计销售收入为 5 400 万元, 将有 40% 的货款于第 10 天收到, 10% 的货款于第 20 天收到, 由于考虑到可能会有部分客户拖欠付款, 因此, 预计平均收现期为 60 天。预计收账费用为 25 万元, 坏账损失为 50 万元。预计将会增加 20 万元固定成本。预计变动成本率比上年提高 2 个百分点。

解:
甲方案:

上年变动成本总额 = 3 000 - 600 = 2 400（万元）

上年变动成本率 = [2 400/4 000] × 100% = 60%

甲方案信用成本后的收益 = 5 000 × (1 - 60%) - 600 - 140 = 1 260（万元）

乙方案：

　　应收账款平均余额 = (5 400/360) × 60 = 900（万元）

　　应收账款占用资金 = 900 × (60% + 2%) = 558（万元）

　　应收账款机会成本 = 558 × 10% = 55.8（万元）

　　现金折扣成本 = 5 400 × 40% × 2% + 5 400 × 10% × 1% = 48.6（万元）

　　乙方案信用成本后的收益 = 5 400 × (1 - 62%) - 48.6 - 55.8 - 50 - 25 - (600 + 20)
　　　　　　　　　　　　= 1 252.6（万元）

因为甲方案信用成本后的收益大于乙方案，所以企业应选用甲方案。

3）收账政策

收账政策是指信用条件被违反时，企业采取的收账策略。企业如果采取较积极的收账政策，可能会减少应收账款投资，减少坏账损失，但要增加收账成本。如果采用较消极的收账政策，则可能会增加应收账款投资，增加坏账损失，但会减少收账费用。企业需要作出适当的权衡。总的原则是：制定收账政策要在增加收账费用与减少坏账损失、减少应收账款机会成本之间进行权衡，收账政策的优劣在于应收账款总成本最小化的道理。可以通过各收账方案的成本大小对其加以选择。

【例8-6】 假设某企业应收账款原有的收账政策和拟改变的收账政策如表8-4所示。

表8-4 收账政策备选方案表

项目	现行收账政策	拟改变的收账政策
年收账费用/万元	90	150
平均收账期/天	60	30
坏账损失占赊销额/%	3	2
赊销额/万元	7 200	7 200
变动成本率/%	60	60

假设资金利润率为10%，根据表8-4中的资料，试分析该企业应采用哪种收账政策？该企业政策分析评价表如表8-5所示。

表8-5 收账政策分析评价表

项目	现行收账政策	拟改变的收账政策
赊销额/万元	7 200	7 200
平均收账期/天	60	30
应收账款平均余额/万元	(7 200/360) × 60 = 1 200	(7 200/360) × 30 = 600

续表

项目	现行收账政策	拟改变的收账政策
应收账款占用的资金/万元	1 200 × 60% = 720	600 × 60% = 360
收账成本：		
应收账款机会成本/万元	720 × 10% = 72	360 × 10% = 36
坏账损失/万元	7 200 × 3% = 216	7 200 × 2% = 144
年收账费用/万元	90	150
收账总成本/万元	378	330

表 8-5 中的计算结果表明，拟改变的收账政策发生的收账成本低于现行的收账政策的收账成本。因此，改变收账政策的方案是适宜的。

4. 应收账款的日常管理

1）控制赊销额度

控制赊销额是加强应收账款日常管理的重要手段，企业应根据客户的信用等级确定赊销额度，对不同等级的客户给予不同的赊销限额。必须将累计额严格控制在企业所能接受的风险范围内。为了便于日常控制，企业要把已经确定的赊销额度记录在每个客户应收账款明细上，作为余额控制的警戒点。

2）合理的收款策略

应收账款的收账策略是确保应收账款返回的有效措施，当客户违反信用时，企业就应采取有力措施催收账款。收账政策根据时间的长短进行控制，分别采取暂不打扰、信函催收、电话催收、上门催讨，一直到投诉法院的方式，如果企业的收账政策太宽松，可能会令逾期未付款的客户拖欠更长的时间；如果收账政策过严，有可能得罪客户，影响正常的商务关系。

3）重视信用调查

对客户的信用调查是应收账款日常管理的重要内容。要做到客观、准确地判断，关键在于能否及时掌握客户的各种信用资料。这些资料的来源主要有以下几个渠道：

（1）财务报表。

即企业对预期的"准信用"客户索取或查询近期的资产负债表和利润表等报表。这些资料是企业进行分析评估的最重要信息，企业可据此对赊销对象的资产流动性、支付能力以及经营业绩诸方面进行详尽分析并作出判断。

（2）银行证明。

即应客户要求，由客户的开户银行出具一些有关其信用状况的证明材料，如客户在银行的平均现金余额、贷款的历史信用信息等。

（3）企业间证明。

一般而言，企业的每一个客户对外会同时拥有许多供货单位，所以企业可以通过与同一个客户有关的各供货企业交换信用资料，比如交易往来的持续时间、提供信用的条件、数额以及客户支付货款的及时程度等证明来评价客户。这些供货单位出具的书面证明，再加上必要的调查了解，可为企业对客户信用状况作出评价奠定良好的基础。

(4) 信用评级和信用报告。

公司可以从各种商业信用评级机构获取企业的信用评级资料。

除了以上几个方面的管理以外，对于已经发生的应收账款，还有一些措施，如应收账款追踪分析、应收账款账龄分析、应收账款收现率分析和建立应收账款坏账准备制度，也属企业应收账款管理的重要环节。

8.2.3 存货管理

存货是指企业在正常生产经营过程中持有以备出售的产成品或商品，或仍然处于生产过程中的产品，或在生产过程或提供劳务过程中将要消耗的材料、物料等。存货管理就是对企业的存货进行管理，主要包括存货的信息管理和在此基础上的决策分析，最后进行有效控制，存货管理的最终目的是提高企业经济效益。

1. 企业置留存货的原因

一方面是为了保证生产或销售的经营需要；另一方面是出自价格的考虑，零购物资的价格往往较高，而整批购买在价格上有优惠。但是，过多地置留存货要占用较多资金，并且会增加包括仓储费、保险费、维护费、管理人员工资在内的各项开支，因此，进行存货管理就是尽力在各种成本与存货效益之间作出权衡，达到两者的最佳结合，这就是存货管理的目标。

2. 持有存货的成本

存货成本是指存货所耗费的总成本，是企业为存货所发生的一切支出。主要包括取得成本（购置成本、订货成本）、储存成本、缺货成本等。

1) 取得成本

取得成本指为取得某种存货而支出的成本，通常用 TC_a 来表示。其分为订货成本和购置成本。

(1) 订货成本也称进货费用，是指从发出订单到收到存货整个过程中所付出的成本。订货成本一般可分为两部分：

①订货固定成本。订货成本有一部分与订货次数无关，如采购人员的工资等，称为订货的固定成本，用 F_1 表示；

②订货变动成本。订货成本有一部分与订货次数有关，主要有办公费、差旅费、邮资、运输费、检验费、入库搬运费等支出，称为订货的变动成本。

$$订货次数 = D/Q = 年需要量/每次进货量$$
$$订货成本 = 订货次数 \times K + F_1 \tag{8-11}$$

其中，每次订货的变动成本用 K 表示；订货次数等于存货年需要量 D 与每次进货量 Q 之商。

(2) 购置成本是指存货本身的价值，经常用单价乘以购置数量来确定。年需要量用 D 表示，单价用 U 表示，于是购置成本为 DU。

$$取得成本 = 订货成本 + 购置成本 = 订货固定成本 + 订货变动成本 + 购置成本 \tag{8-12}$$

$$TC_a = F_1 + [D/Q] \times K + DU$$

2)储存成本

储存成本指为保持存货而发生的成本,通常用 TC_c 来表示。储存的固定成本与存货数量的多少无关,常用 F_2 表示,如仓库费用;储存的变动成本与存货的数量有关,单位储存成本用 K_c 来表示,包括存货占用资金所应计的利息、保险费用、存货破损和变质损失,等等。

储存成本 = 储存固定成本 + 储存变动成本

$$TC_c = F_2 + K_c \times (Q/2) \tag{8-13}$$

3)缺货成本

缺货成本指由于存货供应中断而造成的损失,包括材料供应中断造成的停工损失、产成品库存缺货造成的拖欠发货损失、丧失销售机会的损失及造成的商誉损失等;如果生产企业以紧急采购代用材料解决库存材料中断之急,那么缺货成本表现为紧急额外购入成本。缺货成本用 TC_s 表示。

如果以 TC 来表示储备存货的总成本,它的计算公式为:

$$TC = TC_a + TC_c + TC_s = F_1 + \frac{D}{Q}K + DU + F_2 + K_c \frac{Q}{2} + TC_s \tag{8-14}$$

企业存货的最优化,就是使企业存货总成本即上式 TC 值最小。

3. 最优存货量(经济订货批量)的确定

经济订货批量是指能够使一定时期存货的总成本达到最低点的进货数量。

1)存货经济订货批量基本模型

经济订货量基本模型需要设立的假设条件:企业一定时期的进货总量可以较为准确地予以预测;存货的耗用或者销售比较均衡;存货的价格稳定,且不存在数量折扣,进货日期完全由企业自行决定,并且每当存货量降为 0 时,下一批存货均能马上一次到位;仓储条件及所需现金不受限制;不允许出现缺货的情形;所需存货市场供应充足,不会因买不到所需存货而影响其他方面。

存货经济订货批量基本模型的计算公式:

$$变动订货成本 = 年订货次数 \times 每次订货成本 = (D/Q) \times K \tag{8-15}$$

$$变动储存成本 = 年平均库存 \times 单位储存成本 = (Q/2) \times K_c \tag{8-16}$$

$$相关总成本 = \frac{D}{Q} \cdot K + \frac{Q}{2} \cdot K_c = \sqrt{2K \cdot D \cdot K_c}$$

经济订货量(Q^*)基本公式: $Q^* = (2KD/K_c)^{1/2} \tag{8-17}$

【8-7】 A 企业生产甲产品需要使用某种特种钢,年需要量 36 000 公斤,已知该特种钢单价为 200 元/公斤。材料储存部门提供的资料表明,该特种钢单位年储存成本为 8 元,每次订货成本 250 元。

解:

经济订货批量 = $(2 \times 250 \times 36\ 000/8)^{1/2}$ = 1 500(公斤)

经济订货批量平均占用资金 = [1 500/2] × 200 = 150 000(元)

年度最佳订货批次 = 36 000/1 500 = 24(次)

最佳订货周期 = 360/24 = 15(天)

2)存在数量折扣的经济进货批量模型

存货相关总成本 = 进价成本 + 相关订货成本 + 相关存储成本

计算步骤：
（1）按经济进货批量基本模型确定经济进货批量。
（2）计算按经济进货批量进货时的存货相关总成本。
（3）计算按给予数量折扣的进货批量进货时的存货相关总成本。
（4）比较不同进货批量的存货相关总成本，选择存货相关总成本最低的进货批量。

【例8-8】 某企业生产中全年需要某种材料2 000公斤，每公斤买价20元，每次订货变动成本为50元，单位储存变动成本为存货单价的25%。该材料的供货方提出，若该材料每次购买数量在1 000公斤或1 000公斤以上，将享受5%的数量折扣。确定该企业是否接受供货方提出的数量折扣条件。

解：
①按照基本模型计算的经济订货量 = $[2 \times 50 \times 2\,000/(20 \times 25\%)]^{1/2}$ = 200（公斤）
②由于基本经济订货批量模型和订货量为1000公斤的材料价格不同，购置成本不同，因此，在比较相关总成本时，材料的购置成本也属于相关总成本。

每次订货量为200公斤时，不享受数量折扣，存货单价为20元。
相关总成本 = [2 000/200] × 50 + [200/2] × 20 × 25% + 2000 × 20
         = 500 + 500 + 40 000 = 41 000（元）

每次订货量为1 000公斤时，享受数量折扣，存货单价为20 × (1 - 5%) = 19（元）。
相关总成本 = [2 000/1 000] × 50 + [1 000/2] × 20 × 25% + 2 000 × 19
         = 100 + 2 375 + 38 000 = 40 475（元）

该企业应接受供货方提出的数量折扣条件。

4. 再订货点

即企业发出订货单时的储存量。企业提出订货时间过早或过晚，往往会造成积压资金或延误生产，确定再订货点是使存货保持合理储备量的重要手段。

确定订货点，应考虑以下五个因素：
（1）全年需要量和经济订货量。
（2）预计平均每天（或每周）的正常耗用量。
（3）预计每天（或每周）的最大耗用量。
（4）从提出订货到收到订货的期间，即订货提前期。
（5）安全存量。

$$再订货点 = 平均每天或每周正常耗用量 \times 订货提前期 \qquad (8-18)$$

【例8-9】 某企业生产需要A零件，年需要量为7 200件，平均交货时间为10天，假设一年为360天，那么再订货点是多少？

解：
$$再订货点 = 10 \times (7\,200/360) = 200（件）$$

5. 保险储备

前面讨论的经济订货量是以供需稳定为前提的。但实际情况并非完全如此，企业对存货的需求量可能发生变化，交货时间也可能会延误。在交货期内，如果发生需求量增大或交货时间延误的现象，就会缺货。为防止由此造成的损失，企业应有一定的保险储备。

在交货期内，如果对存货的需求量很大，或交货时间由于某种原因被延误，企业可能发生缺货现象。为防止存货中断，再订货点应等于交货期内的预计需求与保险储备之和。即：

$$再订货点 = 预计交货期内的需求 + 保险储备$$

企业应保持多少保险储备才合适？这取决于存货中断的概率和存货中断的损失。较高的保险储备可降低缺货损失，但也增加了存货的持有成本。因此，最佳的保险储备应该是使缺货损失和保险储备的储存成本之和达到最低。

$$缺货损失 = 每年订货次数 \times 缺货数量 \times 缺货概率 \times 单位缺货成本$$
$$= 年订货次数 \times 一次订货期望缺货量 \times 单位缺货成本 \quad (8-19)$$
$$储存成本 = 保险储备 \times 单位储存成本 \quad (8-20)$$
$$相关总成本 = 保险储备成本 + 缺货成本 \quad (8-21)$$

【例 8-10】假设某公司每年需外购零件 3 600 千克，该零件单价为 10 元，单位储存变动成本 20 元，一次订货成本 25 元，单位缺货成本 100 元，企业目前建立的保险储备量是 30 千克。建立保险储备时，最小增量为 10 千克。在交货期内的需要量及其概率如表 8-6 所示。

表 8-6 某公司在交货期内的需要量及其概率

需要量/千克	概率
50	0.10
60	0.20
70	0.40
80	0.20
90	0.10

要求：

(1) 计算按企业目前的保险储备标准，存货水平为多少时应补充订货？
(2) 企业目前的保险储备标准是否恰当？
(3) 按合理保险储备标准，企业的再订货点为多少？

解：

(1) 目前保险储备量下的再订货点：

$$最优经济订货批量 = \sqrt{\frac{2 \times 3\,600 \times 25}{20}} = 95（千克）$$

年订货次数 = 3 600 ÷ 95 = 38（次）

交货期内平均需求 = 50 × 0.1 + 60 × 0.2 + 70 × 0.4 + 80 × 0.2 + 90 × 0.1 = 70（千克）

含有保险储备的再订货点 = 70 + 30 = 100（千克）

(2) 合理保险储备标准下的再订货点：

①设保险储备为 0，再订货点 = 预计交货期内的需求 + 0 = 70 + 0 = 70（千克）

缺货量 = (80 - 70) × 0.2 + (90 - 70) × 0.1 = 4（千克）

缺货损失与保险储备储存成本之和 = 4 × 100 × 38 + 0 × 20 = 15 200（元）

②设保险储备为 10 千克，再订货点 = 70 + 10 = 80（千克）

缺货量 = （90 - 80）× 0.1 = 1（千克）

缺货损失与保险储备储存成本之和 = 1 × 100 × 38 + 10 × 20 = 4 000（元）

③设保险储备为 20 千克，再订货点 = 70 + 20 = 90（千克）

缺货量 = 0

缺货损失与保险储备储存成本之和 = 0 × 100 × 38 + 20 × 20 = 400（元）

因此，合理的保险储备为 20 千克，相关成本最小。

企业目前的保险储备标准过高，会加大储存成本。

合理保险储备标准下企业的再订货点 = 70 + 20 = 90（千克）

6. 存货的管理控制方法

1）传统的存货控制方法

传统的存货控制方法目前应用最多的是经济订购批量法和 ABC 库存分类管理法。

ABC 库存分类管理法又称为重点管理法。属于 A 类的是少数价值高的、最重要的项目，这些存货品种少，而单位价值却较大，实务中，这类存货的品种数大约只占全部存货总品种数的10%，而从一定期间出库的金额看，这类存货出库的金额大约要占到全部存货出库总金额的70%。属于 C 类的是为数众多的低值项目，其特点是，从品种数量来看，这类存货的品种数大约要占到全部存货总品种数的70%，而从一定期间出库的金额看，这类存货出库的金额大约只占全部存货出库总金额的10%。B 类存货则处于这两者之间，从品种数和出库金额看，大约都只占全部存货总数的20%。如表 8 - 7 所示。

表 8 - 7　ABC 库存分类管理法

项目	特征	分类标准占比/%		管理方法
		金额	品种数量	
A 类	金额巨大，品种数量较少	50 ~ 70	10 ~ 15	分品种重点管理
B 类	金额一般，品种数量相对较多	15 ~ 20	20 ~ 25	分类别一般控制
C 类	品种数量繁多，价值金额却很小	10 ~ 15	60 ~ 70	按总额灵活掌握

对 A 类存货的控制，要计算每个项目的经济订货量和订货点，尽可能适当增加订购次数，以减少存货积压，也就是减少其昂贵的存储费用和大量的资金占用；同时，还可以为该类存货分别设置永续盘存卡片，以加强日常控制。对 B 类存货的控制，也要事先为每个项目计算经济订货量和订货点，同时也可以分享设置永续盘存卡片来反映库存动态，但要求不必像 A 类那样严格，只要定期进行概括性的检查就可以了，以节省存储和管理成本。对于 C 类存货的控制，由于它们为数众多，而且单价又很低，存货成本也较低，因此，可以适当增加每次订货数量，减少全年的订货次数，对这类物资日常的控制方法，一般可以采用一些较为简化的方法进行管理。

2）库存控制方法的改进

目前人们在生产实践中总结提出了许多卓有成效的管理思想、方法和模式，形成了先进实用的生产管理系统。如制造资源计划（MRP Ⅱ）（20 世纪60 年代）、准时化生产（JIT）（20 世纪80 年代）、供应链环境下的供应商管理库存（VMI）（20 世纪90 年代）等。这些先进的管理系统对库存控制方法的研究具有一定的借鉴作用。

8.3 流动负债的管理

短期负债也叫流动负债,是指将在1年(含1年)或者超过1年的一个营业周期内偿还的债务,包括短期借款、应付票据、应付账款、预收账款等。

8.3.1 短期借款

1. 短期借款的种类

我国目前的短期借款按照目的和用途分为若干种,主要有生产周转借款、临时借款、结算借款,等等。

按照国际通行做法,短期借款还可依偿还方式的不同,分为一次性偿还借款和分期偿还借款;依利息支付方法的不同,分为收款法借款、贴现法借款和加息法借款;依有无担保,分为抵押借款和信用借款,等等。

2. 短期借款的信用条件

1)信贷额度

即贷款限额。是借款企业与银行在协议中规定的借款最高限额,信贷额度的有限期限通常为1年。信贷额度对银行是软约束。

2)周转信贷协定

这是指银行具有法律义务,承诺提供不超过某一最高限额的贷款协定。在协定的有效期内,只要企业借款总额未超过最高限额,银行必须满足企业任何时候提出的借款要求。企业要享用周转信贷协定,通常要对贷款限额的未使用部分付给银行一笔承诺费用。周转信贷协定的有效期常超过1年,但实际上贷款每几个月发放一次,所以这种信贷具有短期和长期借款的双重特点。

【例8-11】 某企业与银行商定的周转信贷额度为5 000万元,年度内实际使用了2 800万元(年初借入,年底偿还),承诺费率为0.5%。计算企业应向银行支付的承诺费。

解:

$$企业应向银行支付的承诺费 = (5\ 000 - 2800) \times 0.5\% = 11(万元)$$

3)补偿性余额

这是指银行要求借款企业在银行中保持按贷款限额或实际借用额一定比例计算的最低存款余额。对于银行来说,补偿性余额有助于降低贷款风险,补偿其可能遭受的风险;对借款企业来说,补偿性余额则提高了借款的实际利率,加重了企业负担。

$$补偿性余额贷款实际利率 = 名义利率 / (1 - 补偿性余额比率)$$

【例8-12】 某企业向银行借款800万元,利率为6%,银行要求保留10%的补偿性余额,则企业实际可动用的贷款为720万元。计算借款的实际利率。

解:

$$借款的实际利率 = 800 \times 6\% / [800 \times (1 - 10\%)] = 6.67\%$$

4)借款抵押

短期借款按抵押品面值的30%~90%发放贷款。

5）偿还条件

贷款的偿还有到期一次偿还和在贷款期内定期（每月、季）等额偿还两种方式。

一般来讲，企业不希望采用后一种偿还方式，因为这会提高借款的实际年利率；而银行不希望采用前一种偿还方式，因为这会增加企业的拒付风险。

6）其他承诺

如及时提供财务报表、保持适当的财务水平（如特定的流动比率）等。

3. 短期借款的成本

短期借款的成本主要包括利息、手续费等。短期借款成本的高低主要取决于贷款利率的高低和利息的支付方式。短期贷款利息的支付方式有收款法、贴现法和加息法三种，付息方式不同，短期借款成本计算也有所不同。

1）收款法

收款法又称利随本清法，是在借款到期时向银行支付利息的方法。银行向企业贷款一般都采用这种方法收取利息。采用收款法时，短期贷款的实际利率就是名义利率。

【例 8-13】 某企业从银行取得借款 200 万元，期限 1 年，年利率 8%。按收款法付息，实际利率是多少？

解：

$$借款的实际利率 = 8\%$$

2）贴现法

贴现法又称折价法，是指银行向企业发放贷款时，先从本金中扣除利息部分，到期时借款企业偿还全部贷款本金的一种利息支付方法。在这种利息支付方式下，企业可以利用的贷款只是本金减去利息部分后的差额，因此，贷款的实际利率要高于名义利率。

$$贴现贷款实际利率 = 名义利率 / (1 - 名义利率)$$

【例 8-14】 某企业从银行取得借款 200 万元，期限 1 年，年利率 6%，利息 12 万元。按贴现法付息，企业实际可动用的贷款为 188 万元。计算借款的实际利率。

解：

$$借款的实际利率 = 200 \times 6\% / [200 \times (1 - 6\%)] = 6.34\%$$

3）加息法

加息法是银行发放分期等额偿还贷款时采用的利息收取方法。由于贷款本金分期均衡偿还，借款企业实际上只平均使用了贷款本金的一半，却支付了全额利息。这样，企业所负担的实际利率便要高于名义利率大约 1 倍。

【例 8-15】 某企业借入（名义）年利率为 12% 的贷款 20 000 元，分 12 个月等额偿还本息。计算借款的实际利率。

解：

$$借款的实际利率 = 20\ 000 \times 12\% / [20\ 000 / 2] = 24\%$$

8.3.2 商业信用

商业信用是指企业在商品或劳务交易中，以延期付款或预收货款的方式进行购销活动而形成的借贷关系，主要是企业之间、企业与个人之间的直接信用行为，也是企业短期资金的重要来源。

1. 商业信用的形式

1）应付账款

应付账款即赊购，是商业信用的主要形式。应付账款是供应商给企业提供的一个商业信用。由于购买者往往在到货一段时间后才付款，商业信用就成为企业短期资金来源。

（1）商业信用筹资量的大小取决于四个条件：

①信用额度。

②允许按发票面额付款的最迟期限。

③现金折扣期。

④现金折扣率等因素。

（2）关于现金折扣的三种情况：

①享受现金折扣。在这种情况下，企业可获得最长为现金折扣期的免费资金，并取得相应的折扣收益，其免费信用额度为扣除现金折扣后的净购价。

②在信用期内付款但不享受折扣。在这种情况下，企业可获得最长为信用期的免费资金，其信用额度为商品总购价；但由于放弃现金折扣，从而增加相应的机会成本。

现金折扣的表示方式，如"2/10，N/30"，表示 10 天内付款，享受现金折扣 2%，若买方放弃折扣，30 天内必须付清全部款项。供应商在信用条件中规定现金折扣，目的主要在于加速回收资金。

放弃现金折扣的资金成本 = [折扣百分比/(1 - 折扣百分比)] × [360/(信用期 - 折扣期)]

$$(8-22)$$

决策原则：如果能以低于放弃折扣的成本的利率借入资金，便应在现金折扣期内用借入的资金支付货款，享受现金折扣；反之，不享受折扣。

③逾期支付，放弃现金折扣的机会成本率更低。

【例 8 - 16】 某企业按"1/10，N/30"的条件购进一批商品，总价款 100 万元。要求：

（1）若该企业在折扣期内付款（即选择第 10 天付款），付款额是多少？

（2）若企业放弃现金折扣，在信用期内付款，则其放弃现金折扣的机会成本为多少？如果短期借款资金成本率是 10%，则该企业是否应向银行借款享受此项折扣？

（3）如果延至第 40 天付款，放弃现金折扣的机会成本为多少？

解：该企业在折扣期内付款（即选择第 10 天付款），

$$付款额 = 100 × (1 - 1\%) = 99（万元）$$

如果企业放弃现金折扣，在第 30 天付款：

放弃现金折扣的机会成本

$$= [1\%/(1 - 1\%)] × [360/(30 - 10)] = 18.18\%$$

如果银行的短期借款资金成本率是 10%，该企业应从银行借款，享受此项折扣。

如果延至第 40 天付款：

放弃现金折扣的机会成本 $= [1\%/(1 - 1\%)] × [360/(40 - 10)] = 12.12\%$

2）预收货款

这是指销货单位按照合同和协议规定，在发出货物之前向购货单位预先收取部分或全部货款的信用行为。购买单位对于紧销商品往往乐于采用这种方式购货；销货方对于生产周期长，造价较高的商品，往往采用预收货款方式销货，以缓和本企业资金占用过多的矛盾。

2. 商业信用筹资的优缺点

商业信用容易获得，企业有较大的机动权，企业一般不用提供担保。

但是商业信用筹资成本高，容易恶化企业的信用水平，受外部环境影响较大。

本章案例

1. 案例资料

海尔集团是世界白色家电第一品牌，是中国最具价值的品牌。海尔在全球拥有 7 万多名员工，2011 年营业额 1 509 亿元，已发展成为大规模的跨国企业集团。

海尔集团在首席执行官张瑞敏的领导下，先后实施品牌战略、多元化战略、国际化战略和全球化品牌战略。2010 年，海尔品牌价值高达 855 亿元，自 2002 年至 2011 年，海尔品牌价值连续 10 年蝉联中国最有价值品牌榜首。2011 年 11 月 15 日，世界权威市场调查机构欧睿国际发布的全球家用电器市场调查结果显示，海尔在大型家电市场的品牌占有率提升为 7.8%，第三次蝉联全球第一。在管理创新方面，海尔探索实施的"日事日毕，日清日高"的"OEC"管理模式、"市场链"管理及"人单合一"管理模式引起国际管理界的高度关注。海尔集团颠覆了传统的营运资金管理理念，打造了全新的、具有海尔特色的营运资金管理系统。模式创新已带来初步成效，在流动资金零贷款的基础上，海尔现金周转天数达到负 10 天。

2. 思考题

(1) 海尔商业模式的转型与组织流程再造对营运资金管理有何影响？

(2) 海尔的营运资金管理体系的创新之处何在？

(3) 对传统的营运资金管理有何颠覆？有无持续改进的必要以及改进路径何在？

（资料来源：http://course.5any.com/CourseLearningPlatform/WebUI/WebsiteStruct/Content/20020a001/87）

本章小结

营运资金是指企业生产经营活动中占用在流动资产上的资金。营运资金有广义和狭义之分，广义的营运资金是指一个企业流动资产的总额；狭义的营运资金是指流动资产减去流动负债后的余额。本章指的是狭义的营运资金概念。营运资金的管理既包括流动资产的管理，也包括流动负债的管理。

流动资产是指可以在一年以内或者超过一年的一个营业周期内实现变现或运用的资产，流动资产具有占用时间短、周转快、易变现等特点。企业拥有较多的流动资产，可在一定程度上降低财务风险。流动资产管理主要介绍了现金、应收账款和存货的管理方法。现金管理涉及的内容包括企业持有现金的动机、最佳现金持有量的确定方法、现金日常管理方法。应收账款管理涉及的内容包括应收账款成本、信用政策、应收账款的管理控制方法。存货管理涉及的内容包括存货管理成本、最佳存货量的确定、存货管理控制的方法。

流动负债是指需要在一年或者超过一年的一个营业周期内偿还的债务。流动负债又称短期融资，具有成本低、偿还期短的特点，必须认真进行管理，否则，将使企业承受较大的风险。流动负债主要包括以下项目：短期借款、应付票据、应付账款等。其中短期借款的管理涉及短期借款的信用条件和短期借款的成本。应付账款是商业信用的主要形式，商业信用筹资额的大小取决于信用额度、允许按发票面额付款的最迟期限、现金折扣期、现金折扣率等因素。

本章习题

1. 已知甲公司每季度的现金需求量为100万元，每次交易成本为180元，有价证券的月利率为0.3%。

要求：

（1）利用存货模式确定最佳现金持有量、每季度持有现金的机会成本和出售有价证券的交易成本以及现金的使用总成本。

（2）假设利用随机模式计算得出的最佳现金持有量是利用存货模式确定最佳现金持有量的1.5倍，公司认为，任何时候其银行活期存款及现金余额不能低于10万元，计算现金控制的上限以及预期每日现金余额变化的标准差（每月按30天计算）。

2. A公司预计信用政策（$n/30$）如下：年赊销额能达到5 000万元，变动成本率为70%，应收账款机会成本率为8%，坏账损失为赊销额的2%。公司的财务经理考虑下列信用政策：延长信用期限至60天，如果这样做，估计赊销额能达到6 000万元，其坏账损失率为3%。

要求：

分析其改变信用政策是否可行。

3. 某企业每年耗用某种材料7 200千克，该材料单价20元，单位年储存成本为2元，一次订货成本50元。

要求：

（1）按照经济批量基本模型计算经济批量、与经济批量相关的总成本、最佳订货次数、最佳订货周期、经济订货量占用资金。

（2）如果订货日至到货期的时间为10天，保险储备为100千克，再订货点为多少？

4. A公司是一个家用电器零售商，现经营约500种家用电器产品。该公司正在考虑经销一种新的家电产品。据预测该产品年销售量为1 080台，一年按360天计算，平均日销售量为3台；固定的储存成本为2 000元/年，变动的储存成本为100元/台（一年）；固定的订货成本为1 000元/年，变动的订货成本为74.08元/次；公司的进货价格为每台500元，售价为每台580元；如果供应中断，单位缺货成本为80元。建立保险储备时，最小增量为1台。

订货至到货的时间为4天，在此期间销售需求的概率分布如表8-8所示。

表8-8 销售需求的概率分布

需求量/台	9	10	11	12	13	14	15
概率	0.04	0.08	0.18	0.4	0.18	0.08	0.04

要求：

（1）计算该商品的经济进货批量。

（2）计算最佳保险储备量下的再订货点。

5. 某企业向银行借入一笔款项，银行提出下列条件供企业选择：A条件：每半年复利一次，年利率为9%，利随本清。B条件：年利率为8%，但必须保持25%的补偿性余额。C条件：年利率为9.5%，按贴现法付息。企业该选择哪种方式取得借款？

6. 丙公司是一家汽车配件制造企业，近期的售量迅速增加。为了满足生产和销售需求，丙公司需要筹集资金495 000元用于增加存货，占用期限为30天。现有三个可满足资金需求的筹资方案：

方案1：利用供应商提供的商业信用，选择放弃现金折扣，信用条件为"2/10，N/40"。

方案2：向银行贷款，借款期限为30天，年利率为8%。银行要求的补偿性金额为借款额的20%。

方案3：以贴现法向银行借款，借款期限为30天，月利率为1%。

要求：

（1）如果丙公司选择方案1，计算其放弃现金折扣的机会成本。

（2）如果丙公司选择方案2，为获得495 000元的实际用款额，计算该公司应借款总额和该笔借款的实际年利率。

（3）如果丙公司选择方案3，为获得495 000元的实际用款额，计算该公司应借款总额和该笔借款的实际年利率。

（4）根据以上各方案的计算结果，为丙公司选择最优筹资方案。

第9章

收益分配管理

学习目标

通过本章学习，要求学生掌握收益分配的程序和收益分配应考虑的因素；掌握各种股利分配政策的基本原理、优缺点及适用范围；熟悉股份公司的股利分配形式；了解股票分割和股票回购的意义；了解股份公司股利支付程序。

导入案例

上市公司的高送转分红不灵了

截至2011年2月28日的最后一个周末，沪深两市共有195家公司披露年报，虽然数量占比不足上市公司总数的10%，但推出10送转10（含高于）分配预案的公司已有37家，再加上"早产"的分配计划，高送转公司数量已经超过了上一年度。但与往年公布高送转即大涨的神话不同，这次不少公司公布高送转后，股价大跌。同样都是分红，同样都是高送转，为什么待遇会如此不同呢？要理解这个问题，投资者需要了解上市公司分红的相关概念。

上市公司分红的形式有三种：派发现金股利、转增股本、送红股；上市公司在一次分红中有可能选取其中的任意组合，选取什么样的分红组合方式，取决于公司的财务情况及董事会的决定。

派发现金股利是以一定的股票现金比例利用未分配利润给投资者回报，例如贵州茅台（600519）在2009年度的分红方案是10派11.85元，如果某投资者持有贵州茅台100股，那么分红后得到的现金就是1 185元（税前收入）。转增股票是以公司的公积金转增为股本，增加股票的份数，例如苏宁电器（002024）在2006年度的分红方案是10股转增10股，分红后投资者持有的股票数翻倍，股价减半。

送红股是以公司未分配利润给股东送股票股利，增加股票的份数，例如中联重科（000157）在2009年度的分红方案是10股送15股，分红后投资者的股票100股变成250股，股价变为分红前的40%。可以看出，不论是转增股本还是送红股，投资者手里的股票价值依然没有任何变化，派发现金股利才能让投资者收到真金白银。

那么，送转股票有什么意义呢？送转之后，股价降低，也就使得资金门槛相对降低，方便小额资金的出入，提高流动性。随着公司的高成长，股价又会随着投资者的预期提高而上涨，投资者盈利也会变得更多。但是，高送转必须是建立在高成长的基础上的，送转股票之后，上市公司如果没有相应的高成长，股价也不会上涨，投资者也不能获益。例如深圳中小盘上市公司苏宁电器，该公司的股价经过多次送转，复权后的股价高达1 000多元，这是因为公司一直保持着高速的增长，即使公司总市值已接近千亿，公司依然保持每年40%左右的增长。相反，2010年度的高送转公司中有相当一部分企业盈利增长很少，甚至还是负增长，为博得资本市场的青睐，依然给出了高送转的分红方案。当投资者预期上市公司不能保持高增长时，高送转也就不能引起投资者的追捧了，股价下跌也在情理之中。

（资料来源：http://blog.ceconlinebbs.com/BLOG_ARTICLE_51001.HTM）

9.1 收益分配概述

9.1.1 利润分配的原则和程序

净利润（收益）是指在利润总额中按规定交纳了所得税后公司的利润留成，一般也称为税后利润。净利润是一个企业经营的最终成果，净利润多，企业的经营效益就好；净利润少，企业的经营效益就差，它是衡量一个企业经营效益的主要指标。

净利润 = 利润总额 − 所得税费用

利润分配，是将企业实现的净利润，按照国家财务制度规定的分配形式和分配顺序，在企业和投资者之间进行的分配。利润分配的过程与结果，是关系到所有者的合法权益能否得到保护，企业能否长期、稳定发展的重要问题，为此，企业必须加强利润分配的管理和核算。企业利润分配的主体是投资者和企业，利润分配的对象是企业实现的净利润。

1. 利润分配的基本原则

1) 依法分配原则

企业利润分配的对象是企业缴纳所得税后的净利润，这些利润是企业的权益，企业有权自主分配。国家有关法律、法规对企业利润分配的基本原则、一般次序和重大比例也作了较为明确的规定，其目的是保障企业利润分配的有序进行，维护企业和所有者、债权人以及职工的合法权益，促使企业增加积累，增强防范风险的能力。国家有关利润分配的法律和法规主要有公司法、外商投资企业法等，企业在利润分配中必须切实执行上述法律、法规。利润分配在企业内部属于重大事项，企业的章程必须在不违背国家有关规定的前提下，对本企业利润分配的原则、方法、决策程序等内容作出具体而又明确的规定，企业在利润分配中也必须按规定办事。

2) 资本保全原则

资本保全是现代企业制度的基础性原则之一，企业在分配中不能侵蚀资本。利润的分配是对经营中资本增值额的分配，不是对资本金的返还。按照这一原则，一般情况下，企业如果存在尚未弥补的亏损，应首先弥补亏损，再进行其他分配。

3) 充分保护债权人利益原则

债权人的利益优先，按照风险承担的顺序及其合同契约的规定，企业必须在利润分配之前偿清所有债权人到期的债务，否则，不能进行利润分配。同时，在利润分配之后，企业还应保持一定的偿债能力，以免产生财务危机，危及企业生存。此外，企业在与债权人签订某些长期债务契约的情况下，其利润分配政策还应征得债权人的同意或审核方能执行。

4）多方及长短期利益兼顾原则

利益机制是制约机制的核心，而利润分配的合理与否是利益机制最终能否持续发挥作用的关键。利润分配涉及投资者、经营者、职工等多方面的利益，企业必须兼顾，并尽可能地保持稳定的利润分配。

在企业获得稳定增长的利润后，应增加利润分配的数额或百分比。同时，由于发展及优化资本结构的需要，除依法必须留用的利润外，企业仍可以出于长远发展的考虑，合理留用利润。在积累与消费关系的处理上，企业应贯彻积累优先的原则，合理确定提取盈余公积金和分配给投资者利润的比例，使利润分配真正成为促进企业发展的有效手段。

2. 利润分配的程序

1）弥补企业以前年度的亏损

企业以前年度的亏损，可以用亏损年度后连续5年的税前利润弥补。在5年内未能弥补的亏损，从第6年起只能用税后利润弥补，以体现企业作为自负盈亏的经济实体所应承担的经济责任。

2）提取法定盈余公积

法定盈余公积是企业按照一定比例从税后利润中提取的用于生产经营的资金。它既是保全企业资本、防止因滥分利润而损害债权人的需要，也是企业为了扩大再生产而通过内部积累资金的需要。

具体而言，法定盈余公积的用途是弥补亏损和转增资本金。法定盈余公积按照税后利润减去用于罚没损失和弥补亏损后余额的10%提取，当其累计金额已达注册资本的50%以上时，可不再提取；转增资本金以后，其余额不得低于注册资本的25%。

3）支付优先股股利

优先股股利是指企业按优先股发放章程的有关规定，按约定的股息率或金额发放给优先股股东的报酬。由于优先股股东拥有股息分配的优先权，因此，普通股股东分派股利时，要以付清当年或积欠的优先股股利为条件。优先股股利的分派必须在普通股股利的分派之前。

4）提取任意盈余公积

任意盈余公积是指企业出于未来发展的需要，或基于比较谨慎的财务策略，从税后利润中提取的资金。

相对于法定盈余公积而言，任意盈余公积没有规定的提取比例，不受外力强制，体现了自愿性。也就是说，计提与否及计提多少可以根据企业的具体情况而定。任意盈余公积的提取必须按照公司章程的有关规定，或根据公司董事会及股东大会决议进行。

5）支付普通股股利

普通股股利是指企业按照董事会提交股东大会审议批准的股利率或每股股利金额，向普通股股东发放的投资报酬。普通股股利的实质是企业财富中属于普通股股东的那一部分盈余收益。因此，股利的来源是企业的盈利，即会计账面上必须有税后盈余，这是股利分配的前提。股份有限公司原则上应从累计盈利中分派股利，无盈利，不得支付股利，即所谓"无利不分"的原则。但若公司用公积金抵补亏损以后，为维护其股票信誉，经股东大会特别决议，也可用公积金支付股利。

企业以前年度未分配的利润，可以并入本年度分配。公司股东会或董事会违反上述利润分配顺序，在抵补亏损和提取法定公积金之前向股东分配利润的，必须将违反规定发放的利润退还公司。企业本年实现的净利润进行了上述分配后，仍有余额，即为本年的未分配利润，本年未分配利润加上上期未分配利润的合计数，即为本期末未分配利润累积数。

【例9-1】 某企业2016年实现销售收入2 480万元，全年固定成本570万元（含利息），变动成本率为55%，所得税税率为25%。年初有已超过5年的尚未弥补亏损40万元。该企业按10%提取法定盈余公积，按5%提取任意盈余公积，向投资者分配的利润为可供投资者分配利润的40%，不存在纳税调整事项。

解：

2016年税后利润 = （2 480 - 570 - 2480×55%）×（1 - 25%）= 409.5（万元）
提取的法定盈余公积 = （409.5 - 40）×10% = 36.95（万元）
提取的任意盈余公积 = （409.5 - 40）×5% = 18.475（万元）
可供投资者分配的利润 = -40 + 409.5 - 36.95 - 18.475 = 314.075（万元）
应向投资者分配的利润 = 314.075 × 40% = 125.63（万元）
未分配利润 = 314.075 - 125.63 = 188.445（万元）

9.1.2 股利的支付形式

1. 股利的概念

股利指股份公司按发行的股份分配给股东的利润。股息、红利也合称为股利。股份公司通常在年终结算后，将盈利的一部分作为股息按股额分配给股东。

股息，是指公司根据股东出资比例或持有的股份，按照事先确定的固定比例向股东分配的公司盈余；而红利是公司除股息之外根据公司盈利的多少向股东分配的公司盈余。显然，股息率是固定的，而红利率是不固定的，由股东会根据股息以外盈利的多少而作出决议。

2. 股利的支付形式

企业通常以多种形式发放股利，股利支付形式一般有现金股利、股票股利、财产股利和负债股利，其中最为常见的是现金股利和股票股利。在现实生活中，我国上市公司的股利分配广泛采用一部分股票股利和一部分现金股利的做法，其效果是股票股利和现金股利的综合。

1）现金股利

现金股利是指企业以现金的方式向股东支付股利，也称为红利。现金股利是企业最常见的也是最易被投资者接受的股利支付方式。企业支付现金股利，除了要有累计的未分配利润外，还要有足够的现金。因此，企业在支付现金前，必须做好财务上的安排，以便有充足的现金支付股利。因为，企业一旦向股东宣告发放股利，就对股东承担了支付的责任，必须如期履约，否则，不仅会丧失企业信誉，而且会带来不必要的麻烦。

2）股票股利

股票股利是指应分给股东的股利。以额外增发股票形式来发放。以股票作为股利，一般都是按在册股东持有股份的一定比例来发放，对于不满一股的股利，仍采用现金发放。股票股利最大的优点就是节约现金支出，因而常被现金短缺的企业所采用。

3) 财产股利

财产股利是指以现金以外的其他资产支付的股利。主要是以公司拥有的其他企业股票、债券作为股利支付方式。

4) 负债股利

负债股利是指公司以负债支付股利。通常用应付票据或发行公司债券作为股利支付方式。

财产股利和负债股利实际上都是现金股利的替代，目前这两种股利支付形式在我国公司实务中很少使用，但并非法律禁止。

9.1.3 股利的发放程序

公司股利的发放必须遵守相关的要求，按照日程安排来进行。一般情况下，先由董事会提出分配预案，然后提交股东大会决议通过，才能进行分配。股东大会决议通过分配预案后，要向股东宣布发放股利的方案，并确定股权登记日、除息日和股利发放日。

1. 股利宣告日

董事会将股利发放情况予以公告的日期，同时公布每股股利、股权登记日、除息日和股利发放日。

2. 股权登记日

股东领取股利的资格登记截止日期。只有在股权登记日仍在企业股东名册上的股东才有权分享股利。

3. 除息日

除息日也称除权日，是指领取股利的权利与股票分离的日期。除息日以后买进股票的股东得不到股利，股利只支付给股票以前的持有者，因此除息日后股票交易价格将会下跌。除息日的确定是证券市场交割方式决定的。因为股票的买卖的交接、过户需要一定的时间。

在美国，当股票交割方式采用例行日交割时，股票在成交后的第五个营业日才办理交割，即在股票登记日的四个营业日以前购入股票的新股东，才有资格领取股利。

在我国，由于采用次日交割方式，则除息日与股权登记日差一个工作日。

4. 股利支付日

股利支付日也称股利发放日，是企业向股东发放股利的日期。

【例9-2】 以上海证券交易所为例，某股份公司董事会在股东大会召开后，在公布最后分红方案的公告中称："在2013年3月10日M公司在某地召开的股东大会上，通过了董事会关于每股普通股分派股息0.4元的2012年度股息分配方案。股权登记日是2013年4月17日，除息日是2013年4月18日，股利支付日为2013年4月24日，特此公告。"

此例中，股利宣告日是3月10日，股权登记日是4月17日，除息日是4月18日，股利发放日为4月24日。

9.2 股利政策

9.2.1 股利政策理论

西方股利政策理论存在两大流派：股利无关论和股利相关论。前者认为，股利政策对企业股票的价格不会产生任何影响；后者认为，股利政策对企业股票价格有较强的影响，财务学家从税赋因素和信息不对称因素展开研究，各自形成有一定影响力的理论，为企业股利支付模式的选取提供理论指导。

1. 股利无关论

股利无关论是由美国经济学家 Modigliani 和财务学家 Miller 于 1961 年提出的。Miller 立足于完善的资本市场，从不确定性角度提出了股利政策和企业价值不相关理论，这是因为公司的盈利和价值的增加与否完全视其投资政策而定，企业市场价值与它的资本结构无关，而是取决于它所在行业的平均资本成本及其未来的期望报酬，在公司投资政策给定的条件下，股利政策不会对企业价值产生任何影响。进而得出，企业的权益资本成本为其资本结构的线性递增函数。在此基础上，Miller 又创立了投资理论，企业的投资决策不受筹资方式的影响，只有在投资报酬大于或等于企业平均资本成本时，才会进行投资。Miller 的股利无关论的关键是存在一种套利机制，通过这一机制，使支付股利与外部筹资这两项经济业务所产生的效益与成本正好相互抵消，股东对盈利的留存与股利的发放没有偏好，据此得出企业的股利政策与企业价值无关这一著名论断。

1）Miller 理论的假设

但是 Miller 的理论是建立在完善资本市场假设的基础之上，这包括以下几点：

（1）完善的竞争假设，任何一位证券交易者都没有足够的力量通过其交易活动对股票的现行价格产生明显的影响。

（2）信息完备假设，所有的投资者都可以平等地免费获取影响股票价格的任何信息。

（3）交易成本为零假设，证券的发行和买卖等交易活动不存在经纪人费用、交易税和其他交易成本，在利润分配与不分配或资本利得与股利之间均不存在税负差异。

（4）理性投资者假设，每个投资者都是财富最大化的追求者。这一假设与现实世界有一定的差距。虽然，Miller 也认识到公司股票价格会随着股利的增减而变动这一重要现象，但他认为，股利增减所引起的股票价格的变动并不能归因为股利增减本身，而应归因于股利所包含的有关企业未来盈利的信息内容。

从某种程度上说，Miller 对股利研究的贡献不仅在于提出了一种崭新的理论，更重要的还在于他为理论成立的假设条件进行了全面系统的分析。

2）在 Miller 的完善市场假设中，两个具有重要意义的市场特征

（1）没有税赋或交易成本。

（2）市场参与者之间的信息分布是对称的。

后来的研究大多围绕着这两个假设进行。在考虑税赋因子之后，可以检查现实世界中股利政策对企业价值的影响；而在引入管理者与投资者之间的信息不对称后，则可以从代理理论和信号理论两个角度对管理者制定股利政策的动因进行深入分析。其中，税赋因子对股利政策的影响集中体现在除权日的股价反映中，而不对称信息的影响则反映在股价对股利宣告的变动中，这使得财务学家可以通过对除权效应和宣告效应的实证研究来检验各种假说。

2. 股利相关论

1）股利税赋效应

在考虑税赋因素，并且是在对股利和资本利得征收不同税率的假设下，布伦南创立了股价与股利关系的静态模型，由该模型得出，股利支付水平高的股票要比支付水平低的股票有

更高的税前收益,即股利政策不仅与股价相关,而且由于税赋的影响,企业应采用低股利政策。而奥尔巴克经过严密的数学推导,提出税赋资本化假设,这种观点的主要前提是,公司将现金分配给股东的唯一途径是支付应税股利,公司的市场价值等于企业预期支付的税后股利的现值,因此,未来股利所承担的税赋被资本化入股票价值,股东对于留存收益或支付股利是不加区分的。按这种观点,提高股利税赋,将导致公司权益市场价值的直接下降。

一般而言,税赋对股利政策的影响是反向的,由于股利的税率比资本利得的税率高,而且资本利得税可以递延到股东实际出售股票为止。因此,投资者可能喜欢公司少支付股利,而将几年的盈余留下来用于投资,而为了获得较高的预期资本利得,投资人愿意接受较低的普通股必要的报酬率。因此,在股利税率比资本利得税率高的情况下,只有采取低股利支付率政策,公司才有可能使其价值最大化。

2)股利政策的代理理论与信号传递理论

这一方面的研究发端于20世纪70年代信息经济学的兴起。在信息完备的基本假设之上,市场中的价格机制是万能的,能够准确地确定企业的市场价值。在这种情况下,企业变成了一个生产现金流的黑匣子,公司的决策制定者被非人格化,纯粹为委托人的最大利益服务。而在现实中,作为经济行为人,决策制定者必然也存在着自身效用最大化动机,企业的财务政策往往是相关各方利益冲突的一种协调。否认这一点,就不可能对各种财务政策的制定动因作出切合实际的分析。信息经济学对古典经济学的一个重大突破是抛弃企业非人格化假设,代之以经济人效用最大化假设,这一变化对股利政策也产生了深刻影响,借鉴不对称信息的分析方法,财务学者从代理理论与信号传递理论两个角度对这一问题展开了研究。

(1)代理理论始于詹森与麦克林有关企业代理成本的经典论述,他们将由代理冲突所产生的代理成本归纳为三种:委托人承担的监督支出、代理人承担的担保性支出以及剩余损失。如何设计有效的激励机制,以最大限度地降低代理成本,从而确保委托人利益得以实现,这是代理理论要解决的主要问题。

詹森与麦克林率先利用代理理论分析了企业股东、管理者与债券持有者之间的代理冲突及其解决措施,从代理关系角度对困扰财务学家的融资问题作了新的阐释,认为股利政策有助于减缓管理者与股东之间,以及股东与债权人之间的代理冲突,也就是说,股利政策相当于协调股东与管理者之间代理关系的一种约束机制。股利政策对管理者的约束作用体现在两个方面:

①从投资角度看,当企业存在大量自由现金时,管理者通过股利发放不仅减少了因过度投资而浪费资源的倾向,而且有助于减少管理者潜在的代理成本,从而增加企业价值,它解释了股利增加宣告与股价变动正相关的现象。

②另一方面,从融资角度看,企业发放股利减少了内部融资,导致进入资本市场寻求外部融资,从而可以经常接受资本市场的有效监督,这样通过加强资本市场的监督而减少代理成本,这一分析有助于解释公司保持稳定股利政策的现象。因此,高水平股利支付政策将有助于降低企业的代理成本,但同时也增加了企业的外部融资成本。因此,最优的股利政策应使两种成本之和最小化。

(2)信号传递理论认为,不对称信息导致逆向选择问题,使得交易双方难以达到帕累托最优。在这种情况下,代理人如能选用某种信号来将其私人信息揭示给委托人,委托人在观测到信号后才与代理人签约，就可以根据产品的质量进行相应的定价，从而改进帕累托效率，这就是信号传递。信号传递的几个基本要素如下：

①信号成本。

②信号效益。

③信号特征。

在资本市场中，如果价格没有反映所有信息，尤其是那些还不能公开获得的信息，那么管理者就有可能通过财务政策向市场传递信号，以重新调整股票价格。

信号传递理论在财务领域中的应用始于罗斯的研究，他发现某个拥有大量高质量投资机会信息的经理，可以通过资本结构或股利政策的选择向潜在的投资者传递信号。受股利宣告日的股价变化与股利支付水平的变化呈正相关的这一事实的启发，信号传递理论认为，股利变化必然是向投资者传递了有关企业价值的信息。巴塔查亚率先在股利研究中建立了股利显示信号模型，模型假设股东拥有不为投资者所知的有关企业价值的私有信息，而股利政策的存在有助于降低这种不对称信息程度。Miller 与洛克将股利与融资、投资问题结合起来，建立了净股利传递信号模型。在 Miller——洛克模型中，管理者对企业当前收益知道的信息要比投资者多，并通过股利分配向投资者传递有关当前收益的信号，后者根据收到的信号判断企业的当前收益，由此预测未来收益，进而确定企业的市场价值。

总之，股利的支付具有降低代理成本和信息不对称程度的功能。

9.2.2 股利政策的影响因素

1. 法律限制

1) 资本保全的限制

规定公司不能用资本（包括股本和资本公积）发放股利。

2) 企业积累的限制

规定公司必须按净利润的一定比例提取法定公积金。

3) 净利润的限制

规定公司年度累计净利润必须为正数时，才可以发放股利，以前年度亏损必须足额弥补。

4) 超额累积利润的限制

由于股东接受股利缴纳的所得税高于其进行的股票交易的资本利得税，于是许多国家规定公司不得超额累积利润，一旦公司的保留盈余超过法律认可的水平，将被加征额外税额。

5) 无力偿付的限制

基于对债权人的利益保护，如果一个公司已经无力偿付负债，或股利支付会导致公司失去偿债能力，则不能支付股利。

2. 股东因素

1) 稳定的收入和避税

依靠股利维持生活的股东要求支付稳定的股利，高股利收入的股东为避税反对发放较多的股利。

2) 控制权的稀释

持有控股权的股东希望少分股利，多留收益，少增发新股。

3. 公司因素

1）盈余的稳定性

盈余稳定性强，可以支付较高的股利；稳定性弱，则一般采取低股利政策。

2）资产的流动性

资产流动性低时，一般不能支付太多股利。

3）举债能力

举债能力强，可以采取较宽松的股利政策；举债能力弱，往往采取较紧的股利政策。

4）投资机会

有良好投资机会时，多采取低股利政策；处于经营收缩的公司，多采取高股利政策。

5）资本成本

保留盈余（不存在筹资费用）的资本成本低于发行新股。从资本成本角度考虑，公司有扩大资金需要时，应采取低股利政策。

6）债务需要

有较高债务偿还需要的公司往往减少股利的支付。

4. 其他限制

1）债务合同约束

公司的债务合同，特别是长期债务合同，往往有限制公司现金支付程度的条款，这使公司只得采取低股利政策。

2）通货膨胀

在通货膨胀时期，公司股利政策往往偏紧。

9.2.3 股利政策的类型

股利政策是关于公司是否发放股利、发放多少股利以及何时发放股利等方面的方针和策略。股利政策在公司经营中起着至关重要的作用，关系到公司未来的长远发展、股东对投资回报的要求和资本结构的合理性。

从狭义方面来说，股利政策就是指探讨保留盈余和普通股股利支付的比例关系问题，即股利发放比率的确定。

广义的股利政策则包括：股利宣布日的确定、股利发放比例的确定、股利发放时的资金筹集等问题。

合理的股利分配政策一方面可以为企业规模扩张提供资金来源，另一方面可以为企业树立良好形象，吸引潜在的投资者和债权人，实现公司价值即股东财富最大化。因此，上市公司非常重视股利分配政策的制定，通常会在综合考虑各种相关因素后，对各种不同的股利分配政策进行比较，最终选择一种符合本公司特点与需要的股利分配政策予以实施。

1. 剩余股利政策

1）剩余股利政策的含义

剩余股利政策是指公司在有良好的投资机会时，根据目标资本结构，测算出投资所需的权益资本额，先从盈余中留用，然后将剩余的盈余作为股利来分配，即净利润首先满足公司的资金需求，如果还有剩余，就派发股利；如果没有，则不派发股利。

剩余股利政策的理论依据是 Miller 的股利无关理论。根据股利无关理论，在完全理想状态下的资本市场中，公司的股利政策与普通股每股市价无关，故而股利政策只需随着公司投资、融资方案的制定而自然确定。因此，采用剩余股利政策时，公司要遵循如下四个步骤：

（1）设定目标资本结构，在此资本结构下，公司的加权平均资本将达到最低水平。

（2）确定公司的最佳资本预算，并根据公司的目标资本结构预计资金需求中所需增加的权益资本数额。

（3）最大限度地使用留存收益，来满足资金需求中所需增加的权益资本数额。

（4）留存收益在满足公司权益资本增加需求后，若还有剩余，再用来发放股利。

2）剩余股利政策的优点

留存收益优先保证再投资的需要，有助于降低再投资的资金成本，保持最佳的资本结构，实现企业价值的长期最大化。

3）剩余股利政策的缺陷

若完全遵照执行剩余股利政策，股利发放额就会每年随着投资机会和盈利水平的波动而波动。在盈利水平不变的前提下，股利发放额与投资机会的多寡呈反方向变动；而在投资机会维持不变的情况下，股利发放额将与公司盈利呈同方向变动。剩余股利政策不利于投资者安排收入与支出，也不利于公司树立良好的形象。一般适用于公司初创阶段。

2. 固定或稳定增长的股利政策

1）固定或稳定增长的股利政策的含义

固定或稳定增长的股利政策，又称固定股利政策，是指公司将每年派发的股利额固定在某一特定水平或是在此基础上维持某一固定比率逐年稳定增长。公司只有在确信未来应该不会发生逆转时才会宣布实施固定或稳定增长的股利政策。在这一政策下，应首先确定股利分配额，而且该分配额一般不随资金需求的波动而波动。

2）固定或稳定增长的股利政策的优点

（1）由于股利政策本身的信息含量，稳定的股利向市场传递着公司正常发展的信息，有利于树立公司的良好形象，增强投资者对公司的信心，稳定股票的价格。

（2）稳定的股利额有助于投资者安排股利收入和支出，有利于吸引那些打算进行长期投资并对股利有很高依赖性的股东。

（3）稳定的股利政策可能会不符合剩余股利政策理论，但考虑到股票市场会受多种因素影响（包括股东的心理状态和其他要求），为了将股利维持在稳定的水平上，即使推迟某些投资方案或暂时偏离目标资本结构，也可能比降低股利或增长股利更为有利。

3）固定或稳定增长的股利政策的缺点

固定股利政策可能会给公司造成较大的财务压力，尤其是在公司的净利润下降或是现金紧张的情况下，公司为了保证股利的照常支付，容易导致现金短缺，财务状况恶化。

固定股利或稳定增长股利政策一般适用于经营比较稳定的企业。

3. 固定股利支付率政策

1）固定股利支付率政策的含义

固定股利支付率政策是指公司将每年净利润的某一固定百分比作为股利分派给股东。这一百分比通常称为股利支付率，股利支付率一经确定，一般不得随意变更。在这一股利政策下，只要公司的税后利润一经计算确定，所派发的股利也就相应确定了。固定股利支付率越高，公司留存的净利润越少。

2）固定股利支付率政策的优点

（1）采用固定股利支付率政策，股利与公司盈余紧密地配合，体现了"多盈多分、少盈少分、无盈不分"的股利分配原则。

（2）由于公司的获利能力在年度间是经常变动的，因此，每年的股利也应当随着公司收益的变动而变动。采用固定股利支付率政策，公司每年按固定的比例从税后利润中支付现金股利，从企业支付能力的角度看，这是一种稳定的股利政策。

3）固定股利支付率政策的缺点

（1）大多数公司每年的收益很难保持稳定不变，导致年度间的股利额波动较大，由于股利的信号传递作用，波动的股利很容易给投资者带来经营状况不稳定、投资风险较大的不良印象。

（2）容易使公司面临较大的财务压力。这是因为公司实现的盈利多，并不代表公司有足够的现金流用来支付较多的股利额。

（3）合适的固定股利支付率的确定难度比较大。

由于公司每年面临的投资机会、筹资渠道都不同，而这些都可能影响公司的股利分派，所以，一成不变地奉行固定股利支付率政策的公司在实际中并不多见，固定股利支付率政策只适用于那些处于稳定发展且财务状况也较稳定的公司。

4. 低正常股利加额外股利政策

1）低正常股利加额外股利政策的含义

低正常股利加额外股利政策，是指公司事先设定一个较低的正常股利，每年除了按正常股利向股东发放股利外，还在公司盈余较多、资金较为充裕的年份向股东发放额外股利。但是，额外股利并不固定化，不意味着公司永久地提高了股利支付率。

可以用公式表示：

$$Y = a + bX$$

其中，Y 为每股股利，X 为每股收益，a 为低正常股利，b 为股利支付比率。

2）低正常股利加额外股利政策的优点

（1）赋予公司较大的灵活性，使公司在股利发放上留有余地，并具有较大的财务弹性。公司可根据每年的具体情况，选择不同的股利发放水平，以稳定和提高股价，进而实现公司价值的最大化。

（2）使那些依靠股利度日的股东每年至少可以得到虽然较低但比较稳定的股利收入，从而吸引住这部分股东。

3）低正常股利加额外股利政策的缺点

（1）由于年份之间公司盈利的波动，使得额外股利不断变化，造成分派的股利不同，容易给投资者造成收益不稳定的感觉。

（2）当公司在较长时间持续发放额外股利后，可能会被股东误认为"正常股利"，一旦取消，传递出的信号可能会使股东认为这是公司财务状况恶化的表现，进而导致股价下跌。

【例9-3】 某公司本年实现的净利润为200万元，年末公司讨论决定股利分配的数额。上年实现净利润180万元，分配的股利为108万元。计算回答下列互不关联的问题：

（1）预计明年需要增加投资资本300万元。公司的目标资本结构为权益资本占55%，债务资本占45%。公司采用剩余股利政策,权益资金优先使用留存收益,公司本年应发放多少股利?

(2)公司采用固定股利政策,公司本年应发放多少股利?

(3)公司采用固定股利支付率政策,公司本年应发放多少股利?

(4)公司采用正常股利加额外股利政策,规定每股正常股利为0.1元,按净利润超过最低股利部分的30%发放额外股利,该公司普通股股数为500万股,公司本年应发放多少股利?

解:

(1)增加投资资本中权益资本 = 300 × 55% = 165(万元)

可分配的利润 = 300 − 165 = 35(万元)

(2)本年股利 = 上年股利 = 108(万元)

(3)股利支付率 = 108/180 = 60%

本年发放股利 = 60% × 200 = 120(万元)

(4)正常股利总额 = 0.1 × 500 = 50(万元)

额外股利 =(200 − 50)× 30% = 45(万元)

本年股利 = 50 + 45 = 95(万元)

9.3 股票股利、股票分割和股票回购

9.3.1 股票股利

1. 股票股利的含义

股票股利是公司以增发股票的方式所支付的股利,我国实务中通常也称其为红股。发放股票股利对公司来说,并没有现金流出企业,也不会导致公司财产减少,而只是将公司的未分配利润转化为股本和资本公积。但股票股利会增加流通在外的股票数量,同时降低股票的每股价值。发放股票股利不改变公司股东权益总额,但会改变股东权益的构成。

【例9-4】 甲公司在2012年发放股票股利前,其资产负债表上的股东权益情况如表9-1所示。

表9-1 甲公司股东权益情况表(发放股票股利前)　　　　　　　　万元

股本(面值1元,发行在外2 000万股)	2 000
资本公积	3 000
盈余公积	2 000
未分配利润	3 000
股东权益合计	10 000

（1）假设该公司宣布发放10%的股票股利，即现有股东每持有10股，即可获赠1股普通股。若该股票当时市价为5元，那么随着股票股利的发放，需从未分配利润项目划转出的资金是多少？

解：

$$2\,000 \times 10\% \times 5 = 1\,000（万元）$$

由于股票面值（1元）不变，发放200万股，所以股本项目应增加200万元，其余的800万元（1 000 - 200）应作为股票溢价转至资本公积项目，而公司的股东权益总额并未发生改变，仍是10 000万元。股票股利发放后的资产负债表上的股东权益情况如表9-2所示。

表9-2　甲公司股东权益情况表（发放股票股利后）　　　　　　　　万元

股本（面值1元，发行在外2 200万股）	2 200
资本公积	3 800
盈余公积	2 000
未分配利润	2 000
股东权益合计	10 000

（2）假设一位股东派发股票股利之前持有公司的普通股10万股，那么他所拥有的股权比例是多少？

解：

$$\frac{10}{2\,000} \times 100\% = 0.5\%$$

派发股利之后，他所拥有的股票数量和股份比例为：

$$10 \times (1 + 10\%) = 11（万股）$$

$$\frac{11}{2\,200} \times 100\% = 0.5\%$$

可见，发放股票股利，不会对公司股东权益总额产生影响，但会引起资金在各股东权益项目间的再分配。而且股票股利派发前后每一位股东的持股比例也不会发生变化。

需要说明的是，例题中股票股利以市价计算价格的做法，是很多西方国家所通行的。但在我国，股票股利价格则是按照股票面值来计算的，发放股票股利不会影响资本公积。本题中，如果甲公司是我国的上市公司，则发放股票股利后，股本为2 200万元，资本公积为3 000万元，盈余公积为2 000万元，未分配利润为2 800万元。

2. 发放股票股利的意义

发放股票股利虽不直接增加股东的财富，也不增加公司的价值，但对股东和公司都有特殊意义。

1）对股东来讲，股票股利的优点

（1）发放股票股利往往预示着公司会有较大的发展和成长，这样的信息传递会稳定股价或使股价下降比例减小，甚至不降反升，股东便可以获得股票价值相对上升的好处。

（2）由于股利收入和资本利得税率的差异，如果股东把股票股利出售，还会给他带来资本利得纳税上的好处。

2）对公司来讲，股票股利的优点

（1）发放股票股利不需要向股东支付现金。

（2）发放股票股利可以降低公司股票的市场价格，既有利于促进股票的交易和流通，又有利于吸引更多的投资者成为公司股东，进而使股权更为分散，有效地防止公司被恶意控制。

（3）股票股利的发放可以传递公司未来发展前景良好的信息，从而增强投资者的信心，在一定程度上稳定股票价格。

9.3.2 股票分割

股票分割又称股票拆细，即将一张较大面值的股票拆成几张较小面值的股票。

1. 股票分割的特点

（1）股票分割对公司的资本结构不会产生任何影响，一般只会使发行在外的股票总数增加，资产负债表中股东权益各账户（股本、资本公积、留存收益）的余额都保持不变，股东权益的总额也保持不变。

（2）股票分割给投资者带来的不是现实的利益，但是投资者持有的股票数增加了，给投资者带来了今后可多分股息和有更高收益的希望，因此，股票分割往往比增加股息派发对股价上涨的刺激作用更大。

【例9-5】某公司2016年年终利润分配前的股东权益项目资料如表9-3所示。

表9-3 某公司2016年年终利润分配前的股东权益项目资料　　　　万元

股本-普通股（面值1元，400万股）	400
资本公积	120
未分配利润	1 150
股东权益合计	1 670

公司股票的每股现行市价为20元。若按1股换2股的比例进行股票分割，计算股东权益各项目数额、普通股股数。

解：

$$股票分割后的普通股股数 = 400 \times 2 = 800（万股）$$
$$股票分割后的普通股股本 = 0.5 \times 800 = 400（万元）$$
$$股票分割后的资本公积 = 120（万元）$$
$$股票分割后的未分配利润 = 1\,150（万元）$$
$$股东权益合计 = 1\,670（万元）$$

2. 股票分割的作用

（1）股票分割会使公司股票每股市价降低，买卖该股票所必需的资金量减少，易于增加该股票在投资者之间的换手，并且可以使更多的资金实力有限的潜在股东变成持股的股东。因此，股票分割可以促进股票的流通和交易。

（2）股票分割可以向投资者传递公司发展前景良好的信息，有助于提高投资者对公司的信心。

（3）股票分割可以为公司发行新股做准备。公司股票价格太高，会使许多潜在的投资者力不从心，而不敢轻易对公司的股票进行投资。在新股发行之前，利用股票分割降低股票价格，可以促进新股的发行。

（4）股票分割有助于公司并购政策的实施，增加对被并购方的吸引力。

（5）股票分割带来的股票流通性的提高和股东数量的增加，会在一定程度上加大对公司股票恶意收购的难度。

一般来讲，只有在公司股价暴涨且预期难以下降时，才采用股票分割的办法降低股价，而在公司股价上涨幅度不大时，往往通过发放股票股利的方式将股价维持在理想的范围之内。

9.3.3 股票回购

股票回购是证券市场发展到一定阶段的产物，与其他资本运作工具相比有其独特的优势。股票回购最早可以追溯到20世纪60年代的美国，为了规避联邦政府对公司发放现金股利的种种限制，不少上市公司采用股票回购方式替代现金股利政策，由此，股票回购便被上市公司广泛关注并运用，现阶段已成为资本市场上常见的资本运营方式。1992年，我国发生了第一起股票回购事件，即大豫园以协议回购的方式将小豫园的所有股票购回并注销。

股票回购是指上市公司利用现金等方式，从股票市场上购回本公司发行在外的一定数额股票的行为。公司在股票回购完成后，可以将所回购的股票注销。但在绝大多数情况下，公司将回购的股票作为库藏股（库存股）保留，不再属于发行在外的股票，且不参与每股收益的计算和分配。库藏股日后可移作他用，如发行可转换债券、雇员福利计划等，或在需要资金时将其出售。

我国《公司法》规定，公司只有在以下四种情形下才能回购本公司的股份：减少公司注册资本；与持有本公司股份的其他公司合并；将股份奖励给本公司职工；股东因对股东大会作出的合并、分立决议持异议，要求公司收购其股份。

1. 股票回购的方式

1）按照股票回购的地点不同分

可分为场内公开收购和场外协议收购两种。

（1）场内公开收购是指上市公司把自己等同于任何潜在的投资者，委托在证券交易所有正式交易席位的证券公司，代自己按照公司股票当前市场价格回购。在国外较为成熟的股票市场上，这一种方式较为流行。据不完全统计，20世纪80年代，美国公司采用这一种方式回购的股票总金额为2 300亿美元左右，占整个回购金额的85%以上。虽然这种方式的透明度比较高，但很难防止价格操纵和内幕交易，因此，美国证券交易委员会对实施场内回购的时间、价格和数量等均有严格的监管规则。

（2）场外协议收购是指股票发行公司与某一类（如国家股）或某几类（如法人股、B股）投资者直接见面，通过在店头市场协商来回购股票的一种方式。协商的内容包括价格和数量的确定，以及执行时间等。很显然，这一种方式的缺陷就在于透明度比较低，有违于股市"三公"原则。

2）按照筹资方式不同分

可分为举债回购、现金回购和混合回购。

（1）举债回购是指企业通过向银行等金融机构借款的办法来回购本公司股票。如果企业认为其股东权益所占的比例过大，资本结构不合理，就可能对外举债，并用举债获得的资金进行股票回购，以实现企业资本结构的合理化。有时候还是一种防御其他公司敌意兼并与收购的保护措施。

（2）现金回购是指企业利用剩余资金来回购本公司的股票。这种情况可以实现分配企业的超额现金，起到替代现金股利目的。

（3）混合回购是指企业动用剩余资金及向银行等金融机构借贷来回购本公司股票。

3）按照资产置换范围分

可划分为出售资产回购股票、利用手持债券和优先股交换（回购）公司普通股、债务股权置换。

（1）出售资产回购股票是指公司通过出售资产筹集资金回购本公司股票。

（2）利用手持债券和优先股交换（回购）公司普通股是指公司使用手持债券和优先股换回（回购）本公司股票。

（3）债务股权置换是指公司使用同等市场价值的债券换回本公司股票。例如，1986年，Owenc Corning 公司使用 52 美元的现金和票面价值 35 美元的债券交换其发行在外的每股股票，以提高公司的负债比例。

4）按照回购价格的确定方式不同分

可分为固定价格要约回购和荷兰式拍卖回购。

（1）固定价格要约回购是指企业在特定时间发出的以某一高出股票当前市场价格的价格水平，回购既定数量股票的要约。为了在短时间内回购数量相对较多的股票，公司可以宣布固定价格回购要约。它的优点是赋予所有股东向公司出售其所持股票的均等机会，而且通常情况下公司享有在回购数量不足时取消回购计划或延长要约有效期的权力。与公开收购相比，固定价格要约回购通常被认为是更积极的信号，其原因可能是要约价格存在高出市场当前价格的溢价。但是，溢价的存在也使得固定价格回购要约的执行成本较高。

（2）荷兰式拍卖回购首次出现于 1981 年 Todd 造船公司的股票回购。此种方式的股票回购在回购价格确定方面给予公司更大的灵活性。在荷兰式拍卖的股票回购中，首先公司指定回购价格的范围（通常较宽）和计划回购的股票数量（可以用上下限的形式表示）；而后股东进行投标，说明愿意以某一特定价格水平（股东在公司指定的回购价格范围内任选）出售股票的数量；公司汇总所有股东提交的价格和数量，确定此次股票回购的"价格—数量曲线"，并根据实际回购数量，确定最终的回购价格。

2. 股票回购的意义

1）对于股东的意义

股票回购后，股东得到的资本利得需缴纳资本利得税，发放现金股利后，股东则需缴纳股息税。在前者低于后者的情况下，股东将得到纳税上的好处。但另一方面，各种因素很可能因股票回购而发生变化，结果是否对股东有利难以预料。也就是说，股票回购对股东利益具有不确定的影响。

2）对于公司的意义

进行股票回购的最终目的是有利于增加公司的价值。

（1）公司进行股票回购的目的之一是向市场传递股价被低估的信号。

股票回购有着与股票发行相反的作用。股票发行被认为是公司股票被高估的信号，如果公司管理层认为公司的股价被低估，通过股票回购，向市场传递了积极信息。股票回购的市场反应通常是提升了股价，有利于稳定公司股票价格。通过股票回购，可以减少外部流通股的数量，提高了股票价格，在一定程度上降低了公司被收购的风险。

（2）当公司可支配的现金流明显超过投资项目所需的现金流时，可以用自由现金流进行股票回购，有助于增加每股盈利水平。

股票回购减少了公司自由现金流，起到了降低管理层代理成本的作用。管理层通过股票回购试图使投资者相信公司的股票是具有投资吸引力的，公司没有把股东的钱浪费在收益不好的投资中。

（3）发挥财务杠杆的作用。

如果公司认为资本结构中权益资本的比例较高，可以通过股票回购提高负债比率，改变公司的资本结构，并有助于降低加权平均资本成本。虽然发放现金股利也可以减少股东权益，增加财务杠杆，但两者在收益相同情形下的每股收益不同。特别是如果通过发行债券融资回购本公司的股票，可以快速提高负债比率。

（4）调节所有权结构。

公司拥有回购的股票（库藏股），可以用来交换被收购或被兼并公司的股票，也可用来满足认股权证持有人认购公司股票或可转换债券持有人转换公司普通股的需要，还可以在执行管理层与员工股票期权时使用，避免发行新股而稀释收益。

本章案例

1. 案例资料

用友软件分红方案每10股派现6元，2001年，王文京现金分红3 321万元！大股东王文京成为最大获益者。

王文京、苏启强于1988年成立的北京市海淀区双榆树用友财务软件服务社，最初的注册资本为5万元人民币。后于1990年3月正式组建为有限责任公司，同时更名为北京市海淀区用友电子财务技术有限责任公司。1995年1月18日，用友组建成立用友集团公司（以下简称用友），注册资本增加至2 000万元人民币。1999年12月6日，用友由有限责任公司变更为股份有限公司，注册资本最终增至7 500万元人民币。

2001年5月18日，用友软件（600588）作为中国证券市场上第一家核准制下发行的股票，以每股36.68元的价格发行，上市当天，该股最高价至100元，收盘价92元，创下中国证券市场新纪录，王文京个人身价一度超过50亿元人民币。

中国软件业的风云人物王文京再一次成了媒体聚焦的对象。作为2001年第一家核准制上市公司用友软件（600588）的最大股东，他在上市第一年的0.6元（含税）分红中得到了3 321万元的红利。根据计算，用友软件出资8 000多万元的大股东，一年分得红利4 500万元，回报率高达54%，不到两年，就能收回投资。而出资20个亿的流通股股东，分得红利1 500万元，回报率只有1.6%，需要133年才能收回投资。

用友的分红资料如表9-4所示。

表9-4 用友的分红资料

分红年度	分配方案		每10股派现金/元	公告日期	股权登记日	除权除息日	除权除息交易起始日	公告类型
	每10股送红股	每10股转赠股数/股						
2003年		2.00	3.75	2004-05-15	2004-05-19	2004-05-20	2004-05-21	实施方案
2002年		2.00	6.00	2003-06-30	2003-07-03	2003-07-04	2003-07-07	实施方案
2001年			6.00	2002-05-15	2002-05-21	2002-05-22		实施方案
2001年				2001-08-15				董事会预案

2. 思考题

（1）用友公司决定股利分配政策主要考虑的问题有哪些？

（2）用友公司选择现金股利的理由是什么？

（资料来源：http://blog.sina.com.cn/s/blog_67049dc40100n8e1.html）

本章小结

利润分配有广义和狭义之分，广义的利润分配是指对企业收入和利润进行分配的过程，狭义的利润分配则指对企业净利润的分配。股份有限公司的利润分配程序通常包括以下步骤：弥补以前年度亏损、提取法定公积金、提取任意公积金、向投资者分配利润或股利。企业在确定利润分配政策时应考虑法律、公司、股东和其他因素的影响。股利政策是关于公司是否发放股利、发放多少股利以及何时发放股利等方面的方针和策略。股利政策主要包括：剩余股利政策、固定和稳定增长股利政策、固定股利支付率政策和正常股利加额外股利政策。不同的股利政策，优缺点不同，各自的适用范围不一。

股份有限公司支付股利的基本形式主要有现金股利、股票股利、财产股利和负债股利，其中我国上市公司常用的股利分配形式为现金股利和股票股利。股份公司分配股利必须遵循法定的程序，先由董事会提出分配预案，然后提交股东大会决议，股东大会决议通过分配预案之后，向股东宣布发放股利的方案，并确定股权登记日、除息（或除权）日和股利支付日等。

股票股利是一种股利分配的形式。它是公司以增发股票的方式所支付的股利，我国实务中通常也将其称为"红股"。股票股利对公司来说，并没有现金流出，也不会导致公司的财产减少，而只是将公司的留存收益转化为股本。但股票股利会增加流通在外的股票数量（股数），同时降低股票的每股价值。它不会改变公司股东权益总额，但会改变股东权益的构成结构。股票分割又称拆股，是公司管理当局将其股票分割或拆细的行为。股票分割对公司的资本结构和股东权益不会产生任何影响，但会引起每股面值降低，并由此引起每股收益和每股市价下跌。股票回购是指股份公司出资将其发行流通在外的股票以一定价格购回予以注销或作为库存股的一种资本运作方式。股票回购的方式有多种，上市公司进行股票回购是有一定目的的。

本章习题

1. 某公司目标资本结构为权益资本占60%，负债占40%。本年度净利润为100万元，下年度计划固定资产投资120万元，该公司执行剩余股利政策。计算该公司需留存的利润和发放的股利各是多少？下年度需对外筹资多少？

2. A公司是一家美国上市公司，在2012年年末资产负债表上的股东权益情况如表9-5所示。

表9-5　A公司2012年年末的股东权益情况　　　　　　　　　　　万元

股本（面值10元，发行在外1 000万股）	10 000
资本公积	10 000
盈余公积	5 000
未分配利润	8 000
股东权益合计	33 000

要求：

回答下列互不相关的问题：

（1）假设股票市价为20元，该公司宣布发放10%的股票股利，即现有股东每持有10股，即可获赠1股普通股。发放股票股利后，股东权益有何变化？每股净资产是多少？

（2）假设该公司按照1∶2的比例进行股票分割。股票分割后，股东权益有何变化？每股净资产是多少？

3. 甲公司是一家上市公司，有关资料如下：

资料1：2017年3月31日甲公司股票每股市价25元，每股收益2元；股东权益项目构成如下：普通股4 000万股，每股面值1元，计4 000万元；资本公积500万元；留存收益9 500万元。公司实行稳定增长的股利政策，股利年增长率为5%，目前一年期国债利息率为4%，市场组合风险收益率为6%，不考虑通货膨胀因素。

资料2：2017年4月1日，甲公司公布的2016年度分红方案为：凡在2017年4月15日前登记在册的本公司股东，有权享有每股1.15元的现金股息分红，除息日为2017年4月16日，享有本次股息分红的股东可于5月16日领取股息。

要求：

（1）根据资料1：

①计算甲公司股票的市盈率；

②若甲公司股票所含系统风险与市场组合的风险一致，确定甲公司股票的贝塔系数；

③若甲公司股票的贝塔系数为1.05，运用资本资产定价模型计算其必要收益率。

（2）假定目前普通股每股市价为23元，根据资料1和资料2，运用股利折现模型计算留存收益资本成本。

（3）假定甲公司发放10%的股票股利替代现金分红，并于2017年4月16日完成该分配方案，结合资料1计算完成分红方案后的下列指标：

①普通股股数；

②股东权益各项目的数额。

第10章

企业价值评估

学习目标

通过本章的学习，让学生理解企业价值评估的概念，了解企业价值评估的目的，掌握企业价值评估的内容、对象和评估方法；重点掌握折现现金流量法在企业价值评估中的运用。

导入案例

七匹狼收购杭州肯纳服饰，进入奢侈品经营领域

福建七匹狼实业股份有限公司2011年3月29日在北京宣布，已以7 000万元人民币收购杭州肯纳服饰有限公司（以下简称杭州肯纳）100%股权，涉足国际品牌代理业务。

杭州肯纳成立于2008年3月，拥有世界顶级服装品牌康纳利（Canali）、范思哲（Versace collection）和世界著名珠宝品牌乔治·杰生（Georg Jensen）等在华的代理权。截至2010年年底，杭州肯纳营业收入为6 637万元，净利润784万元。

收购完成后，七匹狼将着力搭建国际奢侈品牌进入中国市场的代理平台。这表明七匹狼在经营多年传统服装后，开始向急剧膨胀的中国奢侈品市场挺进。

中国中产阶层和亿万富豪数量的持续增多，使中国的奢侈品市场进入爆发增长期。研究报告指出，2010年，奢侈品在中国的销售额已达120亿美元，预计2015年将达到270亿美元，超过日本，成为全球最大的奢侈品市场。七匹狼收购杭州肯纳，其中一个重要原因就是看中奢侈品在中国的增长潜力。

七匹狼在休闲男装市场占有率位居全国第一。人们认为七匹狼收购杭州肯纳，看中的不仅是杭州肯纳的业务额、利润，更在乎杭州肯纳的奢侈品运作经验。七匹狼将通过参与国际知名品牌运营，吸收国际品牌在产品设计、组织订货、终端管理等方面的经验。通过对国际品牌运营，积累经验后，我们相信，七匹狼也要推出新的高端产品，获取更大的附加价值。这将给七匹狼带来远超过7 000万元收购价的价值。

（资料来源：http://blog.ceconlinebbs.com/BLOG_ARTICLE_101495.HTM）

10.1 企业价值评估概述

10.1.1 企业价值评估的概念

企业价值评估简称价值评估或企业估值,是将一个企业作为一个有机整体,依据其拥有或占有的全部资产状况和整体获利能力,充分考虑影响企业获利能力的各种因素,结合企业所处的宏观经济环境及行业背景,对企业整体公允市场价值进行的综合性评估。

根植于现代经济的企业价值评估与传统的单项资产评估有着很大的不同,它是建立在企业整体价值分析和价值管理的基础上,把企业作为一个经营整体来评估企业价值的活动。这里的企业整体价值是指由全部股东投入的资产创造的价值,本质上是企业作为一个独立的法人实体,在一系列的经济合同与各种契约中蕴含的权益,其属性与会计报表上反映的资产与负债相减后净资产的账面价值是不相同的。

理解企业价值评估的概念需要注意的问题:

1. 价值评估是一种经济评估方法

"评估"一词不同于"计算"。评估是一种定量分析,但它并不是完全客观和科学的。价值评估带有主观估计的成分,其结论必然会存在一定误差,不可能绝对正确。

2. 价值评估是一种分析方法,要通过符合逻辑的分析来完成

价值评估提供的信息,不仅是企业价值一个数字,还包括评估过程产生的大量信息。

3. 价值评估提供的是有关"公平市场价值"的信息

在完善的市场中,市场价值与内在价值相等,价值评估没有什么实际意义。在这种情况下,企业无法为股东创造价值。价值评估不否认市场的有效性,但是不承认市场的完善性。价值评估认为市场只在一定程度上有效,即并非完全有效。价值评估正是利用市场的缺陷寻找被低估的资产。当评估价值与市场价格相差悬殊时,必须十分慎重,评估人必须令人信服地说明评估值比市场价格更好的原因。

4. 企业价值受企业状况和市场状况的影响随时都在变化

因此企业价值评估结论有很强的时效性。

10.1.2 企业价值评估的目的

1. 企业价值评估是企业价值最大化管理的需要

企业价值评估在企业经营决策中极其重要,能够帮助管理当局有效改善经营决策。企业财务管理的目标是企业价值最大化,企业的各项经营决策是否可行,必须看这一决策是否有利于增加企业价值。企业价值评估可以用于投资分析、战略分析和以价值为基础的管理;可以帮助经理人员更好地了解公司的优势和劣势。重视以企业价值最大化管理为核心的财务管理,企业理财人员通过对企业价值的评估,了解企业的真实价值,作出科学的投资与融资决策,不断提高企业价值,增加所有者财富。

2. 企业价值评估是企业并购的需要

企业在并购过程中,投资者已不满足于从重置成本角度了解在某一时点上目标企业的价值,更希望从企业现有经营能力角度或同类市场比较的角度了解目标企业的价值,这就要求评估师进一步提供有关股权价值的信息,甚至要求评估师分析目标企业与本企业整合能够带来的额外价值。同时资本市场需要更多以评估整体获利能力为代表的企业价值评估。

3. 企业价值评估是投资决策的重要前提

企业在市场经济中作为投资主体的地位已经明确,但要保证投资行为的合理性,必须对企业资产的现时价值有一个正确的评估。我国市场经济发展到今天,在企业改制、合资、合作、联营、兼并、重组、上市等各种经济活动中以有形资产和专利技术、专有技术、商标权等无形资产形成优化的资产组合作价入股已很普遍。合资、合作者在决策中,必须对这些无形资产进行量化,由评估机构对无形资产进行客观、公正的评估,评估的结果既是投资者与被投资单位投资谈判的重要依据,又是被投资单位确定其无形资产入账价值的客观标准。

4. 企业价值评估有助于量化企业价值、核清家底、动态管理

对每一位公司管理者来说,知道自己公司的具体价值,并清楚计算价值的来龙去脉至关重要。在市场经济体制下,无形资产已逐渐受到重视,而且愈来愈成为企业的重要财富。在国外,一些高新技术产业的无形资产价值远高于有形资产,我国高新技术产业的无形资产价值也相当可观。希望清楚了解自己的家底以便加强管理的企业家,有必要通过评估机构对企业价值进行公正的评估。

我国现阶段会计信息失真,会计信息质量不高,实质上影响了企业财务状况和经营成果的真实体现。会计指标体系不能有效地衡量企业创造价值的能力,会计指标基础上的财务业绩并不等于公司的实际价值。企业的实际价值并不等于企业的账面价值。公司管理层仅仅以公司现阶段的财务报表来衡量公司的经营成果,这是片面的做法,正确推行以价值评估为手段的价值最大化管理,是推动我国企业持续发展的一个重要手段。

5. 企业价值评估是扩大、提高企业影响,展示企业发展实力的手段

随着企业的形象问题逐渐受到企业界的重视,通过名牌商标的宣传,已经成为企业走向国际化的重要途径。企业拥有大量的无形资产,给企业创造了超出一般生产资料、生产条件所能创造的超额利润,但其在账面上反映的价值是微不足道的。所以企业价值评估及宣传是强化企业形象、展示发展实力的重要手段。企业不但要向公司外的人传达企业的健康状态和发展趋势,更重要的是向公司内所有阶层的员工传达企业信息,培养员工对本企业的忠诚度,以达到凝聚人心的目的。

10.1.3 企业价值评估的内容

企业价值高低的关键在于能否给所有者带来报酬,包括股利和出售其股权换取现金,报酬越多,这个企业价值越高。然而,如果未来风险大,即使未来报酬高,也会使人望而却步。所以,企业盈利能力与即将面临的风险状况与水平高低,是企业价值评估需要考虑的两个主要因素。可见,企业价值评估包含了两方面的内容:一是企业以往经营业绩的评估分析;二是企业未来经营前景的预测分析。

1. 企业以往经营业绩的评估分析

从企业以往经营业绩看,应对以下几个方面进行分析:

(1) 这个企业目前盈利如何?盈利的主要原因取决于什么(是产品质量好,还是营销手段高,还是有特别机遇,还是由于创新能力)?

（2）这个企业的财务状况如何？形成的原因是什么？对今后企业经营及今后的投资项目选择有何影响？今后的投资与筹资方式有何限制？

（3）将企业与同类相似条件企业比较，分析企业在把握经营机会方面，对社会贡献方面、社会声誉方面的差异，从中可分析出管理人员能力与企业运作机制水平方面的问题，看出企业在这方面的水平。目前，通常使用的分析方法是利用财务分析的方法，对企业偿债能力、盈利能力和抗风险能力作出评价，并找出存在的问题。

从以上三个方面分析出企业目前价值，就是目前企业在市场中的价格。

2. 企业未来经营前景的预测分析

从企业未来经营前景的预测看，应对以下几个方面进行分析：

（1）企业有无继续经营的机会，即企业的产品处于哪个寿命阶段，市场是否已趋饱和？企业自身实力如何，资产状况老化还是状况良好？企业处于成长期还是衰退期？企业自身的弱点能否应对未来经营环境的变化？这其中，要对企业即将面临的外部、内部环境变化作出分析，并根据它们对企业的影响程度，分析出企业在目前的实力状况下受到影响后的结果，进而评估出企业未来的收益状况。

（2）企业有无新的投资机会并有无可能把握住它？这主要根据企业人才资源及创新能力，以及自身资产状况及财务状况来决定。这就需要分析企业面临的各类风险，比如未来投资机会的经营风险、财务风险、信息风险、法律风险、体制风险等诸多风险，从而得知企业未来盈利的大小。

在评估实务中，由于牵涉因素多，要把所有因素全部货币化或量化相当困难。因为虽然有的因素，比如社会的、政治的、经济的、道德的、心理的、人才素质等非经济因素越来越深刻地影响企业经营的各个方面，但确实没有什么成功的先例可以把它们的影响准确量化。因此在评价企业价值时，应该再将那些非量化或不可计量的影响因素对企业价值的影响用评分或分数化方法间接量化，将其变为各类修正指标，然后再对企业价值进行综合全面的判断。

10.1.4 企业价值评估的对象

企业价值评估的一般对象是企业整体的经济价值。企业整体的经济价值，是指企业作为一个整体的公平市场价值。一般情况下，公平市场价值就是未来现金流量的现值。

1. 企业的整体价值

整体不是各部分的简单相加，单项资产价值的总和不等于企业整体价值。资产负债表的资产总计是单项资产价值的合计，不是企业作为整体的价值。

整体价值来源于要素的结合方式、要素的有机结合，才能使企业成为一个有机整体，改变要素之间的结合方式，可以改变企业功能和效率。部分只有在整体中才能体现出其价值，整体价值只有在运行中才能体现出来。

2. 企业经济价值

企业经济价值是一项资产的公平市场价值，一般情况下，公平市场价值就是未来现金流量的现值。这里需要区分会计价值与市场价值。

1）会计价值

这是资产、负债和所有者权益的账面价值。

2）市场价值

（1）公平市场价值。

即未来现金流入的现值，指在公平交易中，熟悉情况的双方，自愿进行资产交换或债务清偿的金额。

（2）现实市场价值。

这是按现行市场价格计量的资产价值，它可能公平，也可能不公平，因为市价只是少数股东认可的价格，未必代表公平价值。

以企业为对象的交易双方，存在比较严重的信息不对称，股票价值是经常变动的，人们不知道哪一个是公平的，评估的目的之一是寻找被低估的企业，也就是价格低于价值的企业，如果现时市价作为企业的估价，则企业价值等于价格，没有估价的意义。

3. 企业整体经济价值的类别

1）实体价值与股权价值

企业全部资产的总体价值，称为企业实体价值。企业实体价值是股权价值与净债务价值之和。

股权价值在这里不是所有者权益的会计价值（账面价值），而是股权的公平市场价值。净债务价值也不是它们的会计价值（账面价值），而是债务的公平市场价值。

例如，A 企业以 10 亿元的价格买下了 B 企业的全部股份，并承担了 B 企业原有的 5 亿元债务，收购的经济成本是 15 亿元。通常，人们说 A 企业以 10 亿元收购了 B 企业，其实并不准确。对于 A 企业的股东来说，他们不仅需要支付 10 亿元现金（或者印制价值 10 亿元的股票换取 B 企业的股票），而且要以书面契约形式承担 5 亿元债务。实际上他们需要支付 15 亿元，10 亿元现在支付，另外 5 亿元将来支付，他们用 15 亿元购买了 B 企业的全部资产。因此，企业的资产价值与股权价值是不同的。

大多数企业并购是以购买股份的形式进行的，因此评估的最终目标和双方谈判的焦点是卖方的股权价值。但是，买方的实际收购成本等于股权成本加上所承接的债务。

2）持续经营价值与清算价值

企业能够给所有者提供价值的方式有两种：一种是由营业所产生的未来现金流量的现值，称为持续经营价值（简称续营价值）；另一种是停止经营，出售资产产生的现金流，称为清算价值。

一个企业的公平市场价值，应当是续营价值与清算价值中较高的一个。

3）少数股权价值与控股权价值

少数股权价值是在现有管理和战略条件下，企业能够给股票投资人带来的现金流量现值；控股权价值是企业进行重组、改进管理和经营战略后可以为投资人带来的未来现金流量现值。

控股权价值与少数股权价值的差额称为控股权溢价，它是由于转变控股权增加的价值。

$$控股权溢价 = V（新的） - V（当前）$$

提示：在进行企业价值评估时，首先要明确拟评估的对象是什么，搞清楚是企业实体价值还是股权价值，是续营价值还是清算价值，是少数股权价值还是控股权价值。

10.1.5　企业价值评估的方法

企业价值评估是一项综合性的资产、权益评估，是对特定目的下企业整体价值、股东全部权益价值或部分权益价值进行分析、估算的过程。目前国际上通行的评估方法主要分为收益法、成本法和市场法三大类。三种方法各有特点又各有联系，在正常情况下，企业价值评估应尽可能使用多种评估方法进行评估，并进行相互验证。

1. 收益法

收益法，是通过将被评估企业预期收益资本化或折现来确定被评估企业价值。收益法主要运用现值技术，即一项资产的价值是利用其所能获取的未来收益的现值，其折现率反映了投资该项资产并获得收益的风险回报率。收益法是目前较成熟、使用较多的估值技术。收益法中的主要方法是现金流量折现法。

2. 市场法

市场法是将被评估企业与参考企业、在市场上已有交易案例的企业的股东权益、证券等权益性资产进行比较，以确定被评估企业价值。

1）可比企业分析法

（1）可比企业分析法的评估思路。

可比企业分析法是以交易活跃的同类企业的股价和财务数据为依据，计算出一些主要的财务比率，然后用这些比率作为乘数，计算得到非上市企业和交易不活跃上市企业的价值。可比企业分析法的技术性要求较低，与现金流量折现法相比理论色彩较淡。

（2）可比企业分析法的方法步骤。

①选择可比企业。

所选取的可比企业应在营运上和财务上与被评估企业具有相似的特征。在基于行业的初步搜索得出足够多的潜在可比企业后，还应该用进一步的标准来决定哪个可比企业与被评估企业最为相近。常用的标准如规模、企业提供的产品或服务范围、所服务的市场及财务表现等。所选取的可比企业与目标企业越接近，评估结果的可靠性就越好。

②选择及计算乘数。

乘数一般有如下两类：

一是基于市场价格的乘数。常见的乘数有市盈率（P/E）、价格对收入比（P/R）、价格对净现金流比率（P/CF）和价格对有形资产账面价值的比率（P/BV）。

基于市场价格的乘数中，最重要的是市盈率。计算企业的市盈率时，既可以使用历史收益（过去 12 个月或上一年的收益或者过去若干年的平均收益），也可以使用预测收益（未来 12 个月或下一年的收益），相应的比率分别称为追溯市盈率和预测市盈率。出于估值目的，通常首选预测市盈率，因为最受关注的是未来收益。而且，企业收益中的持久构成部分才是对估值有意义的，因此，一般把不会再度发生的非经常性项目排除在外。

二是基于企业价值的乘数。

基于企业价值的常用估值乘数有 $EV/EBIT$、$EV/EBITDA$、EV/FCF，其中，EV 为企业价值，$EBIT$ 为息税前利润，EB/TDA 为息税折旧和摊销前利润，FCF 为企业自由现金流量。

③运用选出的众多乘数计算被评估企业的价值估计数。

选定某一乘数后，将该乘数与被评估企业经调整后对应的财务数据相乘，就可得出被评估企业的一个市场价估值。根据多个乘数分别计算得到的各估值越接近，说明评估结果的准确度越高。

注意：用股权乘数得出的被评估企业的估值是股东权益市场价值的估计数，即股权价值。用总资本乘数得出的则是包括被评估企业股权和债权在内的总资本的市场价值估计数，即公司价值。

④对企业价值的各个估计数进行平均。

运用不同乘数得出的多个企业价值估计数是不相同的，为保证评估结果的客观性，可以对各个企业价值估计数赋以相应的权重，至于权重的分配，要视乘数对企业市场价值的影响大小而定。然后使用加权平均法算出被评估企业的价值。

2）可比交易分析法

（1）可比交易分析法的评估思路。

相似的标的应该有相似的交易价格，基于这一原理，可比交易分析法主张从类似的并购交易中获取有用的财务数据，据以评估目标企业价值。它不对市场价值进行分析，而只是统计同类企业在被并购时并购企业支付价格的平均溢价水平，再用这个溢价水平计算出目标企业的价值。本方法需要找出与目标企业经营业绩相似的企业的最近平均实际交易价格，将其作为估算企业价值的参照物。这种方法在我国应用较少。

（2）可比交易分析法的方法步骤。

①选择可比交易。

使用可比交易分析法，首先需要找出与目标企业经营业绩相似的企业的最近平均实际交易价格，将其作为估算企业价值的参照物。为了得到合理的评估结果，交易数据必须是与评估目标相类似的企业的数据。

②选择和计算乘数。

如支付价格收益比、账面价值倍数、市场价值倍数等。可比交易分析与可比企业分析类似，是从目标企业类似的可比企业的被并购交易中获取有用的财务数据，确定可比交易的市场平均溢价水平。

有关比率计算公式如下：

$$支付价格/收益比 = 并购者支付价格/税后利润$$

支付价格是指在类似并购交易中，并购企业为交易标的支付的购买价格。

税后利润是指与目标企业类似的被并购企业并购前（或平均）税后利润。

计算出类似交易中被并购企业的支付价格/收益比，乘以目标企业的当前税后利润，即可得出目标企业的估值。

$$账面价值倍数 = 并购者支付价格/净资产价值$$

账面价值是指与目标企业类似的被并购企业并购前的账面价值，即其会计报表中所记录的净资产价值。计算出类似交易中被并购企业的账面价值倍数，乘以目标企业的净资产价值，即可得出目标企业的估值。

$$市场价值倍数 = 并购者支付价格/股票的市场价值$$

市场价值是指与目标企业类似的被并购企业并购前股票的市场价值，即其股票的每股价格与发行在外的流通股股数的乘积。计算出类似交易中被并购企业的市场价值倍数，乘以目标企业当前的股票价值，即可得出目标企业的估值。

③运用选出的众多乘数计算被评估企业的价值估计数。

选定某一乘数后，将该乘数与被评估企业经调整后对应的财务数据相乘后，就可得出被评估企业价值估计数。根据多个乘数分别计算得到的各估值越接近，说明评估结果的准确度越高。

④对企业价值的各个估计数进行平均。

运用不同乘数得出的多个企业价值估计数是不相同的，为保证评估结果的客观性，可以对各个企业价值估计数赋予相应的权重，至于权重的分配，要视乘数对企业市场价值的影响大小而定；然后，使用加权平均法算出被评估企业的价值。

3. 成本法

成本法也称资产基础法，是在合理评估目标企业各项资产价值和负债的基础上确定目标企业的价值。应用成本法，需要考虑各项损耗因素，具体包括有形损耗、功能性损耗和经济性损耗等。成本法的关键是选择合适的资产价值标准。成本法主要有账面价值法、重置成本法和清算价格法。

1）账面价值法

账面价值法是基于会计的历史成本原则，以企业账面净资产为计算依据来确认目标企业价值的一种估值方法。

账面价值法的优点：它是按通用会计原则计算得出的，比较客观，而且取值方便。

账面价值法的缺点：它是一种静态估价方法，既不考虑资产的市价，也不考虑资产的收益。

实际中，有三方面的原因使账面价值往往与市场价值存在较大的偏离：一是通货膨胀的存在使一项资产的价值不等于它的历史价值减折旧；二是技术进步使某些资产在寿命终结前已经过时和贬值；三是由于组织资本的存在使得多种资产的组合会超过相应各单项资产价值之和。因此，这种方法主要适用于简单的并购，主要针对账面价值与市场价值偏离不大的非上市企业。

2）重置成本法

重置成本法是以目标企业各单项资产的重置成本为计算依据来确认目标企业价值的一种估值方法。重置资产法和账面价值法有相似之处，也是基于企业的资产为基础的。但它不是用历史上购买资产的成本，而是根据现在的价格水平购买同样的资产或重建一个同样的企业所需要的资金来估算该企业的价值。

运用重置成本法，需要对资产账面价值进行适当的调整。在实际运用中，有两种调整方法：

（1）价格指数法

即选用一种价格指数，将资产购置年份的价值换算成当前的价值。价格指数法存在的最大问题是没有反映技术贬值等因素对某些重要资产价值带来的影响。

（2）逐项调整法

即按通货膨胀和技术贬值两个因素对资产价值影响的大小，逐项对每一资产的账面价值进行调整，以确定各项资产的当前重置成本。

3）清算价格法

清算价格法是通过估算目标企业的净清算收入来确定目标企业价值的方法。企业的净清算收入是出售企业所有的部门和全部固定资产所得到的收入，再扣除企业的应付债务。这一估算的基础是对企业的不动产价值（包括工厂、厂场和设备、各种自然资源或储备等）进行估算。

清算价格法是在目标企业作为一个整体已经丧失增值能力情况下的估值方法，估算所得到的是目标企业的可变现价格。此方法主要适用于陷入困境的企业价值评估。

10.2 现金流量折现法

10.2.1 现金流量折现法的概念

1. 现金流量折现法的概念内涵

企业的价值不应只是对历史数据的分析和评价，历史数据只能成为评估企业价值的基础所在，企业价值评估更关注的是企业未来的收益能力。现金流量折现法（Discounted Cash Flow Technique）是通过估测被评估企业未来预期现金流量的现值来判断企业价值的一种估值方法。DCF 模型是把预期的现金流量按某一能反映其风险的折现率折现的方法，该方法很好地评估了企业的内在价值，成为企业战略分析的重要工具。

2. 使用此法的关键

使用此法的关键是确定以下两项内容：

（1）预期企业未来存续期各年度的现金流量。

（2）要找到一个合理的公允的折现率，折现率的大小取决于取得的未来现金流量的风险，风险越大，要求的折现率就越高；反之亦然。现金流量折现法从现金流量和风险角度考察企业的价值。

3. 使用此法的两种情况

（1）在风险一定的情况下，被评估企业未来能产生的现金流量越多，企业的价值就越大，即企业内在价值与其未来产生的现金流量成正比。

（2）在现金流量一定的情况下，被评估企业的风险越大，企业的价值就越低，即企业内在价值与风险成反比。

在实际操作中，现金流量主要使用实体现金流量（也称企业自由现金流量）和股权现金流量。实体现金流量是指企业全部投资人拥有的现金流量总和。实体现金流量通常用加权平均资本成本来折现。股权现金流量是指实体现金流量扣除与债务相联系的现金流量。股权现金流量通常用权益资本成本来折现，而权益资本成本可以通过资本资产定价模型来求得。

10.2.2 现金流量折现法的计算步骤

1. 分析历史绩效

对企业历史绩效进行分析，其主要目的就是彻底了解企业过去的绩效，这可以为判定和评价今后绩效的预测提供一个视角，为预测未来的现金流量做准备。历史绩效分析主要是对企业的历史会计报表进行分析，重点在于企业的关键价值驱动因素。

2. 确定预测期间

企业估值的一个新问题是企业寿命的无限期性，解决的方法是将企业寿命分为两个时期，即明确的预测期及其后阶段。预测期的长短取决于企业的行业背景、管理部门的政策、并购的环境等，通常为 5~10 年。

企业价值（PV）= 明确的预测期期间的现金流量现值 + 明确的预测期之后的现金流量现值

明确的预测期之后的价值指持续经营价值（CV），可以用简单的公式估算持续经营价值，而无须详细预测在无限期内的现金流量。

3. 预测未来的现金流量

企业现金流量是指一定时期内产生的潜在的可供股东和债权人分配的现金流量，其中包括可以支付给投资者的现金股利或股票回购现金；可以支付给债权人的利息或本金。现金流量是企业在满足生产经营需要支付了各种税费（不包括支付利息和本金）、经营资产投入、资本投资后剩余的现金流量，可以供股东和债权人使用，但是这并不意味着这些自由现金流量会在满足债权人需要后，就能够以股利的形式发放给股东，为了满足不时之需，多数公司实际支付的股利金额都低于他们能够支付的金额，管理层偏向于持有流动储备，以便于灵活管理。

企业现金流量是债权人尚未分配的现金，因此在计算中不应扣减利息费用，所以选择息前税后利润；权责发生制下收入费用的计量与实际收付现金在时间上的不一致，造成息前税后利润中扣减了没有实付的费用，如折旧与摊销，在计算现金流量时应将这些不需支付的费用加回，同时企业以往的应收应付款、为了扩大生产能力而进行的资本支出并不在利润中反映，因此，自由现金流量的计算应考虑营运资本增加和资本支出的影响。

企业自由现金流量 = 息前税后利润 + 折旧与摊销 − 营运资本增加 − 资本支出

股权自由现金流量 = 企业自由现金流量 − 债权人自由现金流量

债权人自由现金流量 = 利息支出 + 偿还债务本金 − 新借债务

4. 选择合适的折现率

折现率是指将未来预测期内的预期收益换算成现值的比率，有时也称资金成本率。通常，折现率可以通过加权平均资本成本模型确定（股权资本成本和债务资本成本的加权平均）。

1）股权成本

股权成本是投资者向一个公司投资所要求的回报率，股利增长模型、风险溢价模型是估计股权成本的两种方法，如资本资产定价模型。

$$R_s = R_f + \beta (R_m - R_f)$$

式中，R_f 为无风险报酬率，一般选择短期国库券利率；R_m 为平均风险股票必要报酬率；β 为股票的 β 值，β 表示该股票相对于市场风险溢价的倍数。

2）加权平均资本成本

加权平均资本成本 = 负债额占总资本的比重 × 税前债务资本成本 ×
（1 − 所得税税率）+ 自有资金占总资本比重 × 股权成本

税前债务资本成本取决于未来债务的利率、税率、发行溢价，如果没有进一步的数据，债务成本经常以目前的负债情况来进行计算。

5. 预测终值（企业连续价值）

估计企业未来的现金流量不可能无限制地预测下去，因此要对未来某一时点的企业价值进行评估，即计算企业的终值。

企业终值一般可采用永久增长模型（固定增长模型）计算。永久增长模型与 DCF 方法

具有一致性,这种方法假定从计算终值的那一年起,自由现金流量是以固定的年复利率增长的。企业终值计算公式为:

$$企业终值\ TV = \frac{FCF_{t+1}}{r_{WACC} - g} = \frac{FCF_t \times (1+g)}{r_{WACC} - g} \quad (10-1)$$

公式(10-1)中,FCF_t 为第 t 年的自由现金流;r_{WACC} 为加权平均资本成本;g 为自由现金流量预期增长率恒值(该行业产品长期消费增长率加上通货膨胀率)。

6. 预测企业价值

企业价值等于确定预测期内现金流量的折现值之和,加上终值的现值,其计算公式如下:

$$V = \sum_{t=1}^{n} \frac{FCF_t}{(1+r_{WACC})^t} + \frac{TV}{(1+r_{WACC})^t} \quad (10-2)$$

【例 10-1】A 公司未来 1~4 年的股权自由现金流量如表 10-1 所示。

表 10-1 A 公司未来 1~4 年的股权自由现金流量

年份/年	1	2	3	4
股权现金流量/万元	641	833	1 000	1 100
股权现金流量增长率/%		30	20	10

目前 A 公司的 β 值为 0.857 1,假定无风险利率为 6%,市场风险补偿率为 7%。

要求:

(1) 要估计 A 公司的股权价值,需要对第 4 年以后的股权自由现金流量增长率作出假设,假设方法是以第 4 年的增长率作为后续期增长率,并利用固定增长率模型进行估价。请你按此假设计算 A 公司的股权价值。

(2) 假设第 4 年至第 7 年的股权自由现金流量的增长率每一年下降 1%,即第 5 年增长率 9%,第 6 年增长率 8%,第 7 年增长率 7%,第 7 年以后增长率稳定在 7%,请你按此假设计算 A 公司的股权价值。

解:

(1) A 公司股权资本成本 = 6% + 0.857 1 × 7% = 12%

A 公司的股权价值 = 641/(1+12%) + 833/(1+12%)² + 1 000/(1+12%)³ +
　　　　　　　　　1 100/(1+12%)⁴ +
　　　　　　　　　[1 100 × (1+10%)/(12% - 10%)]/(1+12%)⁴
　　　　　　　　= 572.35 + 664.07 + 711.8 + 699.05 + 38 447.75
　　　　　　　　= 2 647.27 + 38 447.75 = 41 095.02(元)

(2) A 公司的股权价值 = 641 × (P/F, 12%, 1) + 833 × (P/F, 12%, 2) +
　　　　　　　　　　1 000 × (P/F, 12%, 3) + 1 100 × (P/F, 12%, 4) +
　　　　　　　　　　1 100 × 1.09 × (P/F, 12%, 5) + 1 100 × 1.09 × 1.08 ×

$$(P/F,12\%,6)+[1\,100\times1.09\times1.08\times$$
$$1.07/(12\%-7\%)]\times(P/F,12\%,6)$$
$$=641\times0.8929+833\times0.7972+1\,000\times0.7118+$$
$$1\,100\times0.6355+1\,100\times1.09\times0.5674+$$
$$1\,100\times1.09\times1.08\times0.5066+[1\,100\times1.09\times1.08\times$$
$$1.07/(12\%-7\%)]\times0.5066$$
$$=18\,022.12\,(万元)$$

10.2.3 现金流量折现法的优缺点

现金流量折现法作为评估企业内在价值的科学方法，更适合并购评估的特点，很好地体现了企业价值的本质；现金流量折现法最符合价值理论，能通过各种假设，反映企业管理层的管理水平和经验。由于目前的现金流量折现方法存在种种假设前提，而现实的资本市场和投资者素质往往无法达到其要求的条件，因此，在利用现金流量折现方法进行评估时，会出现各种问题，主要表现在以下几个方面：

1. 没有反映现金流量的动态变化

由于企业的现金流量时刻处于变化之中，而且现金流量是时间、销售收入等参数的变化函数，必然导致依赖于现金流量的企业价值也处于动态变化之中。但是在前面的评估模型中，忽视了现金流量的动态变化，单单依靠线性关系来确定现金流量，使评估结果更多地表现为静态结论。

2. 不能反映企业财务杠杆的动态变化

由于企业在经营中会根据环境的变化而改变企业的举债数额和负债比率，引起财务杠杆的波动，从而使企业的风险发生波动。一般情况下，这种风险的变化要在现金流量或者折现率中得到反映。但是目前的评估模型只是从静止的观点进行价值评估，忽视了这种财务杠杆和财务风险的变化。

3. 现金流量的预测问题

目前的现金流量预测是将现金流量与销售收入和净利润的增长联系起来，虽然从表面上看两者具有相关性，但是在实际中，净利润与现金流量是相关的，这其中主要是企业对会计政策的调整以及避税等手段的运用，会导致出现净利润、销售收入与现金流量不配比的现象。影响现金流量的是付现销售收入和付现销售成本，因此在具体预测现金流量时，应该以付现的收入和成本为基础，而不应该以销售收入为基础。

4. 折现率的确定问题

目前的评估方法，对折现率的选取一般是在企业资金成本的基础上，考虑财务风险因素选取的。在具体评估企业价值时，一般会以静止的方法确定折现率，以目前资本结构下的折现率进行企业价值评估，即折现率是固定的。但是在实际中，由于企业经营活动发生变化，企业的资本结构必然处于变化之中，导致企业风险出现变化，进而影响到资本结构中各项资金来源的权重，导致折现率的波动，从而引起企业价值评估结果出现变化。

为了克服上述缺陷，必然要对现有的现金流量折现评估模型进行分析、改进。对现金流量的预测要考虑其动态波动性，要分析财务风险变化对企业价值评估的影响，由于预测数据直接影响评估结果是否客观和准确，影响到评估价值的高低，因此必须慎重。

10.3 相对价值法

相对价值法又称乘数估值法，指的是现在在证券市场上经常使用到的市盈率法、市净率法、市销率法等比较简单通用的比较方法。它是利用类似企业的市场价来确定目标企业价值的一种评估方法。

这种方法是假设存在一个支配企业市场价值的主要变量，而市场价值与该变量的比值对各企业而言是类似的、可比较的。由此可以在市场上选择一个或几个跟目标企业类似的企业，在分析比较的基础上，修正、调整目标企业的市场价值，最后确定被评估企业的市场价值。在实践中，被用作计算企业相对价值模型的有市盈率、市净率、收入乘数等比率模型，最常用的相对价值法包括市盈率法、市净率法和市销率法。

10.3.1 市盈率法

1. 基本模型

$$市盈率 = 每股市价/每股净利$$

运用市盈率估价的模型如下：

$$目标企业每股价值 = 可比企业平均市盈率 \times 目标企业的每股收益 \quad (10-3)$$

该模型假设股票市价是每股收益的一定倍数。每股收益越大，则股票价值越大。同类企业有类似的市盈率，所以目标企业的股权价值可以用每股收益乘以可比企业的平均市盈率计算。

2. 市盈率法估值的计算过程

1）选取参照企业

一般选取与目标企业相类似的三个以上的参照企业，参照企业最好与目标企业同处于一个产业，在产品种类、生产规模、工艺技术、成长阶段等方面越相似越好，但很难找到相同的企业。因此，所选取的参照企业尽可能是成熟、稳定的企业或有着稳定增长率的企业，这样，在确定修正系数时只需考虑目标企业的变动因素。

2）计算市盈率

选取了参照企业之后，接下来就是计算市盈率。

首先收集参照企业的股票交易市场价格以及每股净利润等资料。由于交易价格的波动性，参照企业的每股现行市场价格以评估时点最近时期的剔除了异常情况的平均股价计算；每股净利润以评估年度年初公布的每股净利润和预测的年末每股净利润加权平均，即：

$$EPS = \alpha EPS_0 + (1-\alpha) EPS_1$$

式中，EPS_0 为评估年度年初公布的每股净利润；EPS_1 为评估年度预测的年末每股净利润；α 为权重（$0 \leq \alpha \leq 1$）。

α 的取值大小主要考虑证券市场的有效性，如果证券市场是弱式有效，α 的取值可大些，取 0.7 左右；若证券市场是半强式有效，则可取 0.5 左右。

3）比较分析差异因素，确定因素修正系数

尽管参照企业与目标企业相接近，但是，目标企业与参照企业在成长性、市场竞争力、品牌、盈利能力及股本规模等方面总会存在一定的差异，在估价目标企业的价值时，必须对上述影响价值因素进行分析、比较，确定差异调整量。目标企业与参照企业的差异因素可归纳为两个方面：交易情况和成长性，需对其进行修正。

(1) 交易情况因素修正。

如果参照企业的股票现行交易价格受到特殊因素影响而偏离正常价格（如关联方交易等），需将其修正到正常价格。

$$K_0 = 行业正常价格/包含特殊因素价格$$

(2) 成长性因素修正。

目标企业与参照企业在市场竞争力、品牌、盈利能力及股本等因素上的差异最终体现在目标企业与参照企业在成长性方面的差异上。这就要分析目标企业与参照企业在股本扩张能力、营业利润增长等方面的情况，从而确定修正系数。

3. 市盈率模型的适用性

1) 市盈率模型的优点

(1) 计算市盈率的数据容易获得，并且计算简单。

(2) 市盈率把价格和收益联系起来，直观地反映投入和产出的关系。

(3) 市盈率涵盖了风险补偿率、增长率、股利支付率的影响，具有很高的综合性。

2) 市盈率模型的局限性

(1) 如果收益是负值，市盈率就失去了意义。

(2) 市盈率除了受企业本身基本面的影响以外，还受到整个经济景气程度的影响。

在整个经济繁荣时，市盈率上升；在整个经济衰退时，市盈率下降。如果目标企业的 β 值为1，则评估价值正确反映了对未来的预期。如果目标企业的 β 值显著大于1，经济繁荣时，评估价值被夸大，经济衰退时，评估价值被缩小。如果 β 值明显小于1，经济繁荣时，评估价值偏低，经济衰退时，评估价值偏高。如果是一个周期性的企业，则企业价值可能被歪曲。

因此，市盈率模型最适合连续盈利，并且 β 值接近于1的企业。

4. 市盈率法的应用

如果类似公司与目标公司之间存在某些不容忽视的重大差异，就需要计算修正的市盈率。

1) 修正平均市盈率法

$$修正平均市盈率 = 可比企业平均市盈率/(平均预期增长率 \times 100)$$

目标企业每股价值 = 修正平均市盈率 × 目标企业预期增长率 × 100 × 目标企业每股净利

2) 股价平均法

$$修正市盈率 = 实际市盈率/(预期增长率 \times 100)$$

目标企业每股价值 = 可比企业修正市盈率 × 目标企业预期增长率 × 100 × 目标企业每股净利

将得出的股价进行算术平均，得出最后结果。

10.3.2 市净率法

1. 基本模型

$$市净率 = 市价/净资产$$

这种方法假设股权价值是净资产的函数，类似企业有相同的市净率，净资产越大，则股权价值越大。因此，股权价值是净资产的一定倍数，目标企业的价值可以用每股净资产乘以平均市净率计算。

$$股权价值 = 可比企业平均市净率 \times 目标企业净资产 \qquad (10-4)$$

2. 模型的优缺点

1）市净率估价模型的优点

（1）净利为负值的企业，不能用市盈率进行估价，而市净率极少为负值，因此，此模型可用于大多数企业。

（2）净资产账面价值的数据容易取得，并且容易理解。

（3）净资产账面价值比净利稳定，也不像利润那样经常被人为操纵。

（4）如果会计标准合理并且各企业会计政策一致，市净率的变化可以反映企业价值的变化。

2）市净率估价模型的缺点

（1）账面价值受会计政策选择的影响，如果各企业执行不同的会计标准或会计政策，市净率会失去可比性。

（2）固定资产很少的服务性企业和高科技企业，净资产与企业价值的关系不大，比较其市净率没有什么实际意义。

（3）少数企业的净资产是负值，市净率没有意义，无法用于比较。

这种方法主要适用于需要拥有大量资产、净资产为正值的企业。

3. 市净率法的应用

如果类似公司与目标公司之间存在某些不容忽视的重大差异，就需要计算修正的市净率。

1）修正平均市净率法（先平均后修正）

修正平均市净率 = 可比企业平均市净率/（可比企业平均预期股东权益净利率×100）

目标企业每股价值 = 修正的平均市净率 × 目标企业预期股东权益净利率 × 100 × 目标企业每股净资产

2）股价平均法（先修正后平均）

目标企业每股价值 = 可比企业修正市净率 × 目标企业预期股东权益净利率 × 100 × 目标企业每股净资产

将得出的股价进行算术平均，得出最后结果。

【例10-2】 A公司是一家制造医疗设备的上市公司，每股净资产是4.6元，预期股东权益净利率是16%，当前股票价格是48元。为了对A公司当前股价是否偏离价值进行判断，投资人收集了表10-2所示4个可比公司的有关数据。

分析：

使用股价平均法计算A公司的每股价值。

表10-2 4个可比公司（有关数据）

可比公司名称	市净率	预期股东权益净利率/%
甲	8	15
乙	6	13
丙	5	11
丁	9	17

解：

（1）可比企业甲企业：

$$A 公司的每股价值 = 可比企业市净率/可比企业预期股东权益净利率 \times$$
$$目标企业的预期股东权益净利率 \times 目标企业每股净资产$$
$$= 8/15\% \times 16\% \times 4.6 = 39.25（元）$$

（2）可比企业乙企业：

$$A 公司的每股价值 = 可比企业市净率/可比企业预期股东权益净利率 \times$$
$$目标企业的预期股东权益净利率 \times 目标企业每股净资产$$
$$= 6/13\% \times 16\% \times 4.6 = 33.97（元）$$

（3）可比企业丙企业：

$$A 公司的每股价值 = 可比企业市净率/可比企业预期股东权益净利率 \times$$
$$目标企业的预期股东权益净利率 \times 目标企业每股净资产$$
$$= 5/11\% \times 16\% \times 4.6 = 33.45（元）$$

（4）可比企业丁企业：

$$A 公司的每股价值 = 可比企业市净率/可比企业预期股东权益净利率 \times$$
$$目标企业的预期股东权益净利率 \times 目标企业每股净资产$$
$$= 9/17\% \times 16\% \times 4.6 = 36.41（元）$$

（5）A 公司的每股价值 =（39.25 + 33.97 + 33.45 + 36.41）/4 = 36.41（元）

A 公司股票价格偏离价值。

10.3.3 市销率法

1. 基本模型

这种方法是假设影响企业价值的关键变量是销售收入，企业价值是销售收入的函数，销售收入越大，则企业价值越大。既然企业价值是销售收入的一定倍数，那么目标企业的价值可以用销售收入乘以平均收入乘数估计。

$$收入乘数 = 股权市价/销售收入 = 每股市价/每股销售收入$$

$$目标企业股权价值 = 可比企业平均收入乘数 \times 目标企业的销售收入 \quad (10-5)$$

收入分析是评估企业经营前景至关重要的一步。没有销售，就不可能有收益。这也是最近两年在国际资本市场新兴起来的市场比率，主要用于创业板的企业或高科技企业。在 NASDAQ 市场上市的公司不要求有盈利业绩，因此无法用市盈率对股票投资的价值或风险进行判断，而用该指标进行评判。同时，在国内证券市场运用这一指标来选股，可以剔除那些市盈率很低，但主营又没有核心竞争力，而主要是依靠非经常性损益而增加利润的股票（上市公司）。因此该项指标既有助于考察公司收益基础的稳定性和可靠性，又能有效把握其收益的质量水平。

计算公式是：

$$市销率 = 每股价格/每股销售收入$$
$$市盈率 = 每股价格/每股收益$$
$$销售净利率 = 净利润/销售收入$$

将销售净利率指标右边分子分母都除以股数：

销售净利率＝每股净利润/每股销售收入

市盈率×销售净利率＝（每股价格/每股收益）×（每股净利润/每股销售收入）

在不存在优先股股利的情况下，这里的每股收益等于每股净利润。

所以，

市盈率×销售净利率＝每股价格/每股销售收入＝市销率

2. 模型的优缺点

1）收入乘数估价模型的优点

（1）它不会出现负值，对于亏损企业和资不抵债的企业，也可以计算出一个有意义的收入乘数。

（2）它比较稳定、可靠，不容易被操纵。

（3）收入乘数对价格政策和企业战略变化敏感，可以反映这种变化的后果。

2）收入乘数估价模型的缺点

不能反映成本的变化，而成本是影响企业现金流量和价值的重要因素之一。

这种方法主要适用于销售成本率较低的服务类企业，或者销售成本率趋同的传统行业的企业。一些毛利率比较稳定的行业，如公用事业、商品零售业，也适用该方法。

总之，以上三种相对价值法是建立在可比基础之上的，要有可以进行参照的企业和能够应用的指标，这就要求有一个较为发达和完善的证券交易市场，还需要有数量众多的上市公司，而我国证券市场上只有少数公司，并且在股权结构、股权设置等方面都存在着特殊性，股价的人为操作性很大。所以，相对价值法在我国当前市场条件下很难找到适合的应用条件。但若条件成熟，此法不失为一种很好的价值评估方法。

10.3.4 相对价值法在应用中必须注意的问题

1. 运用相对价值法评估公司价值时，必须克服的两个障碍

（1）与其他可交易的资产不同，出售的公司相对较少。因此，要找到一个刚刚出售的公司作为比较标准，并不容易。

（2）更为重要的是，可比公司在概念上是模糊不清的。一个公司总是包含许多复杂的项目，有各种变幻不定的特征。对于两个公司来说，哪些特征必须类似，才能使两个公司之间具有可比性，这很难确定。

第一个障碍可以通过运用公开上市公司的有关数据加以克服。尽管很少有整个公司的易手交易，但公开上市公司的股票或债券的交易每天都在进行，虽然这些交易数额不大，但都代表了证券持有人对公司一定的要求权。这些可比上市公司的价值可以运用交易价格加以估算。

2. 重要的是要明白，从估值的角度看，所有的公司都生产同样的产品——现金

不管公司具体生产什么产品或提供何种服务，其对于潜在投资者的价值是由其预期的未来现金流量所决定的。因此，理想的情况是，可比性应该由预期的未来现金流量的统计特征来定义。按照这样的定义，如果两个公司预期的未来现金流量相关程度较高，那么，这两个公司就可比。按照这种可比性的定义，要求对未来多年的现金流量作出预测，才能判断公司之间的可比性。而相对价值法之所以得到普遍的运用，一个主要原因是其不需要预测未来的现金流量，如果在选择可比公司时就需要做现金流量预测，那么运用相对价值法就没有什么意义了。另外,如果被评估公司的现金流量预测是可行的,那么,这个公司的价值就可以通过将其预测的未来现金流量折现来求得,这样,也就没有必要再去寻求可比公司了。

3. 依靠行业分类

要使相对价值法真正有用,就必须找到一种方法,不需要对每个公司未来现金流量做详细的预测就可以确认出可比公司。一个常用的办法是依靠行业分类。这一方法所暗含的假设是,如果两个公司在同一行业,它们的现金流量将反映类似的市场力量,因此将会高度相关。然而,行业分类仅仅是对可比性的一种大致的估计。例如,东软股份和清华同方,两者都是计算机软件类公司,属于同一行业。尽管如此,两个公司有着巨大的规模差异,有明显的资本结构差异,生产的产品不同,管理理念也相差甚远,公司历史更是不同。

4. 通过其他情况确认可比性

除了行业分类,可比性还应该通过其他一些情况加以确认:产品、资本结构、管理深度、人事经验、竞争性质、盈利、账面价值、信用度;评估一个公司产品的性质,考虑其员工的福利待遇及管理层的管理深度和人事经验,主要取决于公司的财务状况。除了财务方面的知识,要判断一个公司是否可以用于比较,需要对所评估公司的业务、所在的行业以及有关的竞争和政府干预力量有详尽的了解。

本章案例

1. 案例资料

京东值多少钱?

京东发布的 2011 年年报称其收入为 212 亿元人民币(33.5 亿美元),如果包括平台(公司只提供网络平台,由商家自行销售)上的收入,则为 269 亿元。京东商城称,2012 年预计收入为 450 亿元,2013 年预计收入为 700 亿元,2015 年收入预计为 1 900 亿元至 2 200 亿元。

若可比公司为当前 B2C 电子商务上市公司:麦考林、唯品会等,但这些非百货类电商估值相对偏低,而京东商城由于规模较大,其发展模式与亚马逊最为相近,走的都是大而全的全品类百货道路。根据中国电子商务研究中心分析,若参考亚马逊 $PS = 1x$(以亚马逊市销率为 1 倍基准),京东 2013 年的收入估值为大约 100 亿美元左右较为合理。但考虑到亚马逊的毛利率长期稳定在 20% 多,已实现盈利,以它为参照,京东商城的估值势必要打折。

所以,其可比公司主要是亚马逊、当当等。亚马逊 2011 年销售收入约为 480 亿美元,目前市值约为 959 亿美元,市销率约为 2 倍。当当目前市值接近 4 亿美元,2011 年销售收入为 35.5 亿元人民币,约合 5.61 亿美元,市销率约为 0.7 倍。如果取 2011 年市销率为 1 倍,那么京东商城 2013 年的估值就是 2~3 倍,乘以 700 亿元营业额,约为 110 亿美元,在公司不盈利的情况下,估值会打一个折扣,即 110 亿美元乘以 0.6 至 0.7 的系数,因此,京东上市的估值在 66 亿~80 亿美元较为合理。

考虑到国内 B2C 市场竞争激烈,要完成洗牌,还得 3~5 年。此外,由于 IPO 需要对投资者有一定让利,以便二级市场有上涨空间,一般 IPO 询价结果应该有 10%~20% 的折让,这样,京东总体估值会降至 50 亿~80 亿美元。

2. 思考题

(1) 如果用绝对估值法,京东的价值是多少?

(2) 京东的护城河在哪里？（在护城河评估体系中，主要看产品是否具有广阔的市场需求、行业是否具有较高的进入门槛、产品是否具有强大的品牌、客户是否具有较高的忠诚度、是否领先于同行的先进技术、是否拥有较高的定价权，等等。）

（资料来源：根据创业邦网站资料整理 http://www.cyzone.cn/a/20120719/229923_3.html）

本章小结

企业价值评估简称价值评估或企业估值，是将一个企业作为一个有机整体，依据其拥有或占有的全部资产状况和整体获利能力，充分考虑影响企业获利能力的各种因素，结合企业所处的宏观经济环境及行业背景，对企业整体公允市场价值进行的综合性评估。企业在价值最大化管理、企业并购、投资决策等方面都需要进行价值评估。企业价值评估有助于量化企业价值、核清家底，对企业进行动态管理，企业价值评估是扩大、提高企业影响，展示企业发展实力的手段。企业价值评估包含两方面的内容：一是企业以往经营业绩的评估分析；二是企业未来经营前景的预测分析。企业价值评估的一般对象是企业整体的经济价值。企业整体的经济价值，是指企业作为一个整体的公平市场价值。一般情况下，公平市场价值就是未来现金流量的现值。企业价值评估是一项综合性的资产、权益评估，是对特定目的下企业整体价值、股东全部权益价值或部分权益价值进行分析、估算的过程。目前国际上通行的评估方法主要分为收益法、成本法和市场法三大类。三种方法各有特点又各有联系，在正常情况下，企业价值评估应尽可能使用多种评估方法进行评估，并进行相互验证。

企业的价值不应只是对历史数据的分析和评价，历史数据只能成为评估企业价值的基础所在，企业价值评估更关注的是企业未来的收益能力。现金流量折现法是通过估测被评估企业未来预期现金流量的现值来判断企业价值的一种估值方法。DCF模型是把预期的现金流量按某一能反映其风险的折现率折现的方法，该方法很好地评估了企业的内在价值，成为企业战略分析的重要工具。但是由于目前的现金流量折现方法存在种种假设前提，而现实的资本市场和投资者素质往往无法达到其要求的条件，因此，在利用现金流量折现方法进行评估时会出现各种问题。

相对价值法又称乘数估值法，指的是现在在证券市场上经常使用到的市盈率法、市净率法、市销率法等比较简单通用的比较方法。它是利用类似企业的市场价来确定目标企业价值的一种评估方法。最常用的相对价值法包括市盈率法、市净率法、市销率法。

本章习题

1. F企业长期以来计划收购一家上市公司（以下称目标公司），其当前的股价为18元/股。F企业管理层一部分人认为，目标公司当前的股价较低，是收购的好时机，但也有人提出，这一股价高过了目标公司的真正价值，现在收购并不合适。F企业征求你对这次收购的意见。与目标公司类似的企业有甲、乙两家，但它们与目标公司之间尚存在某些不容忽视的重大差异。两家类比公司及目标公司的有关资料如表10-3所示。

表10-3 两家类比公司及目标公司的有关资料

项目	甲公司	乙公司	目标公司
普通股数/万股	500	700	600
每股市价/元	18	22	18
每股收益/元	1	1.2	0.9
每股净资产/元	3.5	3.3	3
预期增长率/%	10	6	5

要求：

（1）如果目标公司是一家需要拥有大量资产、净资产为正值的上市公司，分析当前是否应当收购目标公司（采用股价平均法）。

（2）如果目标公司是一家连续盈利，并且β值接近于1的上市公司，分析当前是否应当收购目标公司（采用修正平均法）。

2. c公司的每股收益是1元，其预期增长率是12%。为了评估该公司股票价值是否被低估了，有人收集了以下3个可比公司的有关数据，如表10-4所示。

表10-4 3个可比公司的有关数据

可比公司	当前市盈率	预期增长率/%
d公司	8	5
e公司	25	10
f公司	27	18

要求：

（1）采用修正平均市盈率法，对c公司股票价值进行评估。

（2）采用股价平均法，对c公司股票价值进行评估。

附录

复利现值系数表　计算公式：$P = (1+i)^{-n}$

期数	1%	2%	3%	4%	5%	6%	7%	8%	9%	10%	11%	12%	13%	14%	15%	16%	17%	18%	19%	20%
1	0.990 1	0.980 4	0.970 9	0.961 5	0.952 4	0.943 4	0.934 6	0.925 9	0.917 4	0.909 1	0.900 9	0.892 9	0.885 0	0.877 2	0.869 6	0.862 1	0.854 7	0.847 5	0.840 3	0.833 3
2	0.980 3	0.961 2	0.942 6	0.924 6	0.907 0	0.890 0	0.873 4	0.857 3	0.841 7	0.826 4	0.811 6	0.797 2	0.783 1	0.769 5	0.756 1	0.743 2	0.730 5	0.718 2	0.706 2	0.694 4
3	0.970 6	0.942 3	0.915 1	0.889 0	0.863 8	0.839 6	0.816 3	0.793 8	0.772 2	0.751 3	0.731 2	0.711 8	0.693 1	0.675 0	0.657 5	0.640 7	0.624 4	0.608 6	0.593 4	0.578 7
4	0.961 0	0.923 8	0.888 5	0.854 8	0.822 7	0.792 1	0.762 9	0.735 0	0.708 4	0.683 0	0.658 7	0.635 5	0.613 3	0.592 1	0.571 8	0.552 3	0.533 7	0.515 8	0.498 7	0.482 3
5	0.951 5	0.905 7	0.862 6	0.821 9	0.783 5	0.747 3	0.713 0	0.680 6	0.649 9	0.620 9	0.593 5	0.567 4	0.542 8	0.519 4	0.497 2	0.476 1	0.456 1	0.437 1	0.419 0	0.401 9
6	0.942 0	0.888 0	0.837 5	0.790 3	0.746 2	0.705 0	0.666 3	0.630 2	0.596 3	0.564 5	0.534 6	0.506 6	0.480 3	0.455 6	0.432 3	0.410 4	0.389 8	0.370 4	0.352 1	0.334 9
7	0.932 7	0.870 6	0.813 1	0.759 9	0.710 7	0.665 1	0.622 7	0.583 5	0.547 0	0.513 2	0.481 7	0.452 3	0.425 1	0.399 6	0.375 9	0.353 8	0.333 2	0.313 9	0.295 9	0.279 1
8	0.923 5	0.853 5	0.789 4	0.730 7	0.676 8	0.627 4	0.582 0	0.540 3	0.501 9	0.466 5	0.433 9	0.403 9	0.376 2	0.350 6	0.326 9	0.305 0	0.284 8	0.266 0	0.248 7	0.232 6
9	0.914 3	0.836 8	0.766 4	0.702 6	0.644 6	0.591 9	0.543 9	0.500 2	0.460 4	0.424 1	0.390 9	0.360 6	0.332 9	0.307 5	0.284 3	0.263 0	0.243 4	0.225 5	0.209 0	0.193 8
10	0.905 3	0.820 3	0.744 1	0.675 6	0.613 9	0.558 4	0.508 3	0.463 2	0.422 4	0.385 5	0.352 2	0.322 0	0.294 6	0.269 7	0.247 2	0.226 7	0.208 0	0.191 1	0.175 6	0.161 5
11	0.896 3	0.804 3	0.722 4	0.649 6	0.584 7	0.526 8	0.475 1	0.428 9	0.387 5	0.350 5	0.317 3	0.287 5	0.260 7	0.236 6	0.214 9	0.195 4	0.177 8	0.161 9	0.147 6	0.134 6
12	0.887 4	0.788 5	0.701 4	0.624 6	0.556 8	0.497 0	0.444 0	0.397 1	0.355 5	0.318 6	0.285 8	0.256 7	0.230 7	0.207 6	0.186 9	0.168 5	0.152 0	0.137 2	0.124 0	0.112 2
13	0.878 7	0.773 0	0.681 0	0.600 6	0.530 3	0.468 8	0.415 0	0.367 7	0.326 2	0.289 7	0.257 5	0.229 2	0.204 2	0.182 1	0.162 5	0.145 2	0.129 9	0.116 3	0.104 2	0.093 5
14	0.870 0	0.757 9	0.661 1	0.577 5	0.505 1	0.442 3	0.387 8	0.340 5	0.299 2	0.263 3	0.232 0	0.204 6	0.180 7	0.159 7	0.141 3	0.125 2	0.111 0	0.098 5	0.087 6	0.077 9

续表

期数	1%	2%	3%	4%	5%	6%	7%	8%	9%	10%	11%	12%	13%	14%	15%	16%	17%	18%	19%	20%
15	0.861 3	0.743 0	0.641 9	0.555 3	0.481 0	0.417 3	0.362 4	0.315 2	0.274 5	0.239 4	0.209 0	0.182 7	0.159 9	0.140 1	0.122 9	0.107 9	0.094 9	0.083 5	0.073 6	0.064 9
16	0.852 8	0.728 4	0.623 2	0.533 9	0.458 1	0.393 6	0.338 7	0.291 9	0.251 9	0.217 6	0.188 3	0.163 1	0.141 5	0.122 9	0.106 9	0.093 0	0.081 1	0.070 8	0.061 8	0.054 1
17	0.844 4	0.714 2	0.605 0	0.513 4	0.436 3	0.371 4	0.316 6	0.270 3	0.231 1	0.197 8	0.169 6	0.145 6	0.125 2	0.107 8	0.092 9	0.080 2	0.069 3	0.060 0	0.052 0	0.045 1
18	0.836 0	0.700 2	0.587 4	0.493 6	0.415 5	0.350 3	0.295 9	0.250 2	0.212 0	0.179 9	0.152 8	0.130 0	0.110 8	0.094 6	0.080 8	0.069 1	0.059 2	0.050 8	0.043 7	0.037 6
19	0.827 7	0.686 4	0.570 3	0.474 6	0.395 7	0.330 5	0.276 5	0.231 7	0.194 5	0.163 5	0.137 7	0.116 1	0.098 1	0.082 9	0.070 3	0.059 6	0.050 6	0.043 1	0.036 7	0.031 3
20	0.819 5	0.673 0	0.553 7	0.456 4	0.376 9	0.311 8	0.258 4	0.214 5	0.178 4	0.148 6	0.124 0	0.103 7	0.086 8	0.072 8	0.061 1	0.051 4	0.043 3	0.036 5	0.030 8	0.026 1
21	0.811 4	0.659 8	0.537 5	0.438 8	0.358 9	0.294 2	0.241 5	0.198 7	0.163 7	0.135 1	0.111 7	0.092 6	0.076 8	0.063 8	0.053 1	0.044 3	0.037 0	0.030 9	0.025 9	0.021 7
22	0.803 4	0.646 8	0.521 9	0.422 0	0.341 8	0.277 5	0.225 7	0.183 9	0.150 2	0.122 8	0.100 7	0.082 6	0.068 0	0.056 0	0.046 2	0.038 2	0.031 6	0.026 2	0.021 8	0.018 1
23	0.795 4	0.634 2	0.506 7	0.405 7	0.325 6	0.261 8	0.210 9	0.170 3	0.137 8	0.111 7	0.090 7	0.073 8	0.060 1	0.049 1	0.040 2	0.032 9	0.027 0	0.022 2	0.018 3	0.015 1
24	0.787 6	0.621 7	0.491 9	0.390 1	0.310 1	0.247 0	0.197 1	0.157 7	0.126 4	0.101 5	0.081 7	0.065 9	0.053 2	0.043 1	0.034 9	0.028 4	0.023 1	0.018 8	0.015 4	0.012 6
25	0.779 8	0.609 5	0.477 6	0.375 1	0.295 3	0.233 0	0.184 2	0.146 0	0.116 0	0.092 3	0.073 6	0.058 8	0.047 1	0.037 8	0.030 4	0.024 5	0.019 7	0.016 0	0.012 9	0.010 5
26	0.772 0	0.597 6	0.463 7	0.360 7	0.281 2	0.219 8	0.172 2	0.135 2	0.106 4	0.083 9	0.066 3	0.052 5	0.041 7	0.033 1	0.026 4	0.021 1	0.016 9	0.013 5	0.010 9	0.008 7
27	0.764 4	0.585 9	0.450 2	0.346 8	0.267 8	0.207 4	0.160 9	0.125 2	0.097 6	0.076 3	0.059 7	0.046 9	0.036 9	0.029 1	0.023 0	0.018 2	0.014 4	0.011 5	0.009 1	0.007 3
28	0.756 8	0.574 4	0.437 1	0.333 5	0.255 1	0.195 6	0.150 4	0.115 9	0.089 5	0.069 3	0.053 8	0.041 9	0.032 6	0.025 5	0.020 0	0.015 7	0.012 3	0.009 7	0.007 7	0.006 1
29	0.749 3	0.563 1	0.424 3	0.320 7	0.242 9	0.184 6	0.140 6	0.107 3	0.082 2	0.063 0	0.048 5	0.037 4	0.028 9	0.022 4	0.017 4	0.013 5	0.010 5	0.008 2	0.006 4	0.005 1
30	0.741 9	0.552 1	0.412 0	0.308 3	0.231 4	0.174 1	0.131 4	0.099 4	0.075 4	0.057 3	0.043 7	0.033 4	0.025 6	0.019 6	0.015 1	0.011 6	0.009 0	0.007 0	0.005 4	0.004 2

复利终值系数表 计算公式：$F=(1+i)^n$

期数	1%	2%	3%	4%	5%	6%	7%	8%	9%	10%	11%	12%	13%	14%	15%	16%	17%	18%	19%	20%
1	1.010 0	1.020 0	1.030 0	1.040 0	1.050 0	1.060 0	1.070 0	1.080 0	1.090 0	1.100 0	1.110 0	1.120 0	1.130 0	1.140 0	1.150 0	1.160 0	1.170 0	1.180 0	1.190 0	1.200 0
2	1.020 1	1.040 4	1.060 9	1.081 6	1.102 5	1.123 6	1.144 9	1.166 4	1.188 1	1.210 0	1.232 1	1.254 4	1.276 9	1.299 6	1.322 5	1.345 6	1.368 9	1.392 4	1.416 1	1.440 0
3	1.030 3	1.061 2	1.092 7	1.124 9	1.157 6	1.191 0	1.225 0	1.259 7	1.295 0	1.331 0	1.367 6	1.404 9	1.442 9	1.481 5	1.520 9	1.560 9	1.601 6	1.643 0	1.685 2	1.728 0
4	1.040 6	1.082 4	1.125 5	1.169 9	1.215 5	1.262 5	1.310 8	1.360 5	1.411 6	1.464 1	1.518 1	1.573 5	1.630 5	1.689 0	1.749 0	1.810 6	1.873 9	1.938 8	2.005 3	2.073 6
5	1.051 0	1.104 1	1.159 3	1.216 7	1.276 3	1.338 2	1.402 6	1.469 3	1.538 6	1.610 5	1.685 1	1.762 3	1.842 4	1.925 4	2.011 4	2.100 3	2.192 4	2.287 8	2.386 4	2.488 3
6	1.061 5	1.126 2	1.194 1	1.265 3	1.340 1	1.418 5	1.500 7	1.586 9	1.677 1	1.771 6	1.870 4	1.973 8	2.082 0	2.195 0	2.313 1	2.436 4	2.565 2	2.699 6	2.839 8	2.986 0
7	1.072 1	1.148 7	1.229 9	1.315 9	1.407 1	1.503 6	1.605 8	1.713 8	1.828 0	1.948 7	2.076 2	2.210 7	2.352 6	2.502 3	2.660 0	2.826 2	3.001 2	3.185 5	3.379 3	3.583 2
8	1.082 9	1.171 7	1.266 8	1.368 6	1.477 5	1.593 8	1.718 2	1.850 9	1.992 6	2.143 6	2.304 5	2.476 0	2.658 4	2.852 6	3.059 0	3.278 4	3.511 5	3.758 9	4.021 4	4.299 8
9	1.093 7	1.195 1	1.304 8	1.423 3	1.551 3	1.689 5	1.838 5	1.999 0	2.171 9	2.357 9	2.558 0	2.773 1	3.004 0	3.251 9	3.517 9	3.803 0	4.108 4	4.435 5	4.785 4	5.159 8
10	1.104 6	1.219 0	1.343 9	1.480 2	1.628 9	1.790 8	1.967 2	2.158 9	2.367 4	2.593 7	2.839 4	3.105 8	3.394 6	3.707 2	4.045 6	4.411 4	4.806 8	5.233 8	5.694 7	6.191 7
11	1.115 7	1.243 4	1.384 2	1.539 5	1.710 3	1.898 3	2.104 9	2.331 6	2.580 4	2.853 1	3.151 8	3.478 6	3.835 9	4.226 2	4.652 4	5.117 3	5.624 0	6.175 9	6.776 7	7.430 1
12	1.126 8	1.268 2	1.425 8	1.601 0	1.795 9	2.012 2	2.252 2	2.518 2	2.812 7	3.138 4	3.498 5	3.896 0	4.334 5	4.817 9	5.350 3	5.936 0	6.580 1	7.287 6	8.064 2	8.916 1
13	1.138 1	1.293 6	1.468 5	1.665 1	1.885 6	2.132 9	2.409 8	2.719 6	3.065 8	3.452 3	3.883 3	4.363 5	4.898 0	5.492 4	6.152 8	6.885 8	7.698 7	8.599 4	9.596 4	10.699 3
14	1.149 5	1.319 5	1.512 6	1.731 7	1.979 9	2.260 9	2.578 5	2.937 2	3.341 7	3.797 5	4.310 4	4.887 1	5.534 8	6.261 3	7.075 7	7.987 5	9.007 5	10.147 2	11.419 8	12.839 2
15	1.161 0	1.345 9	1.558 0	1.800 9	2.078 9	2.396 6	2.759 0	3.172 2	3.642 5	4.177 2	4.784 6	5.473 6	6.254 3	7.137 9	8.137 1	9.265 5	10.538 7	11.973 7	13.589 5	15.407 0

续表

期数	1%	2%	3%	4%	5%	6%	7%	8%	9%	10%	11%	12%	13%	14%	15%	16%	17%	18%	19%	20%
16	1.172 6	1.372 8	1.604 7	1.873 0	2.182 9	2.540 4	2.952 2	3.425 9	3.970 3	4.595 0	5.310 9	6.130 4	7.067 3	8.137 2	9.357 6	10.748 0	12.330 3	14.129 0	16.171 5	18.488 4
17	1.184 3	1.400 2	1.652 8	1.947 9	2.292 0	2.692 8	3.158 8	3.700 0	4.327 6	5.054 5	5.895 1	6.866 0	7.986 1	9.276 5	10.761 3	12.467 7	14.426 5	16.672 2	19.244 1	22.186 1
18	1.196 1	1.428 2	1.702 4	2.025 8	2.406 6	2.854 3	3.379 9	3.996 0	4.717 1	5.559 9	6.543 6	7.690 0	9.024 3	10.575 2	12.375 5	14.462 5	16.879 0	19.673 3	22.900 5	26.623 3
19	1.208 1	1.456 8	1.753 5	2.106 8	2.527 0	3.025 6	3.616 5	4.315 7	5.141 7	6.115 9	7.263 3	8.612 8	10.197 4	12.055 7	14.231 8	16.776 5	19.748 4	23.214 4	27.251 6	31.948 0
20	1.220 2	1.485 9	1.806 1	2.191 1	2.653 3	3.207 1	3.869 7	4.661 0	5.604 4	6.727 5	8.062 3	9.646 3	11.523 1	13.743 5	16.366 5	19.460 8	23.105 6	27.393 0	32.429 4	38.337 6
21	1.232 4	1.515 7	1.860 3	2.278 8	2.786 0	3.399 6	4.140 6	5.033 8	6.108 8	7.400 2	8.949 2	10.803 8	13.021 1	15.667 6	18.821 5	22.574 5	27.033 6	32.323 8	38.591 0	46.005 1
22	1.244 7	1.546 0	1.916 1	2.369 9	2.925 3	3.603 5	4.430 4	5.436 5	6.658 6	8.140 3	9.933 6	12.100 3	14.713 8	17.861 0	21.644 7	26.186 4	31.629 3	38.142 1	45.923 3	55.206 1
23	1.257 2	1.576 9	1.973 6	2.464 7	3.071 5	3.819 7	4.740 5	5.871 5	7.257 9	8.954 3	11.026 3	13.552 3	16.626 6	20.361 6	24.891 5	30.376 2	37.006 2	45.007 6	54.648 7	66.247 4
24	1.269 7	1.608 4	2.032 8	2.563 3	3.225 1	4.048 9	5.072 4	6.341 2	7.911 1	9.849 7	12.239 2	15.178 6	18.788 1	23.212 2	28.625 2	35.236 4	43.297 3	53.109 0	65.032 0	79.496 8
25	1.282 4	1.640 6	2.093 8	2.665 8	3.386 4	4.291 9	5.427 4	6.848 5	8.623 1	10.834 5	13.585 5	17.000 1	21.230 5	26.461 9	32.919 0	40.874 2	50.657 8	62.668 6	77.388 1	95.396 2
26	1.295 3	1.673 4	2.156 6	2.772 5	3.555 7	4.549 4	5.807 4	7.396 4	9.399 2	11.918 2	15.079 9	19.040 1	23.990 5	30.166 6	37.856 6	47.414 1	59.269 7	73.949 0	92.091 8	114.475 5
27	1.308 2	1.706 9	2.221 3	2.883 4	3.733 5	4.822 3	6.213 9	7.988 1	10.245 0	13.110 0	16.738 7	21.324 9	27.109 3	34.389 9	43.535 3	55.000 4	69.345 5	87.259 8	109.589 3	137.370 6
28	1.321 3	1.741 0	2.287 9	2.998 7	3.920 1	5.111 7	6.648 8	8.627 1	11.167 1	14.421 0	18.579 9	23.883 9	30.633 5	39.204 5	50.065 6	63.800 4	81.134 2	102.966 6	130.411 2	164.844 7
29	1.334 5	1.775 8	2.356 6	3.118 7	4.116 1	5.418 4	7.114 3	9.317 3	12.172 2	15.863 1	20.623 7	26.749 9	34.615 8	44.693 1	57.575 5	74.008 5	94.927 1	121.500 5	155.189 3	197.813 6
30	1.347 8	1.811 4	2.427 3	3.243 4	4.321 9	5.743 5	7.612 3	10.062 7	13.267 7	17.449 4	22.892 3	29.959 9	39.115 9	50.950 2	66.211 8	85.849 9	111.064 5	143.370 6	184.675 3	237.376 3

年金现值系数表　计算公式：$P = (P/A, i, n)$

期数	1%	2%	3%	4%	5%	6%	7%	8%	9%	10%	11%	12%	13%	14%	15%	16%	17%	18%	19%	20%	21%
1	0.990 1	0.980 4	0.970 9	0.961 5	0.952 4	0.943 4	0.934 6	0.925 9	0.917 4	0.909 1	0.900 9	0.892 9	0.885 0	0.877 2	0.869 6	0.862 1	0.854 7	0.847 5	0.840 3	0.833 3	0.826 4
2	1.970 4	1.941 6	1.913 5	1.886 1	1.859 4	1.833 4	1.808 0	1.783 3	1.759 1	1.735 5	1.712 5	1.690 1	1.668 1	1.646 7	1.625 7	1.605 2	1.585 2	1.565 6	1.546 5	1.527 8	1.509 5
3	2.941 0	2.883 9	2.828 6	2.775 1	2.723 2	2.673 0	2.624 3	2.577 1	2.531 3	2.486 9	2.443 7	2.401 8	2.361 2	2.321 6	2.283 2	2.245 9	2.209 6	2.174 3	2.139 9	2.106 5	2.073 9
4	3.902 0	3.807 7	3.717 1	3.629 5	3.546 0	3.465 1	3.387 2	3.312 1	3.239 7	3.169 9	3.102 4	3.037 3	2.974 5	2.913 7	2.855 0	2.798 2	2.743 2	2.690 2	2.638 6	2.588 7	2.540 4
5	4.853 4	4.713 5	4.579 7	4.451 8	4.329 5	4.212 4	4.100 2	3.992 7	3.889 7	3.790 8	3.695 9	3.604 8	3.517 2	3.433 1	3.352 2	3.274 3	3.199 3	3.127 2	3.057 6	2.990 6	2.926 0
6	5.795 5	5.601 4	5.417 2	5.242 1	5.075 7	4.917 3	4.766 5	4.622 9	4.485 9	4.355 3	4.230 5	4.111 4	3.997 5	3.888 7	3.784 5	3.684 7	3.589 2	3.497 6	3.409 8	3.325 5	3.244 6
7	6.728 2	6.472 0	6.230 3	6.002 1	5.786 4	5.582 4	5.389 3	5.206 4	5.033 0	4.868 4	4.712 2	4.563 8	4.422 6	4.288 3	4.160 4	4.038 6	3.922 4	3.811 5	3.705 7	3.604 6	3.507 9
8	7.651 7	7.325 5	7.019 7	6.732 7	6.463 2	6.209 8	5.971 3	5.746 6	5.534 8	5.334 9	5.146 1	4.967 6	4.798 8	4.638 9	4.487 3	4.343 6	4.207 2	4.077 6	3.954 4	3.837 2	3.725 6
9	8.566 0	8.162 2	7.786 1	7.435 3	7.107 8	6.801 7	6.515 2	6.246 9	5.995 2	5.759 0	5.537 0	5.328 2	5.131 7	4.946 4	4.771 6	4.606 5	4.450 6	4.303 0	4.163 3	4.031 0	3.905 4
10	9.471 3	8.982 6	8.530 2	8.110 9	7.721 7	7.360 1	7.023 6	6.710 1	6.417 7	6.144 6	5.889 2	5.650 2	5.426 2	5.216 1	5.018 8	4.833 2	4.658 6	4.494 1	4.338 9	4.192 5	4.054 1
11	10.367 6	9.786 8	9.252 6	8.760 5	8.306 4	7.886 9	7.498 7	7.139 0	6.805 2	6.495 1	6.206 5	5.937 7	5.686 9	5.452 7	5.233 7	5.028 6	4.836 4	4.656 0	4.486 5	4.327 1	4.176 9
12	11.255 1	10.575 3	9.954 0	9.385 1	8.863 3	8.383 8	7.942 7	7.536 1	7.160 7	6.813 7	6.492 4	6.194 4	5.917 6	5.660 3	5.420 6	5.197 1	4.988 4	4.793 2	4.610 5	4.439 2	4.278 4
13	12.133 7	11.348 4	10.635 0	9.985 6	9.393 6	8.852 7	8.357 7	7.903 8	7.486 9	7.103 4	6.749 9	6.423 5	6.121 8	5.842 4	5.583 1	5.342 3	5.118 3	4.909 5	4.714 7	4.532 7	4.362 4
14	13.003 7	12.106 2	11.296 1	10.563 1	9.898 6	9.295 0	8.745 5	8.244 2	7.786 2	7.366 7	6.981 9	6.628 2	6.302 5	6.002 1	5.724 5	5.467 5	5.229 3	5.008 1	4.802 3	4.610 6	4.431 7
15	13.865 1	12.849 3	11.937 9	11.118 4	10.379 7	9.712 2	9.107 9	8.559 5	8.060 7	7.606 1	7.190 9	6.810 9	6.462 4	6.142 2	5.847 4	5.575 5	5.324 2	5.091 6	4.875 9	4.675 5	4.489 0

续表

期数	1%	2%	3%	4%	5%	6%	7%	8%	9%	10%	11%	12%	13%	14%	15%	16%	17%	18%	19%	20%	21%
16	14.717 9	13.577 7	12.561 1	11.652 3	10.837 8	10.105 9	9.446 6	8.851 4	8.312 6	7.823 7	7.379 2	6.974 0	6.603 9	6.265 1	5.954 2	5.668 5	5.405 3	5.162 4	4.937 7	4.729 6	4.536 4
17	15.562 3	14.291 9	13.166 1	12.165 7	11.274 1	10.477 3	9.763 2	9.121 6	8.543 6	8.021 6	7.548 8	7.119 6	6.729 1	6.372 9	6.047 2	5.748 7	5.474 6	5.222 3	4.989 7	4.774 6	4.575 5
18	16.398 3	14.992 0	13.753 5	12.659 3	11.689 6	10.827 6	10.059 1	9.371 9	8.755 6	8.201 4	7.701 6	7.249 7	6.839 9	6.467 4	6.128 0	5.817 8	5.533 9	5.273 2	5.033 3	4.812 2	4.607 9
19	17.226 0	15.678 5	14.323 8	13.133 9	12.085 3	11.158 1	10.335 6	9.603 6	8.950 1	8.364 9	7.839 3	7.365 8	6.938 0	6.550 4	6.198 2	5.877 5	5.584 5	5.316 2	5.070 0	4.843 5	4.634 6
20	18.045 6	16.351 4	14.877 5	13.590 3	12.462 2	11.469 9	10.594 0	9.818 1	9.128 5	8.513 6	7.963 3	7.469 4	7.024 8	6.623 1	6.259 3	5.928 8	5.627 8	5.352 7	5.100 9	4.869 6	4.656 7
21	18.857 0	17.011 2	15.415 0	14.029 2	12.821 2	11.764 1	10.835 5	10.016 8	9.292 2	8.648 7	8.075 1	7.562 0	7.101 6	6.687 0	6.312 5	5.973 1	5.664 8	5.383 7	5.126 8	4.891 3	4.675 0
22	19.660 4	17.658 0	15.936 9	14.451 1	13.163 0	12.041 6	11.061 2	10.200 7	9.442 4	8.771 5	8.175 7	7.644 6	7.169 5	6.742 9	6.358 7	6.011 3	5.696 4	5.409 9	5.148 6	4.909 4	4.690 0
23	20.455 8	18.292 2	16.443 6	14.856 8	13.488 6	12.303 4	11.272 2	10.371 1	9.580 2	8.883 2	8.266 4	7.718 4	7.229 7	6.792 1	6.398 8	6.044 2	5.723 4	5.432 1	5.166 8	4.924 5	4.702 5
24	21.243 4	18.913 9	16.935 5	15.247 0	13.798 6	12.550 4	11.469 3	10.528 8	9.706 6	8.984 7	8.348 1	7.784 3	7.282 9	6.835 1	6.433 8	6.072 6	5.746 5	5.450 9	5.182 2	4.937 1	4.712 8
25	22.023 2	19.523 5	17.413 1	15.622 1	14.093 9	12.783 4	11.653 6	10.674 8	9.822 6	9.077 0	8.421 7	7.843 1	7.330 0	6.872 9	6.464 1	6.097 1	5.766 2	5.466 9	5.195 1	4.947 6	4.721 3
26	22.795 2	20.121 0	17.876 8	15.982 8	14.375 2	13.003 2	11.825 8	10.810 0	9.929 0	9.160 9	8.488 1	7.895 7	7.371 7	6.906 1	6.490 6	6.118 2	5.783 1	5.480 4	5.206 0	4.956 3	4.728 4
27	23.559 6	20.706 9	18.327 0	16.329 6	14.643 0	13.210 5	11.986 7	10.935 2	10.026 6	9.237 2	8.547 8	7.942 6	7.408 6	6.935 2	6.513 5	6.136 4	5.797 5	5.491 9	5.215 1	4.963 6	4.734 2
28	24.316 4	21.281 3	18.764 1	16.663 1	14.898 1	13.406 2	12.137 1	11.051 1	10.116 1	9.306 6	8.601 6	7.984 4	7.441 2	6.960 7	6.533 5	6.152 0	5.809 9	5.501 6	5.222 8	4.969 7	4.739 0
29	25.065 8	21.844 4	19.188 5	16.983 7	15.141 1	13.590 7	12.277 7	11.158 4	10.198 3	9.369 6	8.650 1	8.021 8	7.470 1	6.983 0	6.550 9	6.165 6	5.820 4	5.509 8	5.229 2	4.974 7	4.743 0
30	25.807 7	22.396 5	19.600 4	17.292 0	15.372 5	13.764 8	12.409 0	11.257 8	10.273 7	9.426 9	8.693 8	8.055 2	7.495 7	7.002 7	6.566 0	6.177 2	5.829 4	5.516 8	5.234 7	4.978 9	4.746 3

年金终值系数表　计算公式：$F = (F/A, i, n)$

期数	1%	2%	3%	4%	5%	6%	7%	8%	9%	10%	11%	12%	13%	14%	15%	16%	17%	18%
1	1.0000	1.0000	1.0000	1.0000	1.0000	1.0000	1.0000	1.0000	1.0000	1.0000	1.0000	1.0000	1.0000	1.0000	1.0000	1.0000	1.0000	1.0000
2	2.0100	2.0200	2.0300	2.0400	2.0500	2.0600	2.0700	2.0800	2.0900	2.1000	2.1100	2.1200	2.1300	2.1400	2.1500	2.1600	2.1700	2.1800
3	3.0301	3.0604	3.0909	3.1216	3.1525	3.1836	3.2149	3.2464	3.2781	3.3100	3.3421	3.3744	3.4069	3.4396	3.4725	3.5056	3.5389	3.5724
4	4.0604	4.1216	4.1836	4.2465	4.3101	4.3746	4.4399	4.5061	4.5731	4.6410	4.7097	4.7793	4.8497	4.9211	4.9934	5.0665	5.1405	5.2154
5	5.1010	5.2040	5.3091	5.4163	5.5256	5.6371	5.7507	5.8666	5.9847	6.1051	6.2278	6.3528	6.4803	6.6101	6.7424	6.8771	7.0144	7.1542
6	6.1520	6.3081	6.4684	6.6330	6.8019	6.9753	7.1533	7.3359	7.5233	7.7156	7.9129	8.1152	8.3227	8.5355	8.7537	8.9775	9.2068	9.4420
7	7.2135	7.4343	7.6625	7.8983	8.1420	8.3938	8.6540	8.9228	9.2004	9.4872	9.7833	10.0890	10.4047	10.7305	11.0668	11.4139	11.7720	12.1415
8	8.2857	8.5830	8.8923	9.2142	9.5491	9.8975	10.2598	10.6366	11.0285	11.4359	11.8594	12.2997	12.7573	13.2328	13.7268	14.2401	14.7733	15.3270
9	9.3685	9.7546	10.1591	10.5828	11.0266	11.4913	11.9780	12.4876	13.0210	13.5795	14.1640	14.7757	15.4157	16.0853	16.7858	17.5185	18.2847	19.0859
10	10.4622	10.9497	11.4639	12.0061	12.5779	13.1808	13.8164	14.4866	15.1929	15.9374	16.7220	17.5487	18.4197	19.3373	20.3037	21.3215	22.3931	23.5213
11	11.5668	12.1687	12.8078	13.4864	14.2068	14.9716	15.7836	16.6455	17.5603	18.5312	19.5614	20.6546	21.8143	23.0445	24.3493	25.7329	27.1999	28.7551
12	12.6825	13.4121	14.1920	15.0258	15.9171	16.8699	17.8885	18.9771	20.1407	21.3843	22.7132	24.1331	25.6502	27.2707	29.0017	30.8502	32.8239	34.9311
13	13.8093	14.6803	15.6178	16.6268	17.7130	18.8821	20.1406	21.4953	22.9534	24.5227	26.2116	28.0291	29.9847	32.0887	34.3519	36.7862	39.4040	42.2187
14	14.9474	15.9739	17.0863	18.2919	19.5986	21.0151	22.5505	24.2149	26.0192	27.9750	30.0949	32.3926	34.8827	37.5811	40.5047	43.6720	47.1027	50.8180
15	16.0969	17.2934	18.5989	20.0236	21.5786	23.2760	25.1290	27.1521	29.3609	31.7725	34.4054	37.2797	40.4175	43.8424	47.5804	51.6595	56.1101	60.9653

续表

期数	1%	2%	3%	4%	5%	6%	7%	8%	9%	10%	11%	12%	13%	14%	15%	16%	17%	18%
16	17.2579	18.6393	20.1569	21.8245	23.6575	25.6725	27.8881	30.3243	33.0034	35.9497	39.1899	42.7533	46.6717	50.9804	55.7175	60.9250	66.6488	72.9390
17	18.4304	20.0121	21.7616	23.6975	25.8404	28.2129	30.8402	33.7502	36.9737	40.5447	44.5008	48.8837	53.7391	59.1176	65.0751	71.6730	78.9792	87.0680
18	19.6147	21.4123	23.4144	25.6454	28.1324	30.9057	33.9990	37.4502	41.3013	45.5992	50.3959	55.7497	61.7251	68.3941	75.8364	84.1407	93.4056	103.7403
19	20.8109	22.8406	25.1169	27.6712	30.5390	33.7600	37.3790	41.4463	46.0185	51.1591	56.9395	63.4397	70.7494	78.9692	88.2118	98.6032	110.2846	123.4135
20	22.0190	24.2974	26.8704	29.7781	33.0660	36.7856	40.9955	45.7620	51.1601	57.2750	64.2028	72.0524	80.9468	91.0249	102.4436	115.3797	130.0329	146.6280
21	23.2392	25.7833	28.6765	31.9692	35.7193	39.9927	44.8652	50.4229	56.7645	64.0025	72.2651	81.6987	92.4699	104.7684	118.8101	134.8405	153.1385	174.0210
22	24.4716	27.2990	30.5368	34.2480	38.5052	43.3923	49.0057	55.4568	62.8733	71.4027	81.2143	92.5026	105.4910	120.4360	137.6316	157.4150	180.1721	206.3448
23	25.7163	28.8450	32.4529	36.6179	41.4305	46.9958	53.4361	60.8933	69.5319	79.5430	91.1479	104.6029	120.2048	138.2970	159.2764	183.6014	211.8013	244.4860
24	26.9735	30.4219	34.4265	39.0826	44.5020	50.8156	58.1767	66.7648	76.7898	88.4973	102.1742	118.1552	136.8315	158.6586	184.1678	213.9776	248.8076	289.4945
25	28.2432	32.0303	36.4593	41.6459	47.7271	54.8645	63.2490	73.1059	84.7009	98.3471	114.4133	133.3339	155.6196	181.8708	212.7930	249.2140	292.1049	342.6035
26	29.5256	33.6709	38.5530	44.3117	51.1135	59.1564	68.6765	79.9544	93.3240	109.1818	127.9988	150.3339	176.8501	208.3327	245.7120	290.0883	342.7627	405.2721
27	30.8209	35.3443	40.7096	47.0842	54.6691	63.7058	74.4838	87.3508	102.7231	121.0999	143.0786	169.3740	200.8406	238.4993	283.5688	337.5024	402.0323	479.2211
28	32.1291	37.0512	42.9309	49.9676	58.4026	68.5281	80.6977	95.3388	112.9682	134.2099	159.8172	190.6989	227.9499	272.8892	327.1041	392.5028	471.3778	566.4809
29	33.4504	38.7922	45.2189	52.9663	62.3227	73.6398	87.3465	103.9659	124.1354	148.6309	178.3972	214.5827	258.5834	312.0937	377.1697	456.3032	552.5121	669.4475
30	34.7849	40.5681	47.5754	56.0849	66.4388	79.0582	94.4608	113.2832	136.3075	164.4940	199.0209	241.3327	293.1992	356.7868	434.7451	530.3117	647.4391	790.9480

主要参考文献

[1] 刘淑莲. 财务管理（第2版）[M]. 大连：东北财经大学出版社，2010.

[2] 财政部会计资格评价中心. 财务管理 [M]. 北京：中国财政经济出版社，2014.

[3] 刘方乐. 财务管理理论与实务 [M]. 北京：清华大学出版社，2008.

[4] 王月. 财务管理. [M]. 北京：清华大学出版社，2011.

[5] 裘益政，竺素娥. 财务管理案例 [M]. 大连：东北财经大学出版社，2010.

[6] 荆新，王化成，刘俊彦. 财务管理学（第7版）[M]. 北京：中国人民大学出版社，2015.

[7] 竺素娥，裘益政. 财务管理 [M]. 大连：东北财经大学出版社，2013.

[8] 财政部会计资格评价中心. 财务管理（中级会计资格）[M]. 北京：中国财政经济出版社，2016.

[9] 陈国辉，迟旭升. 基础会计（第4版）[M]. 大连：东北财经大学出版社，2015.

[10] 陈玉菁，宋良荣. 财务管理（第3版）[M]. 北京：清华大学出版社，2011.